춘추
전국
연대기
中

춘추전국 연대기 中

초판 1쇄 발행 2025년 11월 14일

지은이 김형호
펴낸이 장길수
펴낸곳 지식과감성⁴
출판등록 제2012-000081호

교정 주경민
디자인 강샛별
편집 윤혜성
검수 정은솔, 이현
마케팅 김윤길

주소 서울시 금천구 벚꽃로298 대륭포스트타워6차 1212호
전화 070-4651-3730~4
팩스 070-4325-7006
이메일 ksbookup@naver.com
홈페이지 www.knsbookup.com

ISBN 979-11-392-2893-9(04910)
    979-11-392-2891-5(세트)
값 20,000원

- 이 책의 판권은 지은이에게 있습니다.
- 이 책 내용의 전부 또는 일부를 재사용하려면 반드시 지은이의 서면 동의를 받아야 합니다.
- 잘못된 책은 구입하신 곳에서 바꾸어 드립니다.

지식과감성⁴
홈페이지 바로가기

춘추 시대 중기부터 후기까지

춘추
전국
연대기

김형호 지음

목차

제3절 진晉과 초楚의 성복城濮대전   8
제4절 진문공晉文公의 패권   31

제3장 진晉과 진秦의 갈등   **48**

제1절 진晉·진秦 연합군의 정鄭 공격과 정鄭의 이간책   48
제2절 진양공晉襄公의 즉위   52
제3절 진晉과 진秦의 효산崤山전투   55
제4절 아버지를 죽이고 즉위하는 초목왕楚穆王   64
제5절 진秦의 복수와 진목공秦穆公의 소패업   73
제6절 진양공晉襄公 사후 진晉의 혼란   79

제4장 진晉과 초楚의 주도권 다툼   **90**

제1절 진晉의 패권 상실과 초목왕楚穆王의 소패업   90
제2절 초楚의 혼란과 진晉의 반격(때를 기다리는 초장왕楚莊王)   102
제3절 진晉의 명목뿐인 패권   110
제4절 진영공晉靈公의 실정과 초장왕楚莊王의 웅비   120

제5장 초장왕楚莊王의 패권 장악　　　　　　　　　131

제1절 초장왕楚莊王의 내부 위기 극복　　　　　　　131

제2절 손숙오孫叔敖의 활약과 초장왕楚莊王의 중원 압박　　136

제3절 초楚와 진晉의 필邲전투　　　　　　　　　150

제4절 초장왕楚莊王의 패권　　　　　　　　　　161

제6장 새로운 질서의 움직임　　　　　　　　　　178

제1절 진晉의 제齊 제압과 초楚의 고립　　　　　　178

제2절 새로운 질서의 조짐　　　　　　　　　　192

* 철기의 보급과 기후 변화로 인한 사회변동　　　192

제3절 진晉과 초楚의 치열한 외교전　　　　　　　202

제4절 진晉과 초楚의 언릉鄢陵전투　　　　　　　　211

제7장 진도공晉悼公의 패권 회복　　　　　　　　　219

제1절 혼군 진여공晉厲公의 실정　　　　　　　　219

제2절 진도공晉悼公의 선정과 진晉의 중흥　　　　　224

제3절 진晉과 초楚의 치열한 패권 다툼　　　　　　227

제4절 진도공晉悼公의 패권　　　　　　　　　　239

춘추春秋시대 후기

제1장 중원 정세의 변화   254
제1절 제齊의 배신과 진晉의 응징   254
제2절 진晉·제齊의 갈등(난영欒盈의 정변)과 화해   264
제3절 진晉과 초楚의 화친   291
제4절 초영왕楚靈王의 위세와 진晉의 위축   320
제5절 초영왕楚靈王의 자살과 진晉·제齊·초楚의 패권 경쟁   344

제2장 오吳의 성장과 기존 강국의 약세   363
제1절 초평왕楚平王에 대한 오자서伍子胥의 원한   363
제2절 오왕吳王 합려闔閭의 즉위와 오吳의 중흥   387
* 진晉 6경卿의 권력 남용(BC 514년)   401
제3절 오왕吳王 합려闔閭의 초楚 도읍 함락   410
* 절대 강자가 없는 시대   427
제4절 공자孔子의 활약과 좌절   437
* 공자孔子의 제자弟子들   453
제5절 진晉 6경卿의 권력 다툼   458

제3장 오왕吳王 부차夫差의 패권 장악 　　　　　　　　　　**463**

제1절 월越에 대한 오왕吳王 부차夫差의 복수　　　　　463

제2절 월왕越王 구천勾踐의 포로생활　　　　　　　　472

제3절 오吳에 대한 월왕越王 구천勾踐의 원한　　　　480

제3절 진晉과 초楚의 성복城濮대전

제효공齊孝公의 노魯 공격

 당시 4대 강국을 중심으로 중원 국가들의 외교관계를 정리하면 다음과 같다.

- 제(제효공): 패권 상실. 거느린 세력 없음. 초와 친교
- 초(초성왕): 최강국. 노, 위, 조, 정, 허, 진陳, 채를 거느림
- 진晉(진문공): 주 왕실의 지지를 받음. 송을 거느림
- 진秦(진목공): 진晉을 제외한 중원 국가와 단절

 제환공의 사망 이후 제는 패권을 상실했다. 제효공은 자신의 즉위를 도와준 송을 미워하며, 오히려 남방의 오랑캐인 초에 아부하는 상황이었다. 그 결과 아무도 제에 조공하지 않았고, 제는 외교적으로 고립된 처지였다.
 제효공은 제환공의 패업을 계승하길 희망했다. 제효공은 노희공이 예전에 무휴를 원조하려고 군사를 보냈던 것을 응징하고 싶었다. 마침 노에 흉년이 들었고, 제효공은 노를 공격하기로 결심했다. 상경 고호는 노와 우호를 맺은 국가들이 많아 성공할 가능성이 없다며 반대했다. 제효공은 시험 삼아 노를 공격하여 제후들의 반응을 살펴보겠다며 고집을 부렸다. 제효공은 병거 200승을 내어 직접 노로 쳐들어갔다.
 노의 대부 장손진臧孫辰(=장문중臧文仲)은 기근으로 인하여 전쟁을 감당할 수 없으므로 제에 사죄하고 싸움을 피할 것을 건의했다. 노희공

은 누구를 사신으로 보낼지 고민했다. 장손진은 자신의 식읍인 유하柳下 땅에 거주하고 있던 사사士師 **전획**展獲[1]을 추천했다. 노희공이 유하 땅으로 사람을 보내 불렀으나, 전획은 병을 이유로 거절했다. 장손진은 전획의 사촌동생인 **전희**展喜를 추천하며, 전희를 보내 전획의 지시를 받아오게 할 것을 건의했다. 노희공은 전희를 전획에게 파견했다.

전획은 전희에게 ①패업의 지름길은 주 왕실에 충성하는 것임을 강조하고 ②성왕成王의 말씀을 예시로 들어 제희공을 책망하라고 조언했다. 전희는 전획의 뜻을 이해했다. 전희는 노희공에게 보고한 후 예물 수레를 거느리고 제의 문남汶南 땅으로 가서 제의 선봉인 최요를 방문했다. 최요는 전희를 제효공에게 데려갔다.

전희는 예전에 성왕이 노의 시조인 백금伯禽[2]과 제의 시조인 강태공姜太公에게 맹세를 시킨 사실과 서로 협력하여 주 왕실을 보좌하도록 명령한 사실을 언급하며, 제환공이 성왕의 분부를 잘 이행한 것을 칭송했다. 전희는 노희공과 노의 신하들은 모두 제환공의 패업을 계승한 제효공이 성왕의 분부를 잘 이행하고 강태공의 맹세를 지킬 것이라고 믿고 있음을 강조했다.

제효공은 한참을 생각하다 노와 친목을 원한다고 선언한 후 바로 회

---

1) 일반적으로 **유하혜**柳下惠로 불리고 있음. 악명 높은 도적인 도척盜跖의 형임. 여행하던 중 겨울밤 성 밖에서 추위로 인해 죽기 직전인 젊은 여인을 발견하자 자신의 품에 앉게 하고 솜옷으로 덮어 추위를 막아주었는데, 다음 날 아침이 될 때까지 예의에 어긋나는 일이 전혀 발생하지 않았던 일화로 유명함. 여기서 **좌회불란**坐懷不亂(품에 안고서도 난잡하지 않다는 뜻)의 고사성어가 나오게 됨. 곧은 지조로 인하여 훗날 공자와 맹자의 칭송을 받음
2) 주공 단의 장남. 원래 주공 단이 노의 제후로 책봉되었으나, 주공 단은 중앙정치에 집중하느라 장남을 보내 노를 다스렸음. 그 결과 노의 초대 군주를 백금으로 보는 견해가 통설이 되었음

군했다.

공자 반潘의 정변[제소공齊昭公의 즉위](BC 633년)

제효공이 재위 10년 만에 사망했다(BC 633년). 제효공의 이복동생인 공자 반潘이 개방과 함께 일을 꾸며 제효공의 아들을 죽이고 스스로 즉위하니, 곧 **제소공齊昭公**[1]이다. 제소공의 즉위과정은 그 기록이 불명하여 정확히 알기 어려운데, 일단 《사기》의 내용에 따라 정변을 일으키고 즉위한 것으로 기술하기로 한다[2].

초楚의 제齊 공격(BC 633년)

제군은 철수했지만, 장손진은 제에 대한 반감이 남아 있었다. 장손진은 노희공에게 제를 비난하며, 초의 원조를 얻어 제를 공격할 것을 건의했다. 노희공은 공자 수(=동문수)와 장손진을 초에 파견했다. 공자 수와 장손진은 성득신을 방문하여 미리 부탁한 다음 초성왕을 알현했다. 공자 수와 장손진은 제와 송을 비난하며, 초가 공격하면 노가 협조하겠다고 약속했다.

초성왕은 크게 기뻐하며, 성득신을 대장으로 삼고 신공申公 숙후叔侯를 부장으로 삼아 제를 공격하도록 지시했다. 성득신은 제를 공격하여 제의 양곡陽穀 땅을 점령했다(BC 633년). 성득신은 초로 망명해 있던

---

1) 제소공 강반: 재위 BC 632 ~ BC 613
2) 제소공의 즉위 이후에도 제효공의 신하들이 계속 활약하고 주변 국가들이 별다른 움직임을 보이지 않았던 것을 감안하면, 《사기》의 기록이 정확한지는 의문스러움

제환공의 아들인 공자 옹에게 양곡을 다스리게 했다. 성득신은 신공 숙후에게 군사 1,000명을 내어주며 양곡을 수비하면서 동시에 노를 돕게 했다. 성득신은 귀국했다. 제소공은 초에 대해 깊은 원한을 가지게 되었다.

초성왕楚成王의 송宋 공격(BC 633년)

당시 초의 국력은 중원 국가들을 압도했다. 위성공은 딸을 초성왕에게 바치고 아부하며 초와 친교를 맺었다. 초성왕은 중원의 다른 국가들과는 달리 끝까지 초에 복속하지 않고 있는 송을 치고 천하를 지배하고 싶었다. 초성왕은 기존의 군대에다 신申과 식息 땅에서 추가로 군사를 징발해서 대군을 편성했다. 초성왕은 성득신을 대장으로 삼아 위여신, 투월초, 투의신, 투발, 완춘宛春 등을 거느리고 **진陳·채·정·허** 4국 제후를 소집하여 송을 향해 쳐들어갔다(BC 633년). 초군과 진陳·채·정·허군은 송의 민읍緡邑 땅을 포위했다.

송성공은 사마 공손고를 진晉에 파견하여 구원을 요청했다. 진문공은 회의를 열었다. 선진은 초를 응징하고 중원의 재난을 구제하여 패권을 잡아야 한다고 주장했다. 호언은 조와 위는 진문공의 원수인데 현재 초에 복속하고 있음을 아뢰며, 조와 위를 공격하면 초가 속국인 조와 위를 구원하러 군사를 이동시킬 것이므로 송은 위기를 면할 수 있다고 계책을 올렸다. 진문공은 호언의 계책을 따르기로 했다.

공손고는 귀국하여 송성공에게 진문공의 뜻을 보고했다. 송성공은 이를 믿고 수성에 전념했다.

진晉의 삼군 편성(BC 633년)

조최는 기존의 2군에 1군을 추가하여 3군으로 재편할 것을 주장하면서, 사냥대회를 개최하여 군사들을 조련하고 백성들에게 예법을 가르칠 것을 건의했다. 조최는 **극곡郤縠**이 학문·지혜·용기를 모두 갖추고 있다면서 중군원수 직에 추천했다. 극곡은 사양했으나, 진문공의 거듭된 요청에 못 이겨 중군원수 직을 수락했다. 다른 제후국과는 달리 진晉의 중군원수는 군사뿐만 아니라 행정까지 통솔하는 최고위 직이다. 진문공은 다음과 같이 군을 3군으로 편성했다(BC 633년).

- 상군: 호모(대장), 호언
- 중군: 극곡(원수), 극진
- 하군: 난지(대장), 선진
- 기타: 조최(사마), 순림보(어자), 위주(거우), 기만(원수 깃발 담당)

극곡은 삼군을 모아 훈련을 실시했다. 그런데 훈련이 거의 끝날 때쯤 광풍이 불어 원수기의 깃대가 부러지는 일이 발생했다. 극곡은 원수는 불행을 당하지만 주군은 성공할 징조하고 해석했다.

진문공晉文公의 위衛 공격(BC 632년)

극곡은 탁월한 전략가인 선진先軫과 상의하여 계책을 마련하고 진문공에게 아뢰었다. ①조曹를 공격할 것이라고 말하고 위衛에 길을 빌려

줄 것을 요청하면 ②위는 거절할 것이니 ③남하南河를 건너 우회하여 위를 기습하고 ④위를 무찌른 후 승세를 몰아 바로 조를 공격하는 내용이었다.

진문공은 계책에 따라 위에 사신을 파견했고, 조를 공격하기 위해 위를 통과하겠다고 요청했다. 위의 대부 **원헌元咺**은 예전에 진문공의 분노를 샀던 일을 언급하며 이번에는 승낙하여 진문공의 분노를 피할 것을 건의했으나, 위성공은 승낙 시 초의 분노를 받을 것을 우려해 진문공의 요청을 거절했다.

진문공은 우회하여 위를 공격하기 위해 드디어 진군을 이끌고 출전하여 남하를 건넜다(BC 632년 1월). 진군은 신속하게 움직여 오록 땅에 당도했다. 진문공은 개자추를 회상하며 눈물을 흘렸다. 위주는 탄식할 때가 아니라 예전의 수치를 갚아줄 때라고 투덜댔다. 선진이 오록을 정벌하는 임무를 자원했고, 위주도 돕겠다고 나섰다. 선진은 오록성으로 행군하며 요소요소에 깃발을 꽂아 엄청난 대군으로 보이도록 꾸몄다. 오록 주민들은 두려움에 떨며 도주하기 시작했다. 결국 선진은 오록성에 무혈 입성했다. 진문공은 호언의 과거 예언을 칭찬했다.

진문공은 극보양에게 오록성을 지키도록 지시하고, 위의 염우斂盂 땅을 향해 나아갔다. 이때 갑자기 원수 극곡이 병이 들어 위독해졌다. 극곡은 문병 온 진문공에게 초를 제압하기 위해서는 제와 진秦의 협력이 필수적이라고 강조하며, ①우선 초와 사이가 좋지 않은 제와 동맹을 맺고 ②위와 조가 화평을 요청하면 수락한 뒤 ③진秦과 동맹을 맺은 이후 초와 대결을 하라는 유언을 했다.

진문공은 즉시 제에 사신을 보내 동맹을 맺고 초를 제압할 것을 제안했다. 제소공은 크게 기뻐하며 직접 위의 염우 땅으로 가서 진문공과 동맹을 맺었다.

위성공은 영속의 아들인 **영유**寧兪(=영무자寗武子)를 보내 진문공에게 사죄하면서 화평을 요청했다. 진문공은 거절하며, 위의 도성인 초구를 점령하겠다고 선언했다. 초구 주민들은 공포에 빠졌다. 영유는 위성공에게 피난을 건의했다. 위성공은 동생 **숙무**叔武와 대부 원훤을 불러 섭정을 지시하고, 양우襄牛 땅으로 피신했다(BC 632년 2월). 위성공은 대부 손염孫炎을 초에 파견해 구원을 요청했다.

극곡이 결국 군중에서 사망했다. 진문공은 **선진**先軫을 중군원수에 임명하고, 서신을 하군부장에 임명했다. 진문공은 아예 위를 멸망시킬 생각을 했다. 선진은 진문공에게 위를 공격한 것은 송을 구원하기 위한 목적임을 강조하며, 약자를 멸망시키는 것이 패권을 잡는 데 도움이 되지 않는다고 아뢰었다. 선진은 위성공이 이미 도주했으므로 초의 구원병이 도착하기 전에 군을 옮겨 조를 공격할 것을 건의했다.

진문공晉文公의 조曹 공격(BC 632년)

진문공은 조로 행군하여 조성을 포위했다(BC 632년 3월). 희부기는 조공공에게 진문공에게 사죄하고 화평을 맺을 것을 건의하며, 사신으로 가는 것을 자청했다. 대부 우랑于朗은 예전에 희부기가 공자 중이에게 음식을 대접했던 사실을 언급하며, 희부기가 적과 내통하고 있으므로 참수할 것을 주장했다. 조공공은 희부기를 처형하지는 않았으나 벼슬에서 해임했다. 우랑은 ①항복을 원하고 있으므로 성문을 열 것이니 입성해 줄 것을 요청하는 취지의 거짓 밀서를 만들어 진문공에게 전달하고 ②미리 성문 부근에 궁수를 매복시켰다가 ③진문공이 성문을 들어서면 성문을 닫고 일제히 활로 공격하는 계책을 아뢰었다. 조공공은 만족하며 채택했다.

우랑은 거짓 밀서를 만들어 진문공에게 전달했다. 진문공은 밀서를 믿고 성에 들어갈 준비를 했다. 선진은 밀서를 의심하고, 가짜 진문공을 꾸며 먼저 입성하게 할 것을 건의했다. 발제가 가짜 진문공의 병거를 몰겠다고 자청했다.

가짜 진문공이 병사 500여 명을 거느리고 열린 조성의 성문으로 들어갔다. 갑자기 성문이 닫혔고, 매복한 궁수들이 일제히 화살을 퍼부었다. 발제를 포함해 미쳐 빠져나오지 못한 300여 명이 죽었다. 진문공은 대노하여 조성에 대한 총공격을 개시했다.

우랑이 조공공에게 초에 구원을 요청한 다음 성 위에 사망한 진군의 시체를 걸어 적의 사기를 떨어뜨리고 진군의 공세를 늦추면 곧 초의 구원군이 당도할 것이라고 계책을 아뢰었다. 조공공은 우랑의 계책대로 했다. 진의 병사들이 전우의 시체를 보고 동요했다.

이에 대응하여 선진은 진문공에게 성 서쪽에 있는 조 백성들의 조상 묘지에 군사를 주둔시키고 묘지를 파서 백성들을 동요시키고 혼란을 일으키는 계책을 아뢰었다. 진문공은 채택했다. 호모와 호언은 묘지에 주둔하며 군사들에게 상을 내걸고 묘지를 파서 해골을 가져올 것을 독려했다.

진군이 묘지를 파고 해골을 꺼낼 것이라는 소문이 삽시간에 성안에 퍼졌고, 백성들은 동요했다. 진군이 묘지를 파기도 전에 조공공은 항복을 선언했다. 선진은 진 병사들의 시체를 정중히 반환할 것을 요구 조건으로 내걸었다. 결국 3일 후에 시체를 반환하기로 합의했다. 조공공은 기한에 맞추기 위해 진 병사들의 시체를 염하고 입관하는 등 운송할 작업을 독려했다. 선진은 호모, 호언, 난지, 서신에게 매복했다가 시체를 실은 수레가 성 밖으로 나올 때 기습할 것을 지시했다.

약속한 날, 조는 진에 포위를 풀고 군사를 5리 후퇴시킬 것을 요청했다. 진군은 5리를 물러났다. 성문이 열렸고, 시체를 실은 수레가 줄지어 밖으로 나오고 있었다. 호모, 호언, 난지, 서신은 일제히 매복군을 이끌고 공격했다. 조군은 수레가 엉키어 성문을 닫을 수 없었다. 진군은 성을 점령했고, 위주는 조공공을 사로잡았다. 전힐은 우랑을 체포하여 참수했다.

상황이 종료된 후 진문공은 입성했다. 진문공은 조공공을 성 밖 5리에 있는 본영에 감금하고, 조의 간신배 관리 300명을 참수했다[1]. 진문공은 희부기에게 성 북쪽의 대저택을 하사했고, 군사들에게 경계를 서게 했다. 조치를 끝낸 진문공은 본영으로 복귀했다.

위주魏犨와 전힐顚頡의 명령 불복

진문공은 위주와 전힐의 공로를 칭찬하지 않고 본영으로 돌아갔는데, 위주와 전힐은 서운했다. 위주와 전힐은 자신들의 공적에 자부심을 갖고 있었는데, 진문공이 희부기를 후하게 대우하자 분노했다. 학자들은 진문공이 조曹의 민심을 수습하기 위해 특별히 희부기를 우대한 것인데, 위주와 전힐이 이를 이해하지 못한 것으로 보고 있다.

---

1) 한비는 《한비자》〈십과〉 편에서 작은 나라를 가지고 다른 나라에 무례한 짓을 일삼고 간하는 신하의 말을 듣지 않으면 대가 끊기게 된다고 말하며, 조공공을 예로 들고 있음

위주와 전힐은 술을 마시며 진문공에 대한 서운함을 이야기하다 대취하게 되었다. 전힐은 희부기가 중용될 것을 예상하며 분노했고, 위주에게 희부기의 저택을 방화하고 희부기를 죽일 것을 제의했다. 위주는 찬성했다.

위주와 전힐은 만취하여 심야에 군사들을 이끌고 희부기의 저택으로 가서 포위하고 방화했다. 희부기의 저택은 불길에 휩싸였는데, 위주는 불 속에서 희부기를 찾아다니다 무너지는 기둥에 깔려 중화상을 입었다. 전힐은 겨우 위주를 구출하여 철수했다.

호언과 서신이 출동하여 불을 끄기 위해 노력했다. 겨우 불을 껐으나 10여 명이 사망했고, 희부기는 화독을 입고 정신을 잃은 상태였다. 보고를 받고 진문공이 급히 희부기를 방문했으나, 희부기는 곧 사망했다. 진문공은 탄식하며, 당시 5세이던 희부기의 아들 희록僖祿을 진의 대부에 임명했다.

진문공은 사마 조최에게 위주와 전힐을 참수하라고 지시했다. 조최는 그동안의 공적을 감안하여 선처를 건의했다. 진문공은 신하에게 명령을 내릴 수 없으면 군주가 아니라고 말하며, 명령 이행의 중요성을 강조하는 동시에 명령 불복을 경계했다. 조최는 최고의 용맹과 힘을 갖춘 위주의 능력을 강조하며, 전힐을 처형하여 경계의 효과를 달성하되 위주는 살려줄 것을 건의했다. 진문공은 위주는 중상을 입어 더 이상 쓸모없는 상태일 것이므로 원칙을 포기하면서까지 살려 줄 가치는 없을 것으로 판단했다. 조최는 일단 자신이 위주를 문병하여 상태를 파악하고, 쓸모 있으면 살려주고 쓸모없으면 처형하는 것을 건의했다. 진문공은 조최에게 위주를 문병할 것을 지시하고, 순림보에게 전힐을 체포할 것을 지시했다.

조최는 위주를 문병하러 갔다. 위주는 조최가 문병하러 온 목적을 눈치챘다. 위주는 고통을 참아가며 일부러 건강한 척 행동했다. 위주는 충성을 강조하며 자신의 죄를 자책하고, 은혜를 베풀어 용서해 줄 것을 탄원했다. 조최는 돌아가 진문공에게 위주가 건강하며 충성을 맹세하고 있다고 보고한 후 용서해 줄 것을 건의했다. 진문공은 위주의 직위(거우)를 박탈하고, 주지교를 거우에 임명했다.

순림보는 전힐을 체포하여 데려왔다. 전힐은 반성하기는커녕 진문공을 원망했다. 진문공은 전힐을 참수형에 처했고, 희부기의 가족들은 전힐의 수급으로 희부기의 제사를 지냈다. 진문공은 전힐의 수급을 효수하고, 명령의 지엄함을 게시했다. 이로 인해 국법에 사사로움이 없다는 것이 천명되었고, 진군은 기강이 확립되었다. 한편 진문공은 조공공을 오록 땅으로 이송하고 계속 감금했다.

군대를 나누는 초성왕楚成王

초성왕은 송의 민읍 땅을 함몰하고 전진하여 송의 도읍인 수양성을 포위하며 장기전을 계획했다. 이때 위의 사신 손염이 초성왕을 찾아와 경위를 아뢰며 구원을 요청했다. 초성왕은 속국인 위를 구원하지 않을 경우 다른 속국들이 동요할 것을 염려하여 위를 구원하기로 결정했다.

초성왕은 군대를 나누어 위여신과 투의신을 대동하고 중군과 양광兩廣[1] 군사, 신과 식 마을의 군사 절반을 이끌고 위를 구원하러 출발했

---

1) 초왕의 친위 부대. 동광과 서광으로 구성됨. 각 광은 좌광과 우광으로 편성됨. 원래 1광은 병거 15승으로 편성되고 병거 1승에는 병사 150명이 편성되어야 하지만 현실은 그렇지 못함. 동광은 왼쪽을 담당하고 정병으로 구성되고 병거 30승으로 편성됨. 서광은 오른쪽을 담당하고 동광에 비해 병거와 병력이 열세임

다. 성득신은 투월초, 투발, 완춘과 함께 나머지 초군과 신과 식 마을의 군사 절반으로 송의 도읍을 계속 포위했다. 진·채·정·허의 제후들도 성득신과 함께 남았다. 초성왕이 떠나자 진·채·정·허의 제후들은 귀국했다. 진陳은 장수 원선轅選이, 채는 공자 인印이, 정은 장수 석계石癸가, 허는 장수 백주百疇가 남아 군사들을 지휘하며 성득신을 원조했다.

초성왕은 위로 가던 도중에 진晉군이 이미 위를 떠났고 조를 격파했다는 소식을 보고받았다. 초성왕은 어쩔 수 없이 신성申城 땅에 주둔했고, 진晉의 기세에 부담을 느껴 제와 화해하고 다음 기회를 노리기로 결심했다. 초성왕은 양곡 땅으로 사람을 보내 공자 옹을 소환했고, 신공 숙후를 제에 보내 강화를 체결하고 군사들을 철수시켰다. 이로써 양곡 땅은 다시 제의 소유가 되었다.

초성왕은 사람을 보내 성득신도 소환했다. 성득신과 투월초는 성을 함락하기 직전인데 소환한다며 불평했다. 성득신은 소환을 거절하며, ①송을 격파한 다음 귀환할 것이고 ②진晉군과 만날 경우 결전을 벌일 것이며 ③실패할 경우 군법을 받겠다는 뜻을 전달했다. 초성왕이 투자문을 불러 상의했다. 투자문은 초성왕에게 진晉과의 대결을 회피할 경우 패권은 진晉에 돌아가게 되고, 조와 위 등이 변심할 가능성이 있다고 지적했다. 투자문은 초가 가장 우세한 현재의 판세를 유지하려면 성득신에게 사람을 보내 ①송성을 계속 포위하고 ②진군과의 대결에는 신중을 기하면서 ③가능하면 진晉과 강화를 맺고 귀국하라고 지시할 것을 건의했다. 초성왕은 성득신에게 사람을 보내 위 내용을 지시했다.

성득신은 송의 도성에 대한 공격을 강화했다. 송성공은 매우 당황했고, 송은 위기에 빠졌다.

제齊와 진秦을 끌어들이는 선진先軫

 송의 도성이 위기에 빠지자 송의 대부 문윤門尹 반般은 성을 탈출하여 진晉문공에게 가서 송의 위기상황을 알리고 구원을 요청하겠다고 자원했다. 송성공은 보물 목록을 작성하여 문윤 반에게 교부하며, 구원 시 보상을 약속하라고 지시했다. 송성공은 화수로를 동행하게 했다. 반과 화수로는 어둠을 틈타 밧줄을 타고 성을 내려가 초군의 포위망을 벗어났다. 반과 화수로는 진문공에게 가서 보물 목록을 바치며 구원을 요청했다.

 진문공은 제는 양곡 땅을 반환받고 초와 우호를 체결했고, 진秦은 초와 원수진 일이 없어서 진晉 혼자 초를 대결하는 상황이 발생할 것을 우려했다. 선진은 ①진晉에 바치려던 보물 목록을 나누어 송을 시켜 직접 제와 진秦에 바치게 하면서 초군의 철수를 주선해 줄 것을 부탁하게 하면 ②제와 진秦이 초에 사신을 파견하여 철수를 권고할 것인데 ③초가 거절하게 만들어 제와 진秦이 초를 원망하게 만들면 ④제와 진秦이 송을 동정하여 진晉과 동맹을 자청하게 될 것이라고 계책을 아뢰었다. 선진은 점령한 위와 조를 송에 양도하면 초는 송을 더 미워하여 제와 진秦이 철수를 권해도 절대로 응하지 않을 것이라고 덧붙였다. 진문공은 선진의 계책에 감탄했다.

 송의 문윤 반은 진문공의 지시에 따라 보물 목록을 나누어 2개로 만들었다. 진문공은 보물 목록을 가지고 제와 진秦으로 가서 초군의 철수를 주선해 줄 것을 부탁하도록 지시했다. 문윤 반은 진秦으로 갔고, 화수로는 제로 갔다. 화수로는 제소공에게 보물 목록을 바치고 초군의 철수를 주선해 줄 것을 애원했다. 보물 목록에 혹한 제소공은 최요를 파견하여 성득신을 설득하도록 했다. 한편 문윤 반은 진秦목공에게 보물 목록을 바치고 초군의 철수를 주선해 줄 것을 애원했다. 보물 목록에 혹한 진목공은 공자 칩을 파견하여 성득신을 설득하도록 했다. 화수로와 문윤 반이 돌아와 진문공에게 경과를 보고했다.

진문공은 호언과 문윤 반에게 위를 공동으로 통치할 것을 지시하고, 서신과 화수로에게 조를 공동으로 통치할 것을 지시했다. 진문공은 위와 조의 신하들을 추방했다.

최요(제)와 공자 칩(진秦)이 초군의 진영에 머물며 성득신을 설득하고 있을 때, 추방된 위와 조의 신하들이 도착하여 성득신에게 원통함을 호소했다. 성득신은 대노했고, 제와 진秦의 강화 주선을 거절했다.

최요와 공자 칩은 임무에 실패하고 각자 본국으로 귀국했다. 진문공은 귀국하는 최요와 공자 칩을 중간에서 데려와 대접하면서 성득신을 비난하고 진晉과 협력하여 초를 공격할 것을 군후에게 건의해 줄 것을 부탁했다.

성득신成得臣을 도발하는 진문공晉文公

성득신은 위와 조를 독립시킬 것을 다짐했다. 장수 완춘이 성득신에게 ①진晉이 위후와 조후를 복위시키고 영토를 회복시키는 것과 초가 송성의 포위를 푸는 것을 조건으로 하여 진晉에 화평을 요청하여 ②진이 승낙하면 초의 공이 되고 ③진이 거절할 경우에는 송의 포위를 풀어주면서 진의 화해 거부 사실을 설명하면 송이 진에 대하여 원망할 것이므로 나중에 조·위·송을 합쳐 진을 공격하면 된다고 계책을 건의했다. 완춘은 진晉에 사신으로 가서 협상하겠다고 자청했고, 성득신은 허락했다.

완춘은 진문공을 알현하며 화해 조건을 설명했다. 듣고 있던 호언이 아직 점령하지 못한 나라와 이미 망한 나라를 교환하자는 것은 염치없는 것이라며 완춘을 비난했다. 선진이 슬쩍 호언의 발을 밟아 중지시키고 나서 완춘을 위로하며 회의가 필요하니 일단 후영으로 가서 휴식을 취하도록 권유했다. 난지는 완춘을 후영으로 데려갔다.

선진은 동의하면 초의 공이 되고 거절하면 진晉이 원망을 받을 것이라고 설명하며, 초와 위·조를 이간하는 것이 필요하다고 강조했다. 선진은 ①위성공과 조공공에게 초와 절교하고 진晉을 섬기겠다는 서신을 작성하여 성득신에게 보내면 복위시켜 줄 것을 약속하고 ②초의 사자 완춘을 구금하면 ③성득신이 분개하여 송에 대한 포위를 풀고 군을 이동시켜 전투를 신청할 것이라고 계책을 아뢰었다. 진문공은 예전에 초에 신세를 진 사실을 언급하며, 초의 사신을 구금하는 것을 부담스러워 했다. 난지는 패자는 지난날의 작은 은혜에 속박을 받으면 안 된다고 말하며, 초의 압박은 중원의 수치임을 강조했다. 드디어 진문공은 결심했다.

난지는 완춘을 체포하여 오록 땅으로 이송했다. 극보양은 완춘을 구금하고 감시했다. 진문공은 완춘의 수행원을 풀어주며, 완춘이 무례하여 구금했고 나중에 성득신을 잡아 함께 참수할 것임을 전하게 했다.

진문공은 조공공에게 사람을 보내 석방 조건을 알렸다. 조공공은 진晉을 섬길 것을 맹세하며, 성득신에게 초와 절교한다는 취지의 서신을 보냈다. 진문공은 또한 양우 땅에 피신 중인 위성공에게 사람을 보내 석방 조건을 알렸다. 영유는 위와 초를 이간시키려는 계책이므로 신중할 것을 건의했다. 그러나 위성공은 빨리 복위하고 싶은 욕심에 영유의 간언을 무시하고, 성득신에게 초와 절교한다는 취지의 서신을 보냈다.

송宋을 떠나 진군晉軍을 향해 가는 성득신成得臣

성득신은 완춘의 구금 사실과 조공공 및 위성공의 서신에 대노하여 진문공과 사생결단을 벌이기로 결심했다. 성득신은 송성에 대한 포위를 풀고 진晉군을 공격하러 출발할 것을 지시했다. 투월초는 군을 움직이기 위해서는 왕에게 먼저 보고를 하여야 한다고 지적하며, 제와 진秦이 진晉에 대하여 원군을 보낼 것이 예상되므로 왕에게 증원군을 요청할 필요가 있다고 건의했다.

성득신은 초성왕에게 투월초를 보냈고, 투월초는 진晉과의 전투가 불가피함을 아뢰며 증원을 요청했다. 초성왕은 속으로 자신의 지시에 불복한 성득신에게 분노했고, 왕명을 무시하는 투씨와 성씨 세력의 강력함을 염려했다. 결국 초성왕은 투의신이 거느린 서광西廣 군사 1,000명만 증원하기로 결정했다. 초성왕이 소수의 증원군을 결정하자 성득신의 아들인 성대심成大心(당시 15세)은 가문의 사병 600명을 모아 참전을 자청했다.

투월초, 투의신, 성대심은 송으로 이동했다. 성득신은 소수의 증원군에 분노했다. 성득신은 송의 도성에 대한 포위를 풀고 진군을 향해 출발했다. 중군은 기존의 초군에 서광 군사와 성씨 가문의 사병을 추가하여 구성하고 성득신이 맡았다. 좌군은 신 마을 군사와 정·허군을 합하여 구성하고 투의신이 맡았다. 우군은 식 마을 군사와 진陳·채군을 합하여 구성하고 투발이 맡았다. 성득신은 분노한 마음에 매우 빠른 속도로 행군했고, 진문공의 본영에 접근하여 영채를 세웠다(BC 632년 4월).

삼사三舍를 물러나는 진문공晉文公

선진은 초 연합군의 피로를 이용하여 초반에 전면전을 펼칠 것을 건의했다. 호언은 예전에 삼사(=90리)를 물리기로 했던 약속을 언급하며, 신의를 지키기 위해 삼사를 물러날 것을 주장했다. 장수들은 진晉의 제후가 초의 장수를 피해 물러나는 것은 치욕이라면서 호언의 주장에 반발했다. 호언은 만약 초군이 추격하면 스스로 교만과 무례에 빠질 것이고 진군의 분노를 일으켜 결국 진군이 승리할 것이라고 설명했다.

진晉문공은 삼사를 물러났고, 진晉의 외곽 지역인 성복城濮 땅에 주둔했다. 제소공은 상경 국의중의 아들인 국귀보國歸父를 대장으로 삼고 최요를 부장으로 삼아 지원군을 보내 주었고, 진秦목공은 둘째 아들인 소자小子 은憖을 대장으로 삼고 백을병을 부장으로 삼아 지원군을 보내 주었다. 송성공도 공손고를 대장으로 삼아 지원군을 보냈다.

투발은 성득신에게 진문공이 후퇴하여 초의 패권을 과시한 결과가 되었으므로 회군할 것을 건의했으나, 성득신은 무시하며 군대를 전진시켰다. 초 연합군은 험준한 곳을 잡아 주둔하며 진晉군과 대치했다.

초군이 끝까지 따라오자 진晉의 장수들은 분노하여 선제공격을 주장했다. 선진은 초군의 주둔지는 방어에 유리함을 지적하며 거부했다. 진문공은 강력한 초군을 상대하는 것이 불안했다. 진문공은 초왕과 씨름을 하다 져서 초왕에게 뇌를 먹히는 악몽까지 꾸었다. 진문공은 승리에 대한 자신이 없어 싸움을 주저했다. 호언이 제후들을 복종시키기 위해 싸울 것을 주장하며, 만약 이기지 못하더라도 밖으로는 황하가 있고 안으로는 험한 산이 가로막고 있어 손해는 보지 않을 것이라고 설득했다[1]. 결국 진문공은 초와 결전을 결심했다. 양측은 전서를 주고받고 다음 날 개전하기로 약속했다.

진晉 연합군과 초楚 연합군의 성복城濮대전(BC 632년 4월)

선진은 병거를 사열한 후 장수를 배치하며 다음과 같이 임무를 부여했다.

- 상군: 호모, 호언, 최요(제)가 맡고, 초 좌군(투의신)을 공격함
- 중군: 선진, 극진, 기만이 맡고, 초 중군(성득신)을 공격함
- 하군: 난지, 서신, 백을병(진秦)이 맡고, 초 우군(투발)을 공격함
- 순림보, 선멸: 각 군사 5,000명을 거느리고, 형편에 따라 지원함
- 국귀보(제), 소자 은(진秦): 우회하여 매복한 후 초군의 대채大寨를 노림
- 위주: 초의 연곡連谷 땅과 접경한 공상空桑 땅으로 이동하여 매복한 후 초의 패잔병을 공격함

---

1) 여기서 **표리산하**表裏山河(진晉의 지형이 밖으로는 황하가 막아주고 안으로는 험준한 산이 있어 방어에 유리하다는 뜻. 험준한 산천에 둘러싸인 천연의 요새를 비유함)의 고사성어가 나옴

- 조최, 손백규, 양설돌羊舌突, 모벌茅筏 등: 진문공을 보호하며 대기함
- 주지교: 남하로 이동하여 백성들의 배를 징발한 후 대기함

진晉 연합군은 병거 1,000승이며 이 중 진晉군이 병거 700승이었고, 초 연합군도 병거 1,000승이었다. 진晉군은 전장의 북쪽에 포진했고, 초군은 남쪽에 포진했다.

초의 우군이 진陳·채군을 선두로 먼저 진격을 개시했다. 난지는 백을병에게 출전을 지시했다. 진陳의 원선과 채의 공자 인이 공격을 개시했고, 진秦군은 거짓으로 패하며 후퇴했다. 진陳·채군이 추격하고 투발이 뒤를 따랐는데, 서신은 호피를 씌운 병거부대를 동원하여 반격했다. 진陳·채군의 말들은 호피에 놀라 통제 불능이 되어 뒤로 돌아 도망쳤고, 투발의 후속 부대와 충돌하며 대혼란이 발생했다. 서신과 백을병은 혼란에 빠진 초의 우군을 공격하여 크게 무찔렀다. 채의 공자 인은 전사했고, 투발도 중상을 입고 겨우 도망쳤다.

난지는 병거에 나무를 매달아 먼지를 일으키며 진晉군이 패하여 달아나는 것처럼 꾸몄다. 난지는 병사 일부를 진陳·채군으로 가장시켜 진陳·채군의 깃발을 앞세우고 성득신에게 보내어 거짓으로 승전을 보고하게 하고 병력을 지원해 주길 요청했다.

성득신은 북쪽으로 먼지를 일으키며 도주하는 진晉군을 멀리서 확인한 후 투의신의 초 좌군에게 진격을 지시했다. 투의신은 돌격했는데, 호언이 나타나 상대하다 후퇴하며 투의신을 유인했다. 투의신은 승세를 탄 것으로 믿고 초 좌군을 전부 투입하여 공격했다.

이때 선진은 대장기를 세우고 중군이 포진하고 있는 외관을 만들어 놓고 기만에게는 초군과 절대로 응전하지 말 것을 지시한 후 중군의

주력부대를 이끌고 상군을 도와 초의 좌군을 공격하기 위해 출격했다. 선진과 극진의 진晉 중군이 초 좌군의 측면을 급습하고 돌격했다. 초 좌군은 분리되었다. 후퇴하던 호모와 호언이 방향을 돌려 초 좌군을 포위하고 협공했다. 정·허군이 먼저 붕괴되었고, 투의신은 간신히 포위를 탈출했다. 최요의 제군까지 합세했다. 초 좌군은 대패했고, 투의신은 도주했다.

한편 성득신은 초 우군의 거짓 승전 보고와 초 좌군의 초반 승세 외관에 고무되어 진晉 중군을 향해 진격을 지시했다. 이때 진晉의 중군원수 선진은 초 좌군을 공격하러 나간 상태였다. 성대심이 먼저 돌격했는데, 선진의 지시 때문에 기만은 응전하지 않고 본영을 굳게 지켰다. 성대심이 도발하자 기만은 성대심이 어린 것을 얕보고 진영의 문을 열고 출전하여 성대심과 대결했다. 이때 투월초가 가세하여 기만에게 활을 발사했다. 활은 기만의 투구를 맞추었고, 기만은 선진의 명령을 떠올리며 후퇴했다. 초군이 추격했으나 기만은 중군이 동요할 것을 우려하여 차마 본영으로 들어가지 못하고 진지 주위를 돌며 도주했다.

투월초와 성대심은 기만을 추격하지 않고 진晉의 중군에 대하여 공격을 개시했다. 투월초가 쏜 화살에 진군의 대장기가 떨어졌다. 초 중군의 맹공에 수적 열세인 진晉 중군은 당황했다. 진晉 중군이 위기에 빠진 순간 순림보와 선멸이 지원군으로 가세하여 투월초 및 성대심과 대결했다. 승세를 탔다고 판단한 성득신은 총공격을 개시했다.

이때 선진과 극진이 초 좌군을 격파한 후 당도하여 진晉 중군에 합세했고, 진군과 초군은 혼전을 벌였다. 잠시 후 진晉의 상군과 하군까지 가세했고, 초 중군은 포위되었다. 포위된 초 중군은 무너지기 시작했다. 비로소 성득신은 초의 좌·우군이 패배한 것을 알게 되었다. 성득신은 황급히 후퇴를 지시했다. 성대심은 용맹을 발휘하여 성득신을 호위하고 진군의 포위를 탈출했다. 이후 성대심은 투월초를 찾으러 다시 진군 속으로 들어가서 투월초와 합류하여 포위를 탈출했다. 초 중군은 참패했다.

한편 제의 국귀보와 진秦의 소자 은은 성득신이 출격하여 진군과 교전 중일 때 초의 본영을 급습하여 점령하고 많은 군수품을 노획했다.

진문공은 망명 시 초성왕에게 받은 은혜를 떠올리며 선진에게 관용을 베풀어 초군을 살상하지 말도록 지시했다. 선진은 초의 패잔병을 추격하지 않았다. 선진은 명령을 어겨 중군을 위기에 빠뜨린 기만을 체포했다.

진陳·채·정·허 4국 군대는 막대한 피해를 입고 본국으로 도주했다. 성득신, 성대심, 투월초는 패잔병을 수습하여 수수睢水를 따라 도주하다 투의신과 투발을 만났다. 그들이 공상 땅에 당도했을 때 매복해 있던 위주가 공격했다. 초군이 위기에 빠졌을 때 선진이 보낸 전령이 도착하여 진문공의 지시를 전달했다. 위주는 길을 열어 초군을 보내주었다. 성득신 일행은 연곡 땅에 당도했고, 믿기지 않는 참패에 모두 통곡했다.

한편 주지교는 전투에 참가하지 못하고 배를 준비하는 임무를 부여받자 매우 불만이었다. 이때 주지교는 부인이 병으로 매우 위중한 상태라는 소식을 받았다. 주지교는 진문공에게 알리지 않고 귀국하여 부인의 병간호를 했다. 주지교는 전쟁이 빨리 끝날 것을 예상하지 못했고, 배도 준비하지 않았다.

대승을 거둔 진문공은 군사들을 위로하고, 전리품의 반을 떼어 제와 진秦에 나누어 주었다. 진문공은 대승을 거두었지만, 장차 성득신이 보복할 것을 걱정했다. 제군과 진秦군, 송군은 귀국했다. 송성공은 제와 진秦에 사신을 파견하여 감사의 뜻을 전달했다.

진문공은 선진의 건의에 따라 기만을 참형에 처했다. 조최는 군사들에게 원수가 내린 명령의 지엄함을 선포했다. 진군은 회군을 시작했다. 진군은 남하에 당도했는데, 배가 준비되어 있지 않았다. 진문공은 분노하며 배를 강제로 징발할 것을 지시했다. 선진은 강제 징발은 남하 주민들에게 두려움을 줄 수 있다고 말하며, 상을 내걸어 배를 모집할 것을 건의했다. 진군은 배를 모집해 강을 건넜다.

성복대전은 춘추시대의 4강이 모두 개입한 최초의 국제전으로, 진晉·제·진秦 3강이 연합하여 당시 최강국이던 초를 물리치고 초의 북진을 저지한 중요한 사건이다. 이로써 초는 상당 기간 위축되었고, 진晉은 중원에서 최강국의 지위를 확립했다. 이때부터 **2강(북의 진晉, 남의 초楚)의 남북대결**이 오랜 기간 진행된다.

성득신成得臣의 자살과 투자문鬪子文의 사망

성득신, 투의신, 투발은 연곡 땅에 머무르며 죄인을 자청하고, 초성왕에게 성대심을 보내 죽음을 청했다. 성대심은 신성申城으로 가서 초성왕에게 패전을 보고했다. 초성왕은 분노하여 성대심에게 모든 장수들의 자결을 지시하는 왕의 명령을 전달하도록 했다. 성대심은 통곡하며 연곡 땅으로 출발했다.

한편 위가는 부친 위여신에게 성득신은 강직하므로 지혜로운 자의 도움을 받으면 진에 복수할 수 있을 것이라고 말하며, 예전에 면사패를 받은 사실을 상기시켜 주었다. 위여신은 초성왕을 찾아가 면사패를 수여한 사실을 알려주었다. 초성왕은 대부 반왕潘尪을 연곡 땅으로 보내 자결 지시를 철회하니 귀국하라는 명령을 전달하도록 했다.

그즈음 성대심은 연곡 땅에 도착하여 초성왕의 명령을 보고했다. 성득신은 탄식하며 칼로 목을 쳐서 자살했다. 투의신은 대들보에 목을 매고 자살하려 했는데, 비단 줄이 끊어져 죽지는 않고 기절했다. 투발은 성득신의 장례를 치른 후 자살하려고 장례를 준비하고 있었다. 이때 대부 반왕이 급히 당도하여 초성왕의 명령을 전달했다.

성대심, 투의신, 투발, 투월초는 신성으로 가서 초성왕을 알현하고 살려 준 은혜에 감사를 드렸다. 초성왕은 성득신의 자살을 매우 안타까워하며 도읍 영도로 돌아왔다. 초성왕은 패전의 책임을 물어 투의신을 상공商公에 임명하여 상 땅으로 좌천시키고, 투발을 변방인 양성襄城 땅의 수장으로 좌천시켰다. 초성왕은 위여신을 영윤에 임명하고, 성득신의 아들인 성대심과 성가구成嘉俱를 대부에 임명했다.

투자문은 성득신의 패전 소식에 탄식하며, 위가에 대하여 부끄러움을 느꼈다. 투자문은 부끄러움을 참을 수 없어 탄식하다 피를 토하고 쓰러졌다. 투자문은 아들 투반鬪般에게 투월초[1]는 낭자야심狼子野心[2]의 관상으로 집안을 망칠 상이고, 위여신은 단명할 상이고, 투발과 투의신은 끝이 순조롭지 못할 상이라고 말하며, 투월초가 정권을 장악할 경우

---

1) 투자문의 조카. 용맹하고 명궁으로 유명함. 호랑이 상에 늑대 음성이어서 투자문은 반역의 관상이라고 평가했음
2) 이리 새끼의 야성은 길들일 수 없다는 뜻. 왜곡된 마음을 가진 사람에게는 은혜를 베풀어도 소용이 없고 끝내 배신하게 됨을 비유함

멀리 피하여 화를 피할 것을 유언으로 남기고 사망했다.

얼마 후 위여신도 갑자기 병을 얻어 사망했다. 초성왕은 <u>투반</u>을 영윤에 임명하고, 위가를 공정에 임명하고, 투월초를 사마에 임명했다.

제4절 진문공晉文公의 패권

진晉과 정鄭의 동맹

진문공은 예전에 자신을 무시했던 정에 대하여 복수하고 싶었다. 조최는 정을 거쳐 귀국하면 정문공이 사죄할 것이라고 아뢰었다. 이때 주 왕실의 경사 왕자 호虎가 진문공을 찾아와 주양왕이 방문해서 진군을 위로할 계획임을 알렸다. 진문공은 주왕을 대접하는 예법이 고민되었다. 조최는 정의 형옹衡雍 땅에 있는 <u>천토踐土</u> 마을에 왕궁을 건립한 다음 주왕을 모신 후 제후들을 대동하여 주왕을 영접하고 조례할 것을 건의했다. 진문공은 왕자 호에게 5월에 천토에서 조례를 올릴 수 있게 주선해 줄 것을 부탁했다. 왕자 호는 귀국했고, 진군은 형옹 땅으로 이동했다.

정문공은 진군이 공격할 것을 염려했다. 정문공은 대부 자인구子人九를 파견하여 화평을 요청했다. 진문공은 화평은 정의 본심이 아니라고 자인구를 질책하며, 정을 공격할 뜻을 밝혔다. 조최는 군사들이 지쳐 휴식이 필요하니 화평을 허락하기를 건의했다. 결국 진문공은 정의 화평 제의를 승낙했다.

진군은 형옹 땅에 당도했고, 호모와 호언은 왕궁을 건립하기 시작했다. 난지는 정성을 방문하여 정문공과 맹세의식을 치르고, 진晉을 배반하지 않겠다는 다짐을 받았다. 정문공은 형옹 땅으로 가서 진문공을 알현하고 사죄했다. 진문공은 정문공과 맹세의식을 치르고 우호를 서약했다. 정문공으로부터 성득신의 자살 소식을 들은 진문공은 비로소 안도했다.
　왕궁과 관사 공사가 끝나자 진문공은 제후들에게 격문을 보내 천토에서 주양왕에게 조례를 올릴 것을 알렸다. 5월 초에 송성공, 제소공, 정문공, 노희공, 진陳목공, 채장공, 주후邾侯, 거후莒侯가 천토에 도착했다. 성복에서 초가 진晉에 대패하자 **정, 노, 진陳, 채** 등이 초를 배반하고 진晉에 붙는 결과가 되었다. 진秦은 원래부터 중원의 맹회에 참석하지 않았으므로 진秦목공은 불참했다. 초를 오랫동안 섬긴 허는 참석하지 않았다. 위성공은 양우에 피신 중이었고, 조공공은 오록에 감금 중이었다.

위성공衛成公의 진陳 망명

　진晉문공은 격문을 보내면서 위성공을 초청하지 않았다. 이에 위성공은 진문공이 분노를 풀지 않고 있는 것으로 여기고 매우 걱정하며 다른 나라로 망명할 것을 검토했다. 영유는 위성공에게 동생 숙무에게 잠시 양위할 것을 건의하면서, 이후 원훤이 숙무를 수행하고 천토를 방문하여 진문공에게 동맹에 넣어 주길 애원하는 동시에 우애가 지극한 숙무가 위성공의 복위를 위해 노력하면 진문공이 허락할 것이라고 아뢰었다. 위성공은 어쩔 수 없이 동의했고, 손염을 파견하여 숙무에게 양위할 뜻을 밝혔다.

위성공은 어디로 망명할지 고민되었다. 영유는 초에 절교의 서신을 보낸 사실을 언급하며, 진陳을 추천했다. 그러나 위성공은 숙무는 진晉을 섬기고 자신은 초를 섬겼다가 나중에 결과를 지켜보고 어디를 섬길지 결정하겠다며 초로 갔다. 그러나 위성공은 국경에서 초의 백성들로부터 의리 없는 자라고 비난을 받으며 들어가지도 못하고 쫓겨났고, 결국 진陳으로 갔다.

숙무는 양위를 끝까지 사양하고, 대신 섭정을 수락했다. 숙무는 자신이 맹회에 참석하여 형님인 위성공의 복위를 주선할 것이라고 위성공에게 보고하도록 손염에게 지시했다. 원훤은 위성공의 의심과 시기심을 우려하여 아들 원각元角을 인질로 손염에게 딸려 위성공에게 보냈다.

어느 날 공자 천견歂犬이 원훤을 방문하여 숙무를 군위에 올리고 재상이 되어 통치하면서 진晉과 친교를 맺을 것을 권유했다. 원훤은 위성공을 배신할 수 없다며 거절했다. 천견은 위성공이 복위할 때 원훤이 자신이 한 말을 발설할까 매우 걱정이 되었고, 결국 간계를 마련한다.

천견은 진陳으로 가서 위성공을 방문했다. 천견은 숙무와 원훤이 진晉과 결탁하여 군위를 차지할 음모를 꾸미고 있다고 거짓말을 했다. 위성공은 의심이 들어 손염을 불러 추궁했다. 손염은 자신은 모르는 일이라고 아뢰며, 원각을 불러 문의할 것을 건의했다. 위성공은 원각을 추궁했고, 원각은 강하게 부인했다. 영유는 원훤을 의심하지 말라고 건의했다.

이때 숙무는 섭정 자격으로 원훤과 함께 천토로 가서 진문공을 알현하고 있었다. 진문공은 위성공 대신 숙무를 위후로 삼고 싶었다.

공자 천견은 숙무와 원훤을 계속 음해하면서 위성공에게 천토에 심복부하를 보내 숙무와 원훤을 감시할 것을 건의했다. 위성공은 천토에 심복부하를 보냈다.

진문공晉文公의 천토踐土회맹(BC 632년 5월)

주양왕이 5월 말일에 천토에 당도했다[1]. 진문공은 제소공, 송성공, 정문공, 노희공, 진陳목공, 채장후, 주邾후, 거후를 대동하고 주양왕을 영접했다. 진문공은 조하의 예를 올리며, 초군 포로와 병장기 등 전리품을 상납했다. 주양왕은 진문공을 치하하며, 상경 윤무공尹武公과 내사 숙흥에게 지시하여 진문공을 방백으로 추대하는 의식을 거행하도록 했다. 진문공은 세 번 사양한 후 방백을 수락했다. <u>주양왕은 진문공을 방백으로 선포하며</u>, 많은 물품을 하사하고 제후를 징벌할 권한을 수여했다. 이로써 진문공은 제환공의 뒤를 이어 명실상부한 패자로 공인받게 되었다.

왕자 호는 진문공을 맹회의 맹주로 책봉했다. 진문공은 맹주로서 천토회맹을 지도했고, 왕자 호는 회맹을 감찰했다. 존왕양이, 계절존망, 중원질서 수호의 맹서가 작성되었다. 숙무는 위후衛侯의 섭정 자격으로 맹서에 서명하고, 끝 순서로 맹단에 올랐다. 왕자 호는 서사誓詞를 낭독했고, 제후들은 삽혈의식을 치렀다.

회맹이 끝난 후 진문공은 숙무에게 위의 군위를 승계하도록 지시했다. 숙무는 진문공에게 읍소하며, 위성공의 복위를 간청했다. 원훤도

---

1) 훗날 공자는 진문공이 회맹에 천자를 참석하게 했다는 이유로 진문공을 크게 비난함

가세하여 간청했다. 진문공은 고민에 빠졌다.

한편 위성공의 심복부하는 숙무가 회맹에서 삽혈의식을 치르는 모습만 본 채 숙무의 읍소를 보지 못하고 바로 귀국하여 위성공에게 보고했다. 주양왕과 각국 제후들 및 숙무는 모두 귀국했다.

진문공晉文公의 편법적인 군대 증설(BC 632년)

진문공은 주양왕으로부터 받은 하사품을 앞세우고 귀국했고, 진의 백성들은 환호와 찬사를 보냈다. 주지교는 집에서 부인의 병간호를 하다 귀국하는 진문공을 영접하러 나갔다. 진문공은 주지교를 체포했다. 주지교는 부인의 병이 중했음을 아뢰며 선처를 호소했다. 그러나 진문공은 조최의 의견에 따라 주지교를 참수하고 효수하여 상벌의 분명함을 보였다.

진문공은 귀국한 후 포상을 실시했는데, 호언을 1등으로 평가하고 선진을 2등으로 평가했다. 장수들 모두 의문을 가졌는데, 진문공은 신의는 만세의 교훈이고 승전은 한때의 공로라고 말했다.

진문공은 항상 명분을 중시했는데, 호언이 삼사를 물리도록 건의하여 자신이 신의를 지킨다는 것을 널리 알리게 한 공을 선진이 초를 물리친 공보다 더 높이 평가한 것이다. 진문공은 상을 줄 때 정치의 승리를 가장 중요하게 평가했고, 그 다음으로 전쟁의 승리, 그 다음으로 전투의 승리를 중요하게 여겼던 것이다.

국력이 증대하자 진문공은 기존의 3군에 새로이 3행(중행中行, 좌행左行, 우행右行)을 추가하여 편법으로 군대를 증설했다(BC 632년). 명목상으로는 3군을 유지했지만, 실제로는 제후의 상한선인 3군을 넘어 천자만 가능한 6군을 둔 것이다. 원래 행行은 병거에 예속된 보병인 도졸徒卒의 대형을 의미하는 용어인데, 다른 제후들의 비난을 피하기 위해 군軍대신 행行이라는 명칭을 사용한 것이다.

이로써 진晉은 당시 최고의 군사력을 가진 국가가 되었다. 진문공은 순림보를 중행대부에, 선멸을 좌행대부에, 도격을 우행대부에 임명했다. 순림보가 중행대부가 된 이후 그의 후손들은 기존의 순씨에서 분화되어 중행씨中行氏로 불리기도 한다(후술). 순림보의 후손들은 훗날 진의 대귀족이 된다.

위성공衛成公의 복위(BC 632년)

심복부하로부터 보고를 받은 위성공은 대노하여 즉시 원각을 칼로 쳐 죽였다. 원훤은 아들의 피살 소식을 듣고 아들의 죽음은 천명이라며 탄식했다. 원훤은 군주가 자신을 저버렸지만 자신은 군주를 저버릴 수 없다고 다짐했다. 사마 만瞞이 위성공의 의심을 걱정하며 원훤에게 망명을 권유했다. 원훤은 자식의 죽음은 개인의 원한이고 나라를 지키는 것은 국가의 대사라고 말하며 거절했다. 원훤은 위성공의 복위를 바라는 탄원서를 숙무 명의로 작성했고, 숙무는 이를 진문공에게 보냈다.

숙무의 탄원서를 받고 진문공이 고민하고 있을 때 진陳목공이 사자를 보내 위성공이 반성하고 있음을 아뢰며 복위를 간청했다. 결국 진문공은 위성공의 귀국과 복위를 허락했다. 진문공은 오록성의 극보양에게 사람을 보내 위성공을 저지하지 말고 통과시키도록 전했다.

숙무는 진陳에 사람과 수레 등을 보내 위성공을 모셔오도록 했다. 진陳목공도 위성공에게 귀국을 권유했다. 다급해진 공자 천견은 숙무가 딴 마음을 품고 있으므로 숙무가 보낸 사람을 믿고 귀국하면 위험하다고 이간질을 했다. 위성공은 영유를 도읍인 초구로 보내 숙무의 진의를 파악하게 했다.

영유는 초구로 가서 궁궐에 당도했다. 숙무는 조당의 정좌를 비워두고 신하의 자리에서 정무를 처리하고 있었다. 숙무는 전상殿上을 위성공의 자리라며 비워두고 있었던 것이다. 영유는 숙무의 진심을 인정했다. 영유는 숙무와 협의하여 위성공의 귀국일을 6월 신미일로 정했다. 위의 대신들은 망명 신하는 공신으로 인정받고 국내 신하는 죄인으로 취급받을 것을 걱정했다. 영유는 대신들을 안심시키며, 맹세의식을 거행하여 대신들의 동요를 막았다. 숙무는 대부 장장長牂에게 국문國門을 지키면서 위성공을 영접하도록 지시했다.

영유는 진陳으로 돌아가 숙무의 진심을 위성공에게 보고했다. 천견이 다시 숙무와 영유가 결탁하고 있다고 이간질하며, 약속 날짜보다 미리 출발하여 흉계를 피할 것을 건의했다. 천견은 변란에 대비하기 위해 자신이 선두에 설 것을 자청했다. 위성공은 즉시 출발할 것을 지시했다. 영유는 위 내부의 의심을 우려하여 약속 날짜를 지킬 것을 건의했다. 천견은 귀국을 막는 이유를 의심하며 영유를 비난했다. 영유는 자신이 먼저 출발하여 위 내부의 민심을 안정시키겠다고 자청했다. 위성공은 허락했고, 영유는 먼저 출발했다.

천견은 영유가 먼저 출발하는 이유가 의심스럽다며 이간질하고, 출발을 재촉했다. 위성공은 즉시 출발했다. 영유는 국문을 지나 도읍 초구에 입성했다. 천견도 전위부대를 이끌고 위 국문에 당도했고, 장장은 위성공을 영접하러 출발했다. 천견은 계속 행군하여 초구에 입성했다.

영유는 궁궐에 들어가면서 위성공의 도착 사실을 외쳤다. 숙무는 머리를 감고 있다가 기쁘고 놀라서 물에 젖은 머리를 움켜잡고 뛰어나왔다. 곧이어 천견도 궁궐에 도착했다. 천견은 자신의 이간질이 드러날 것을 염려하여 위성공이 도착한 것으로 알고 뛰어나온 숙무에게 화살을 발사했다. 화살을 맞은 숙무는 곧 사망했다. 원훤은 대성통곡했고, 위성공을 저주하며 진晉으로 도주했다. 숙무가 사망하자 위의 백성들은 크게 동요했다.

장장의 영접을 받은 위성공은 숙무의 충성에 감탄하며 초구에 당도했다. 영유는 위성공에게 숙무의 사망 사실을 보고하며, 백성들의 신용을 잃게 되었다고 자책했다. 자초지종을 알게 된 위성공은 대성통곡했고, 천견을 참수했다. 위성공은 숙무를 제후의 예로 장례 치렀다. 위의 민심은 차차 안정되었다.

진공공陳共公의 즉위

진陳목공이 재위 16년에 사망하고 아들 삭朔이 즉위하니(BC 632년), 곧 **진공공陳共公**[1]이다.

---

1) 진陳공공 규삭: 재위 BC 631 ~ BC 614

진문공晉文公과 제후들의 하양河陽조례(BC 632년 10월)

　원훤은 진문공을 알현하며 대성통곡하고 위성공이 숙무를 살해했다고 호소했다. 천토맹회에 허許가 불참하고 위성공이 함부로 동생을 살해하는 등 패업의 자긍심에 상처를 입은 진문공은 회의를 열어 대책을 논의했다. 선진은 배신한 국가에 대한 토벌의 필요성을 강조하며, 군사 행동을 준비한 후 지시를 기다리겠다고 아뢰었다. 호언은 패자는 결국 천자의 위엄에 의지하는 것이 필요하므로 제후들을 소집하여 천자에게 문안을 드리는 것을 제안하며, 불참한 제후를 징벌할 것을 건의했다. 조최는 제후를 대동하여 왕성을 방문하면 백성들이 두려워할 가능성이 있고, 천자도 진의를 오해하여 접견을 거부할 가능성이 있음을 지적했다. 조최는 주양왕을 온溫 땅에 모신 후 방문하면 왕과 백성들이 오해할 가능성이 없을 것이라고 아뢰었다. 진문공은 조최의 주장을 따르기로 했다.

　진문공은 조최를 주 왕실에 파견했다. 조최는 주양왕을 알현하고, 진문공이 제후들을 대동하고 왕성을 방문하여 조례를 드리겠다고 말하며 왕의 반응을 살폈다. 예상대로 주양왕은 즉답을 하지 않고 불안해했다. 주양왕은 조최를 역관에 머물게 한 다음 거절 방법에 대하여 왕자 호와 상의했다. 왕자 호는 자신이 조최를 방문하여 적절히 처리하겠다고 대답했다.

　왕자 호는 조최를 방문하여 백성들의 동요를 이유로 진문공의 왕성 방문을 완곡하게 거절했다. 조최는 계획대로 진문공의 충성과 제후들에 대한 신의를 강조하며, 천자가 지방 순수 명목으로 하양河陽 땅에 왕림하면 진문공이 하양 땅에 가서 조례를 드리는 대안을 제시했다. 왕자 호는 동의했다. 결국 주양왕은 10월 1일 하양 땅을 방문하기로 약속했다.

진문공은 제후들에게 격문을 보내 하양의 온溫 땅으로 집결하여 천자에게 조례를 드릴 것을 알렸다. 진晉문공, 송성공, 제소공, 노희공, 채장후, 진秦목공, 정문공, 진陳공공, 주邾후, 거후 등 10국 제후들이 온 땅에 도착했다. 진陳공공은 상복 차림으로 참석했고, <u>이례적으로 진秦목공도 참석했다.</u> 허는 이번에도 불참했다.

위성공은 진문공을 두려워하여 참석하는 것을 주저했다. 영유가 참석을 강하게 권유하여 어쩔 수 없이 위성공은 온 땅으로 출발했다. 영유, 겸장자鍼莊子, 사영士榮이 수행했다. 위성공이 도착하자 진문공은 위성공의 알현을 불허하고 감금해 버렸다.

약속한 날 주양왕이 당도했고, 10국 제후들은 조례의식을 거행했다.

위성공衛成公에 대한 하양河陽판결(BC 632년)

조례가 끝난 후 진문공은 공자 숙무의 사망 건에 대하여 주양왕에게 위성공을 제소하면서, 왕자 호에게 판결에 참석해 줄 것을 요청했다. 주양왕은 허락했다. 진문공은 공관에 왕자 호를 초청했고, 위성공에게 죄인의 옷을 입혀 불러냈다. 이후 원훤이 입장했다. 왕자 호는 위성공 대신 대질참가자를 지정하도록 지시했다. 겸장자가 위성공을 대신하기로 했다. 영유는 위성공을 호위했고, 사영은 증인으로 나섰다.

원훤이 위성공의 잘못을 열변했다. 겸장자는 천견의 농간이었다고 답변했다. 원훤은 위성공의 시기심으로 인한 것이라고 반박했다. 사영은 원훤이 아들의 죽음에 대하여 분풀이를 하고 있다고 주장했다. 원훤은 자신은 위성공이 잘못을 후회할 것으로 기대하면서 개인의 원한을 잊고 국가를 위해 일을 했다고 답변했다. 사영은 숙무의 죽음은 위성공의 본의가 아니었다고 변명했다. 원훤은 천견이 전위부대로 온 것은 위성공의 계획에 따른 것이라고 주장했다. 겸장자는 아무 답변을 못 했고, 사영은 신하가 억울한 죽음을 당한 사례는 예전부터 매우 많았다고 변명다. 원훤은 대노하며, 폭군 걸·주는 천자의 지위였지만 위성공은 후작의 지위이므로 비교대상이 아니라고 강조했다. 답변이 궁색해진 사영은 원훤은 타국으로 도망쳤으므로 충신이 아니라고 억지주장을 했다. 원훤은 죽음이 두려워서가 아니라 숙무의 원한을 복수하기 위해 도망쳤던 것이라고 답했다.

진문공은 왕자 호에게 원훤이 옳다고 의견을 제시하며, 위성공은 천자의 신하이므로 자신이 처벌할 수 없기에 자신은 위성공의 신하들을 처벌하겠다고 말했다. 왕자 호는 영유를 선처할 것을 부탁했다. 진문공은 사영을 참형에 처하고, 겸장자의 다리를 절단하고, 영유를 추방했다.

진문공은 위성공을 함거에 태워 주양왕에게 데려갔다. 진문공은 주양왕에게 판결의 결과를 보고하고, 위성공을 처형할 것을 건의했다. 주양왕은 신하가 군주를 고소한 것은 질서를 파괴하는 행동이고 신하가 군주를 처형하는 것은 대역이라고 말하며, 완곡히 거절했다. 진문공은 당황했고, 주양왕에게 위성공을 왕성으로 압송할 것이니 적절히 처분하여 주길 부탁했다.

위후衛侯 하瑕의 즉위(BC 632년)

진문공은 원훤에게 귀국하여 새 군후를 세우라고 지시했다. 원훤은 위로 돌아가 위성공을 폐위하고 새 군후를 세우라는 왕명이 있었다고 참칭했다. 대신들은 회의를 열어 숙무의 동생인 공자 적適을 추대했다. 공자 적은 자字가 자하子瑕여서 흔히 공자 하瑕로 불리는데, 성품이 어질고 덕이 있었다.

신하들의 추대를 받아 군위에 오른 **위후 하**[1]는 원훤을 정경에 임명했다. 위의 국내는 원훤, 사마 만, 손염, 주천周歂, 야근冶廑 등의 노력에 의하여 안정되었다.

주천과 야근은 위후 하의 즉위에 공로가 크다고 스스로 자부했다. 어느 날 주천과 야근은 원훤을 찾아가 경의 벼슬을 요청했는데, 원훤은 거절했다. 이 일로 인해 주천과 야근은 원훤을 매우 원망하게 되었다.

한편 하양판결 직후 주양왕은 낙읍으로 돌아갔다. 선멸은 위성공을 왕성으로 압송했다. 당시 위성공은 가벼운 병에 걸린 상태였다. 진문공은 의원 연衍을 치료 명목으로 딸려 보냈다. 진문공은 선멸과 의원 연에게 위성공을 독살하도록 지시했다.

선멸은 주양왕을 알현하고, 위성공에 대한 적절한 처벌을 요청했다. 새로 주공으로 임명된 태재 열閱은 주양왕에게 우선 위성공을 관사에 머물게 했다가 적절히 처리할 것을 건의했다. 주양왕은 감옥은 너무 심하고 관사는 너무 약하므로 민간에 방을 구해 수금하라고 지시했다. 주양왕은 위성공에 대해 호의를 느끼면서도 진문공을 의식하여 적당히 수금하는 형식을 취한 것이다.

---

1) 위후 하: 재위 BC 632 ~ BC 630

조공공曹共公의 복위와 허許의 항복(BC 632년)

 진문공은 온 땅에 모인 제후들에게 초에 붙어 중원을 등진 허를 문죄할 것을 제안했다. 제후들은 찬성했다.
 정문공은 진문공이 원한을 잊지 않고 조와 위를 혹독하게 대하자 정에 대해서도 복수를 할까 불안했다. 정문공은 진문공에 대해 불만을 가졌고, 초를 섬겨 진쯥의 복수에 대비하기로 결심했다. 상경 숙첨은 진쯥을 배반하는 문제를 다시 생각할 것을 간청했으나, 정문공은 무시했다. 정문공은 정에 역병이 발생했다는 거짓 소문을 퍼뜨렸다. 정문공은 역병 발생을 진문공에게 보고하고, 하늘에 기도를 올려야 한다는 핑계를 대고 귀국했다. 정문공은 초에 밀사를 보내 허의 위기를 알렸다.
 정을 제외한 9국 제후들은 허의 도성 영양穎陽으로 진격했다. 허희공은 초에 구원을 요청했다. 초성왕은 성복에서 패배한 손실이 회복되지 않았다면서 허의 구원 요청을 거절했다. 9국 제후들은 영양을 포위했다.
 한편 조공공은 계속 오록에 억류 중이었다. 지친 조공공은 진문공을 설득하기로 결심했다. 내관 후누侯獳가 파견을 자청했다. 후누는 조공공이 교부한 뇌물을 잔뜩 싣고 진문공을 만나러 영양으로 갔다.
 이때 진문공은 과로로 인해 몸살로 누워있었다. 진문공은 귀신이 나타나 자신에게 음식을 애걸하는 악몽을 꾸고 나서 상태가 악화되었다. 소문을 들은 후누는 태복 곽언을 찾아가 많은 뇌물을 제공하고, 해몽을 빙자하여 조공공이 용서받을 수 있게 도와줄 것을 부탁했다.
 <u>당시 대부분의 사람들은 제사, 귀신 등에 대하여 매우 큰 의미를 부여하고 있었는데</u>, 진문공도 마찬가지였다. 진문공이 곽언을 호출하여

해몽을 지시했다. 곽언은 점을 치고 나서 제사를 받지 못한 귀신이 사면을 요청하는 것이라고 말하며, 그 귀신은 조의 시조인 숙진탁叔振鐸인데 조공공이 구금되어 시조에게 제사를 올리지 못하자 꿈에 나타나 조공공의 죄를 용서해 줄 것을 요청한 것이라고 설명했다.

진문공은 곽언의 설명을 듣고 조공공의 귀국을 허가하고, 복위를 승인했다. 진문공은 송에 주었던 땅도 회수해 다시 조에 돌려주었다. 풀려난 조공공은 군사들을 이끌고 영양으로 와서 진문공에게 사은하고 허 공격에 합류했다.

허희공은 얼마 후 스스로 몸을 결박시키고 진군에 항복했다. 이때 <u>진晉문공과 진秦목공은 상호 군사 원조 조약을 체결했다.</u> 각국 제후들은 귀국했다. 진문공은 귀국하던 도중에 정문공의 배신 사실을 알게 되었다. 진문공은 분노하여 바로 정을 치려했으나, 진문공의 건강을 염려하고 병사들의 피로를 고려한 조최의 만류로 정에 대한 공격을 연기하고 그냥 귀국했다.

독살을 모면한 위성공衛成公

위성공이 낙읍에 수금되어 있는 동안 영유는 위성공을 한시도 떠나지 않고 철저히 수행했다. 그래서 선멸과 의원 연은 위성공을 독살할 기회를 갖지 못했다. 선멸은 의원 연을 계속 독촉했다. 의원 연은 어쩔 도리가 없어 고민하다 결국 영유에게 사실을 고백하며 도움을 요청했다. 영유는 진문공이 귀신을 맹신한다는 점을 이용하여 연극을 꾸미기로 의원 연과 합의했다.

영유는 의원 연을 방문하여 위성공에게 약술을 지어주길 요청하며,

몰래 뇌물을 주었다. 의원 연은 선멸에게 드디어 위성공을 독살할 기회가 왔다고 장담하고, 무해한 양의 독을 넣어 약술을 만들었다. 의원 연이 약술을 가지고 위성공을 찾아갔다. 영유는 먼저 의원 연에게 시식하라고 요청했다. 의원 연이 달려들어 누워있는 위성공에게 약술을 강제로 먹였다. 잠시 후 의원 연은 놀라서 마당을 응시하다 갑자기 소리를 지르며 피를 흘리고 쓰러졌다. 들고 있던 술통은 깨지고 약술은 모두 쏟아졌다. 영유가 정신을 차린 의원 연을 추궁했다. 의원 연은 귀신이 나타나 당숙우(진晉의 시조)의 명령으로 위성공을 구원하기 위해 왔다고 말하며 쇠몽둥이로 술통을 쳤고, 자신은 바로 기절했다고 답했다. 위성공이 자신도 그 귀신을 보았다고 맞장구를 쳤다. 영유는 당숙우가 구원하지 않았으면 위성공이 독살될 뻔했다고 분노하며, 의원 연에게 달려들어 죽이려 했다. 주위에서 말려 겨우 진정되었다. 소식을 듣고 선멸이 방문하여 영유를 위로했다.

선멸과 의원 연은 귀국하여 진문공에게 사실을 보고했다. 당숙우가 위성공을 구원했다는 보고를 받자 진문공은 선멸과 의원 연을 문책하지 않았다.

위성공衛成公의 석방(BC 630년)

노희공은 위성공과 친한 사이였다. 장손진이 위성공을 용서해 줄 것을 진문공에게 청원하라고 노희공에게 건의하며, 성공 시 노의 명성이 올라갈 것이라고 주장했다. 노희공은 찬성했다.

장손진은 먼저 주양왕을 알현하면서 위성공의 석방을 탄원했다. 주양왕은 진문공의 뜻에 달려 있다고 답했다. 장손진은 천자의 분부가 전제 조건이라고 아뢰며, 백옥 열 쌍을 뇌물로 바쳤다.

장손진은 이후 진문공을 방문하여 위성공의 잘못을 속죄하는 의미로 백옥 열 쌍을 뇌물로 바쳤다. 장손진은 진문공의 명령이 천자의 명령과 다를 바 없다고 말하며 진문공을 띄워 주고, 위성공을 용서해 주길 애걸했다. 선멸도 용서를 건의했다. 결국 진문공은 위성공을 석방하기로 결심했다.

진문공은 선멸을 왕성으로 파견했다. 선멸과 장손진은 주양왕을 알현하며 진문공의 뜻을 전했다. 주양왕은 위성공을 석방했다. 위성공은 위후 하가 있어서 위로 귀국하지는 못하고 낙읍에 머물렀다.

영유寧兪의 맹목적인 충성[위성공衛成公의 복위](BC 630년)

위성공은 다시 군위에 오르고 싶었다. 영유는 위성공에게 ①주천과 야근이 원훤을 원망하고 있으므로 ②자신과 친분이 두터운 공달孔達에게 주천과 야근을 포섭하게 하여 ③원훤과 위후 하를 제거하는 계책을 아뢰었다.

영유는 위성공이 석방되어 초로 망명했다는 헛소문을 위에 퍼뜨렸다. 영유는 심복부하를 공달에게 보내 위성공의 친서를 전달하며, 계책을 알려주었다. 공달은 경의 벼슬을 주겠다고 약속하며 주천과 야근을 매수했다. 주천과 야근은 원훤이 매일 밤 성을 순시하므로 성문 근처에 매복했다가 기습하고, 이후 위후 하를 처치하기로 계획을 세웠다.

그날 밤 주천과 야근은 동문에 가병들을 매복시켰다. 주천과 야근은 성을 순시하는 원훤이 다가오자 영접하며 대화를 나눴는데, 대화하다 갑자기 주천이 원훤을 칼로 공격해 죽였다. 주천과 야근은 가병들을 동원해 위성공이 제군과 노군을 대동하여 곧 당도할 것이라고 큰 소리로 외치며 다녔다. 위의 대신들과 백성들은 놀라며 문을 걸어 닫고 대처를 하지 못했다. 주천과 야근은 궁궐로 쳐들어갔다. 주천은 위후 하의 동생 공자 의儀를 칼로 쳐 죽였다. 위후 하는 우물에 몸을 던져 자살했다.

주천과 야근은 위성공을 영접하고 복위시켰다. 위성공은 주천과 야근을 약속대로 경에 임명했다. 얼마 후 위성공이 태묘에서 복위를 고하고 제사를 올리기로 했는데, 제사에 참석하기 위해 수레를 타고 가던 주천은 원훤의 귀신을 보고 놀라 급사했다. 야근은 공포에 빠져 벼슬을 사직했는데, 곧 병으로 죽었다.

위성공은 영유를 정경에 임명하려 했는데, 영유는 끝까지 사양했다. 결국 위성공은 공달을 정경에 임명하고, 영유를 아경에 임명했다. 공달은 위후 하의 죽음을 주천과 야근에게 돌려 진문공에게 허위로 보고했다.

영유는 시종일관 위성공을 위해 맹목적인 충성을 바쳤으나, 그 과정에서 숙무나 원훤 등 많은 충신들이 피해를 입었다. 이 때문에 영유에 대하여는 나라를 위한 진정한 충신으로 보기는 어렵다는 평가가 내려진다.

제3장

진晉과 진秦의 갈등

제1절 진晉·진秦 연합군의 정鄭 공격과 정鄭의 이간책

진晉·진秦 연합군의 정鄭 공격(BC 630년)

진晉문공은 제후들을 소집하여 배신한 정문공을 문죄하기로 결심했다. 선진은 진晉의 군사만으로도 충분하므로 제후들을 소집할 필요 없이 단독으로 정을 공격할 것을 건의했다. 진문공은 타국과 싸울 때 서로 돕기로 진秦과 약속한 사실을 강조했다. 선진은 **정鄭의 지정학적 중요성**[1]을 강조하며, 합동 공격 시 진秦과 분쟁이 발생할 가능성이 있으므로 단독으로 공격할 것을 주장했다. 그러나 진문공은 선진의 건의를 무시하고, 9월 상순에 정의 국경에서 합류하자고 진秦에 요청했다.

당시 정 공자 난蘭은 진晉에 망명 중이었다. 공자 난이 언제 그리고

---

1) 정鄭은 중원의 한 가운데 교통의 요지에 위치하였고, 목재 자원이 매우 풍부하였음. 낙읍과도 근거리에 위치하여 강대국들이 항상 노리는 전략 요충지였음. 정이 강성할 때(무공, 장공)는 문제가 없었으나 이후 국력이 약해지면서 제, 초, 진晉 강대국 사이에서 끊임없이 외교적 줄타기를 한 것은 이 때문임.

왜 진晉으로 망명했는지는 불분명하나[1], 부친 정문공의 친초정책과 초 출신인 정문공의 부인 문미와 관련한 이유로 추측된다. 진문공은 공자 난을 대부로 임명하고 총애하고 있었다.

진문공은 정을 공격하러 원정을 떠나기 전에 공자 난에게 동행을 요청했다. 진문공은 공자 난의 정에 대한 지리적 지식을 이용하고 싶었던 것이다. 공자 난은 비록 진晉에 망명했지만 정은 부모의 나라라고 말하며 사양했다. 진문공은 공자 난에 대하여 근본을 아는 사람이라고 칭찬했다.

진晉군과 진秦군은 약속한 날에 정의 국경에서 합류했다. 진秦목공은 맹명시를 대장으로 삼아 병거 200승을 편성하여 백리해, 기자杞子, 봉손逢孫, 양손楊孫을 대동하고 직접 출전했다. 진·진 연합군은 공격을 개시하여 교외의 관문을 돌파하고 바로 정의 도성을 포위했다. 진晉군은 성의 서쪽 함릉函陵에 위치했고, 진秦군은 성의 동쪽 범남氾南에 위치했다. 양군의 거리는 상당히 멀어 서로 호응하기 어려웠다.

정의 조정에서 회의가 열렸다. 숙첨은 진秦목공에게 사람을 보내 진秦군의 철수를 설득할 것을 정문공에게 건의하며, 적임자로 일지호佚之狐를 추천했다. 일지호는 사양하며, 하급 관료인 **촉무燭武**를 추천했다. 당시 촉무는 나이 70세의 노인으로 머리는 백발이고 허리는 굽은 상태였다. 정문공은 촉무를 아경에 임명하며, 진목공을 설득해 주길 부탁했다. 촉무는 처음에는 사양했으나, 정문공과 일지호가 거듭 권유하자 승낙했다.

---

1) 《사기》에는 정문공의 아들 5명이 모두 죄를 지어 죽거나 추방되었을 때 진晉으로 달아났다고 기록되어 있음

제4편 춘추시대 중기 49

진秦과 정鄭의 동맹[진晉·진秦 동맹의 균열](BC 630년)

　촉무는 밤에 동문 벽을 내려가 일부러 진秦군에 체포되었다. 촉무는 일부러 크게 통곡하여 진秦목공의 주의를 끌었다. 진목공은 촉무를 불러 통곡하는 이유를 물었다. 촉무는 정이 멸망하고 곧 진秦도 멸망할 것이므로 통곡했다고 답했다. 촉무는 정이 망하면 가까이 위치한 진晉의 소유가 되어 진晉은 강해질 것이지만 진秦은 너무 멀리 떨어져 있어 이익을 보지 못할 것이라고 설명하며, 예전에 진晉이 우와 협력하여 괵을 멸한 후 우마저 멸한 사실이 있음을 강조했다.

　촉무의 말을 들은 진목공은 불안해졌다. 백리해는 진목공에게 촉무의 이간책이라고 간언했다. 촉무는 포위를 풀어주면 정은 초를 버리고 진秦을 섬기겠다고 맹세하며, 진秦이 동쪽으로 진출하는 기지 역할을 하겠다고 강조했다.

　진목공은 매우 기뻐하며, 촉무와 동맹의 맹세의식을 치렀다. 진목공은 기자, 봉손, 양손에게 병사 2,000명을 내어주며 정을 원조할 것을 지시하고, 진晉에 통지하지 않고 귀국해 버렸다. 기자, 봉손, 양손은 도성의 북문에 주둔하고 북문을 지켰다.

진晉과 정鄭의 동맹(BC 630년)

　진秦목공이 일방적으로 귀국하자 진晉문공은 격노했다. 호언은 진秦군을 추격하여 공격할 것을 주장했다. 진문공은 진목공의 은혜와 관계(장인과 사위)를 고려하여 거부했다. 진문공은 정의 도성을 계속 포위하고 공격했다.

정문공은 예상과 달리 진晉의 공격이 계속되자 염려했다. 촉무는 공자 난이 진문공의 총애를 받고 있음을 강조하며, 정문공에게 공자 난을 귀국시키는 조건으로 화평을 요청할 것을 건의했다. 대부 석신보石申父가 진晉과의 교섭을 자청했다.

석신보가 진문공을 알현하며, 양국이 화평을 맺고 공자 난이 귀국하여 정을 감독하는 것을 제안했다. 진문공은 진晉과 진秦을 이간시킨 정의 행동을 맹비난하며, 진晉의 공격을 늦추어 초의 원군을 기다리는 술책이 아닌지 의심했다. 진문공은 ①공자 난을 정의 세자로 임명하고 ② 숙첨을 진晉에 압송하는 것을 화평의 조건으로 제시했다.

석신보는 돌아와 정문공에게 보고했다. 정문공은 공자 난을 세자로 하는 조건은 받아들일 수 있지만 고굉지신인 숙첨을 압송하는 조건은 받아들일 수 없다고 말했다. 숙첨은 군주의 근심과 치욕은 신하의 불충임을 강조하며, 죽음으로써 사직과 백성을 구할 수 있다면 압송되겠다고 자청했다. 결국 정문공은 눈물을 흘리며 동의했다.

석신보, 후선다侯宣多, 숙첨은 진군의 진영으로 가서 조건을 수락하겠다고 알렸다. 진문공은 공자 난을 데려오도록 호언을 보냈다. 진문공은 숙첨에게 빈객을 무례하게 대한 죄와 진과의 우호를 배반한 죄를 꾸짖고, 숙첨을 끓는 가마솥에 넣어 처형하려고 했다. 숙첨은 자신의 인·지·충·용에 대하여 사례를 들어 자세히 설명한 후 가마솥에 몸을 던지려는 자세를 취했다. 진문공은 숙첨의 충성심과 담대함에 감탄하며, 숙첨을 예로 대접했다[1].

얼마 후 공자 난은 정으로 입국했고, 정문공은 공자 난을 세자로 책

---

1) 이 부분은 소설 《동주 열국지》의 허구적인 내용임. 실제로는 숙첨은 압송을 걱정하여 자살했음

봉했다. 정과 동맹을 체결한 진문공은 바로 귀국했다.

기자, 봉손, 양손은 정문공에 대하여 분노하며, 진목공에게 경과를 보고했다. 진목공은 정문공에게 분노했으나, 진晉을 두려워하여 정에 대하여 아무런 조치를 취하지 못했다.

제2절 진양공晉襄公의 즉위

위주魏犨, 호모狐毛, 호언狐偃의 사망(BC 630년)

위주의 애첩 중에 조희祖姬가 있었다. 위주는 조희를 총애했고, 평소 전쟁에 나갈 때마다 아들 **위과魏顆**에게 자신이 전사하면 조희를 개가시켜 쓸쓸한 여생을 살지 않게 하라고 부탁을 했었다.

어느 날 위주는 수레에서 낙마했는데, 희부기의 저택을 방화할 때 다쳤던 골병이 재발했다. 병세가 악화되었는데, 죽기 직전에 위주는 위과에게 조희를 순장시킬 것을 분부했다. 위주가 사망하자 위과가 위주의 벼슬을 물려받았다. 위과는 부친이 임종 때 한 말은 정신없이 한 말이므로 평소의 말을 따라야 한다면서 조희를 순장하지 않고 개가시켰다.

위주에 이어 호모와 호언도 연달아 노환으로 사망했다. 진晉문공은 통곡하며 상심했다.

대신들이 연이어 죽어 자리가 비게 되자 서신胥臣은 극예의 아들인 **극결郤缺**을 천거했는데, 극결에 대해 부부간에 서로 공경하는 태도가 손님을 대하는 것처럼 예의가 있다(상경여빈相敬如賓)고 칭찬했다. 진문공은 죄인의 자식이라는 이유로 거절했다. 서신은 곤鯀과 우禹의 예에서 볼 수 있듯이 '부자父子는 서로 관계가 없는 것'이라고 진문공을 설득했다. 결국 진문공은 서신의 말에 동의하고, 예를 갖추어 극결을 등용했다.

5군을 설치하는 진문공晉文公(BC 629년)

진문공은 3행을 2군으로 개편하고, 기존의 3군을 더해 5군을 두었다. 새로 설치한 2군은 신상군과 신하군으로 편성했다. 신상군은 조최가 대장, 기정보가 부장을 맡았다. 신하군은 서영이 대장, 선도先都가 부장을 맡았다. 진문공은 주 왕실을 의식하여 5군까지만 둔 것이지만, 예법에 어긋나는 것이었다.

진문공은 서신胥臣을 중군원수에 임명하여 국정을 맡겼고, 극결이 서신을 보좌하게 했다.

정목공鄭穆公의 즉위(BC 628년)

정문공이 노환으로 재위 45년에 사망하고 세자 공자 난이 21세의 나이로 즉위하니(BC 628년), 곧 **정목공鄭穆公**[1]이다. 정목공은 진秦의 장수 기자, 봉손, 양손을 냉대했다. 기자, 봉손, 양손은 분노하여 진秦에 비밀리에 군사를 요청하고 진秦이 정을 공격할 때 내응하기로 상의했다.

---

1) 정목공 희난: 재위 BC 627 ~ BC 606

진문공晉文公의 사망[진양공晉襄公의 즉위](BC 628년)

초성왕은 진晉이 5군을 두고 군사력이 강해지자 걱정이 되어 대부 투장을 보내 우호를 체결할 것을 요청했다. 진晉문공은 예전에 받은 은혜를 생각하여 동의했고, 초에 대부 양처보를 파견했다(BC 628년).

늙어 병이 든 진문공은 자신의 사후에 제환공의 경우와 같은 분쟁이 발생할 것을 우려했다. 진문공은 공자 옹을 진秦으로 보내 그곳에서 벼슬을 하게 했다. 다른 아들들은 너무 어려 그냥 두었다. 상태가 위중해지자 진문공은 조최, 선진, 양처보를 불러 세자 환을 부탁하고, 패업을 계승하여 잘 유지할 것을 유언으로 남겼다. 어느 겨울 눈 오는 날 진문공이 사망하고 세자 환이 즉위하니(BC 628년), 곧 **진양공晉襄公**[1]이다.

진양공이 곡옥에 진문공의 빈소를 차리고 도읍 강성에서 관을 수레에 싣고 옮기려는데, 관을 실은 수레가 움직이지 않았다. 태복 곽언은 점을 쳤고, 서쪽에서 병란이 발생할 징조인데 진晉이 승리할 것이라고 풀이했다. 비로소 수레가 움직였다.

진문공은 사망 당시 68세였고, 재위 기간은 8년이었다. 짧은 재위 기간이었지만 진문공은 **진晉의 혼란을 극복하고 주 왕실을 보호했으며 이민족인 초의 북진을 저지하여 중원을 지킨 공로**를 인정받아 춘추시대의 두 번째 패자로 칭송받고 있다. 진문공은 원래 권력에 대한 욕심이 강하지 않았고 낙천적인 성격이어서 오랜 기간 동안의 시련을 견딜 수 있었고, 능력이 뛰어난 부하들의 자발적인 보필을 받아 매우 많은

---

1) 진晉양공 희환: 재위 BC 627 ~ BC 621

나이지만 짧은 기간에 위대한 업적을 이룰 수 있었다.

제와는 달리 진晉은 진문공 사후에도 오랫동안 패권국의 지위를 잃지 않았고, 진秦의 동진과 초의 북진을 저지하여 중원을 지키는 중요한 역할을 계속 수행한다.

제3절 진晉과 진秦의 효산崤山전투

정鄭에 대한 진秦의 비밀 원정(BC 628년)

정의 도성에 머무르던 진秦 장수 기자·봉손·양손은 진晉문공이 사망한 소식을 듣고 기뻐하며, 진秦에 심복부하를 보내 ①진문공이 사망하여 진晉은 구원군을 보낼 수 없고 ②정문공이 사망하여 정은 도성 수비를 완비할 수 없으므로 ③이 기회를 살려 진秦이 정을 기습하면 ④안에서 자신들이 내응하겠다고 건의했다.

진秦목공은 정이 약속을 어기고 진晉과 이중으로 동맹을 맺은 사실에 분노하여 정을 응징하기로 결심했다. 건숙과 백리해는 정에 남긴 진秦 장수와 모의하는 것은 신信이 아니며, 군주가 죽은 기회를 이용해 공격하는 것은 인仁이 아니고, 멀리 떨어진 정을 공격하는 것은 득보다 실이 크므로 지智가 아니라고 아뢰며 반대했다. 진목공은 정을 정복한 후 진晉의 하동 땅과 교환하면 손해 볼 것이 없다고 고집을 부렸다. 건숙이 진晉과 정에 조문 사절을 보내 정세를 파악한 후 신중히 결정할 것을 건의했다. 진목공은 군사는 신속을 생명으로 여긴다며 건숙과 백리해를 비웃었다. 진목공은 기자, 봉손, 양손이 보낸 심복부하에게 내년 2월 상순 정의 도성 북문에 진秦군이 당도할 것이니 착오 없이 준비할 것을 전하게 했다.

진목공은 맹명시를 대장으로 삼고 서걸술, 백을병 등에게 병거 300승과 정병 3,000명을 내어주며, 정에 대한 비밀 원정군을 파견했다(BC 628년 12월). 건숙과 백리해는 이번 원정으로 아들과 생사 이별할 것을 예상하고, 눈물을 흘리며 배웅했다. 진목공은 군사들의 사기를 저하시킨다고 질책했다. 부친이 크게 걱정하자 백을병은 출전을 사양하려고 했다. 건숙은 국록을 받는 처지임을 강조하고, 죽음은 개인의 일에 불과하다고 말하며 출전을 지시했다. 건숙은 아들 백을병에게 굳게 봉한 봉투를 몰래 주며, 적힌 대로 처리할 것을 부탁했다. 백을병은 불안해하고 슬퍼했으나, 맹명시는 자신의 재주와 용기를 과신하여 부친 백리해의 눈물에 신경 쓰지 않았다.

건숙은 칭병하고 조회에 출석하지 않았다. 건숙은 명록촌으로 돌아가기를 희망했다. 백리해가 건숙에게 문병하러 가서 가르침을 요청했다. 건숙은 백리해와 작별하며, 공손지에게 하하河下[1]에 배를 준비했다가 진秦군이 탈출해 오면 구원하도록 전달해 줄 것을 부탁했다.

진목공은 건숙의 귀향을 허락하고 많은 예물을 하사했다. 진목공은 백관을 거느리고 교관郊關까지 나가 건숙을 전송했다. 백리해는 공손지에게 건숙의 말을 전달하며, 비밀유지를 부탁했다. 공손지는 배를 준비하는 것을 승낙했다.

---

1) 삼문협三門峽 근처 황하가 북쪽에서 동쪽으로 90°로 꺾이는 지역

주周 왕성을 지나는 진군秦軍(BC 627년)

진秦군은 정을 향해 행군했다. 맹명시는 백을병과 함께 건숙의 봉서를 개봉했다. 봉서에는 진晉에 대하여 걱정하며 효산崤山을 각별히 주의하라는 취지의 내용이 적혀 있었다. 비책을 기대했던 맹명시와 백을병은 봉서 내용에 실망했다.

진秦군은 낙읍의 왕성 북문을 지나갔다(BC 627년 1월). 맹명시는 천자를 존경하는 뜻을 표하기 위해 투구와 갑옷을 벗고 병거에서 내려 전부 도보로 행군하게 했다. 주양왕은 왕성에서 왕자 호와 왕손 만滿을 대동하고 진秦군의 행렬을 구경했다. 진秦군의 선두인 아장 포만자褒蠻子는 내달리는 병거에 몸을 날려 올라타는 묘기를 보인 다음 허리 숙여 경례를 올렸다. 다른 장수들도 모두 경쟁적으로 같은 행동을 하며, 주양왕에게 군례를 올렸다. 병거 300승이 순식간에 지나갔다. 왕자 호는 진秦군의 강성함을 칭찬했다. 당시 열 살도 안 된 아이였던 왕손 만은 예법에 의하면 왕성을 지날 때에는 갑옷과 무기를 거두고 한데 묶어야 함을 지적하며, 진秦군은 무례하고 경박하므로 이번에 패배할 것이라고 예상했다.

진秦군은 계속 행군하여 정의 국경 근처인 활滑에 당도했다(BC 627년 2월).

정鄭 대신 활滑을 공격하는 진군秦軍(BC 627년 2월)

현고弦高라는 정의 소장수가 있었다. 현고는 주에 소를 팔려고 가던 중 여양진黎陽津 근처에서 친구인 건타蹇他를 만났다. 건타는 진秦에 갔다 돌아오던 중이었다. 현고와 건타는 이야기를 나누었는데, 건타가 현고에게 진秦군이 정 원정을 떠난 사실을 말했다.

놀란 현고는 우선 정에 서신을 보내 사실을 알렸다. 현고는 소 20마리를 대동하여 수레를 타고 활의 연진延津 땅으로 가서 진秦군의 전위부대를 영접했다. 현고는 정의 사신으로 가장하고, 맹명시를 알현하면서 정의 처지를 하소연했다. 현고는 끌고 온 소들을 진秦군을 위로하는 예물로 바쳤다. 맹명시가 국서를 요청했으나, 현고는 영접에 늦지 않기 위해 급하게 오느라 국서를 미처 준비하지 못했다고 둘러댔다. 정이 진秦군의 동선을 알고 있는 것으로 생각한 맹명시는 활을 공격하기 위해 온 것이라고 둘러댔다.

현고가 돌아간 뒤 맹명시는 연진에 주둔하기로 결정하고, 정의 준비가 철저하여 내응을 기대할 수 없고 기습의 목적을 달성할 수 없게 되었다고 걱정했다. 맹명시는 내응이 불가능해졌고 군사가 부족하고 보급이 안 되는 상황에서 정과 대결하는 것은 승산이 없다고 판단했다. 맹명시는 정을 점령하지 못한 책임 추궁을 피하기 위해 대신 활을 공격하기로 결정했다.

진秦군은 활을 공격하여 많은 주민들을 포로로 잡고 재물을 약탈했다. 활후는 책으로 도주했다. 이로써 활은 어이없게 멸망했다(BC 627년 2월). 나중에 진秦군이 철수한 뒤 활 땅은 위衛에 편입된다.

정목공은 현고의 서신을 받고 내용의 진위 여부 확인을 위해 기자, 봉손, 양손을 감시했다. 기자, 봉손, 양손은 수레에 실을 짐을 묶어 놓고 무기를 갈고 말에게 먹이를 먹이는 등 전투 준비로 분주했다[1]. 놀란

---

1) 여기서 **여병말마**厲兵秣馬(무기를 갈고 말을 먹인다는 뜻. 곧 벌어질 전투를 철저히 준비하는 것을 비유함)의 고사성어가 나옴

정목공은 촉무와 상의했다. 촉무는 기자, 봉손, 양손을 방문했다. 촉무는 군사들을 무장시킨 사실을 알고 있다고 말하며, 활에 있는 맹명시와 합류하기 위한 것으로 믿고 있다고 덧붙였다. 기자, 봉손, 양손은 계획이 누설된 것에 놀라서 정을 떠나기 위해 준비하는 것이라고 둘러댔다. 촉무는 진秦군이 정을 떠나게 된 것을 아쉬워하며 여비로 비단을 제공했다.

기자, 봉손, 양손은 자신들의 신변을 걱정했다. 결국 병사들을 남겨둔 채 소수의 측근들만 데리고 기자는 제로, 봉손과 양손은 송으로 도주했다. 남겨진 진秦의 병사들은 동요했다. 정목공은 일지호를 파견하여 위로하고, 그들을 진秦으로 귀국시켰다.

돌아오는 진군秦軍을 노리는 선진先軫

진晉양공은 곡옥에서 진문공의 장례를 치렀다. 선진은 강성에 체류하면서 진秦군의 동향을 파악했다. 선진은 곡옥으로 진양공을 찾아가 보고하며, 돌아오는 진秦군을 공격할 것을 건의했다. 난지는 진秦의 은혜를 많이 받은 진문공에 대한 예의가 아니라며 공격에 반대했다. 선진은 진秦군을 공격하는 것은 진문공의 뜻을 진정으로 계승하는 것이며, 문상을 오지 않은 진秦의 무례를 꾸짖는 것이고, 진秦이 정을 공격하여 먼저 진晉을 배반한 것이라고 반박했다. 그러자 난지는 진秦군이 아직 진晉의 경계를 침입한 것은 아니라며 재반박했다. 선진은 결국 침입할 것이 명백하다고 주장했다. 조최는 상중임을 강조하며 거병에 반대했다. 선진은 적을 치고 사직을 안전하게 하는 것이 더 큰 효도라고 강조했다. 중군원수인 서신은 공격에 찬성했다. 결국 진양공은 진秦군을 공격하기로 결정했다.

선진은 진秦군이 초여름에 진晉과 진秦의 경계인 민지澠池 땅을 통과할 것으로 예상하고, 효산崤山에 복병을 배치하여 진秦군을 습격하는 계책을 마련했다. 진晉에서 진秦으로 가려면, 민지→동효산→효산길(상천제上天梯→타마애墮馬崖→절명암絶命巖→낙혼간落魂澗→귀수굴鬼愁窟→단운욕斷雲峪)→서효산을 지나야 했다.

선진은 선저거先且居(선진의 아들)와 도격에게 군사 5,000명을 내어주며 효산길 왼쪽에 주둔시키고, 서영胥嬰(서신의 아들)과 호국거狐鞫居(호모의 아들)에게 군사 5,000명을 내어주며 효산길 오른쪽에 주둔시키고, 호야고(호언의 아들)와 한자여韓子輿에게 군사 5,000명을 내어주며 서효산에 주둔하면서 나무를 베어 길을 막을 것을 지시하고, 양홍梁弘과 내구萊駒에게 군사 5,000명을 내어주며 동효산에 주둔하면서 진秦군을 통과시킨 후에 추격할 것을 지시했다. 효산 20리 밖에 영채를 세우고 선진, 조최, 난지, 서신, 양처보, 선멸 등이 진양공을 호위하며 주둔하기로 했다. 진양공은 상복 차림으로 출전했다.

진晉과 진秦의 효산崤山전투(BC 627년 4월)

진秦군은 활을 노략질 한 후 귀국을 시작해서 민지 땅에 당도했다(BC 627년 4월). 백을병은 부친의 당부를 떠올리며 맹명시에게 조심할 것을 건의했으나, 맹명시는 개의치 않았다. 서걸술은 적의 매복에 주의할 것을 건의했다. 맹명시는 자신만만해 하며, 자신이 선두에 서겠다고 선언했다. 결국 진秦군은 포만자-맹명시-서걸술-백을병의 순서로 부대를 배치하고 행군했는데, 각 부대의 거리는 1리 또는 2리였다.

선봉 포만자는 스스로 천하장사라고 자부했는데, 원수의 깃발을 앞세우고 동효산에 당도했다. 진晉 장수 내구가 앞을 막으며 등장했다. 포만자와 내구가 1합을 겨루었다. 내구는 포만자의 용력에 두려움을 느끼고, 군사들을 비키게 하여 진秦군을 통과시켜 주었다. 의기양양해진 포만자는 진晉의 매복군을 격퇴했다고 맹명시에게 보고했다.

진秦군은 험한 효산길을 고생하며 전진했다. 포만자는 방심하고 너무 앞서서 빨리 전진해 나갔다. 내구는 양홍에게 포만자의 용력을 보고했다. 양홍은 진秦군을 모두 통과시킨 후 추격을 지시했다.

진秦군은 먼 원정길에 매우 지친 상태였다. 활을 노략질하여 짐은 너무 많아졌고 포로들도 많았다. 진晉의 복병에 대한 두려움도 있어서 더 고통스러웠다. 포만자의 보고로 복병이 없는 것으로 생각한 맹명시는 고생스러운 행군을 덜어주기 위해 병사들에게 방어구를 벗고 병거를 분해하여 운반하도록 지시했다. 이로써 진秦군은 전투대열을 유지하기가 불가능해졌다.

상천제를 통과한 이후에 맹명시는 진晉군이 추격한다는 보고를 받았다. 맹명시는 행군 속도를 높이고, 추격병을 방어하기 위해 자신이 후위로 갔다. 한편 포만자는 방심하며 전진하다 진晉군이 파놓은 함정에 빠져 생포되었다. 맹명시는 이 사실을 몰랐다.

진秦군은 타마애를 통과하고, 절명암 근처에 도착했다. 베어진 나무가 길을 막고 있었고, 비석 옆에 3척 깃대가 세워져 있고 진晉이라고 새겨진 붉은 깃발이 매달려 있었다. 맹명시는 깃대를 뽑아 던지고 나무를 치우도록 했다. 그런데 붉은 깃발은 진晉군의 신호였다. 숨어 있던 진晉군은 함성을 지르며 북을 치고, 무수한 정기를 과시했다. 진秦군은 당황했다. 백을병은 전투 준비를 지시했다. 호야고가 등장하여 포만자의 생포를 알리며 항복을 권유했다. 백을병, 서결술, 맹명시는 급히 좁은 길로 이동하여 병사들을 계속 전진시켰다. 낙혼간까지 전진했는데, 절벽과 계곡이어서 전투에 적합하지 않았다. 백을병, 서결술, 맹명시는 동효산의 넓은 곳에서 전투를 할 생각으로 군사들을 되돌려 동효산 쪽으로 이동했다.

진秦군이 타마애에 당도했을 때 동쪽과 서쪽에서 진晉군이 압박했다. 맹명시는 군사들을 분산시켜 포위를 탈출하는 시도를 했다. 왼쪽 산 위에서는 선저거가 진秦군을 공격했고, 오른쪽 계곡 건너에서는 서영이 진秦군을 공격했다. 결국 진秦군은 포위공격을 벗어나지 못하고 대패를 당했다. 진晉군이 계속 공격을 하고, 한자여가 화공火攻까지 하자 맹명시, 백을병, 서결술은 견디지 못하고 항복했다. 진秦군은 한 명도 탈출하지 못했다.

선저거는 포로들과 전리품을 가득 획득하고 회군했다. 진양공은 포로들을 점검했는데, 계급이 너무 낮아서 포만자를 알지 못했다. 양홍이 나서서 포만자를 설명하고, 용력이 대단하여 내구가 고전한 사실을 아뢰었다. 진양공이 내구에게 분을 푸는 의미에서 포만자를 직접 참수하라고 지시했다. 내구가 칼을 들어 포만자의 목을 치려는 순간 포만자는 벼락같은 큰 소리를 질렀다. 내구는 놀라서 칼을 떨어뜨렸고, 포만자가 칼을 집어 들었다. 이때 소교小校 **낭심狼瞫**이 재빨리 포만자의 목을 베었다. 진양공은 내구를 해임하고 추방했다. 진양공은 낭심을 거우로 승격시켰다. 낭심은 의기양양하여 선진에게 승진인사를 하지 않았다. 선진은 낭심을 괘씸하게 생각했다.

석방되는 진秦의 세 장수(BC 627년)

　진晉양공은 곡옥으로 돌아왔다. 진양공은 장례 이후 태묘에서 승리를 고하고 맹명시, 백을병, 서걸술을 처형할 생각이었다. 문영은 친정인 진秦을 생각하여 진양공을 찾아가 진秦의 원망을 방지하기 위해 항복한 장수들을 진秦으로 보내 진秦의 손으로 죽이게 하도록 권유했다. 진양공은 거절했다. 문영은 성득신의 사례를 들며 패장은 사형에 처하는 것이 국법이라고 강조하면서, 예전에 진秦이 진晉혜공을 석방한 전례를 언급했다. 결국 진양공은 맹명시, 백을병, 서걸술의 석방을 지시했다. 풀려난 맹명시, 백을병, 서걸술은 감사의 말도 하지 않고 급히 도주했다.
　선진은 세 장수의 석방 소식을 듣고 대노했다. 너무 화가 나 이성을 잃은 선진은 진양공을 찾아가 진양공의 얼굴에 침을 뱉으며, 범을 산에 풀어 준 것이라고 탄식했다. 진양공은 조용히 침을 닦으며 자신의 잘못을 인정하고, 선진의 무례한 행동을 문책하지 않았다. 진양공은 세 장수를 체포할 것을 지시했다. 양처보가 자청하여 추격에 나섰다.
　세 장수는 진양공이 변심하고 추격할 것을 염려하여 엄청난 속도로 도주했다. 세 장수는 하하河下에 당도했는데, 배가 없음을 알고 초조하게 탄식했다. 이때 늙은 어부가 작은 배를 타고 노래를 부르며 다가왔다. 세 장수는 태워줄 것을 애원했다. 늙은 어부는 공손지의 지시에 따라 진秦군을 기다리고 있던 중이었다. 늙은 어부는 진秦의 패잔병임을 확인한 후 반 리 쯤 더 내려갈 것을 지시했다. 세 장수는 반 리쯤 더 내려갔는데, 그곳에는 큰 배가 준비되어 있었다. 늙은 어부의 도움을 받아 맹명시, 백을병, 서걸술은 큰 배에 올라탔다.

이때 양처보가 도착했다. 양처보는 타고 온 준마를 진양공이 하사한 선물이라고 거짓말하며 상륙해서 받아가라고 미끼를 던졌다. 맹명시는 사양하며, 3년 뒤 진양공에게 직접 받아 가겠다고 답했다. 세 장수는 강을 건너 진秦으로 들어갔다.

양처보는 돌아가 진양공에게 맹명시의 말을 보고했다. 선진은 진秦이 복수에 나설 것을 우려하여 먼저 선제공격을 할 것을 건의했고, 진양공은 진秦을 공격하기로 결심했다.

진秦목공은 효산에서의 패전 소식에 화병이 났는데, 세 장수가 돌아오고 있다는 소식을 듣고 매우 기뻐했다. 신하들은 군법을 적용하여 패전의 책임을 물어 사형에 처할 것을 건의했다. 진목공은 자신의 잘못으로 인한 패배라고 답했다. 진목공은 소복을 입고 교외까지 나가 세 장수를 영접하면서 죽은 병사들을 생각하며 통곡했다. 진목공은 맹명시, 백을병, 서걸술의 병권을 유지시켰다.

제4절 아버지를 죽이고 즉위하는 초목왕楚穆王

상신商臣을 세자로 세우는 초성왕楚成王

초성왕은 장남인 상신商臣을 세자로 세울 생각을 하고 투발과 상의했다. 투발은 상신에 대하여 눈이 벌같이 튀어나왔고 목소리는 승냥이 우는 소리와 같다[1]고 지적하며, 상신의 성격이 매우 잔인함을 들어 반대

---

1) 여기서 **봉목시성**蜂目豺聲(벌 같은 눈에 승냥이 같은 목소리라는 뜻. 악인의 흉악한 모습을 비유하는 말임)의 고사성어가 나옴

했다. 그러나 초성왕은 상신을 세자로 책봉하고, 반숭潘崇을 세자의 선생으로 임명했다. 상신은 자신을 반대한 이유로 투발에 대하여 앙심을 품게 되었다.

노문공魯文公의 즉위(BC 627년)

노희공이 재위 33년에 사망하고 세자 흥興이 즉위하니(BC 627년), 곧 **노문공魯文公**[1]이다. 노문공은 진秦 출신인 경영敬嬴을 첩으로 두고 총애했다. 경영은 **왜倭**(퇴俀라고도 불림)와 **숙힐叔肸**을 낳았다. 노문공은 제소공의 딸인 강씨를 부인으로 맞이했다. 강씨는 제강齊姜으로 불리는데, **악惡**과 **시視**를 낳았다. 왜는 장자고, 악은 적자다. 악이 출생했을 때 노문공은 태사를 시켜 점을 쳤는데, 흉악하게 죽을 것이고 보위를 오래 누리지 못할 것이라는 점괘를 얻었다. 노문공은 불길한 운명을 피하기 위해 이름을 악으로 지었다. 노문공은 왜를 총애했지만, 예법에 따라 적자인 악을 세자로 임명했다.

노문공 당시 3환을 포함한 주요 정치 세력들의 현황은 다음과 같다.

- 맹손씨의 시조인 공손오(=맹손오)의 부인은 거莒 출신인 대기戴己인데, 대기는 곡穀을 낳았다. 맹손오는 대기의 동생인 성기聲己를 첩으로 두었는데, 성기는 난難을 낳았다.

---

1) 노문공 희흥: 재위 BC 626 ~ BC 609

- 숙손씨의 시조인 공손자(=숙손자)의 아들은 숙손팽생叔孫彭生(=숙중팽생, 숙중혜백)과 숙손득신叔孫得臣이다.
- 계우의 아들은 계손무일季孫無佚이고, 계손무일의 아들은 **계손행보季孫行父(=계문자季文子)**다. 계손무일이 요절했기 때문에 계손행보가 계우의 지위를 계승했다.
- 노장공의 서자인 공자 수遂는 중수仲遂로 불렸는데, 공자 수는 동문 근처에 살아 동문수로도 불렸다. 동문수는 노희공의 이복동생으로 노문공에게는 숙부뻘이었다.

노문공은 계손행보를 상경에 임명하고, 숙손팽생을 세자 악의 태부로 임명했다. 계손행보는 매사를 반드시 세 번 생각한 뒤에야 행할 정도로 신중하게 처신했다[1]. 계손행보는 큰 권력을 누렸으나, 그의 집에는 비단옷을 입은 첩이 없었고 마구간에는 곡식을 먹는 말이 없었으며 창고에는 금과 옥 같은 보물이 없었다. 그래서 사람들은 계손행보를 청렴하고 충직한 사람이라 칭송했다.

책翟의 진晉 공격(BC 627년)

책의 군주 백부호白部胡는 부친이 공자 시절의 진문공에게 큰 은혜를 베풀었음에도 즉위 이후에 진문공이 아무런 보답을 하지 않은 것에 분

---

1) 여기서 **삼사이행三思而行**(세 번 생각한 뒤에 행동한다는 뜻. 깊이 생각하고 난 뒤에 행동으로 옮기는 것을 비유함. 그러나 너무 지나치게 생각에 얽매이면 행동해야 할 때를 놓쳐 오히려 낭패를 볼 수도 있으므로 지나친 생각 또한 경계해야 함을 이르기도 함)의 고사성어가 나옴

노하고 있었다. 결국 백부호는 진晉을 공격했고, 기성箕城에 접근했다.

진양공은 선진에게 방어를 지시했다. 선진은 군주의 얼굴에 침을 뱉은 자신의 불충과 무도와 무례를 사죄하며, 임무를 사양했다. 진양공은 충성에서 나온 행동으로 나라를 위한 분노였다고 설득했다. 결국 선진은 임무를 수락하면서 탄식했는데, 이때 사죄의 의미에서 전장에서 죽을 결심을 한다. 진양공은 곡옥에서 도읍 강성으로 환궁했다.

거우 낭심이 선봉을 자청했다. 선진은 겸양하지 않는다며 낭심을 크게 꾸짖었다. 낭심은 국가를 위한 뜻이라며 선봉에 세워 주길 호소했다. 선진은 용맹하지도 않고 지략도 없다고 나무라며, 낭심의 직위를 박탈하고 추방해 버렸다. 선진은 호국거를 거우에 임명했다.

쫓겨난 낭심은 길에서 친구 선백鮮伯을 우연히 만났다. 선백은 낭심의 처지에 분노하며, 분풀이로 선진을 암살하자고 제의했다. 낭심은 그러한 행동은 어리석은 죽음에 불과하므로 때를 기다리겠다고 말하며 거절했다. 선백은 낭심의 뜻을 존중했고, 낭심과 함께 어디론가 떠났다.

선진은 병거 400승을 편성하여 아들 선저거를 선봉으로 삼고, 난돈·극결·호야고·호국거를 거느리고 출전했다. 기성에서 진군과 책군은 대치했다. 선진은 대곡大谷에서 결전을 벌이기로 결정하고 계책을 세웠다. 즉 난돈과 극결에게 좌우로 매복을 지시하고, 선저거에게 거짓패배로 적을 유인하도록 지시하고, 일시에 포위 공격을 하기로 했다. 선진은 호야고와 호국거에게는 책의 구원군을 공격하도록 지시했다.

백부호가 싸움을 걸어왔다. 선저거는 거짓으로 패하고 대곡으로 도주했다. 백부호는 기병 100여 기를 거느리고 추격했다. 백부호가 가까이 접근하자 진의 복병이 일제히 공격했다. 백부호 부대는 많은 피해를 입었으나 용맹히 싸워 진군의 포위를 뚫고 도주했고, 진군도 많은 피해를 입었다.

이때 하군장수로 출전한 극결이 도주하는 백부호를 향해 화살을 날렸는데, 머리에 명중했다. 백부호는 즉사했고, 극결은 백부호의 수급을 바쳤다.

선진先軫의 죽음

선진은 백부호의 사망 보고를 받은 이후 진양공에게 표장을 작성했는데, ①공과 죄의 분별을 강조하면서 ②죽음으로써 자신의 무례를 사죄하고 ③아들 선저거를 추천하는 내용이었다. 표장을 작성한 선진은 병거를 타고 심복 몇 명만 대동한 채 적진으로 질주했다.

백부호의 동생인 백돈白暾은 백부호를 도우러 가던 중 선진과 만났다. 선진은 책군 속에서 용맹을 발휘하여 싸웠다. 마지막 순간 선진은 스스로 갑옷을 벗고 적의 무수한 화살을 맞고 죽었다. 백돈은 선진의 모습을 보고 존경의 마음이 들어 선진의 시신을 예로서 축원했다. 잠시 후 백돈은 백부호의 사망 사실을 보고받았다.

한편 선저거는 선진이 작성한 표장을 발견하고 통곡했다. 장수들이 선저거를 위로하고 겨우 진정시켰다. 이때 책의 사신이 와서 선진과 백부호의 시신을 교환하자고 제의했다. 진의 장수들은 동의했다. 진의 장수들은 회의를 열고 유사시에 대비하기로 했다. 극결과 난돈이 좌우에 군사들을 배치하고, 호국거와 호야고는 중군을 맡기로 했다.

진군과 책군이 대치하고 시신을 교환했다. 선진의 시신은 향수로 목욕한 완전한 형체였으나, 백부호의 시신은 피투성이 머리뿐이었다. 백돈은 진의 무례를 비난했다. 선저거는 백부호의 몸을 대곡의 책군 시체

더미에서 찾으라고 조롱했다. 백돈은 분노하며 총공격을 개시했다. 책의 기병들이 돌격을 시작했다. 진군은 방어용 수레인 돈거輇車로 단단히 방어진을 폈다. 그사이에 호야고, 극결, 난돈은 세 방향에서 책군을 공격했다. 백돈은 버티지 못하고 산비탈로 도주했다. 호야고가 추격했다. 거의 잡힐 지경이 된 백돈은 12년 동안 책에 거주할 때의 옛정을 강조했다. 호야고는 백돈을 더 이상 추격하지 않았다. 진군은 대승을 거두고 귀국했다.

선진이 남긴 표장을 읽은 진양공은 선진의 죽음을 슬퍼하며 선저거先且居를 중군원수에 임명했다. 진양공은 예전에 극예의 봉지였던 기 땅을 극결에게 하사했다. 진양공은 극결을 천거한 공을 인정하여 서신에게 선모先茅 땅을 하사했다.

한편 백부호는 아들이 없었다. 백돈은 귀국하여 책의 군위를 승계했다.

진晉과 초楚의 치수湨水 대치(BC 627년)

허와 채는 진晉문공이 죽은 이후에 (거리 상으로 더 가까운) 초와 다시 동맹을 체결하고 복속했다(BC 627년). 진양공은 분노하여 양처보를 대장으로 임명하며 허와 채를 공격하도록 지시했다. 진군에 맞서 초성왕은 투발과 성대심에게 구원군을 이끌고 가서 허와 채를 지원하도록 지시했다.

치수湨水에서 진군과 초군이 강을 두고 대치했다. 진군은 치수 북쪽에 포진하고, 초군은 치수 남쪽에 포진했다. 진군과 초군이 대치한 지 두 달이 지났고, 계절은 겨울이 되었다.

양처보는 군량이 부족하여 후퇴하고 싶었으나, 초군의 추격이 걱정되고 특히 도망의 오명을 받는 것이 염려되었다. 고민하던 양처보는 계책을 마련했다. 양처보는 사자를 투발에게 보내 결전을 촉구하며, 초군이 강을 건너길 희망하면 진군이 1사(30리)를 후퇴할 것이고 희망하지 않으면 진군이 강을 건널 테니 초군이 1사를 후퇴해 주길 요청했다.

투발은 강을 건널 것을 주장했으나, 성대심은 강을 건널 때 진군이 급습할 것을 염려했다. 결국 성대심의 의견대로 진군에 강을 건너라고 제안하기로 했다. 투발은 약속대로 1사를 후퇴한 후 사자를 보내 양처보에게 강을 건너라고 독촉했다. 양처보는 강을 건너겠다는 답신을 보냈다.

양처보는 강을 건너지 않고, 오히려 군사들에게 초군이 도주했다는 거짓말을 하며 그냥 귀국해 버렸다. 투발은 이틀 동안 진군을 기다리다 진군이 철수한 것을 알게 되었고, 그냥 귀국했다.

세자 상신商臣의 초성왕楚成王 시해[초목왕楚穆王의 즉위](BC 626년)

투발을 미워하던 초의 세자 상신은 초군이 성과 없이 돌아오자 초성왕에게 양처보의 뇌물을 받고 회군했다고 투발을 참소했다. 초성왕은 상신의 참소를 믿고 투발을 만나주지 않고 칼 한 자루만 보냈다. 투발은 해명할 길이 없자 스스로 목을 찔러 자살했다. 성대심이 초성왕을 알현하여 회군 경위를 설명했다. 초성왕은 성대심을 위로하며 투발을 사사한 것을 후회했다. 초성왕은 세자 상신을 불신하게 되었다.

초성왕은 어린 아들 직職을 총애했는데, 세자를 직으로 바꿀 결심을 했다. 초성왕은 상신의 모반을 염려하여 상신을 조사한 후 잘못을 발견하면 그것을 이유로 처형할 생각을 했다. 궁중에 초성왕이 세자를 혐오

한다는 소문이 퍼졌다.

한편 초성왕의 누이동생으로 미씨芈氏가 있었는데, 강江[1]에 시집을 갔다. 그 당시 미씨는 초의 궁궐에 장기간 체류 중이었는데, 성미가 급하고 입이 가벼웠다.

초성왕의 세자 혐오에 대한 소문을 들은 상신은 반숭과 상의했다. 반숭은 미씨를 잔치에 초대하고 일부러 푸대접하며 약을 올려 미씨가 바른 말을 하게 유도하여 소문의 진위를 파악할 것을 건의했다.

상신은 고모 미씨를 잔치에 초대했다. 상신은 거만한 행동으로 미씨를 대접하며, 시녀와 희롱하고 미씨의 말을 무시하는 등의 태도를 보이며 일부러 푸대접했다. 미씨는 분노하며 상신을 망나니라고 욕하고, 오빠가 세자를 죽이려고 계획하는 것이 당연하다고 호통을 치며 궁으로 돌아갔다.

소문의 진위를 알게 된 세자 상신은 다시 반숭과 상의했다. 반숭은 상신을 떠보기 위해 동생인 직을 섬기거나 또는 외국으로 망명할 수 있는지 물었다. 상신은 강하게 그럴 수 없다고 부정했다. 상신의 욕망을 확인한 반숭은 아버지를 죽이고 즉위하라고 상신을 부추겼다. 결국 상신은 동의했다.

상신은 그날 밤 세자궁 소속 병사들을 소집했다. 상신은 왕궁에 변란이 발생했다고 핑계 대며 왕궁을 포위했다. 반숭은 초성왕의 침실로 난입하여 세자에게 양위한 뒤 자살하라고 초성왕을 강요했다. 초성왕은 구원군이 올 시간을 벌기 위해 곰 발바닥 요리[2]를 먹고 나서 자살하겠다고 애걸했으나, 반숭은 거절하며 허리띠를 던졌다. 초성왕은 투발의

---

1) 동이 계열의 약소 제후국으로 상商 때부터 존속. 회수 상류에 위치
2) 곰 발바닥 요리는 요리하는 데 시간이 엄청 많이 걸림

말을 듣지 않은 것을 후회하며 허리띠로 목을 맸다. 반숭은 부하들에게 허리띠를 잡아당기도록 하여 초성왕을 목 졸라 살해했다(BC 626년 10월).

형을 죽이고 즉위한 이후 정치를 잘하여 국력을 강하게 하고 중원을 압박하는 등 시대를 풍미했던 초성왕은 아들에게 살해당하고 재위 46년에 역사의 무대에서 사라진다. 미씨는 통곡하고 자신의 경솔한 언행을 후회하며 목을 매고 자살했다.

세자 상신은 부왕이 급살병으로 죽었다고 제후들에게 부고를 띄우고 스스로 왕위에 오르니, 곧 **초목왕楚穆王**[1]이다. 초목왕은 반숭을 태사에 임명하고, 왕궁 호위병을 지휘하게 했다.

초목왕楚穆王의 무도

신하들은 초목왕이 부왕을 죽인 사실을 알고 있었으나 아무도 말을 하지 못했다. 상공 투의신은 영도로 올라와 초성왕의 장례에 참석했다. 투의신은 분노하여 대부 중귀仲歸와 상의하고 초목왕을 죽일 계획을 세웠는데, 계획이 누설되었다. 초목왕은 사마 투월초를 시켜 투의신과 중귀를 잡아 죽였다.

투월초는 영윤 자리를 욕심냈다. 투월초는 초목왕에게 영윤 투반이 공자 직을 추대할 뜻을 가지고 있으며 투의신을 사주했다고 투반을 무고했다. 초목왕은 영윤 투반을 불러 공자 직을 죽이라고 지시했으나, 투반은 거절했다. 초목왕은 직접 몽둥이로 투반을 때려 죽였다. 공자

---

1) 초목왕 웅상신: 재위 BC 625 ~ BC 614

직은 생명의 위협을 느껴 진晉으로 도주했다. 투월초는 추격하여 공자 직을 죽였다.

초목왕은 성대심을 영윤에 임명했으나, 성대심은 얼마 후 병으로 죽었다. 초목왕은 투월초를 영윤에 임명하고, 위가를 사마에 임명했다. 초목왕은 투자문의 공로를 인정하여 투반의 아들(=투자문의 손자)인 투극황鬪克黃을 잠윤箴尹에 임명했다.

한편 초성왕의 피살 소식을 들은 진양공은 조돈을 불러 상의했다. 조돈은 초목왕으로 인하여 큰 혼란이 발생할 것을 우려했다.

제5절 진秦의 복수와 진목공秦穆公의 소패업

유여繇余를 등용하는 진秦목공(BC 625년)

강융姜戎 군주 오리五離가 진秦의 목鶩 땅을 침범했다. 진의 세 장수(서걸술, 건병, 백리시)는 출전하여 강융군을 대파했고, 오리는 진晉으로 도주했다. 승세를 몰아 진秦은 강융의 과주瓜州 땅을 차지했다.

이때 서융西戎 군주 적반赤班은 융족의 영수였는데, 진秦을 정탐하기 위해 유여繇余를 사신으로 보냈다(BC 626년). 유여는 원래 진晉 출신의 현인인데, 불우하여 서융에서 벼슬을 하고 있었다. 진秦목공은 유여에게 화려한 궁실 등을 보여주고 자랑하며, 서융을 무시했다. 유여는 검약의 도를 강조하며, 사치로 인하여 망국에 이를 수 있음을 조심스럽게 말했다. 진목공은 반박할 수 없었다.

백리해가 유여의 과거를 말하며 그 능력을 높이 평가했다. 진목공은 이웃 나라에 성인이 있는 것은 근심거리라며 우려했다. 백리해는 내사 요廖에게 계책을 물어볼 것을 권유했다. 내사 요는 ①적반에게 미녀와 악공을 보내 정치에 무관심하게 만들고 ②핑계를 대고 유여를 서융에 귀국시키지 않으면 ③서로를 의심하게 될 것이라고 계책을 아뢰었다.

진목공은 유여를 계속 진에 체류시켰고, 내사 요를 파견하여 적반에게 미녀와 악공 6명을 바쳤다. 적반은 여자와 음악에 빠져 정치를 돌보지 않았고, 유목지를 이동하는 것을 잊어 가축들이 아사하는 지경에 이르렀다.

유여는 진목공에게 사정하여 1년 만에 겨우 서융으로 귀국했다. 적반은 귀국이 늦어진 것에 대하여 유여를 의심했다. 유여가 여러 차례 간언을 올렸으나, 적반은 무시했다. 유여는 좌절했다. 이때 진목공이 비밀리에 유여에게 사람을 보내 초빙했다. 결국 유여는 진秦에 귀순했고, 진목공은 유여를 아경에 임명했다(BC 625년).

이후 백리해가 나이를 이유로 은퇴를 요청했고, 진목공은 승낙했다. 진목공은 유여를 좌서장에, 공손지를 우서장에 임명했다.

진秦의 진晉 공격[1차 팽아彭衙전투](BC 625년)

진晉양공은 진秦의 복수가 신경 쓰여 선제공격을 하고 싶었으나, 책과 초와 교전하느라 여의치 못했다.

그동안 진秦은 패전의 후유증에서 회복했다. 맹명시는 진秦목공에게 진晉을 공격할 것을 건의했고, 진목공은 허락했다. 맹명시, 백을병, 서걸술은 병거 400승을 거느리고 진晉을 공격하러 출발했다(BC 625년 2월).

진晉에서는 선저거를 대장으로 하고 조최를 부장으로 하여 방어군을 편성했다. 낭심이 찾아와 종군하여 참전하기를 자청했는데, 선저거는 허락했다. 선저거는 진秦의 경계를 넘어 먼저 공격을 하기로 결정했다. 진晉군은 진秦의 팽아彭衙 땅에 당도했고, 진秦군과 대치했다.

낭심은 공명을 탐내서가 아니라 자신의 용기를 입증하여 예전에 선진에게 받은 모욕을 갚기 위해 선봉을 자청했다. 낭심은 친구 선백 등 100여 명을 대동하여 진秦군을 향해 돌진했다. 낭심은 무서운 용기를 발휘하여 진秦군에 막대한 피해를 주었다. 백을병이 선백을 죽였으나, 진秦군은 혼란에 빠졌다. 선저거는 진秦군의 혼란을 이용해 총공격을 개시했다. 진秦군은 크게 패하고 도주했다.

낭심은 중상을 입은 채 구출되었으나 다음 날 사망했다. 선저거는 개선하여 진양공에게 낭심의 공적을 보고했다. 진양공은 낭심에 대하여 상대부의 예로 장례를 치러 주었다.

진晉 연합군의 진秦 공격(BC 625년)

맹명시는 두 번의 패전에 죽음을 각오했으나, 진목공은 맹명시를 위로하며 계속 임무를 맡겼다. 맹명시는 부끄러움을 느끼며 전 재산을 전사한 병사들의 유가족에게 나누어 주었다. 맹명시는 치욕을 씻기 위해 군사 훈련에 열중했다.

진양공은 진秦의 의지를 꺾기 위해 송·진陳·정과 연합군을 만들어 진秦을 먼저 공격했다(BC 625년 겨울). 진晉에서는 선저거, 송에서는 공자 성成, 진陳에서는 대부 원선轅選, 정에서는 공자 귀생歸生이 군을 이끌었다. 맹명시는 아직 군사들의 훈련이 부족하다고 여겨 대처를 하지 않았다. 진晉 연합군은 강江과 팽아 두 마을을 점령한 뒤 귀국했다.

　진秦 내부에서 맹명시에 대하여 겁쟁이라는 비난이 들끓었다. 진목공은 때를 기다리는 것이라며 맹명시를 계속 신뢰했다.

　진秦이 계속 패하자 서융의 군장인 적반이 반심을 품었다. 적반은 진秦을 공격할 계획을 세우고, 서융 여러 부족들을 결집시키고 있었다.

진秦의 진晉 공격[2차 팽아彭衙전투](BC 624년)

　맹명시는 드디어 군사 훈련을 완료하고, 진秦목공에게 진晉에 대한 공격에 직접 참전해 줄 것을 건의했다. 진목공은 병거 500승으로 직접 진晉에 대한 공격을 개시했다(BC 624년 5월). 진秦군은 팽아 땅에서 진晉군을 물리치고, 포진관蒲津關을 지나 황하를 건넜다. 맹명시는 죽기를 각오하고 후퇴하지 않겠다는 의미로 건너온 배를 모두 태웠다[1]. 진秦군의 사기는 고취되었다. 맹명시는 선봉을 자청했고, 진晉의 왕관성王官城을 함몰했다.

　진晉양공은 회의를 열었다. 조최는 진秦군은 진목공이 친정하여 사생 결단의 각오로 총력전을 펼치고 있으므로 일단 싸움을 피할 것을 건의하고, 진秦군이 다소의 성과를 거둔 이후에 양국의 분쟁을 끝내야 한다고 주장했다. 선저거는 진秦군이 세 번의 패전을 갚기 위해 현재 투지가 높다고 강조하며, 조최의 의견에 찬성했다. 결국 진양공은 진秦군과 전면전을 피할 것을 지시했다.

---

1) 여기서 **제하분주**濟河焚舟(강을 건너고는 배를 불태운다는 뜻. 결사항전의 굳은 의지를 비유함)의 고사성어가 나옴. **파부침주**破釜沉舟(밥 지을 솥을 깨뜨리고 돌아갈 때 타고 갈 배를 가라앉힌다는 뜻.《초한지》의 항우에서 유래한 고사)와 같은 의미임

진秦의 장수 유여가 진목공에게 효산에 널려 있는 진秦군의 백골을 수습하여 영혼을 위로할 것을 건의했다. 진목공은 동효산으로 행군하여 모든 백골을 수습하고, 통곡하며 장례를 치렀다. 강과 팽아 마을의 주민들은 진晉의 관료를 추방하고 진秦군을 영접했다. 진목공은 백성들을 위로한 후 귀국했다.

　이번 승리는 진목공이 맹명시를 믿고 무한한 신뢰를 보내 주었고 맹명시도 그에 보답하기 위해 전 재산을 바치면서까지 병사들의 사기를 올리기 위해 노력한 것에서 비롯되었다. 진목공은 진晉에 세 번 연이어 패전한 치욕을 갚아 준 맹명시를 아경에 임명했다.

서융西戎의 패자가 되는 진목공秦穆公(BC 623년)

　유여로부터 서융의 지형과 군사기밀을 다 알게 된 진秦목공은 얼마 후 유여를 앞세우고 서융을 대대적으로 공격했다. 이때 진秦은 처음으로 기마병을 전차부대를 보조하는 부대로 편성하여 서융과의 전투에 활용하여 큰 효과를 거두었다. 견디지 못한 적반은 진秦에 항복했고, 곧 서융 12개 부족들도 항복했다[1].

　이후 적반은 서융 20여 부족의 족장들을 대동하여 진秦을 방문했다. 적반은 토지를 바치며 진목공을 서융의 백주伯主로 추대하고 신하를 자처했다. 이로써 진목공은 1,000리의 영토를 개척하게 되었고, 서융의 패자霸者가 되었다(BC 623년).

---

1) 한비는 《한비자》 〈십과〉 편에서 여자의 노래와 춤에 빠져 국정을 돌보지 않으면 나라를 망친다고 말하며, 서융 군주를 예로 들고 있음

주양왕은 진秦의 강성에 감탄하며, 후백侯伯으로 책봉하려고 했다. 윤무공은 아직 진晉의 공로에는 미치지 못한다고 아뢰며, 진秦을 후백으로 책봉하면 진晉이 불만을 가질 것이므로 사신을 보내 축하하면 충분할 것이라고 건의했다. 주양왕은 진秦에 윤무공을 파견하여 황금북을 하사하고 치하했다. 진목공은 늙어서 대신 공손지를 주에 보내 사은했다.

얼마 후 유여가 병으로 죽었다. 진목공은 맹명시를 좌서장에 임명했다. 주에서 귀국한 공손지는 노환을 이유로 은퇴했다.

소사蕭史와 농옥弄玉의 전설

농옥弄玉은 진秦목공의 딸인데 생황 연주가 탁월했다. 진목공은 늦게 얻은 어린 딸 농옥을 총애하여 봉루鳳樓라는 누각을 지어주었다. 농옥이 15세가 되자 진목공은 사윗감을 물색했다. 농옥은 생황을 잘 부는 사람을 원했다. 진목공은 열심히 찾았으나 생황을 잘 부는 사람을 찾지 못했다.

어느 날 농옥은 꿈을 꾸었다. 통소 연주가 탁월한 화산華山의 주인을 만났는데, 상제의 명령으로 중추절(음력 8월 15일)에 백년가약을 맺을 것이라고 말하며 손을 잡는 내용이었다. 농옥은 진목공에게 꿈 내용을 말했다. 진목공은 맹명시를 화산에 보냈다. 맹명시는 명성암明星巖에서 통소 연주가 탁월한 소사蕭史를 발견하여 궁으로 데려왔는데, 그날이 중추절이었다.

진목공은 소사의 통소 연주에 감탄하며, 농옥의 배필로 결정했다. 진목공은 태사에게 길일을 택하도록 지시했는데, 태사는 중추절이라고 답했다. 진목공은 그날 바로 혼인의 예식을 올리게 했다. 진목공은 소사를 중대부에 임명했다.

소사와 농옥은 봉루에 거주하며 행복하게 살다가 몇 달 후 사라졌다. 소사는 붉은 용을 타고 승천하고 농옥은 자주색 봉황새를 타고 승천하여 신선이 되었다고 한다. 또한 화산에서 봉황새의 울음소리가 들렸다고도 한다.

진목공은 탄식하며 농옥을 그리워했고, 신선을 믿게 되었다. 진목공은 화산 명성암에 사당을 건립했다. 이때부터 진목공은 세속에 초연하며 청정무위를 추구하고 신선이 되기를 희망했다. 진목공은 맹명시에게 정치를 일임했다.

얼마 후 공손지가 죽었다. 인재가 부족해지자 맹명시는 자거씨子車氏의 세 아들인 엄식奄息, 중행仲行, 겸호鍼虎를 천거했다. 진목공은 그들을 대부에 임명했다(BC 623년). 그들은 모두 정치를 잘하여 삼량三良으로 불렸다.

제6절 진양공晉襄公 사후 진晉의 혼란

3군으로 개편하는 진양공晉襄公(BC 621년)

진晉양공의 서장자는 공자 첩捷[1]이고, 적자는 이고夷皐다. 진양공은

---

1) 공자 첩은 아들 담談을 얻었는데, 담은 주周로 이주함. 나중에 담은 아들 공손 주周(=훗날의 진도공)를 얻음

이고를 세자로 임명했다. 진양공은 이복동생인 공자 낙을 진陳으로 보내 그곳에서 벼슬하게 하고, 공자 흑둔은 외가가 있는 주周로 보냈다(BC 622년). 그해에 조최, 난지, 선저거, 서신이 연이어 사망했고(BC 622년), 경의 자리가 많이 비게 되었다.

진양공은 증원된 2군을 폐지하고 다시 3군 체제로 환원시켰다(BC 621년). 진양공은 원래 사곡士穀과 양익이梁益耳에게 중군을 맡기고, 기정보箕鄭父와 선도先都에게 상·하군을 맡길 생각이었다. 선저거의 아들인 **선극先克**이 진양공에게 공신인 호언과 조최의 아들을 중용할 것을 건의하며, 사곡과 양익이는 업적이 없어서 병사들이 복종하지 않을 우려가 있다고 강조했다. 결국 진양공은 호언의 아들인 호야고를 중군원수에 임명하고, 조최의 아들인 조돈을 중군부장에 임명했다. 또한 진양공은 기정보를 상군장수에 순림보를 상군부장에 임명하고, 선멸을 하군장수에 선도를 하군부장에 임명했다.

이로 인해 사곡과 양익이는 선극에게 원한을 가지게 되었다. 선도 역시 장수가 아닌 부장으로 임명되어 선극에게 원한을 가지게 되었다.

새로 중군원수가 된 호야고가 이夷 땅에서 군사를 사열하면서 삼군을 지휘했는데, 혼자 의기양양하여 태도가 안하무인이었다. 하군사마인 **유변臾騈**이 호야고에게 아직 경험이 많지 않은 권문세가의 자손에게 가장 중요한 덕목은 화목임을 강조하고, 성득신을 예로 들며 자존심을 버리고 겸손한 태도로 삼가고 조심할 것을 조언했다. 호야고는 분노하며 유변에게 볼기 100대의 처벌을 내렸다. 군사들은 모두 호야고에게 불만을 가졌다.

중군원수에 임명된 조돈趙盾(BC 621년)

태부 양처보는 위衛에 사신으로 갔다가 군대 개편 이후에 귀국했다. **양처보**는 진양공에게 호야고는 너무 강경하고 승벽이 있어 대장으로 부적합하다고 아뢰며, 조돈의 능력을 극찬했다. 진양공은 그 견해를 받아들여 조돈을 중군원수에 임명하고 호야고를 중군부장에 임명했다. 호야고는 큰 충격을 받았으나 어쩔 수 없었다.

조돈은 국정에 전념하며 노력했고, 백성들의 신뢰를 받았다. 얼마 후 호야고는 진양공을 알현하며 교체 이유를 물었다. 진양공은 양처보의 건의 내용을 알려주었다. 이로 인해 호야고는 양처보에게 깊은 원한을 품게 되었다.

조돈은 정적들에게는 냉혹했지만, 일족을 포함한 부하들과 백성들에게는 인정을 많이 베풀었다. 그래서 백성들과 부하들 중에는 조돈을 따르는 자들이 많았다. 어느 날 조돈은 사냥을 마치고 돌아오던 중 길에서 아사 직전으로 쓰러져있던 영첩靈輒이라는 젊은이를 발견하고 음식을 주었는데, 영첩은 음식을 반만 먹고 나머지는 광주리에 담았다. 조돈이 이유를 묻자 영첩은 노모에게 가져다주려는 것이라고 답했다. 조돈은 영첩의 효심을 칭찬하며 가지고 있던 모든 음식과 술을 주었다. 영첩은 감사를 표했다. 영첩은 몇 년 후 궁궐의 무사로 들어갔는데, 조돈은 그 사실을 몰랐다.

한편 조돈의 문객 중에 **공손저구**公孫杵臼와 **정영**程嬰, **제미명**提彌明이 있었는데, 이들은 조돈에게 많은 신세를 졌다. 조돈은 공손저구와 정영을 신임하여 심복부하로 부리고 있었고, 천하장사인 제미명을 거우로 부리고 있었다.

진강공秦康公의 즉위(BC 621년)

진秦목공은 농옥을 그리워하며 자신도 신선이 되기를 희망했다. 세속을 초월한 삶을 살던 진목공은 병이 들어 죽었다(BC 621년). 재위 39년 나이 69세였다. 세자 앵이 즉위하니, 곧 **진강공秦康公**[1]이다.

진목공의 장례는 서융의 풍속으로 거행되었다[2]. 177명이 순장되었는데, 어진 신하들인 삼량도 순장되었다. 진秦의 백성들은 삼량의 죽음을 슬퍼하여 황조黃鳥라는 시를 지었는데, 《시경》에 수록되어 있다. 좌구명左丘明은 《춘추좌씨전》에서 삼량을 포함한 순장을 언급하며, 이후 진秦이 (상앙 이전까지) 동쪽으로 진출하지 못한 이유를 알겠다고 비판했다.

진양공晉襄公의 사망(BC 621년)과 후계 문제

진晉양공이 갑자기 중병에 걸려 회복이 어려워졌다. 진양공은 중군원수 조돈과 태부 양처보에게 세자 이고를 보좌하여 맹주의 지위를 유지할 것을 유언으로 남기고 재위 8년 만에 사망했다(BC 621년 8월).

조돈은 진양공의 유언에도 불구하고 세자 이고의 나이가 너무 어려 국정을 맡을 수 없음을 이유로 이고의 즉위에 반대했다. 조돈은 가장 연장자이고 인품이 훌륭하다는 이유를 들며 진秦에 체류 중인 공자 옹을 추천했다. 호야고는 문영이 진문공의 총애를 받았음을 이유로 들며

---

1) 진秦강공 영앵: 재위 BC 620 ~ BC 609
2) 엄밀히 말하면 원래 진秦은 서융의 한 갈래이므로 중원과 다른 장례 문화가 있었음

진陳에 체류 중인 공자 낙을 추천했다. 조돈은 진陳은 소국이지만 진秦은 대국이고 지리적으로 인접하고 있음을 들어 공자 옹을 즉위시키고 진秦과 화해할 것을 주장했다. 대신들은 조돈의 주장에 찬성했다.

결국 선멸을 정사로 하고 사회를 부사로 하는 사신단이 꾸려졌다. 진秦에 국상을 통지하고 공자 옹을 모셔오는 임무가 사신단에게 부여되었다. 순림보는 세자로 인한 변란이 예상되니 임무를 사양하라고 선멸과 사회에게 충고했다. 선멸은 조돈이 권력을 가지고 있으므로 걱정할 것이 없다며 순림보의 충고를 무시하고 진秦으로 출발했다.

호야고는 호씨 가문을 무시한다며 조돈에 대하여 분노했다. 호야고는 심복부하를 진陳에 보내 공자 낙을 모셔와 공자 옹과 겨뤄 볼 계획을 세웠다. 이 계획은 조돈에게 누설되었다. 조돈은 심복부하인 공손저구에게 매복했다가 귀국하는 공자 낙을 처단하라고 지시했다. 이 계획은 호야고에게 누설되었다. 호야고는 분노했다. 호야고는 조돈의 권력이 너무 커 어쩌지 못하고, 대신 (조돈을 천거했고 이후 조돈과 친밀하게 지내며 돕고 있는) 양처보를 죽이기로 결심했다.

호야고는 사촌동생인 호국거(호모의 아들)와 상의했다. 호국거는 가병들을 도둑으로 가장하여 양처보의 집을 습격했다. 호국거는 양처보를 칼로 쳐 죽이고, 그 수급을 가지고 돌아갔다(BC 621년 9월). 양처보의 집안사람들은 조돈에게 가서 호국거의 소행임을 알렸다. 조돈은 일부러 호국거의 소행이 아니라 도둑의 소행이라고 말하며, 찾아온 양처보의 집안사람들을 호통쳤다.

곡옥에서 진양공의 장례가 거행되었다(BC 621년 10월). 진양공의 부인인 양부인襄夫人은 조돈에게 세자를 배척한 이유를 따졌다. 조돈은 국가의 대사이므로 개인 사정을 고려하지 않았다고 답했다.

조돈은 진양공의 신위를 태묘에 봉안하고 나서 태묘에 모인 대신들에게 호국거의 죄를 선포했다. 조돈은 그 자리에서 호국거를 체포했고, 호국거는 참수되었다. 그날 밤 호야고는 책翟으로 도주하여 백돈에게 의탁했다. 이로써 진문공의 외가인 호씨 가문은 몰락하게 되었다.

조돈趙盾의 변심[진영공晉靈公의 즉위](BC 621년)

조돈은 호야고의 부친인 호언의 공적을 감안하여 유변에게 호야고의 처자들과 재산을 책翟으로 호송할 것을 지시했다. 유변의 부하들은 예전에 호야고에게 받은 모욕을 분풀이하기 위해 호야고의 처자들을 도중에 죽이자고 건의했다. 유변은 남의 불행을 이용하는 것은 옳지 못하고 조돈의 신뢰에 부응해야 한다면서 거절했다. 유변은 무사히 호야고의 처자들과 재산을 책으로 호송했다. 사실을 알게 된 호야고는 탄식하며 자신의 행동을 반성했고, 조돈은 감탄하며 유변을 중용할 결심을 했다.

한편 선멸과 사회는 진秦강공을 알현하고 방문한 목적을 아뢰었다. 진강공은 기뻐했고, 백을병에게 병거 400승을 내어주며 공자 옹을 호위하여 진晉으로 호송할 것을 지시했다.

양부인은 조당 앞에서 통곡하며 대부들과 조돈에게 선군의 유언을 이행할 것을 호소했다. 진晉의 백성들은 양부인을 동정하며 조돈을 비난했다. 민심이 양부인을 동정하자 대부들도 조돈의 결정을 비판하는 여론이 형성되었다. 조돈은 여론의 변화에 고민했고, 극결과 상의했다. 극결은 세자가 장성하면 변란이 예상된다면서 공자 옹의 입국을 불허하는 것이 타당하다고 말했다.

결국 조돈이 대신들과 상의한 후 당시 7세인 세자 이고를 즉위시키니(BC 621년), 곧 **진영공晉靈公**[1]이다. 조돈은 공자 옹을 거절할 경우 진秦은 적국이 될 것이고 사과해도 수용하지 않을 것이므로 차라리 군사를 보내 입국을 막아야 한다고 강조했다. 이때 백을병은 공자 옹을 호위하고 하하河下에 당도한 상태였다.

진晉과 진秦의 영호令狐전투(BC 620년)

공자 옹의 입국을 저지하기 위해 진晉군이 편성되었다. 조돈이 중군을 맡고 선극이 보좌했으며, 순림보는 상군을 맡고, 선도는 하군을 맡았다. 원래의 상군장수인 기정보는 남아서 진영공을 보좌하기로 결정되었다.

기정보는 상군장수 직에서 물러나게 되어 조돈을 원망하게 되었다. 기정보는 사곡과 양익이와 절친한 사이였다. 그들은 모두 병권을 잃은 것 때문에 조돈에 대하여 불만을 가졌다. 그들은 진晉군과 진秦군이 교전하는 기회를 이용하여 반란을 일으키고 공자 옹을 군위에 올리기로 상의했다.

진晉군은 출전하여 근음堇陰 땅에 주둔했다. 진秦군은 황하를 건너 영호令狐 땅에 당도했다. 진秦군은 진晉군이 접근하는 것을 공자 옹을 영접하기 위해 나온 것으로 생각하고 전투 준비를 갖추지 않았다. 선멸이 조돈을 방문했다. 조돈은 국내의 사정 변경을 설명했다. 선멸은 분노했는데, 순림보는 선멸에게 귀국을 권유했다. 선멸은 자신의 주군은

---

1) 진晉영공 희이고: 재위 BC 620 ~ BC 607

공자 옹이고 진秦은 공자 옹을 돕는 국가라고 강조하며, 진秦군이 주둔한 곳으로 돌아갔다.

조돈은 진秦군에 대하여 기습 선제공격을 하기로 결정했다. 진晉군은 야음을 틈타 진秦군의 영채를 기습했다(BC 620년). 미처 준비가 되어 있지 않던 진秦군은 대패하고 도주했다. 모든 장수가 공을 세웠으나, 선극의 부하인 괴득臾得만이 방심하다 홀로 패하여 병거 5승을 잃었다. 진晉군은 고수刳首 땅까지 진秦군을 추격하여 공격했다. 공자 옹은 전사했고, 백을병은 겨우 도주했다. 선멸과 사회는 진秦으로 망명했다. 진秦강공은 선멸과 사회를 대부에 임명했다. 선멸과 친했던 선도는 이로 인해 조돈을 미워하게 되었다.

조돈은 진秦군을 격파한 후 급히 귀국했다. 이 때문에 기정보, 사곡, 양익이는 거사를 실행할 기회를 놓쳤다. 그 이유로 그들은 더욱 조돈을 미워하게 되었다. 순림보는 조돈에게 선멸과 사회의 처자들을 진秦으로 호송할 것을 건의했다. 조돈은 승낙했고, 순림보는 선멸과 사회의 처자들과 재산을 호송했다. 선극은 패배의 책임을 물어 괴득을 처형하려 했으나, 장수들이 간청하여 괴득의 녹봉과 토지를 박탈하는 것으로 결정되었다. 괴득은 선극에 대하여 깊은 원한을 가지게 되었다.

송소공宋昭公의 즉위(BC 620년)

송성공이 재위 17년에 사망하자(BC 620년) 송성공의 동생인 공자 어御가 정변을 일으켜 세자 급及과 사마 공손고를 살해하고 스스로 군위에 올랐다. 분노한 송의 주민들이 송후 어를 죽이고 송성공의 둘째 아들인 저구杵臼를 옹립하니, 곧 **송소공宋昭公**[1]이다.

송소공은 즉위 이전부터 공자 앙卬, 공손공숙公孫孔叔, 공손종리公孫鍾離와 친밀하게 지냈었다. 송소공은 즉위한 이후 세 사람의 말만 들으며 국정에 소홀했다. 송소공은 송목공과 송양공의 후손들인 공족들[2]을 소홀히 대했는데, 특히 할머니인 왕희王姬(송양공의 부인)를 소홀히 대했다.

사마 악예樂預는 내부적인 큰 혼란을 예상하여 사마에서 물러났다. 송소공은 공자 앙을 사마로 임명했다. 사성司城 공손수公孫壽도 사성에서 물러나 불출했다. 송소공은 공손수의 아들인 탕의제蕩意諸를 사성에 임명했다.

진晉 내부의 권력 투쟁

괴득은 사곡을 찾아가 조돈을 비난하며, 조돈의 심복인 선극을 제거할 필요성을 주장했다. 사곡과 괴득은 선도를 포섭하기로 합의했다. 괴득은 선도를 찾아갔는데, 선도는 조돈을 비난했다. 괴득은 선도를 포섭했고, 내년 봄에 거사하기로 약속했다(BC 620년 겨울).

어느 날 선극은 기성으로 가서 조부인 선진의 사당에 참배했다. 선도는 가병을 동원해 강성으로 돌아오는 선극을 습격하여 칼로 찔러 죽였다(BC 619년 1월). 선극의 피살 소식을 보고받은 조돈은 대노하여 사구司寇에게 범인을 체포할 것을 엄명했다. 범인을 잡기 위한 수색이 맹렬해졌다.

---

1) 송소공 자저구: 재위 BC 619 ~ BC 611
2) 이들을 통칭해서 목양지족穆襄之族으로 부름

수색에 부담을 느낀 선도, 사곡, 괴득은 상의한 후 양익이를 방문했다. 그들은 속히 거사를 결행하기로 합의했다. 그날 밤 양익이는 친척인 양홍과 술을 마시다 대취하여 거사 계획을 누설했다. 양홍은 놀라서 유변에게 밀고했고, 유변은 조돈에게 보고했다. 조돈은 심복부하들을 풀어 거사 관련자들을 감시하게 하고, 즉시 군사들을 소집했다.

조돈이 군사를 소집했다는 소식을 들은 선도는 거사 계획이 누설된 것으로 생각하고 사곡을 방문하여 거사를 바로 결행할 것을 주장했다. 옆에 있던 기정보는 상원절(음력 1월 15일)에 거사할 것을 주장했다. 사곡은 결정하지 못했고, 선도는 귀가했다.

그날 밤 유변은 군사를 이끌고 선도의 집을 습격하여 선극을 죽인 죄를 물어 선도를 체포한 후 감옥에 가두었다. 소문을 들은 양익이, 사곡, 괴득은 기정보를 방문하고 상의하여 즉시 거병하기로 합의했다. 이때 조돈이 기정보에게 사람을 보내 체포된 선도의 처리 문제에 대하여 궁중 조당에서 상의하기를 희망한다고 알렸다. 조돈이 아직 비밀을 모르는 것으로 판단한 기정보는 궁중으로 갔다. 양익이, 사곡, 괴득은 기정보의 집에서 기다렸다.

조돈은 궁중 조당에서 기정보와 회의를 하기 전에 은밀히 순림보, 극결, 난돈에게 기정보의 집을 공격하여 양익이, 사곡, 괴득을 체포하라고 지시했다. 순림보, 극결, 난돈은 기정보가 조돈과 회의를 하고 있는 중에 기정보의 집을 습격하여 양익이, 사곡, 괴득을 체포했다. 순림보, 극결, 난돈은 임무를 마친 후 궁중 조당으로 돌아와 기정보를 반란의 장본인이라고 비난했다. 조돈은 기정보를 체포했다.

조돈은 진영공에게 경위를 보고하며, 처형을 주장했다. 어린 진영공은 동의했다. 그날 오후 양부인은 진영공에게 이번 분쟁은 역모가 아닌 대신들의 권세다툼에 불과하므로 가혹한 처벌을 할 경우 인재가 부족해질 염려가 있다고 훈계했다. 진영공은 조돈을 불러 관대한 처벌을 부탁했으나, 조돈은 기강확립을 강조하며 거부했다.

선도, 사곡, 기정보, 양익이, 괴득은 군주를 업신여긴 죄로 참수되었다. 조돈은 선극의 아들인 **선곡先縠**을 대부에 임명했다. 조돈의 서슬 퍼런 권세에 진晉의 군신들과 백성들은 아무 말도 하지 못했다.

한편 진秦강공은 영호전투에서의 패배를 갚기 위해 진晉에 대한 공격을 지시했고, 진秦군은 진晉의 무성武城을 공격해 점령했다(BC 619년).

주경왕周頃王의 즉위(BC 619년)

주양왕이 재위 32년에 사망하고 아들 임신王臣이 즉위하니(BC 619년), 곧 **주경왕周頃王**[1]이다.

주경왕이 즉위했을 때 왕실의 재정은 적자여서 주양왕의 장례를 제대로 치르지 못할 지경이었다. 주경왕은 사신을 노에 보내 장례 비용을 원조해 줄 것을 요청했고, 노문공의 지원으로 주경왕은 주장왕의 장례를 겨우 치를 수 있었다.

---

1) 주경왕 희임신: 재위 BC 618 ~ BC 613

── 제4장 ──

진晉과 초楚의 주도권 다툼

제1절 진晉의 패권 상실과 초목왕楚穆王의 소패업

정鄭과 진陳을 복속시키는 초목왕楚穆王(BC 618년)

  초목왕은 중원을 제패하려는 욕심이 있었다. 그래서 우선 중원으로 진출하는 길목에 위치한 회수 유역의 약소국인 강江, 육六[1], 요蓼[2]를 멸망시키고 그 땅을 차지했다(BC 623년~BC 622년). 초목왕은 진晉이 내부 권력 투쟁으로 혼란한 상태라는 보고를 받고 중원을 공격할 계획을 세웠다. 대부 범산范山이 현재 진晉은 권력다툼 때문에 제후들의 일에 신경을 쓸 수 없다고 아뢰며 초목왕을 더 부추겼다.

  초목왕은 초를 배반하고 진晉에 복속한 정과 진陳을 우선 공격하기로 결심했다(BC 618년). 초목왕은 병거 300승을 내어주며, 영윤 투월초를 대장으로 하고 위가를 부장으로 하여 정을 공격하게 했다. 초목왕은 낭연狼淵 땅에 주둔하면서 후원하기로 했다. 또한 초목왕은 병거 300

---

1) 회수 유역에 하夏시대부터 존재했던 동이 계열의 군소 제후국
2) 회수 유역에 존재했던 군소 제후국. 동이 계열로 추정됨

승을 내어주며, 식息의 공자 주朱를 대장으로 하고 공자 패茷를 부장으로 하여 진陳을 공격하게 했다.

정목공은 공자 견堅, 공자 방尨, 악이樂耳에게 초군과 결전을 피하고 수비에 집중할 것을 지시하며 방어군으로 출전시키고, 동시에 진晉에 원조를 요청했다. 초군과 대치한 정군은 싸움을 회피하며 진晉의 원군을 기다렸다.

정군의 의도를 파악한 위가는 영채가 허술한 외관을 만들어 정군을 유인하는 계책을 마련하고 투월초에게 건의했다. 투월초는 병사들에게 인근 마을을 약탈하도록 지시하고 군막에서 매일 잔치를 열었다. 정 공자 견은 초군이 약탈하러 나가서 영채 수비가 허술하고 또 잔치하느라 초군이 방심하는 것으로 판단하고 전군을 동원해 총공격을 하기로 결심했다. 공자 방은 전대, 중대, 후대로 나누어 순차적으로 공격할 것을 건의했다. 공자 견은 공격 효과의 극대화를 위해 일시에 총공격하는 것을 고집했다.

결국 정군은 심야에 초군 영채를 일시에 총공격했다. 그러나 초군 영채는 비어 있었다. 공자 견이 황급히 후퇴를 지시했으나, 투월초가 영채 뒤에서 정군을 공격했다. 도주하는 정군의 앞을 위가가 막아서고 공격했다. 앞뒤에서 협공을 당한 정군은 대패했고, 정의 세 장수는 사로잡혔다.

이때 조돈은 송·노·위와 함께 연합군을 결성하여 정을 구원하기 위해 오고 있었다.

주력 방어군이 참패하자 정목공은 공자 풍豐을 초군 영채로 보내 항복하고 복속을 맹세했다. 투월초는 낭연에 있는 초목왕에게 보고했다. 초목왕은 정의 복속을 허락하고(BC 618년) 정의 세 장수를 석방하도록 지시한 후 도성으로 돌아갔다.

한편 진陳을 공격하러 갔던 식의 공자 주는 진陳에 패했고, 공자 패는 포로가 되었다. 공자 주는 귀환하던 초목왕을 찾아가 패전을 보고하며 진陳에 대한 공격을 간청했다. 초목왕은 분노하여 진陳에 대한 친정을 준비했다. 이때 진陳공공이 보낸 사자가 국서를 가지고 초목왕을 방문했다. 초에 항복을 희망하며 복속을 맹세하고, 공자 패를 석방하여 호송하겠다는 취지의 국서였다. 초목왕은 진陳의 화평 요청을 수락했다(BC 618년)[1].

얼마 후 조돈이 이끄는 연합군은 정의 국경 근처에 당도했는데, 정과 진陳이 초에 항복했고 초군이 귀국한 사실을 보고받았다. 송 사마 화우華耦와 노 동문수는 배신한 정과 진陳을 공격할 것을 주장했으나, 조돈은 그냥 회군하기로 결정했다.

송소공宋昭公과 목양지족穆襄之族의 갈등

송소공의 서동생인 **공자 포鮑**는 여자보다 더 잘생긴 미남이었다. 송양공의 부인인 왕희는 늙었지만 음탕했는데, 손자뻘인 공자 포를 사랑했다. 어느 날 왕희는 공자 포를 초대하여 술을 마시다가 공자 포를 겁탈하려 했다. 공자 포는 빌다시피 거절하며 겨우 빠져나왔다. 이후 왕희의 추파는 계속되었고, 결국 공자 포는 왕희와 사통하게 되었다. 이때부터 왕희는 자신에게 소홀한 송소공 대신 공자 포를 군위에 올릴

---

[1] 이 부분은 소설 《동주 열국지》의 내용인데 착오로 보임. 식息은 초문왕 때 이미 망하고 초에 병합되었으므로 식의 공자는 존재할 수 없음. 공자 주와 공자 패는 진陳의 공자로 초군에 패했고 그 결과 진陳은 초에 복속했다는 주장이 있는데, 이 주장이 타당한 것으로 보임

결심을 하게 된다.

목양지족의 세력이 너무 강한 것을 염려한 송소공은 목양지족을 억압하기 시작했다. 왕희는 목양지족과 결탁하고 선수를 쳐서 송소공의 측근인 공자 앙와 공손종리를 조당 앞에서 칼로 찔러 죽였다(BC 618년). 생명의 위협을 느낀 탕의제는 노로 망명했다.

송宋, 제齊, 노魯를 복속시키는 초목왕楚穆王(BC 617년)

초목왕은 정, 진陳, 채에 격서를 보내 10월 1일에 송의 궐맥厥貉 땅에서 대회를 개최한다고 알렸다(BC 617년).

정목공과 진陳공공은 식 땅에서 기다리다 초목왕을 영접한 후 궐맥 땅까지 따라갔다. 초목왕은 만족했다. 채장공은 궐맥 땅에서 초목왕을 영접하면서 천자에게 하는 예를 올렸다. 정목공과 진공공은 채장공의 행동에 놀라며, 혹시 초목왕이 자신들을 꾸짖을까 걱정되었다. 정목공과 진공공은 충성을 과시하기 위해 궐맥은 송의 땅인데 송소공이 영접하지 않은 무례를 범했으므로 공격할 것을 건의했다. 초목왕은 만족했다.

세작의 보고를 받은 송소공은 당황했다. 대부 화어사華御事는 송소공에게 소국이 대국을 섬기지 않으면 나라가 망한다고 강조하며, 초목왕을 방문하여 영접할 것을 건의했다. 송소공은 궐맥 땅으로 가서 초목왕을 알현하고, 정의 맹저孟諸 땅에서 사냥할 것을 건의했다. 초목왕은 만족했다.

초목왕은 송·진陳·정·채 제후들을 대동하여 맹저 땅으로 갔다. 초목왕은 부싯돌 등 사냥에 필요한 준비물을 갖추도록 지시했다. 다음 날 새벽 사냥이 시작되었다. 초목왕은 여우를 추격했는데, 여우가 굴속으로 도망쳤다. 초목왕은 송소공에게 불을 피울 것을 지시했다. 송소공은 미처 불을 피울 부싯돌을 준비하지 않았다. 초의 사마 **신무외申無畏**는 명령을 어긴 죄를 물어 송소공을 처벌할 것을 건의했다. 초목왕은 처벌의 의미로 송소공의 어자에게 곤장 300대를 때렸다. 송소공은 심한 모욕을 당했지만 아무 말도 못 했다.

초목왕은 투월초를 파견하여 제소공과 노문공을 초대했다. 제소공과 노문공은 초의 위세에 눌려 초를 방문해 초목왕에게 문안을 올렸다(BC 617년).

이로써 초목왕은 송·진陳·정·채를 복속시키고, 제·노에 영향력을 확보하게 되었다. 즉 **진晉, 위衛, 조曹를 제외한 대부분의 중원 국가를 복속시키거나 굴복시킨 것이다**. 진晉은 내부 권력 분쟁과 진秦과의 대립 때문에 적극적으로 초에 대처하지 못했고, 그 결과 초가 진晉을 누르고 최강국이 되었다.

이후 초목왕은 장강 중하류에 위치한 동이 국가인 서舒를 멸망시키고(BC 615년) 동남쪽으로 더 진출했다. 초목왕을 춘추오패로 보는 견해는 없으나, 그가 이룩한 업적을 감안하면 소패업을 달성했다고 평가해도 무방할 것이다. 초목왕은 부친을 죽이고 군위에 오른 후 중원 국가들을 압박하여 역사서에서는 좋지 못한 평가를 받고 있으나, 그가 이룩한 기반은 아들인 초장왕이 훗날 춘추오패가 되는 밑거름이 되었다.

책翟의 멸망(BC 616년)

책에 교여僑如라는 거인이 있었다. 교여는 키가 2미터가 훨씬 넘고 천하장사였다. 책 군주 백돈은 교여를 장수에 임명했다.

백돈이 교여에게 군사를 내어주며 노魯를 노략질하게 했다(BC 616년 겨울). 노문공은 숙손득신에게 책군을 방어할 것을 지시했다. 노의 대부 종생終甥은 눈이 내릴 것을 예상하고, 길에 함정을 판 후 풀과 흙을 덮어 위장한 다음 교여를 유인하는 계책을 마련했다.

함박눈이 내린 날 종생은 교여의 영채를 공격했다. 종생은 거짓 패배 후 도주했다. 교여는 종생을 추격하다 함정에 빠졌다. 종생은 함정 속으로 긴 창을 마구 찔러 교여를 죽였다. 매복하고 있던 숙손득신은 책군을 기습하여 크게 무찔렀다. 마침 숙손득신의 부인이 장남을 낳았는데, 숙손득신은 승전을 기념하여 아들의 이름을 숙손교여叔孫僑如로 지었다.

이후 노·제·위가 연합군을 결성하여 책을 공격했다. 책군은 대패했고, 백돈은 전사했다. 이로써 책은 멸망했다(BC 616년). 책에 망명해 있던 호야고는 책이 멸망한 후 적적赤狄 국가인 노潞로 이주했다. 호야고는 노潞의 대부인 풍서酆舒에게 의탁했다.

적적 국가인 노潞는 주평왕 때 강성해져 인접한 여黎를 병합했다. 군주의 성씨는 외隗씨고, 벼슬은 자작이다. 당시 노潞는 풍서가 국정을 맡아 전권을 행사하고 있었는데, 호야고가 망명해 오자 풍서는 잠시 위축되었다.

진강공秦康公의 진晉 공격(BC 615년)

조돈은 진秦이 무성을 공격해 점령한 것에 대한 보복으로 진秦의 소량小梁을 공격해 점령했다(BC 616년).

진秦강공은 이에 대한 보복을 결정했다. 진강공은 서걸술을 대장으로 백을병을 부장으로 사회를 참모로 하고, 병거 500승을 동원하여 직접 진晉으로 쳐들어갔다(BC 615년). 맹명시는 남아 국내를 수비하기로 했다. 진秦군은 황하를 건너 기마羈馬 마을을 점령했다.

진晉은 방어군 편성을 위해 회의를 열었다. 조돈의 사촌동생[1]으로 **조천趙穿**이라는 젊은이가 있었는데, 진양공의 사위였다. 조천은 부마라는 신분을 믿고 멋대로 행동했고, 자신의 용기를 믿고 싸움을 좋아했다. 조천이 조돈에게 상군부장을 시켜줄 것을 부탁했다. 조돈은 경험이 없다는 이유로 거절했다. 그러자 조천은 상군 소속으로 출전하기를 요청했고, 조돈은 허락했다. 결국 조돈이 중군원수가 되고, 순림보가 중군부장, 제미명이 거우가 되었다. 극결이 상군장수가 되고, 유변이 상군부장이 되었다. 난돈이 하군장수가 되고, 서신의 아들인 서갑胥甲이 하군부장이 되었다.

한편 조돈의 문객 중에 **한궐韓厥**이 있었는데, 한자여의 아들로 어질고 재주가 많았다. 조돈은 한궐의 능력을 높이 평가하여 사마로 천거했고, 진영공은 한궐을 사마에 임명했다.

진晉군이 강성을 출발했다. 모두 엄숙히 행진하는데, 조돈의 어자가 조돈의 급한 심부름을 하느라 행렬을 무시하고 수레를 몰았다. 한궐은 엄히 군법을 시행해 조돈의 어자를 처형했다. 조돈은 한궐을 불러 공평한 법집행을 칭찬하고, 한궐이 한씨 가문을 중흥시킬 것을 예견했다.

진晉군은 하곡河曲[2]에 주둔했다. 유변은 진秦군이 잘 준비되어 있고 예기가 강함을 지적하며, 수비를 강화하고 응전을 피한 다음 진秦군이

---

1) 5촌 조카라는 견해도 있음
2) 황하가 동쪽으로 꺾여 흐르는 지점. 진晉과 진秦의 접전지였음

철수할 때 공격할 것을 건의했다. 조돈은 유변의 의견에 따라 장기전으로 나갔다.

진秦강공은 진晉군의 장기전에 초조해하며 사회를 불러 상의했다. 사회는 조천이 공을 탐하여 출전했음을 지적하고, 조천을 도발하여 싸움을 확대시킬 것을 건의했다. 백을병은 병거 100승을 동원해 진晉의 상군에 싸움을 걸었으나, 극결과 유변은 싸움에 응하지 않았다. 조천이 이에 불만을 품고 병거 100승을 동원하여 마음대로 싸우러 나갔다. 백을병은 바로 후퇴했는데, 조천은 추격하다 놓치고 그냥 돌아왔다. 돌아온 조천은 진秦군과 싸우지 않고 지키기만 하는 것에 불만을 표시했다. 서갑이 조천의 견해에 찬성했다.

얼마 후 조천과 서갑이 원수의 허락도 없이 멋대로 진秦군에 공격을 개시했다. 극결은 조돈에게 사실을 보고했다. 조천이 패할 경우 자신에게 비난이 돌아올 것을 염려한 조돈은 어쩔 수 없이 전군을 출전시켜 진秦군에 공격을 개시했다.

백을병과 서걸술이 조천에게 협공을 하고 있을 때 진晉군의 본진이 당도했다. 서걸술과 조돈은 확전을 회피하여 즉시 군사를 물렸다. 조천은 군사를 물린 조돈에게 불만을 표시했다. 조돈은 계책을 세워 적을 상대해야 한다고 강조했다.

이때 진秦군이 사자를 보내 전서를 전달했다. 조돈은 진秦의 사자에게 응전을 약속했다. 유변은 사자의 태도에 두려움이 드러났음을 아뢰며, 진秦군이 밤을 틈타 철수할 것을 예상했다. 유변은 황하 어귀에 군사를 매복시켰다가 철수하는 진秦군을 습격할 것을 건의했다. 조돈은 만족하며 찬성했다.

서갑이 유변의 계책을 조천에게 알려주었다. 조천은 정면대결을 하지 않는 것에 분노했다. 조천과 서갑은 군문에서 유변이 세운 계책을 큰 소리로 떠들면서 진秦군과 정면승부를 할 것을 주장했다. 이 사실이 세작에 의해 진秦군에 알려졌다. 조돈은 조천과 서갑을 불러 책망했다.

　세작의 보고를 받은 진강공은 원래의 계획을 수정하여 하읍瑕邑을 공격한 후 도림桃林 땅을 경유하여 귀국했다. 진秦군이 철수하자 조돈은 도성으로 돌아갔다. 조돈은 군사기밀 누설의 죄를 물어 서갑을 삭탈관직하고 위衛로 추방했으나, 조천의 죄는 묻지 않았다. 조돈은 공신의 자손을 우대하여 서갑의 아들인 서극胥克을 하군부장에 임명했다.

진晉으로 귀환하는 사회士會(BC 614년)

　조돈은 진秦의 재침을 염려하여 대부 첨가詹嘉를 하읍瑕邑에 체류시키며 도림 땅의 요새를 수비하도록 조치했다. 유변은 진晉에 대한 정보를 진秦에 제공하는 사회에 대한 조치가 필요하다고 조돈에게 건의했다.
　조돈은 제부諸浮 땅의 별관에서 육경을 소집하고 회의를 열었다. 조돈, 극결, 난돈, 순림보, 유변, 서극이 참석했다. 조돈이 외국에서 이적행위를 하고 있는 호야고와 사회에 대한 대책이 필요하다고 강조했다. 순림보가 호야고를 귀국시켜 변경 방어를 맡길 것을 제안했다. 극결은 진秦의 공격을 방지하기 위해 사회를 귀국시킬 것을 주장했지만, 대신을 죽인 죄를 지은 호야고의 귀국에는 반대했다. 조돈은 극결의 주장에 찬성했지만, 진秦에서 중용되고 있는 사회를 귀국시킬 방법이 문제였다.
　진秦과 접경하고 있는 하동河東 땅의 최대 마을은 위魏인데, 당시 위 마을의 수장은 위주의 조카인 수여壽餘였다. 수여는 명문세가의 후손이면서 임기응변이 탁월하고 언변이 뛰어남에도 조정의 벼슬을 얻지 못하고 있었다. 유변은 조돈에게 수여를 천거하면서 수여의 언변을 이용하여 사회를 귀국시키는 계책을 마련하여 조돈에게 은밀히 아뢰었다. 조돈은 유변의 계책을 채택했다. 다음 날 유변이 수여를 은밀히 방문하여 계책을 알려주며 임무를 부여했다. 수여가 승낙하자 조돈은 계책을 진행했다.

조돈은 진晉영공에게 진秦에 대비하여 하동의 마을 수장들에게 민병을 양성한 후 황하 나루터를 경계하는 임무를 부과하고 그 결과에 대한 책임을 지도록 할 것을 건의했다. 조돈은 하동의 최대 마을인 위 마을에서 솔선수범할 필요가 있으므로 위 마을의 수장을 불러 친히 지시할 것을 추가로 건의했다.

진영공은 수여를 불러 민병 조직을 총감독하고 변경 수비를 총지휘할 것을 지시했다. 수여는 황하가 너무 광범위하여 민병을 조직하는 것은 실효성이 없고 백성들의 부담만 증가시킨다며 반대했다. 옆에 있던 조돈이 대노하면서 수여를 꾸짖으며, 사흘 내로 민병 병적부를 제출하지 않으면 군법으로 처벌하겠다고 위협했다.

위 마을로 돌아온 수여는 조돈을 비난하며 가솔들에게 진秦으로 망명할 준비를 할 것을 지시했다. 이후 수여는 술을 마시고 일부러 만취한 척하면서 술안주가 부실하다고 트집 잡아 요리 담당 노비를 매질했다.

억울하게 매를 맞은 노비는 도망쳐 조돈에게 가서 수여의 망명 계획을 밀고했다. 조돈은 한궐에게 수여를 체포하라고 지시했다. 한궐이 수여를 잡으러 갔는데, 수여는 도주했다. 한궐은 수여의 처자를 체포하여 감옥에 넣었다.

수여는 진秦으로 도망가 진秦강공에게 조돈을 비난하면서, 위魏 마을을 바치고 망명할 뜻을 밝히며 민정문서를 제출했다. 진강공은 사회를 불러 의견을 물었다. 수여는 사회에게 눈짓을 하고 발을 살짝 밟으며 신호를 보냈다. 당시 사회는 내심 고국인 진晉을 그리워하고 있었다. 사회는 수여의 뜻을 짐작하고, 위 마을이 진秦에 귀속할 경우의 이점을 강조하면서 위 마을 관리들이 수여와 같은 뜻인지 여부를 염려했다. 수여는 위 마을 관료들은 모두 자신의 집안사람들이라고 강조하며, 진강공이 하서에 군사들을 주둔시키고 후원해 주면 자신이 관료들을 설복할 자신이 있다고 아뢰었다.

진강공은 서걸술과 사회를 대동하고 하서로 가서 군대를 주둔시켰다. 전초병이 하동에 진晉군이 주둔하고 있음을 보고했다. 수여는 자신의 항복 사실을 모르는 위 마을 병사들이 진秦군에 대비하여 방비하고 있는 것이라고 설명했다. 수여는 자신이 진秦과 진晉을 잘 아는 사람을 대동하고 가서 진秦에 투항하는 이로움을 설명하면 군사들을 설복하는 것이 가능하다고 강조했다.

진강공이 사회에게 황하를 건너가 진晉군을 설득할 것을 지시했다. 사회는 설득에 실패할 경우 자신은 진晉의 처벌을 받게 되고, 처자식은 진秦의 처벌을 받게 될 것을 이유로 들면서 진강공의 지시를 거절했다. 진강공은 위 땅을 얻을 욕심에 조급해졌다. 결국 진강공은 사회에게 만약 설득에 실패하여 진晉에 체포될 경우에는 사회의 처자식들을 진晉에 보내줄 것이니 걱정하지 말고 황하를 건너가 진晉군을 설득하라고 독촉했다. 사회는 진강공의 지시를 마지못해 승낙하면서, 목숨을 걸고 강을 건너는 자신에게 확답을 들려줄 것을 요청했다. 진강공은 황하에 맹세했다. 대부 요조繇朝가 진강공에게 사회는 진晉의 모사이므로 보내면 안 된다고 간언을 올렸으나, 진강공은 듣지 않았다.

사회와 수여는 진晉으로 출발했다. 요조는 교외까지 나와 사회에게 말채찍을 선물하고, (자신의 지혜를 과시하기 위해) 진秦에 사람이 없어서가 아니라 진강공이 자신의 계책을 채택하지 않아서 돌아가는 것임을 강조하며 말했다. 사회와 수여는 황하를 건넜고, 조돈의 아들인 조삭趙朔이 나와 영접하며 호위했다(BC 614년).

진강공은 뒤늦게 속은 사실을 알게 되었다. 자존심이 상해 격노한 진강공은 강을 건너 진晉군을 공격하라고 지시했다. 강 너머에서는 순림보와 극결이 많은 수의 군사들을 주둔시키고 시위했다. 서걸술은 진강공에게 진晉군이 미리 계획을 세워 대비하고 있으므로 회군할 것을 건의했다. 결국 진강공은 회군했다. 나중에 요조가 사회에게 한 말을 보고받은 진강공은 군주를 비난한 죄를 물어 요조를 처형했다[1].

귀국한 사회는 진晉영공을 알현하고 사죄했다. 진영공은 사회를 위로했다. 진영공은 수여에게 수레 10승을 거느릴 수 있는 벼슬을 내렸다.

한참 후에 진강공은 사회의 처자식들을 진晉으로 돌려보냈다. 사회는 진강공에게 서신을 보내 감사를 드리면서 양국의 평화를 간청했다. 이때부터 진진晉秦 양국은 전쟁을 멈추고 상당 기간 동안 서로 공격하지 않았다.

진영공陳靈公의 즉위(BC 614년)

진陳의 사마 하어숙夏御叔은 진陳선공의 손자로 주림株林을 식읍으로 받았는데, 정목공의 딸인 **하희夏姬**와 혼인하여 **하징서夏徵舒**를 얻었다.

---

1) 한비는 《한비자》〈세난〉 편에서 일을 아는 게 어려운 것이 아니라 안 다음에 어떻게 처신하느냐가 어려운 것이라고 말하며, 요조를 예로 들고 있음

하희는 절세미인으로 매우 음탕하고 방중술이 뛰어나, 상대방 남자의 양기를 흡수하는 비법을 알았다. 출가하기 전에 오빠뻘인 공자 만蠻과 정을 통했는데, 공자 만은 기운이 빠져 곧 요절했다.

진陳공공이 재위 18년에 사망하고 세자 평국平國이 즉위하니(BC 614년), 곧 **진영공陳靈公**[1]이다. 진영공은 성격이 천박했으며, 정치에는 관심이 없었고 주색과 잡기에만 열중했다. 진영공은 간신인 대부 **공영孔寧**과 대부 **의행보儀行父**를 총애했다. 공영과 의행보는 진영공에게 주색과 잡기를 계속 권유하면서 아부했다. 대부 설야泄冶가 간언을 올렸으나, 소용이 없었다.

제2절 초楚의 혼란과 진晉의 반격(때를 기다리는 초장왕楚莊王)

초장왕楚莊王의 즉위(BC 614년)

초목왕은 아들로 여旅(=여侶), 측側, 영제嬰齊 등을 두었다. 초목왕이 재위 12년에 사망하고 세자 여가 즉위하니(BC 614년), 곧 **초장왕楚莊王**[2]이다.

초목왕이 일찍 죽는 바람에 초장왕은 10대 후반의 나이에 즉위한 것으로 추정되는데, 그 결과 왕권이 안정되지 못했다. 즉위한 직후에 공자 섭燮은 공자 의儀를 포섭하여 모반을 일으켜 초장왕을 감금하고 스

---

1) 진陳영공 규평국: 재위 BC 613 ~ BC 599
2) 초장왕 웅여: 재위 BC 613 ~ BC 591. 춘추시대의 세 번째 패자

스로 왕을 칭했다. 많은 대신들이 이에 반발하자 공자 섭은 초장왕을 포로로 삼고 상밀商密 땅을 향해 도주했다. 공자 섭이 여廬 땅에 당도했을 때 그곳을 지키고 있던 숙균叔麇과 여집廬戢이 공자 섭과 공자 의를 죽이고 초장왕을 구출했다.

당시 초의 실권은 영윤 투월초가 쥐고 있었다. 즉위하자마자 고초를 겪은 초장왕은 누가 자신의 우군인지 확신할 수 없었고, 국정을 장악할 힘이 없었다. 초장왕은 자신의 힘을 축적하기 위해서 투월초를 비롯한 대신들에게 허점을 보이기로 결심한다. 이후 초장왕은 주색에 빠져 지내며 국정을 돌보지 않았다. 거짓으로 방탕하게 생활하며 초장왕은 신하들의 충심을 관찰하기 시작한다.

맹손씨孟孫氏의 세력 약화

맹손오는 부인인 대기가 병사하자 거莒에 둘째 처제 기씨를 부인으로 보내 줄 것을 요청했다. 거후는 거절하며, 성기를 부인으로 삼을 것을 요청했다. 그러자 맹손오는 거에 사람을 보내 둘째 처제 기씨와 동문수의 혼인을 제안했고, 거후는 승낙했다.

맹손오는 노문공의 명에 의해 거에 사신으로 방문했다가 귀국길에 동문수의 약혼녀인 기씨를 노로 데려와 동문수의 혼사를 주관하기로 했다. 그런데 맹손오는 기씨의 미모에 반해 거에서 기씨를 취하고 관계를 가졌다. 맹손오는 기씨를 데리고 귀국하여 첩으로 삼았다(BC 620년).

동문수는 분노하여 노문공에게 사실을 보고하고 맹손오를 공격할 군사를 요청했다. 숙손팽생이 군사행동에 반대했다. 노문공은 맹손오에게 기씨를 거로 추방하고 동문수와 화해할 것을 명령했다. 맹손오는 명령에 따라 기씨를 추방했으나, 항상 그리워했다.

　맹손오는 노문공의 지시로 주양왕의 문상을 위해 주로 출발했는데(BC 619년), 도중에 부조금을 가지고 거로 도주하여 기씨와 부부처럼 생활했다. 노문공은 맹손오를 처벌하지 않고, 아들 맹손곡에게 맹손오의 지위를 계승하게 했다.

　얼마 후 고국이 그리워진 맹손오는 아들 곡에게 사람을 보내 동문수에게 귀국을 주선해 줄 것을 부탁하도록 했다. 맹손곡은 동문수를 찾아가 사정했다. 동문수는 궁중에 출입하지 않고 정치에 간섭하지 않으며 기씨를 대동하지 않는 것을 조건으로 제시했다. 맹손오는 조건을 승낙하고 귀국했다. 맹손오는 3년 동안 집 밖으로 나가지 않았다.

　그러던 어느 날 맹손오는 기씨가 그리워져 집안의 재산을 모두 가지고 다시 거로 도주했다. 맹손곡은 부친으로 인해 화병이 나서 이듬해 사망했다. 맹손곡의 아들인 맹손멸孟孫蔑(=중손멸)이 너무 어려 맹손곡의 동생인 맹손난이 맹손곡의 지위를 계승했다.

　몇 년 후 기씨가 병으로 죽자 맹손오는 다시 노로 귀국을 희망했다. 맹손오는 노문공과 동문수에게 뇌물을 제공하고, 동시에 아들 맹손난에게는 노문공에게 귀국을 간청하도록 지시했다. 노문공은 맹손오의 귀국을 허락했다. 귀국하던 맹손오는 제의 당부堂阜 땅에서 병이 나 객사했다(BC 613년). 맹손난은 죄인의 아들이라고 자책하며 정치에 관여하지 않았다. 이로써 맹손씨의 세력은 약화되었다.

패권 회복을 위한 진晉의 노력[신성新城회맹](BC 613년)

조돈은 초의 국상을 이용해 빼앗긴 패권을 되찾기로 결심했다. 조돈은 진晉영공 명의로 제후들을 신성新城으로 초청했다. **송**소공, **노**문공, **진陳**영공, **위**성공, **정**목공, **허**소공이 참석하여 진晉을 섬기기로 했다(BC 613년). 송·진陳·정 군후는 초에 복속한 것에 대하여 사죄했다. 원래부터 중원 국가들은 남방의 이민족 국가인 초에 대하여 반감이 있었는데, 초가 왕위 계승 과정에서 혼란에 빠지자 중원 여러 국가들이 다시 진에 복속한 것이다.

채장공은 초에 충성하며 불참했다. 조돈은 극결에게 채를 공격할 것을 지시했다. 진晉군이 공격을 개시하자 **채**장공은 바로 화평을 요청했다. 극결은 허락하고 철수했다.

공자 상인商人의 정변[제의공齊懿公의 즉위](BC 613년)

제소공은 병이 깊어 신성회맹에 참석하지 못했다. 얼마 후 제소공은 재위 20년에 병으로 사망하고, 세자 사舍가 즉위했다(BC 613년). 제후齊侯 사舍의 모친인 소희昭姬는 노 출신인데, 제소공의 총애를 받지 못했고 백성들의 인기도 얻지 못했다.

공자 원은 위에서 망명 생활을 하다가 제소공 말년에 제소공의 부름을 받고 귀국하여 국정에 참여하고 있었는데, 선정을 펼쳐 신망을 얻었다.

공자 상인은 예전부터 군위를 갈망했는데, 제소공으로부터 극진한 대우를 받았으므로 욕심을 잠시 억누르고 있었다. 제소공이 사망하자 공자 상인은 다시 군위를 노렸다. 공자 상인은 백성들에게 인기를 얻기 위해 사재를 출연하여 빈민을 구조했다. 동시에 장사들을 모아 사병을 기르며, 공자 원의 동향에 신경을 썼다.

제후 사가 즉위한 후 얼마 뒤에 혜성이 나타났다. 공자 상인은 점을 쳤는데, 점쟁이는 **송·제·진晉**의 제후들이 사망할 것이라고 예언했다. 확신을 가지게 된 공자 상인은 사병들을 궁으로 보내 상막에서 상주 노릇을 하던 제후 사를 칼로 찔러 죽였다. 공자 상인은 공자 원을 위해 거사를 일으켰다고 변명했다. 공자 원은 두려워하며 군위에 오르는 것을 거절했다. 결국 공자 상인이 스스로 군위에 오르니(BC 613년), 곧 **제의공齊懿公**[1]이다.

제환공의 여러 아들들이 연이어 군위에 올랐는데, 성격이 천차만별이었다. 이것만 보아도 아버지와 아들은 능력과 성격 면에서 별로 관계가 없음을 알 수 있다. 제환공의 여러 아들들 중 제의공은 특히 이기적이고 황음무도한 성격이었다.

주광왕周匡王의 즉위(BC 613년)

주경왕이 재위 6년 만에 사망하고 태자 반班이 즉위하니(BC 613년), 곧 **주광왕周匡王**[2]이다.

---

1) 제의공 강상인: 재위 BC 612 ~ BC 609
2) 주광왕 희반: 재위 BC 612 ~ BC 607

제의공齊懿公의 노魯 공격(BC 612년)

공자 원은 제의공을 미워하여 칭병하고 조정에 출입하지 않았다. 소희는 매일 통곡했다. 제의공은 소희를 별실에 감금했다. 소희는 궁인에게 뇌물을 주고 친정인 노에 서신을 전달했는데, 자신의 처지를 호소하고 제의공을 비난하는 내용이었다.

소희의 편지를 받은 노문공은 제에 대한 두려움 때문에 어떻게 처리할지 결정하지 못하고 고민했다. 결국 노문공은 동문수를 주광왕에게 보내 제의공의 행동을 고발하고 소희의 석방을 주선해 줄 것을 부탁했다. 주광왕은 선백單伯을 제에 파견했다.

선백은 제의공에게 그 아들을 죽인 것으로 충분하니 소희를 석방하여 친정인 노로 귀국시킬 것을 요청했다. 제의공은 소희의 거처를 일반 궁실로 옮겼다. 선백은 소희를 위로하기 위해 방문했다. 선백이 소희를 접견하고 있을 때 제의공이 갑자기 접견 장소로 침입하여 선백에게 소희와 사통한다는 누명을 씌우고 선백과 소희를 각각 유폐시켰다(BC 613년).

제의공은 노문공이 주광왕에게 자신을 고자질한 것에 앙심을 품고 노를 공격했다(BC 612년). 노 상경 계손행보는 진晉에 가서 구원을 요청했다. 조돈은 진晉영공의 명의로 **송·채·위·진陳·정·조·허**의 제후들을 소집했다. 진영공과 7국 제후들은 호扈 땅에서 회견하며 제를 공격할 일을 상의했다.

8국 제후들이 모여 공격할 것을 상의한다는 보고를 받은 제의공은 놀라서 진晉에 뇌물을 바치고 선백과 소희를 석방해 귀국시켰다. 8국 제후들은 귀국했다(BC 612년).

노문공은 제의 보복을 두려워하여 동문수를 제에 보내 뇌물을 제공하고 화평을 요청했다. 제의공은 허락했다.

날지도 울지도 않던 새, 초장왕楚莊王(BC 611년)

초장왕은 간언을 올리는 자를 죽이겠다는 글을 게시하고, 즉위 후 3년 동안 주색에 빠져 사냥과 연회만 열중하고 국정을 돌보지 않았다. 후궁 중에서 번희樊姬만이 사냥을 반대하며 간언을 올렸고, 나머지 후궁들과 신하들은 간언을 올리지 않았다. 그동안 대부분의 중원 국가들이 다시 진晉에 붙었고, 초는 최강국의 지위를 잃었다.

어느 날 대부 신무외[1]가 정희鄭姬와 채녀蔡女를 옆에 끼고 연회 중인 초장왕을 찾아갔다. 신무외는 어떤 사람으로부터 수수께끼를 들었는데, 그 답을 몰라 찾아왔다고 아뢰었다. 신무외가 아뢰기를, '오색 빛이 찬란한 새가 초의 높은 곳에 앉아 있는데, 3년 동안 날지도 울지도 아니하고 있다. 그 새가 무슨 새냐?'라는 취지의 수수께끼였다. 초장왕은 웃으며, 그 새는 비범한 새로 한번 날기만 하면 하늘을 찌를 것이고 한번 울기만 하면 사람들을 놀라게 할 것이라고 답했다[2]. 초장왕은 때를

---

1) 간언을 올린 사람에 대하여 기록이 모두 다름. 다수의 사서에 오거伍擧로 기록되어 있음. 오거는 초장왕의 손자인 초영왕의 총신이므로 시기적으로 맞지 아니함. 여기서는 소설 《동주열국지》의 내용을 따르기로 함

2) 여기서 **불비불명不飛不鳴**(날지도 울지도 않는다는 뜻. 큰일을 하기 위해 조용히 때를 기다리는 것을 비유함)의 고사성어가 나옴. 비슷한 내용으로 **비필충천飛必沖天**(한번 날면 반드시 하늘을 뚫고 오른다는 뜻. 평소에는 평범한 듯 보이다가 일을 시작하면 놀랄 만한 성과를 내는 것을 비유함), **일비충천一飛衝天**, **일명경인一鳴驚人**의 고사성어도 있음. 이와 다른 견해로 위 일화는 제위왕齊威王이 국정을 소홀히 하자 순우곤淳于髡이 간하면서 비유한 것이라는 주장도 있음. 《사기》는 초장왕과 제위왕 모두에 위 일화를 기록하고 있음. 통설은 위 일화를 초장왕과 관련시키고 있음

기다릴 것을 지시했다. 신무외는 재배하고 물러나왔다.

그러나 초장왕은 달라지지 않고 계속 주색을 즐겼다. 어느 날 대부 소종蘇從이 초장왕을 찾아와 자신의 죽음과 초의 멸망을 슬퍼하며 울었다. 초장왕은 죽을 줄 알면서도 간언을 하는 자는 어리석은 자라고 꾸짖었다. 소종은 자신은 어리석어서 죽겠지만 나중에는 충신으로 칭송받을 것이므로 현명한 것이라고 답변했다. 소종은 순간의 쾌락 때문에 만세의 이익을 버리는 왕이야말로 어리석은 것이라고 비난하면서, 한때의 즐거움은 눈앞에 있지만 머지않은 불행은 다음 날에 있다고 호소했다.

초장왕은 대부 소종을 위로하며 드디어 정치를 시작한다(BC 611년). 초장왕은 번희의 어진 성품을 칭찬하며 부인으로 임명하고, 정희와 채녀를 멀리했다. 초장왕은 영윤 투월초의 권한을 축소하고, 위가·반왕·굴탕屈蕩의 권한을 확대했다. 이로 인해 초장왕은 약오씨(투씨+성씨) 세력과 알력이 생기게 된다.

초장왕은 인근의 소국인 균麇과 용庸을 멸망시키고 그 땅을 획득했다(BC 611년). 초에 대기근이 발생했는데(BC 610년), 이를 이용해 백복百濮과 군만群灣이 초를 공격했다. 도성이 위협을 받는 상황까지 몰렸는데, 초장왕은 위씨 일파의 협력을 받아 위기를 극복했다. 이후 초장왕은 내정개혁을 실시했다. 행정조직을 개편하고 군사제도를 개혁하여 부국강병을 이루었다.

초장왕은 주색을 좋아하면서 대범하고 과감하고 다혈질적인 성격이었다. 또한 강한 지도력과 개성이 있었다. 하지만 초장왕은 <u>결정적인 순간에는 자제력을 발휘하여 필요 이상으로 나가지 않는 엄청난 장점</u>을 가지고 있었다.

제3절 진晉의 명목뿐인 패권

공자 포鮑의 정변[송문공宋文公의 즉위](BC 611년)

 군위에 대한 욕심을 가지게 된 송宋 공자 포는 자신의 인기를 높이기 위해 조정 대신들과 목양지족의 화해를 주선하기로 했다. 사구 화어사의 노력으로 송의 국내는 안정을 찾았고, 탕의제는 귀국하여 관직을 회복했다.

 당시 송은 대흉년을 당했는데(BC 613년), 공자 포는 제의공(=공자 상인)의 방법을 모방하여 사재를 출연해 빈민들을 구제하여 백성들의 인기를 얻었다. 공자 포는 문하에 인재들을 양성하고, 공족과 대신들에게 정기적으로 음식을 보내는 등 성의를 보였다. 왕희는 궁중의 곡식을 제공하면서 공자 포를 지원했다.

 백성들의 칭송을 받게 된 공자 포는 왕희와 함께 군위를 찬탈할 모의를 했다. 왕희는 ①송소공이 맹저 땅으로 사냥을 가면 ②자신은 공자 수須(공자 포의 동복동생)를 시켜 궁문을 폐쇄할 것이니 ③공자 포에게 송소공을 습격하라고 제의했다.

 탕의제는 눈치를 채고 송소공에게 왕희와 공자 포를 경계할 것과 사냥을 연기할 것을 건의했다. 대신, 공족, 백성 모두로부터 인기를 잃은 송소공은 죽음을 결심하며 거절했다. 송소공은 우사右師 **화원華元**과 좌사左師 공손우公孫友에게 궁궐을 지킬 것을 지시한 후 자신은 수레에 창고의 보물을 모두 싣고 사냥하러 떠났다(BC 611년 12월).

 왕희는 화원과 공손우를 궁으로 불러들인 후 공자 수를 시켜 궁문을 폐쇄했다. 공자 포는 사마 화우에게 병사들을 충동하도록 지시했다. 사마 화우는 공자 포를 군위에 올리자고 병사들을 충동했고, 병사들은 환호했다. 사마 화우는 병사들을 이끌고 송소공을 추격했다.

송소공에게 반란이 보고되었다. 탕의제는 송소공에게 타국 망명을 권유했다. 송소공은 거절하고, 시종들에게 보물을 나누어 주며 도피할 것을 권유했다. 시종들도 망명을 간청했으나 송소공은 거절했다.

곧 사마 화우가 송소공을 포위했다. 화우는 혼군만 처단한다는 왕희의 분부를 전달했고, 송소공은 시종들에게 도피할 것을 재촉했다. 시종들의 절반이 도주했다. 화우는 탕의제에게 궁으로 복귀하라는 왕희의 분부를 전달했다. 탕의제는 어려움을 당하여 신하가 군주를 두고 몸을 피하면 살아있어도 죽은 것과 다름없다고 말하며 거부했다. 결국 탕의제와 남은 시종들은 송소공을 지키다 모두 전사했고, 송소공도 피살되었다.

보고를 받은 왕희는 화원과 공손우의 추대로 공자 포를 군위에 올리니(BC 611년), 곧 **송문공宋文公**[1]이다. 송문공의 즉위 직후 사마 화우는 급살병으로 죽었다. 송문공은 탕의제의 동생인 탕훼蕩虺를 사마에 임명하고, 공자 수를 사성에 임명했다.

진晉의 명목뿐인 패업

송의 정변 소식을 듣고 조돈은 응징을 결정하고, 제후들에게 통지했다. 위·진陳·정의 제후가 참가했다. 순림보는 4국 연합군을 이끌고 송을 공격했다(BC 610년). 송 우사 화원이 진晉군을 영접하고 황금과 비

---

1) 송문공 자포: 재위 BC 610 ~ BC 589

단 여러 수레를 뇌물로 제공하며 화평을 요청했다. 정목공은 난신을 처단해야 한다고 강조하며 화평에 반대했다. 순림보는 제를 용서한 전례가 있으며 송의 백성들이 소망한 것이라는 이유를 들어 송문공을 승인하고 귀국했다.

정목공은 진晉이 뇌물을 밝히고 패업의 명분이 유명무실해진 것에 실망했다. 정목공은 진晉 대신 초를 선택하기로 결심하고, 초에 사신을 파견하여 우호를 맺었다(BC 610년). 진晉은 아무런 조치를 취하지 못했다.

제의공齊懿公의 무도

제의공은 공자 시절 대부 병원과 토지 분쟁을 벌여 관중의 판결로 인해 진 적이 있었다. 제의공은 이를 보복하기 위해 병원 가문의 토지를 몰수하고, 관중 가문 영지의 절반을 몰수했다. 관중 일족은 초로 이주했다.

어느 날 제의공은 병원의 무덤 근처로 사냥을 나갔는데, 병원의 아들 병촉邴歜도 일행에 포함되어 있었다. 제의공은 병원의 무덤을 파고 시체의 발을 잘랐다. 제의공이 병촉에게 원망하는지 물었다. 병촉은 본심을 내색하지 않고, 부친은 사형을 당하지 않은 것만도 다행이며 원망하지 않는다고 답했다. 제의공은 만족하며 몰수했던 토지를 돌려주었다. 병촉은 제의공에게 깊은 원한을 가졌다.

제의공은 음탕한 생활을 했다. 어느 날 대부 염직閻職의 부인이 천하절색이라는 소문을 듣고 욕심을 가졌다. 제의공은 대부들에게 부인을 대동하고 신년하례를 올 것을 명령했다. 신년하례가 거행되었는데, 제의공은 염직의 부인을 궁에 머물게 하고 돌려보내지 않았다. 제의공은 염직에게 재혼을 강요했다. 염직은 제의공에게 깊은 원한을 가졌다.

제의공齊懿公의 피살[제혜공齊惠公의 즉위](BC 609년)

임치성의 서남문 밖 교외에 대나무가 울창한 신지申池라는 연못이 있었다. 제의공은 신지로 가서 피서와 물놀이를 하기로 결정했다(BC 609년 5월). 제의공은 병촉에게 어가 운전을 지시하고, 염직에게 수행을 지시했다. 궁중 내시가 제의공에게 병촉과 염직이 원한을 품고 있다고 주장하며 제고할 것을 건의했으나, 제의공은 무시했다.

예정대로 제의공은 신지에서 목욕한 후 만취하여 대나무 숲에서 낮잠을 잤다. 병촉과 염직이 신지에서 목욕을 하고 있었다. 병촉은 제의공에게 복수하기 위한 동지를 찾고 있었는데, 염직을 염두에 두고 있었다. 병촉이 염직의 속마음을 시험하기 위해 일부러 대나무 가지로 염직의 머리를 툭 쳤다. 염직은 화를 냈고, 병촉은 아내를 뺏기고도 아무 말 못 하더니 이 정도에 화를 내냐고 놀렸다. 염직은 부친의 시체가 벌을 받는 치욕을 당하고도 아무 말 못 한 처지에 아내를 뺏긴 치욕을 논할 자격이 되냐며 반박했다. 병촉과 염직은 제의공을 원망하는 서로의 속마음을 확인하고, 복수를 상의했다.

연못에서 나온 병촉과 염직은 제의공이 낮잠을 자는 대나무 숲으로 갔다. 병촉이 제의공의 시위내시에게 마실 물을 끓여 미리 준비하지 않으면 잠에서 깬 제의공에게 야단맞을 것이라고 말했다. 시위내시가 황급히 물을 뜨러 갔다. 염직은 제의공을 붙잡았고, 병촉은 칼을 들어 제의공의 머리를 잘랐다. 병촉은 제의공의 수행원들에게 제의공의 죄를 선포하고, 공자 원을 추대할 뜻을 밝혔다. 수행원들은 아무 말도 하지 못했다.

변란 보고를 받은 상경 고경高傾은 분노하며 병촉과 염직을 처형할 것을 주장했다. 상경 국귀보는 병촉과 염직은 자신들을 대신하여 제의공의 죄를 처벌한 것이므로 죄가 없다고 강조했다. 병촉과 염직은 재산을 모두 수레에 싣고 식솔들을 대동하여 초로 이주했다. 고경과 국귀보는 공자 원을 추대하기로 했다. 대신들의 추대로 공자 원이 즉위하니(BC 609년), 곧 **제혜공齊惠公**[1]이다.

노후魯侯 악惡의 즉위(BC 609년)

맹손오로 인해 맹손곡은 정치에 관여하지 않았고, 노의 상경인 계손행보는 숙부뻘인 동문수와 형님뻘인 숙손팽생, 숙손득신에게 권력을 양보했다. 숙손팽생은 권력에 대한 욕심이 없어 세자 악의 스승에 만족했다. 결국 노의 권력은 동문수와 숙손득신이 장악했다.

노문공의 첩인 경영은 아들 왜를 군위에 올리고 싶었다. 경영은 동문수에게 많은 뇌물을 주고 부탁했다. 뇌물을 좋아하는 동문수는 승낙하고, 숙손득신을 포섭하기로 결심했다. 동문수는 숙손득신에게 경영이 바친 뇌물을 나누어 주고, 공자 왜를 숙손득신에게 보내 문안을 드리게 했다. 결국 숙손득신도 공자 왜에게 협력하기로 동의했다.

노문공이 재위 18년에 사망하고(BC 609년), 세자 악이 즉위했다. 제혜공은 제의공으로 인해 손상된 노와의 관계를 개선하기 위해 노에

---

1) 제혜공 강원: 재위 BC 608 ~ BC 599

사신을 파견하여 문상했다. 동문수는 숙손득신과 상의하고, 제혜공의 즉위를 축하하는 사신 명분으로 제에 가서 공자 왜를 후원해 줄 것을 요청하기로 했다.

동문수東門遂의 노후魯侯 악惡 시해[노선공魯宣公의 즉위](BC 609년)

동문수와 숙손득신은 제혜공을 알현하고 축하와 감사의 인사를 올렸다. 제혜공이 노후의 이름이 악인 이유를 물었다. 동문수는 악이 출생했을 때 태사의 점괘를 설명하고, 노문공이 공자 왜를 총애한 사실을 강조했다. 동문수는 공자 왜가 효심이 지극하고 대신들을 공경하여 노의 백성들은 왜의 즉위를 희망한다고 말하며, 제혜공을 부추겼다. 제혜공이 공자 왜의 처지를 안타까워했다. 숙손득신은 노의 백성들은 노후 악을 혐오한다고 말하며, 공자 왜의 즉위를 원조해 주면 제와 혼인관계를 맺고 조공을 바치며 상국으로 섬기겠다고 약속했다. 제혜공은 기뻐하며 동의했다. 제혜공과 동문수, 숙손득신은 맹세의식을 치르고, 공자 왜가 즉위할 경우 제혜공의 딸과 혼인하기로 약속했다.

동문수와 숙손득신은 귀국하여 계손행보를 만나 제혜공이 자기 딸과 공자 왜의 혼인을 요청했다고 거짓말을 했다. 계손행보는 제혜공이 노의 군주가 아닌 서출 공자에게 딸을 출가시키는 이유를 의심했다. 동문수는 제혜공이 공자 왜의 덕망을 흠모하고 있다고 거짓말을 하고, 제혜공은 형제간의 우애가 없어 조카(=제소공의 딸인 제강)의 아들인 악에 대한 애정도 없다고 강조했다. 계손행보는 아무 말을 하지 않았다. 며칠 후 계손행보는 동문수의 역심을 우려하고, 숙손팽생을 방문하여 의논했다. 숙손팽생은 계손행보의 걱정을 신경 쓰지 않았다.

동문수는 경영을 만나 음모를 꾸몄다. 동문수는 궁궐 마구간에 장사들을 매복시키고, 어인에게 거짓 보고를 지시했다. 어인이 내궁에 가서 말이 새끼를 낳았다고 보고했다. 경영이 노후 악에게 형제들과 우애 있게 망아지를 구경할 것을 권유했다. 노후 악은 시, 왜와 함께 마구간으로 행차했다. 매복한 장사들이 노후 악과 공자 시를 몽둥이로 때려 죽였다(BC 609년).

동문수는 노후 악의 스승인 숙손팽생을 노리고 장사들을 다시 매복시켰다. 동문수는 내시를 보내 숙손팽생에게 노후의 명이라고 속여 입궁 지시를 내렸다. 가신인 공염무인公冉務人이 수상하다면서 숙손팽생의 입궁을 눈물로 만류했다. 숙손팽생은 군주의 명령이라며 입궁을 강행했다. 내시는 노후 악이 마구간에 행차했음을 고하고, 숙손팽생을 마구간으로 안내했다. 매복한 장사들이 마구간에 도착한 숙손팽생을 몽둥이로 때려 죽였다.

경영은 제강에게 노후 악과 공자 시가 미친 말에 차여 죽었다고 말했다. 제강은 대성통곡했다. 계손행보는 동문수의 소행임을 짐작하고 동문수를 찾아가 조용히 비난하며, 진晉의 토벌을 우려했다. 동문수는 제와 송의 사례를 언급하며 걱정하지 않았다. 계손행보는 동문수에게 요청하여 노후 악의 시신을 보았고, 통곡했다. 숙손득신은 형인 숙손팽생의 죽음에 전혀 슬퍼하지 않았다.

동문수는 문무백관을 소집하고, 공자 왜를 추대했다. 대신들의 추대로 공자 왜가 즉위하니(BC 609년), 곧 **노선공魯宣公**[1]이다.

동문수는 경영의 지위를 승격시킬 것을 건의했고, 노선공은 경영을

---

1) 노선공 희왜: 재위 BC 608 ~ BC 591

노문공의 정실부인으로 승격시켰다. 제강은 매일 통곡했고, 자신의 신변을 걱정했다. 제강은 친정인 제로 귀국하면서 방성통곡했고 동문수를 저주했다. 이때부터 노의 백성들은 제강을 애강哀姜, 출강出姜으로 불렀다. 귀국한 애강은 모친(=제소공의 첩)과 매일 통곡하면서 제혜공에게 호소했으나, 제혜공은 호소를 외면했다.

공자 숙힐叔肹의 절개

노선공의 동복동생인 공자 숙힐은 형의 행동에 실망하며 탄식했다. 숙힐은 노선공에게 하례를 드리지 않았고, 벼슬도 사양했다. 숙힐은 먼저 형을 버릴 수는 없다는 이유로 외국으로 이주하지는 않고 가난하게 생활했다. 노선공은 숙힐을 진심으로 걱정하여 많은 재물을 하사했으나, 숙힐은 나라의 비용을 사용할 수 없다며 사양했다.

노선공은 숙힐을 걱정하여 사람을 보내 동정을 살피게 했다. 당시 숙힐은 등불 밑에서 짚신을 만들어 시장에 팔아 생계를 유지하고 있었다. 보고를 받은 노선공은 탄식했다.

훗날 공자 숙힐은 노선공 말년에 형보다 먼저 사망한다. 숙힐은 평생 형의 도움을 거절했지만, 한 번도 형에 대한 비난을 하지 않았고 가난 속에서 절개를 지켰다.

진공공秦共公의 즉위(BC 609년)

진秦강공이 재위 12년에 사망하고 아들인 화和가 즉위하니(BC 609

년), 곧 **진공공秦共公**[1]이다.

진晉과 진秦의 갈등(BC 609년)

진晉의 중군원수 조돈은 초의 강성을 염려했다. 조돈은 진秦과 우호를 체결하고 초를 견제하기로 결심했다. 조천이 조돈에게 ①진秦의 속국인 숭崇을 공격하고 ②진秦이 숭을 구원하러 군사를 보내면 ③진秦과 강화를 체결하면서 친선을 도모하는 계책을 건의했다.

조돈은 진晉영공에게 보고한 뒤 조천에게 병거 300승을 내어주며 숭을 공격할 것을 지시했다(BC 609년). 조돈의 아들인 조삭은 진秦의 분노만 사고 우호에 실패할 것을 염려했으나, 조돈은 이를 무시했다. 한궐은 조삭에게 조돈의 목적은 조천이 공을 세울 기회를 부여하여 조씨 가문을 강화하는 것이지 진秦과의 화친이 아님을 비밀리에 알려주었다.

진晉이 숭을 공격하자 진秦공공은 숭에 구원병을 보내는 대신 진晉의 초焦 땅을 공격했다. 조천은 회군하여 초 땅으로 이동했다. 진秦군은 진晉군이 도착하기 전에 철수해 버렸다. 진秦과 강화하고 친선을 달성하려던 목적은 실패했다. 그러나 조돈은 조천의 공을 칭찬했다. 이때 유변이 병으로 죽었는데, 조돈은 조천을 중군부장으로 임명했다.

한편 호야고는 귀국하지 못하고 결국 망명지 노潞에서 사망한다. 노潞의 실권자인 풍서는 호야고가 사망한 이후 거리낄 것 없이 전횡을 저질렀다. 노潞의 군주는 진晉의 힘을 빌려 풍서를 견제하고 싶어 했다.

---

1) 진秦공공 영화: 재위 BC 608 ~ BC 605. 일명 도稻로 불리기도 함

풍서는 진晉을 경계하여 진秦과 비밀리에 연락을 주고받았다. 진晉에 원한을 품은 진秦공공은 풍서와 연락을 취해 진晉을 공동으로 공격하기로 약속했다(BC 609년). 그러나 진秦공공이 요절하여(BC 605년) 이 계획은 실천되지 못한다.

제齊에 복속하는 노魯(BC 608년)

동문수는 노선공에게 제혜공의 딸과 혼인할 것을 건의했고, 노선공은 동의했다. 동문수는 제를 방문하여 청혼했고, 제혜공의 딸인 목강穆姜을 호위하여 귀국했다. 노선공은 목강과 혼인했다(BC 608년 2월).

동문수는 군위를 안정시키기 위해 제혜공과 회견할 것을 건의했다. 노선공은 제에 잘 보이기 위해 제수 서쪽의 땅인 제서濟西를 바치기로 했다. 노선공은 계손행보를 제에 파견했다. 계손행보는 제혜공을 알현하면서 제서를 바치고, 노선공이 회견을 희망한다는 뜻을 아뢰었다. 제혜공은 5월에 평주平州에서 회견할 것을 허락했다.

평주에서 제혜공과 노선공은 회견을 했는데, 군주 간의 예를 거행하기 전에 먼저 장인과 사위의 예를 거행했다. 노선공은 제혜공에게 제서의 땅문서를 바치고, 제에 대한 충성과 복종을 약속했다. 제혜공은 노선공의 효성과 충성에 만족했다.

목강은 흑굉黑肱을 낳았고, 노선공은 흑굉을 세자로 임명했다. 훗날 제혜공은 노의 충성을 높게 평가하여 말년에 제서 땅을 노에 돌려준다.

제4절 진영공晉靈公의 실정과 초장왕楚莊王의 웅비

진영공晉靈公의 실정

진晉영공은 성장하면서 음탕하고 사치를 즐기며 포악했다. 진영공은 도안이의 손자인 대부 **도안고屠岸賈**를 총애했다. 진영공은 도안고에게 유흥을 위해 화원을 건립할 것을 지시했다. 도안고는 기이한 꽃과 수목으로 가득한 큰 화원을 만들었다. 복숭아꽃이 만발하여 화원의 이름을 도원桃園으로 짓고 강소루絳霄樓라는 3층 누각을 만들었다. 진영공은 매일 강소루로 놀러가 유흥을 즐기고, 탄환화살을 쏘며 새 사냥을 즐겼다.

어느 날 진영공이 강소루에서 배우들의 재주를 관람하고 있었다. 백성들도 구경하기 위해 강소루 밑에 모여들었다. 진영공이 도안고에게 탄알로 사람 맞추기 내기를 제안했다. 진영공과 도안고가 강소루에서 밑으로 군중들에게 탄알을 발사했다. 군중들은 놀라서 달아나기 시작했다. 백성들이 도망치자 진영공은 분노하며 좌우의 궁수들에게 발사를 지시했다. 다수의 사상자가 발생했고, 군중들은 대혼란에 빠져 도주했다. 진영공은 매우 즐거워했다.

그 무렵 진영공은 붉은 색의 엄청 크고 사나운 개를 선물로 받았는데, 사람들은 그 개를 영오靈獒라고 불렀다. 진영공은 노예를 시켜 영오를 사육했다. 사람들은 그 노예를 오노獒奴라고 불렀는데, 진영공은 오노에게 중대부에 해당하는 녹봉을 주었다. 시종들이 혹시 실수를 범하면 진영공은 영오를 풀어 그 시종들을 물어 죽였다. 진영공은 영오를 데리고 다니며 유흥을 즐겼다. 백성들은 영오의 모습에 두려움을 느꼈으며, 진영공을 증오했다.

당시 진영공은 외전에서 조회를 열지 않고 내전에서만 조회를 열었다. 진영공이 정치를 소홀히 하자 제후들이 서서히 이탈했고, 진晉의 패권은 붕괴되어 갔다. 조돈과 여러 대신들이 누차 간언했으나, 진영공은 무시하며 오히려 대신들을 미워했다.

초장왕楚莊王의 위력 과시

초장왕은 패권을 되찾고 백업을 성취할 결심을 하고, 우선 진晉에 복속한 송을 응징하기로 계획했다. 초장왕은 정 공자 귀생에게 송을 공격할 것을 지시하고, 위가에게 정군을 원조할 것을 지시했다. 정군과 초군은 송으로 쳐들어갔다(BC 608년).

정군과 초군은 대극大棘 땅에서 송군을 격파하고, 송의 우사 화원을 생포했다. 송군을 지휘하던 화원은 교전 전날 병사들을 격려하기 위하여 양고기 국을 배급했는데, 실수로 화원의 병거를 모는 어자를 배급에서 빠뜨렸다. 이에 앙심을 품은 그 어자가 다음 날 화원이 탄 병거를 일부러 정의 군영으로 몰고 갔고, 그 때문에 화원은 생포된 것이다. 사소한 실수 하나가 매우 중대한 결과를 야기한 것이다.

진晉은 송을 구원하기 위해 구원군을 보냈다. 위가는 정의 북림北林 땅에서 진晉군을 격파하고, 진晉의 장수 해양解揚을 생포했다(BC 608년). 초의 위세를 과시한 이후 초장왕은 화원과 해양을 풀어 주었다(BC 607년).

진영공晉靈公의 조돈趙盾 제거 시도

어느 늦은 오후에 진晉영공은 궁중 요리사에게 곰 발바닥 요리를 올리도록 재촉했다. 요리사는 서두르다 덜 익은 요리를 올렸는데, 진영공은 분노하여 구리 몽둥이로 요리사를 쳐 죽이고, 칼로 시체를 토막 내 버렸다.

조돈과 사회가 늦게까지 남아 국정을 의논하다가 토막 난 요리사의 시체를 내다 버리려고 운반하던 내시를 발견하고, 그 사실을 알게 되었다. 조돈이 탄식하며 걱정했다. 사회가 자신이 먼저 간언을 올리고 효과가 없으면 조돈이 이어서 간언을 올릴 것을 제안했다. 사회가 침전으로 들어가 진영공을 알현하면서 간언했다. 진영공은 귀찮아서 건성으로 잘못을 인정했다. 사회는 조돈에게 조금 더 진영공의 행동을 지켜볼 것을 제안했다.

다음 날 진영공은 조회를 열지 않고, 도원으로 행차할 것을 지시했다. 조돈은 도원의 문 앞에서 진영공을 기다리고 있다가 도착한 진영공에게 간언을 올렸다. 진영공은 귀찮아서 오늘이 마지막 유흥이고 내일부터는 선정을 베풀겠다고 약속했다. 조돈은 지금 당장 실행할 것을 독촉했다. 옆에 있던 도안고는 조돈에게 군주의 체면을 감안하여 내일부터 실행하는 것으로 양해할 것을 요청했다. 진영공이 거듭 약속했다. 조돈은 길을 비켜주고 탄식하면서 도안고를 노려보았다.

진영공은 도원으로 들어가 유흥을 즐겼다. 옆에서 도안고가 조돈의 잔소리 때문에 출궁이 불가능하여 오늘이 마지막 유흥일 것이라고 말하며, 진영공을 자극했다. 진영공이 조돈에 대해 분노하면서 조돈을 제거할 뜻을 보였다. 도안고는 자신의 문객인 장사 서예鉏麑를 시켜 조돈을 암살할 것을 건의했고, 진영공은 승낙했다.

　도안고는 서예에게 진영공의 밀지임을 강조하며, 조돈이 입궁을 위해 외출할 때 암살하라고 지시했다. 서예는 가난하여 평소 도안고의 신세를 많이 졌으므로 거절할 수 없었다. 서예는 암살을 위해 조돈의 집 근처에서 매복했다. 날이 새기도 전에 입궁 준비를 마치고 기다리는 조돈의 단정한 모습을 본 서예는 감탄했다. 서예는 국가를 위해 충신을 살해할 수 없고 또 군주의 명령을 이행하지 않을 수 없는 처지에 탄식했다. 결국 서예는 조돈의 집 문 앞에서 "군주의 명령을 어길지언정 충신을 죽일 수는 없다."라고 크게 외친 후 조돈에게 몸조심을 당부하며, 옆에 있던 큰 홰나무에 머리를 찧고 자살했다.

　조돈의 거우인 제미명은 조돈에게 입궁을 만류했으나, 조돈은 입궁은 군주와의 약속이라며 거절하고 궁으로 갔다.

　진영공은 도안고와 다시 상의했다. 도안고는 ①주연장에 무사들을 매복시키고 ②조돈을 주연에 초대하여 ③조돈에게 차고 있는 칼을 구경시켜 줄 것을 요청하고 ④조돈이 칼을 꺼낼 때 ⑤군주 시해 혐의를 적용해 체포하고 처형하는 계책을 아뢰었다. 진영공은 만족했다.

　조회를 마친 후 진영공은 조돈을 주연에 초대했다. 도안고가 조돈을 내궁으로 안내했는데, 도안고는 제미명이 당상에 참석하는 것을 제지했다. 술이 세 순배 돈 후 진영공이 조돈에게 차고 있는 칼을 구경시켜 줄 것을 요청했다. 조돈이 칼을 뽑으려는 순간 당하에 있던 제미명이 "겨우 술 석 잔에 어찌 칼을 뽑으려고 하십니까?"라고 외쳤다. 조돈은 즉시 깨닫고 뽑던 칼을 칼집에 넣은 후 일어나 밖으로 나가려 했다.

　도안고가 오노에게 영오를 풀어 조돈을 공격하라고 지시했다. 영오가 조돈에게 달려들었다. 천하장사인 제미명이 달려와 영오를 붙잡고 목을 부러뜨려 죽였다. 진영공은 격노하여 매복한 무사들에게 공격을 지시했다. 제미명은 조돈을 호위하여 내궁 밖으로 내보낸 후 달려드는 무사들과 대적하며 시간을 벌었다.

조돈이 정신없이 도주하고 있을 때 예전에 조돈의 도움을 받았고 당시 궁중 무사로 일하고 있던 영첩이 나타나 지친 조돈을 업고 궁문 밖으로 도주했다. 이때 제미명은 중과부족으로 전사했고, 무사들은 조돈을 추격했다.

조삭이 부친의 위기를 보고받고 가병들을 거느리고 출동했다. 조삭은 영첩에게 업혀 도주하던 조돈을 만나 수레에 태웠다. 영첩은 즉시 사라졌다. 추격하던 무사들은 포기하고 돌아갔다. 조돈은 조삭과 함께 서쪽으로 도주했다. 조돈은 진秦에 망명할 생각이었다.

조천趙穿의 진영공晉靈公 시해(BC 607년)

진영공은 비록 조돈을 죽이지는 못했으나 조돈이 멀리 도주한 것에 만족했다. 진영공은 도원에서 유흥을 즐기며 궁으로 돌아가지 않았다.

조천이 서쪽 교외에서 사냥을 하고 돌아오다 도주하던 조돈을 우연히 만났다. 자초지종을 들은 조천은 국경 안에서 머무르길 권유하며, 자신이 도성의 소식을 연락할 것이니 이후 적절히 대처할 것을 제안했다. 결국 조돈은 국경 부근인 수양산首陽山에 도피하기로 결정했다. 조돈은 조천에게 각별히 주의할 것을 당부하며, 일이 돌아가는 것을 지켜보기로 했다.

조천은 도원으로 가서 진영공을 알현했다. 조천은 죄인의 친척임을 사죄하며, 중군부장 직에서 사직할 뜻을 밝혔다. 진영공은 조천을 위로하며 사직을 만류했다. 조천은 감사를 드리며, 여색의 즐거움을 누리기에는 현재 궁녀가 부족하다고 아뢰었다. 진영공이 동의하며, 미인 수색을 누구에게 맡길지 물었다. 조천은 도안고를 추천했다. 진영공은 도안고를 불러 미인 수색 업무를 맡겼다. 도안고는 미인을 찾으러 교외로 떠났다.

　조천은 진영공에게 안전을 위해 도원의 경비병을 200명 증원할 것을 건의했고, 진영공은 허락했다. 조천은 병영에 복귀하여 진영공의 명령으로 도원의 경비병을 선발한다고 강조하며, 정병 200명을 뽑았다. 조천은 병사들 앞에서 진영공의 유흥으로 인하여 백성들이 고통을 받고 있음을 지적하고, 경비 업무를 수행하는 고통을 강조하면서 병사들을 도발했다. 병사들은 진영공을 원망하며, 조돈이 도주한 것을 아쉬워했다. 조천은 병사들을 계속 선동하면서, 혼군을 죽이고 조돈을 모셔올 것을 제안했다. 병사들이 모두 찬성했다. 조천은 병사들에게 ①밤참을 요구하며 이경二更에 도원으로 들어올 것과 ②자신이 소매를 휘두르는 것을 신호로 혼군을 살해할 것을 지시했다.

　조천은 정병 200명을 도원 밖에 배치하고, 경비를 세웠다. 조천은 진영공에게 이를 보고했다. 진영공은 만족하며, 밤에 주연을 열었다. 이경이 되자 정병 200명은 문을 부수고 도원으로 들어왔다. 조천은 진영공에게 병사들에게 밤참을 내려 격려할 것을 건의했다. 진영공이 승낙했다. 조천은 진영공의 뒤로 가서 소매를 휘두르며 병사들을 향해 진영공이 하사하시는 술을 마음껏 먹으라고 외쳤다. 조천의 신호를 받은 병사들은 강소루로 올라가 진영공을 창으로 마구 찔러 죽였다(BC 607년). 시위들은 평소 진영공의 잔혹함을 두려워하고 진영공을 미워했으므로 나서서 병사들을 막는 사람이 아무도 없었다.

춘추오패의 영웅인 진문공의 손자는 재위 14년 만에 갖은 폭정을 저지르다 이렇게 생을 마감했다. 진영공의 모습은 창업주와 함께 고생한 재벌 2세까지는 성실함이 유지되다가 고생을 모르고 자란 재벌 3세와 4세에 이르면 타락하는 경우가 많은 현재의 사례를 보는 듯하다. 진문공과 진양공의 업적이 진영공에 이르러 붕괴될 조짐을 보였으나, 그나마 진영공이 일찍 시해된 것이 진晉으로서는 다행이었다.

조천은 병사들을 대동하고 조돈을 영접하러 출발했다. 백성들은 진영공의 죽음을 기뻐하며, 아무도 조천을 비난하지 않았다. 도안고는 교외에서 미인을 수색하는 일을 하던 중 진영공이 죽었다는 소식을 듣고 조용히 집으로 돌아갔다.

진성공晉成公의 즉위(BC 607년)

조돈은 도읍인 강성으로 돌아와 통곡했고, 곡옥에서 진영공의 장례식을 치렀다. 진영공은 아들이 없었다. 조돈은 군위를 결정하기 위한 회의를 열었는데, 연장자를 추대하지 않았던 옛일을 아쉬워했다. 사회가 연장자 추대에 적극 찬성했다. 조돈은 주周에서 벼슬을 하고 있던 진문공의 서자인 공자 흑둔黑臀을 추대할 것을 제안했고, 대신들은 찬성했다.

조천이 주에 가서 공자 흑둔을 호위하여 귀국했다. 대신들의 추대로 공자 흑둔이 즉위하니(BC 607년), 곧 **진성공晉成公**[1]이다. 진성공은 조돈에게 국정을 일임했다. 진성공은 딸 장희莊姬를 조돈의 아들인 조삭

---

1) 진晉성공 희흑둔: 재위 BC 606 ~ BC 600

과 혼인시키고, 조천을 유임시켜 조씨 가문과 유대를 강화했다. 조돈은 진성공에게 이복동생인 조영趙嬰, 조동趙同, 조괄趙括을 추천했다. 진성공은 그들을 모두 대부에 임명했다.

조천은 조돈에게 도안고를 처형할 것을 건의했다. 조돈은 현재 조씨 가문의 권세는 매우 강하므로 이제는 화합이 필요하지 원수를 만들 필요가 없다고 말하며 거절했다. 도안고는 극도로 몸조심을 했다.

태사 동호董狐의 직필(BC 607년)

조돈은 태사 동호董狐에게 선군에 관한 기록을 보여주길 요청했다. 동호는 사간을 보여주었는데, '조돈이 도원에서 군주 이고를 시해하다.'라고 적혀 있었다. 조돈이 자신은 그때 도성 200리 밖인 하동河東 땅에 피신 중이었다고 항의했다. 동호는 조돈에게 국경 안에 체류하고 있었고 시해자를 처벌하지 않았으므로 결과적으로 중군원수가 꾸민 것이라고 답했다. 조돈은 기록의 수정을 부탁했다. 동호는 자신의 머리를 끊을 수는 있겠지만 기록은 고치지 못한다고 답하며, 조돈의 부탁을 거절했다. 조돈은 천추에 오명을 남기게 된 것을 탄식했으나, 어쩔 수 없었다[1].

조돈은 이후 매사에 조심했다. 반면 조천은 자신의 공적을 자랑하며,

---

1) 여기서 **동호직필董狐直筆**(동호의 곧은 필법이라는 뜻. 권세를 두려워하지 않고 사실대로 역사를 기록하는 사관의 엄정함을 의미하며, 역사 기록의 무서움을 비유하기도 함)의 고사성어가 나옴. 그러나 동호직필은 매우 예외적인 현상으로 역대 중국의 사서들은 위정자의 뜻에 맞게 왜곡과 과장이 판을 치고 있으므로 해석에 각별한 주의가 필요함. 특히 후대에 필사되는 과정에서 위조와 변조가 극심하게 발생하였음

조돈에게 상경 벼슬을 요청했다. 조돈은 세상의 공론을 두려워하여 조천의 요청을 거절했다. 조천은 분노해 화병이 났고, 얼마 후 사망했다. 조천의 아들인 조전趙旃이 부친의 벼슬을 승계하길 희망했으나, 조돈은 먼저 공을 세워야 가능하다고 말하며 거절했다.

주정왕周定王의 즉위(BC 607년)

주광왕이 재위 6년 만에 사망하고 아우인 유瑜가 즉위하니(BC 607년), 곧 **주정왕周定王**[1]이다.

정영공鄭靈公의 즉위(BC 606년)

정목공은 세자 이夷, 견堅, 거질去疾, 언偃, 희喜, 비騑, 발發, 가嘉 등 13명의 아들들과 하희夏姬 등 여러 딸들을 얻었다.

정목공이 재위 22년에 사망하고 세자 이가 즉위하니(BC 606년), 곧 **정영공鄭靈公**이다. 당시 정은 공자 송宋과 공자 귀생歸生이 정권을 잡고 있었다. 공자 귀생은 유약한 성격이었는데, 공자 거질과 친하여 자주 왕래하고 있었다.

구정九鼎의 무게를 묻는 초장왕楚莊王(BC 606년)

영윤 투월초는 초장왕 이후 자신의 권력이 줄어든 것에 불만을 가졌

---

1) 주정왕 희유: 재위 BC 606 ~ BC 586

다. 결국 투월초는 가문의 막강한 힘과 자신의 재주를 믿고 초장왕을 제거하고 왕이 되기로 결심한다. 초장왕도 예전부터 투월초를 경계하고 있었다.

초장왕은 중원 진출을 위한 교두보를 확보하기 위해 낙읍 서남쪽 육혼陸渾 땅의 융족을 공격하기로 결심했다. 초장왕은 투월초를 경계하여 사마 위가를 도성에 남겨 두어 대비하게 했다. 초장왕은 친정하여 육혼 땅의 융족을 격파했다(BC 606년).

투월초는 초장왕이 육혼 원정을 나간 이후 거병을 결심하고, 친족회의를 열었다. 투월초는 일족을 모아놓고 거사에 동참하기를 촉구했다. 일족은 찬성했다. 투극만이 유일하게 반대했는데, 투월초는 투극을 죽였다.

육혼 땅을 점령한 초장왕은 낙수를 건너 주周의 경계에 군사를 집결시켰다. 초장왕은 주정왕을 위협하여 중원을 나눌 목적으로 대규모 열병식을 거행하고, 초의 군사력과 위엄을 과시했다. 주정왕은 초장왕의 의도를 파악하기 위해 왕손 만滿을 파견했다.

초장왕은 왕손 만에게 구정九鼎의 크기와 무게를 물었다. 이는 구정을 초로 옮기겠다는 뜻이다. 즉 천자 자리를 넘보는 수작으로 중원 전체를 삼키려는 의도였다[1]. 초장왕의 의도를 파악한 왕손 만은 덕이 중요한 것이지 솥이 중요한 것이 아니라고 답했다. 초장왕은 초군의 창끝만 부러뜨려도 구정을 만들고도 남는다며 초의 위세를 자랑했다.

왕손 만은 우선 구정의 유래를 설명했다. 이어서 왕손 만은 천자가 덕이 있으면 구정의 무거움이 태산과 같을 것이며, 천자가 덕이 없으면

---

1) 여기서 **문정경중**問鼎輕重(구정의 무게를 묻는다는 뜻. 은근히 상대방의 허실을 엿보며 자신의 욕심을 드러내는 것을 비유함)의 고사성어가 나옴. 간략히 **문정**이라고도 표현함

구정의 가벼움이 티끌과 같을 것이라고 답했다. 계속해서 왕손 만은 무왕武王은 구정이 아닌 천명에 의해 창업한 것임을 강조했다.

곰곰이 생각하던 초장왕은 주 왕실을 넘보는 것은 아직 시간이 더 필요함을 깨닫고, 회군을 시작했다.

제5장

초장왕楚莊王의 패권 장악

제1절 초장왕楚莊王의 내부 위기 극복

투월초鬪越椒의 반란(BC 605년)

 투월초와 투씨 일족은 드디어 반란을 일으켰다(BC 605년). 투월초는 사마 위가를 급습해서 죽였는데, 위가의 아들인 **위오蔿敖**는 모친을 모시고 몽택夢澤 땅으로 급히 도주했다. 초장왕 이후 권력이 줄어든 성씨 가문도 투씨 가문에 합세했다. 도성을 점령한 투월초는 초장왕의 귀로를 차단하기 위해 증야烝野 땅에 군사를 주둔시켰는데, 그 위세가 대단했다.
 초장왕은 귀국하던 중 반란 보고를 받았다. 초장왕은 급히 행군하여 장서漳澨 땅에 당도했고, 투월초군과 만나게 되었다. 왕군은 투군의 위세에 눌려 사기가 저하되었고 두려워했다. 초장왕은 대부 소종을 보내 위가를 살해한 죄를 용서하고 왕자를 인질로 제공하는 조건을 제시하며 강화를 요청했다. 투월초는 거절했다. 대부 소종이 거듭 설득했으나 소용없었다.

투월초는 군대를 진격시켰다. 왕군에서 대장 악백樂伯이 나가서 대결했고, 투월초의 아들인 투분황鬪賁皇이 이에 대응했다. 왕군에서 반왕이 가세했고, 이에 맞서 투월초의 사촌동생인 투기鬪旗가 합세했다. 초장왕은 융로戎輅[1] 위에서 직접 북을 치며 군사들을 독려했다. 이를 본 투월초가 초장왕에게 화살을 날렸는데, 화살은 북에 맞았다. 초장왕의 호위병들이 놀라서 대형방패 2개를 세웠다. 다시 투월초가 화살을 날렸고, 화살은 왼쪽 방패를 관통했다. 놀란 초장왕은 급히 후퇴를 지시했는데, 투군은 왕군을 추격하여 많은 피해를 입혔다. 왕군은 황호皇滸 땅으로 물러나 주둔했다. 투월초가 날린 화살은 표범의 이빨로 만들어진 것이었다. 왕군은 모두 두려워했다.

초장왕은 병사들의 사기가 떨어져 걱정이 되었고, 투월초의 뛰어난 활솜씨에 두려움을 느꼈다. 고심하던 초장왕은 투월초가 초문왕 때의 투골풍 두 대를 훔쳐 이번에 모두 사용해서 더 이상 남아 있지 않다는 취지의 거짓말을 전파시켜 병사들의 두려움을 없애고 사기를 올렸다.

이후 초장왕은 직접 계책을 마련했다. 초장왕은 내일 후퇴할 것이라고 군사들에게 명령을 내리면서, 한동 제후국들과 연합해 투월초를 제압할 것이라고 선전했다. 초장왕은 대부 소종과 자신의 동생인 **공자 측側(=자반子反)**과 **공자 영제嬰齊(=자중子重)**를 불러 비밀지시를 내렸다.

초장왕은 다음 날 새벽에 후퇴를 시작했다. 투월초가 추격했다. 왕군은 200리를 후퇴하여 청하교淸河橋의 북쪽에 당도했다. 초장왕은 청하교 좌우에 군사를 매복시켰다. 투월초가 추격하여 청하교 남쪽에 당도했다. 이때 반왕이 초장왕 행세를 하며 아침을 준비하다 투월초를 보고

---

1) 군주가 타는 병거兵車

황급히 도주했다. 초장왕을 잡으려는 욕심에 투월초는 병사들에게 식사할 시간도 주지 않고 급히 왕군을 추격했는데, 병사들은 식사도 못하여 매우 지치고 허기졌다. 투월초는 청하교를 통과하여 가짜 초장왕(=반왕)을 추격하러 떠났고, 이후 진짜 초장왕은 다리를 끊어버렸다.

투월초는 급히 추격하여 왕군을 따라잡고 포위했다. 얼마 후 투월초는 초장왕은 없고 반왕이 있음을 알게 되었다. 반왕은 투월초에게 초장왕을 체포할 작정이라면 자신을 포위할 것이 아니라 왕을 추격하는 것이 더 시급하지 않느냐고 말하며, 추격을 유도했다.

투월초는 반왕을 그냥 두고 다시 지친 병사들을 이끌고 초장왕을 추격하여 60리를 더 전진했고, 청산靑山 땅에 당도했다. 투월초는 장수 웅부기熊負羈를 만났고, 초장왕의 소재를 물었다. 웅부기는 초장왕이 이곳에 온 사실이 없다고 답했다. 투월초는 웅부기를 회유하며 합류를 권했다. 웅부기는 군사들의 피곤함을 지적하며, 식사를 권유했다.

투월초는 지치고 허기진 병사들에게 밥을 지어 식사할 것을 지시했다. 병사들이 밥을 짓고 있을 때 공자 측과 공자 영제의 군사들이 양쪽에서 급습했다. 투월초군은 지치고 허기져 싸울 생각도 못하고 남쪽으로 도주하여 청하교에 당도했다. 다리가 끊어져 있어 투월초군이 당황하고 있을 때, 강 건너편에서 악백이 등장했다. 왕군은 투군을 활로 공격했다.

이때 신궁이지만 아직 이름이 알려져 있지 않았던 소교 **양유기養繇基**가 나와 투월초에게 화살 세 대를 가지고 1대1로 활싸움을 할 것을 제안했다. 투월초는 양유기를 잘 알지 못하고 얕보았다. 투월초는 자신이 먼저 공격하는 것을 조건으로 제시했고, 양유기는 몸을 피하지 않는 것을 조건으로 제시하며 승낙했다. 투월초와 양유기가 끊어진 다리 양편에 섰고, 군사들은 물러섰다.

투월초가 첫 번째 화살을 날렸는데, 양유기는 화살을 쳐냈다. 투월초가 두 번째 화살을 날렸는데, 양유기는 몸을 숙여 피했다. 투월초는 양유기의 약속위반을 비난하며, 세 번째 화살을 날렸다. 양유기는 화살을 입으로 물어서 막았고, 왕군은 환호를 질렀다.

양유기의 차례가 왔다. 당황한 투월초를 향해 양유기는 첫 번째 화살을 쏘는 시늉을 하고 쏘지는 않았다. 투월초는 왼쪽으로 몸을 돌렸다. 양유기는 투월초를 비겁하다고 비난하며 다시 화살을 쏘는 시늉을 하고 쏘지는 않았다. 투월초는 이번에는 오른쪽으로 몸을 돌렸는데, 양유기는 갑자기 번개같이 화살을 쏘았다. 화살은 투월초의 머리를 관통했고, 투월초는 즉사했다(BC 605년).

허기와 피로에 지쳐있던 반란군은 투월초가 즉사하자 혼비백산하여 도주하기 시작했다. 공자 측과 공자 영제는 도주하는 반란군을 추격하여 크게 무찔렀다. 투분황은 진晉으로 도주했다. 진성공은 투분황을 대부에 임명하고 묘苗 땅을 식읍으로 주었다. 이후 투분황은 묘분황으로 불리게 된다.

초장왕은 영도로 돌아왔고, 투씨와 성씨 일족을 멸족시켰다. 이로써 초 최대의 가문인 약오씨(투씨+성씨)는 몰락하게 되었다.

당시 투반의 아들이자 투자문의 손자인 잠윤 투극황은 1년 전 사신으로 진秦과 제에 나가 있었다. 귀국 도중에 투극황은 투월초의 반란 사실과 진압 사실을 알게 되었다. 수행원들이 외국으로 망명할 것을 권유했다. 투극황은 왕은 하늘이며 천명을 어길 수는 없다고 말하며 거절하고, 영도로 복귀하여 초장왕에게 경과를 보고했다. 이후 투극황은 사구에 가서 역신의 친척이고 조부인 투자문의 유언을 어긴 죄를 처벌해

주길 청했다. 초장왕은 차마 투자문의 후사를 끊을 수는 없다면서 투극황을 죽이지 않고 석방하며 이전의 벼슬을 유지시켜 주었다. 초장왕은 투극황을 투생鬪生으로 개명시켜 불렀다.

절영대회絶纓大會

초장왕은 투월초를 죽인 공을 높이 평가하여 양유기를 거우에 임명했다. 또한 초장왕은 침沈 땅의 수장이던 우구虞邱가 어질다는 말을 듣고 우구를 영윤에 임명했다.

어느 날 초장왕은 궁중 누각에서 성대한 잔치를 열며, 태평연이라고 이름 지었다. 잔치는 밤까지 계속되었다. 흥이 오른 초장왕은 애첩 허희許姬에게 모든 대부들에게 술을 따르고 권하도록 지시했다. 허희가 대부들에게 술을 따르던 중 큰 바람이 불어 촛불이 모두 꺼져버렸다. 이때 어떤 대부가 어둠을 틈타 허희를 끌어안았다. 허희는 그 대부를 밀어내며 그의 관끈을 잡아끊었다. 허희는 초장왕에게 가서 사실을 알리고 불을 밝혀 범인을 잡아 줄 것을 요청했다. 그러자 초장왕은 참석한 모든 대부들에게 관끈을 끊을 것을 지시했다. 초장왕은 모두 관끈을 끊은 이후에 불을 켜게 했다. 결국 아무도 범인을 알지 못하게 되었다.

잔치가 끝난 후 허희는 초장왕에게 무례한 자를 처벌하여 상하의 예의와 남녀의 구별을 바로 잡아야 했다고 항의했다. 초장왕은 화합을 위해 잔치를 개최했으므로 그 목적을 고려하고, 자신이 먼저 예법을 어겨가며 잔치를 계속하여 탈선을 초래한 과실이 있으므로 용서한 것이라고 답했다. 허희는 초장왕의 큰 도량에 탄복했다. 이후 사람들은 그 잔치를 절영대회絶纓大會[1]라고 불렀다.

제2절 손숙오孫叔敖의 활약과 초장왕楚莊王의 중원 압박

영윤 위오蔿敖(=손숙오孫叔敖)의 활약

위오蔿敖는 몽택으로 도피한 이후 농사를 지으며 모친을 부양했다. 어느 날 위오가 밭을 갈다가 양두사兩頭蛇를 발견했다. 양두사는 몸은 하나에 머리가 둘인 뱀으로, 당시에는 양두사를 보면 반드시 죽게 된다는 미신이 있었다. 놀란 위오는 자신이 곧 죽게 되었다고 슬퍼했다. 위오는 다른 사람들이 양두사를 발견하여 죽게 될 것을 염려하여 양두사를 죽여 땅에 묻었다. 집에 돌아온 위오는 모친을 오랫동안 봉양하지 못하게 될 것을 걱정하여 눈물을 흘렸다. 자초지종을 들은 위오의 모친은 죽음이 눈앞에 있는데도 남을 배려할 줄 아는 착한 마음을 칭찬하며, 하늘의 복을 받을 것이라고 아들을 위로했다[2].

어느 날 초장왕에게 부인 번희가 영윤 우구는 현자賢者가 아니라고 말했다. 번희는 개인의 지혜는 한정되어 있음을 지적하고, 우구는 어진 사람을 천거하지 않고 있으며 한 사람의 지혜로 많은 선비들을 무시하고 있다고 강조했다. 초장왕은 우구에게 번희가 한 말을 전했다. 우구

---

1) 갓끈을 끊고 크게 잔치를 벌인다는 뜻. 아랫사람의 작은 잘못을 용서하여 나중에 큰 보답을 받는 것(후술)을 비유함
2) 여기서 **음덕양보**陰德陽報(남이 모르게 덕행을 쌓은 사람은 훗날 그 보답을 받는다는 뜻)의 고사성어가 나옴

는 번희의 덕을 칭송하고, 대부들에게 인재를 천거해 줄 것을 요청했다. 투생이 위오를 천거했고, 우구는 위오를 초장왕에게 보고했다. 초장왕은 우구에게 위오를 초빙할 것을 지시했다.

우구와 투생은 몽택으로 가서 위오에게 왕명을 전달했다. 위오는 모친을 모시고 영성으로 돌아왔다. 초장왕은 위오와 많은 대화를 나누었는데, 위오의 인품과 식견에 매우 만족했다. 그래서 초장왕은 겨우 20대 중반의 나이였던 위오를 영윤에 임명했다(BC 605년). 위오는 자가 손숙孫叔이어서 흔히 **손숙오孫叔敖**로 불리고 있다.

영윤 손숙오는 지방 각처에 둑을 쌓고 수리 공사를 크게 일으켰다. 이로 인해 매년 홍수 피해를 입던 작피芍陂 땅은 더 이상 홍수 피해를 입지 않게 되었고, 육료六蓼 땅에 만 경頃[1]의 논을 개발했다. 또한 손숙오는 무거웠던 화폐를 가볍게 개량하여 상업을 활발하게 만들었고, 그 결과 초의 교통까지 발달하게 되었다.

손숙오는 백성들에 대한 규제를 최소화하여 백성들이 편하게 생업에 종사할 수 있도록 하는 것을 매우 중요하게 생각했다. 그 결과 백성들은 최소한의 법령을 충실히 지켰고, 초의 정치와 치안은 안정적으로 유지되었다. 초의 백성들은 태평가를 불렀다. 그 때문에 손숙오는 '다스리지 않아도 나라 사람들이 그를 믿고 따랐다.'라는 평가를 받게 되었다.

이와 관련하여 '높이가 낮은 수레(비거庳車) 일화'가 전해온다. 초의 백성들은 전통적으로 비거를 이용했는데, 초장왕은 이것이 수레를 끄는 말들에게 나쁜 작용을 한다고 생각했다. 그래서 초장왕은 수레의 높이를 강제로 올리는 법령을 선포하려고 했다. 손숙오는 초장왕에게 너

---

1) 1경=100묘畝. 1묘=약 55평(춘추시대) 또는 100평

무 많은 법령이 선포되면 백성들에게 혼란을 불러일으키므로 좋지 않다고 강조하며, 차라리 문지방을 높이면 자연스럽게 수레의 높이가 높아질 것이라고 간언했다. 즉 귀족들이 높은 문지방을 지날 때마다 수레에서 내려야 하는 불편이 싫어 자연스럽게 수레의 높이가 개선될 것이라는 취지였다. 실제로 몇 달 후 수레의 높이가 자연스럽게 높아졌다.

또한 손숙오는 군정을 개혁하여 3군을 군우軍右, 군좌軍左, 중권中權(=중군)으로 개편하고, 군우와 군좌에게 선봉을 맡겼다. 손숙오는 왕의 친위대인 경병勁兵을 신설하여 왕을 호위하게 했고, 평상시 양광에 교대로 치안과 순찰을 담당하게 했다. 손숙오는 우구에게 중군을, 공자 영제에게 좌군을, 공자 측에게 우군을, 양유기와 굴탕에게 양광을 맡겼다.

대신들은 처음에는 손숙오의 영윤 임명을 못마땅하게 여겼지만, 손숙오가 일하는 것을 보고 모두 탄복하며 투자문이 다시 온 것과 같다고 칭송했다. 초장왕은 제환공과 초성왕의 예를 본받아 초의 백성들에게 손숙오의 이름을 부르지 못하게 했다. 오늘날까지 손숙오는 **청렴무결한 관료의 표본**으로 칭송받고 있다.

진환공秦桓公의 즉위(BC 605년)

진秦공공이 재위 4년 만에 병으로 죽고 아들인 영榮이 즉위하니(BC 605년), 곧 **진환공秦桓公**[1]이다.

---

1) 진秦환공 영영: 재위 BC 604 ~ BC 577

공자 송宋의 정영공鄭靈公 시해[정양공鄭襄公의 즉위](BC 605년)

어느 날 정鄭의 공자 송과 공자 귀생이 아침 일찍 만나 입궁하던 중 공자 송의 두 번째 손가락(식지)이 저절로 움직였다. 공자 송이 그동안 식지가 저절로 움직인 날에는 항상 별미를 먹게 되었다고 귀생에게 자랑했다. 공자 송과 공자 귀생은 입궁하다가 내시로부터 자라국 특식이 예정되어 있음을 듣게 되었다. 공자 송이 자신의 식지의 영험함에 자부심을 드러냈다.

공자 송과 공자 귀생은 즐거워하며 정영공을 알현했다. 정영공이 기뻐하는 이유를 물었다. 공자 귀생이 공자 송의 식지의 영험함에 대해 설명했다. 정영공은 장난기가 발동하여 적중 여부는 식지가 아닌 자신에게 달려 있다고 강조했다. 공자 귀생은 정영공이 자라국 특식에서 공자 송을 제외할 가능성이 있음을 예상했다. 그러나 공자 송은 자신감을 보이며 걱정하지 않았다.

점심 식사 시간이 되었다. 정영공은 자라국을 대부들에게 대접했는데, 장난기가 발동하여 분위기를 유쾌하게 할 의도로 시종에게 일부러 한 그릇 부족하게 준비하도록 지시했다. 결국 공자 송은 자라국을 대접받지 못했다. 정영공이 장난치며 놀렸다. 공자 송은 다른 대부들 앞에서 모욕을 당했다고 느껴 창피한 생각이 들었고, 정영공에 대하여 분노했다. 공자 송은 갑자기 정영공에게 다가가 정영공의 자라국에 손을 넣어 고기를 꺼내 먹었다. 공자 송은 자신의 식지는 결국 영험했다고 말하며, 궁을 나가 버렸다. 정영공은 대노했다. 모든 대부들이 바닥에 엎드리며 공자 송이 장난을 한 것이라고 변호했다. 정영공은 공자 송을 저주했다.

공자 귀생이 공자 송을 찾아가 사죄할 것을 설득했으나, 공자 송은 오히려 정영공을 비난했다. 다음 날 조회에서 공자 송은 사죄하지 않았고, 황송한 기색도 아니었다. 공자 귀생이 공자 송 대신 사죄했다. 정영공은 공자 송을 비난하고 나서 바로 나가버렸다.

그날 밤 공자 송은 공자 귀생을 집으로 초대했다. 공자 송은 자신의 처지를 염려하며, 공자 귀생에게 먼저 정영공을 죽이자고 제의했다. 공자 귀생은 거절했다. 공자 송은 농담이라며 둘러댔고, 공자 귀생은 바로 돌아갔다.

다음 날 입궁한 공자 송은 대부들이 모여 있는 자리에서 공자 귀생과 공자 거질이 작당하여 반란을 일으킬 가능성이 있다고 일부러 떠들었다. 공자 귀생이 당황하여 비밀리에 공자 송을 찾아가 항의했다. 공자 송은 자신에게 협력하지 않을 경우 먼저 죽게 만들겠다고 공자 귀생을 협박하면서, 정영공을 제거하고 공자 거질을 추대할 것을 제안했다. 공자 귀생은 어쩔 수 없이 승낙했다.

공자 송은 비밀리에 무사들을 모집했고, 정영공의 호위 시위들을 뇌물로 매수했다. 얼마 후 정영공이 가을 제사를 지내고 태묘의 재실에서 자고 있을 때, 공자 송의 지시를 받은 무사들이 무거운 흙 가마니를 들고 들어와 정영공을 눌러 죽였다(BC 605년). 정영공은 상처 하나 없이 죽었고, 호위 시위들은 귀신이 한 짓이라고 소문을 냈다.

공자 송과 공자 귀생은 공자 거질(정목공의 3남)을 추대하기로 합의했다. 공자 거질은 자신은 덕도 없고 연장자도 아니라면서 끝까지 사양했다. 결국 공자 송과 공자 귀생은 공자 견(정목공의 차남)을 추대했다. 대신들의 추대로 공자 견이 즉위하니(BC 605년), 곧 **정양공鄭襄公**[1]이

---

1) 정양공 희견: 재위 BC 604 ~ BC 587

다. 정양공은 11명의 동생들이 모두 세력이 강한 것을 우려했다. 정양공은 공자 거질에게 협력을 요청하며, 나머지 동생들 10명을 추방하고자 했다. 공자 거질은 제후와 공실은 뿌리와 가지·잎의 관계와 같다고 설득했다. 결국 정양공은 동의했고, 동생들 모두를 대부에 임명했다.

초에 복속하는 정책을 폈던 정영공을 제거하고 즉위한 정양공은 초의 문책을 두려워해 진晉에 복속하기로 결심했다. 정양공은 진晉에 사신을 보내 충성을 맹세하며, 보호를 요청했다(BC 605년).

초楚의 정鄭과 진陳 공격(BC 604년)

정이 초를 배신하고 진晉에 붙자 초장왕은 공자 영제에게 정을 공격할 것을 지시했다. 공자 영제는 정으로 쳐들어갔다(BC 604년). 정양공은 진晉에 구원 요청을 했다.

순림보가 이끄는 진晉의 구원군이 도착하자 초군은 정을 떠나 진晉에 복속하고 있는 진陳을 공격했다. 진陳은 초의 공격에 굴복하여 동맹을 맺었다(BC 604년).

진경공晉景公의 즉위(BC 600년)

진晉의 중군원수 조돈이 병사했다(BC 604년). 진晉성공은 극결을 중군원수에 임명했다.

한편 정양공은 흑양黑壤 땅에서 진성공과 회견하고 동맹을 맺으며 충성을 맹세했다(BC 602년). 진성공은 노와 연합하여 평소 사이가 좋지 않던 진秦을 공격했으나(BC 601년), 큰 성과는 거두지 못했다. 진秦환공은 진晉에 대하여 분노했다.

극결은 초에 붙은 진陳의 배반을 응징할 것을 건의했다. 진성공은 송·위·정·조와 연합군을 결성하여 진陳을 공격하러 출발했다. 행군 도중 진성공은 병이 나서 객지에서 재위 7년 만에 사망했다(BC 600년). 연합군은 어쩔 수 없이 각자 귀국했다. 진성공에 이어 세자 누獳가 즉위하니, 곧 **진경공晉景公**[1]이다.

사구 도안고는 갖은 아첨을 떨어 진경공의 총애를 받게 되었다. 도안고는 조씨 가문에 대한 두려움 때문에 난씨와 극씨 가문과 친하게 지냈다.

위목공衛穆公의 즉위(BC 600년)

위성공이 복위 32년(=즉위 35년)에 사망하고 세자인 속速이 즉위하니(BC 600년), 곧 **위목공衛穆公**[2]이다.

진영공陳靈公과 하희夏姬의 음행(BC 600년)

하징서가 12세 되던 해에 하희의 남편인 진陳의 사마 하어숙은 기운이 빠져 죽었다(BC 605년). 하징서는 도성에서 공부했고, 하희는 주림에 거주하며 가끔 외간 남자들과 관계를 가졌다. 하희의 시녀로 하화荷華가 있었는데, 눈치가 빠르고 영리하여 하희에게 남자를 연결해 주는

---

1) 진晉경공 희누: 재위 BC 599 ~ BC 581
2) 위목공 희속: 재위 BC 599 ~ BC 589

역할을 담당했다.

초의 대부 **굴무屈巫**는 굴탕의 아들로 문무를 겸비하고 있었다. 굴무는 매우 호색하여 방중술 연구에 열심이었다. 굴무는 진陳에 사신으로 갔다가 우연히 하희를 본 이후부터 하희를 매우 사모하게 되었다.

진陳의 대부 공영과 의행보는 하어숙과 친한 사이로 예전부터 하희를 사모하고 있었다. 어느 날 공영이 하징서와 함께 사냥을 한 후 같이 주림에 가서 묵게 되었다. 공영은 하화에게 뇌물을 주며 하희와 동침할 수 있도록 부탁했다. 결국 공영은 하희와 동침했고, 새벽에 하희의 비단 잠옷을 훔쳐 나왔다. 공영은 의행보에게 비단 잠옷을 보여주며 자랑했다.

얼마 후 의행보도 주림을 방문하여 하화에게 뇌물을 주며 하희와 동침할 수 있도록 부탁했다. 결국 의행보도 하희와 동침했는데, 힘과 기교가 공영보다 월등했다. 하희는 의행보에게 더 만족했다. 의행보는 공영에게 준 것처럼 자신에게도 기념품을 줄 것을 하희에게 요청했다. 하희는 벽라저고리를 선물로 주었다. 의행보는 하희를 자주 방문했고, 공영에게 자랑했다.

공영은 하화를 찾아가 사실 여부를 확인했다. 질투를 느낀 공영은 하희에게 진陳영공을 붙여주어 하희와 의행보 사이를 벌리고 서서히 기회를 노리기로 결심했다. 어느 날 공영은 진영공에게 하희를 언급하며, 천하절색으로 교접 방법이 탁월하다고 말했다. 자극받은 진영공은 공영에게 하희와 만나게 해 줄 것을 부탁했다. 공영은 진영공에게 주림에 행차하면 자신이 주선하겠다고 약속했다.

며칠 후 진영공은 공영을 데리고 미복차림으로 주림에 놀러 나갔다. 공영은 미리 하희에게 사실을 알렸다. 하희는 진영공을 영접하고, 후원에서 잔치를 열었다. 잔치가 무르익자 진영공은 하화의 안내를 받고 내실로 들어가 하희와 동침했다. 하희는 진영공에게 진영공을 모시기 전에 공영과 의행보와 관계를 나눈 사실을 밝히며, 앞으로는 두 마음을 품지 않겠다고 다짐했다. 진영공은 대만족했고, 하희에게 자유롭게 공영과 의행보와 관계를 가져도 좋다며 허락했다. 하희는 입고 있던 한삼 속옷을 진영공에게 선물했다. 얼마 후 의행보가 사실을 알게 되었다.

며칠 후 진영공이 공영과 의행보에게 군주를 섬기는 도리를 다하지 않는다고 농담을 던졌다. 공영과 의행보는 신하가 먼저 먹어 본 후 맛있어야 권할 수 있다고 농담을 했다. 서로 농담을 주고받은 후 각자 하희로부터 받은 선물을 자랑했는데, 다들 체면도 차리지 않고 이미 몸에 착용하고 있었다.

곧 진영공과 신하들의 추잡한 소문이 퍼졌다. 대부 설야가 진영공을 알현하며 군신이 공경하지 않고 남녀가 유별하지 않아 타락하면 망국에 이르게 된다며 충언을 올렸다. 설야는 옆에 있던 공영과 의행보를 꾸짖었다. 설야가 돌아간 후 공영과 의행보는 설야의 잔소리 때문에 주림 방문이 불가능하게 되었다며 진영공을 자극했다. 진영공이 대책 마련을 지시했다. 공영은 암살을 건의했고, 진영공은 승낙했다. 얼마 후 공영과 의행보는 자객을 시켜 설야를 암살했다. 이후 진영공과 공영, 의행보는 하희와 더욱 음행을 즐겼다(BC 600년).

정鄭을 복속시키는 초장왕楚莊王(BC 599년)

초장왕은 직접 군사들을 이끌고 정에 쳐들어가 유분柳棼 땅을 공격했다(BC 600년). 진晉의 극결이 구원군을 이끌고 당도하여 초군을 물리쳤다. 초장왕은 회군했다. 정 백성들은 진군을 영접하며 환호했다.

공자 거질은 초의 재침을 예상하고 국가의 장래를 걱정했다. 공자 거질은 진군의 승리는 우연일 뿐이고, 초군이 더 강하다고 생각했다. 얼마 후 공자 귀생이 사망했다.

초장왕은 다시 정을 공격했다(BC 599년). 초군은 영수潁水 북쪽에 진을 쳤다. 정의 장래를 걱정하던 공자 거질은 고심 끝에 초를 섬기기로 결심했다. 공자 거질은 공자 송을 체포하고, 군주를 시해한 죄를 물어 처형했다(BC 599년). 공자 거질은 공자 송의 시신을 시장에 내어 백성들에게 구경시키고, 공자 귀생을 부관참시했다. 공자 거질은 정양공에게 압력을 넣어 초장왕에게 사신을 파견하여 동맹을 요청하게 했다.

초장왕은 승낙했다. 초장왕은 정의 진릉辰陵 땅에서 맹회를 개최하여 진陳·정과 동맹을 체결하기로 결심하고, 진陳에 사신을 보냈다.

하징서夏徵舒의 진영공陳靈公 시해[진성공陳成公의 즉위](BC 599년)

하징서는 장성하여 18세가 되었는데, 활쏘기를 잘하고 힘이 장사였다. 하징서는 모친 하희의 음행 때문에 마음고생을 했다. 하징서는 진陳영공 일행이 주림을 방문하면 일부러 피했다. 진영공은 하희를 생각하여 하징서를 사마에 임명했다.

어느 날 진영공이 공영과 의행보를 데리고 주림에 행차했다. 하징서는 사마로 임명해 준 것에 감사를 드려야 했으므로 피할 수 없었고, 잔치를 열어 진영공을 대접했다. 하희는 잔치에 참석하지 않았다. 진영공과 공영, 의행보는 취하여 음담패설을 늘어놓으며 즐거워했다. 하징서는 그들의 행동이 추잡스러워 병풍 뒤로 몸을 잠시 피했다.

진영공과 공영, 의행보는 하징서의 출생을 주제로 희학질을 했다. 의행보의 자식이라는 둥, 주공의 소생이라는 둥, 잡종으로 누구의 자식인지 짐작할 수 없다는 둥 심한 말장난을 하며 즐거워했다.

병풍 뒤에서 이 말을 들은 하징서는 극도의 수치와 분노와 증오심을 느꼈다. 하징서는 몰래 하희의 방문을 잠근 후, 군사들에게 저택을 포위할 것을 지시했다. 하징서는 집안 장정들을 소집하여 진영공, 공영, 의행보를 공격했다. 진영공은 마구간으로 도주했다. 하징서는 도주하는 진영공을 활로 쏘아 죽였다(진영공 15년. BC 599년). 공영과 의행보는 진영공과 반대 방향으로 도주하여 운 좋게 탈출에 성공했고, 초로 도주했다.

하징서는 도성으로 복귀해 진영공이 대취하여 급살병으로 죽었다고 선포했다. 하징서는 진영공이 세자 오午에게 군위를 넘길 것을 유언으로 남겼다고 거짓으로 선포했다. 이에 따라 세자 오가 즉위하니, 곧 **진성공陳成公**[1]이다.

진성공은 하징서를 증오했으나, 힘이 없어 복종했다. 하징서는 초의 추궁에 대비하여 진성공에게 진晉으로 직접 가서 우호를 체결할 것을 강요했다. 진성공은 진晉으로 출발했다.

제경공齊頃公의 즉위(BC 599년)

제혜공이 재위 10년 만에 사망하고 세자 무야無野가 즉위하니(BC 599년), 곧 **제경공齊頃公**[2]이다. 제경공은 효성이 대단하여 모후 소태부

---

1) 진陳성공 규오: 재위 BC 598 ~ BC 569
2) 제경공 강무야: 재위 BC 598 ~ BC 582

인소太夫人을 즐겁게 해주기 위해 직접 우스운 동작까지 취하는 등 노력했다.

당시 제와 초는 우호관계를 지속하고 있었다. 초장왕은 조문 및 축하 사절로 신申 땅을 다스리던 대부 **신숙시申叔時**를 파견했다.

초장왕楚莊王의 진陳 병합(BC 598년)

초장왕이 진陳으로 보낸 사신은 진陳의 정변으로 인해 중도에 귀국하여 초장왕에게 경과를 보고했다. 그때 공영과 의행보가 초에 도착하여 초장왕에게 하징서의 변란을 보고했다. 초장왕은 회의를 개최했다. 대부 굴무屈巫는 하희를 얻을 욕심으로 진陳을 공격할 것을 강력히 주장했으며, 영윤 손숙오도 진陳의 죄를 응징할 것을 주장했다. 초장왕은 진陳을 공격하기로 결정했다.

초장왕은 "진陳을 대신하여 역신 하징서를 토벌할 것이니, 신민은 동요하지 말고 초군을 영접하라."라는 내용의 격문을 진陳에 보냈다. 진陳의 대신들과 백성들은 공포에 떨며 하징서를 원망하고 방어할 생각을 포기했다. 초장왕은 공자 영제, 공자 측, 굴무 등을 대동하고, 진陳의 도성을 향해 진격했다(BC 599년). 초군은 무인지경으로 도성 근처에 당도했고, 초장왕은 백성들을 위로했다. 진陳성공은 진晉에서 아직 귀국하지 않았다. 하징서는 자신을 원망하는 민심을 의식하여 주림으로 도주했다. 하징서는 재산을 정리한 후 외국으로 도주할 작정이었다.

진陳의 궁궐에서 회의가 열렸다. 대부 원파轅頗는 하징서를 잡아 초와 화평을 추진할 것을 제안했고, 대부들은 찬성했다. 원파는 아들 교여僑如에게 군사를 내어주며 하징서를 체포하러 갈 것을 지시했다. 군사가 출발하기도 전에 진陳의 백성들은 도성의 성문을 열고 초군을 영접했다. 입성한 초장왕은 진陳의 대신들을 추궁했다. 원파는 힘이 부족하여 어쩔 수 없었다고 변명하며, 하징서는 주림에 있다고 알렸다.

초장왕은 공자 영제에게 진의 도성을 수비할 것을 지시하고, 매우 빠른 속도로 주림으로 출전했다. 하징서의 예상보다 빨리 초군은 주림을 포위했다. 결국 하징서와 하희는 생포되었고, 하화는 탈출했다. 하희는 초장왕에게 선처를 호소했다. 하희를 본 초장왕은 정신이 황홀했고, 하희를 후궁으로 삼을 의사를 표시했다. 당황한 굴무는 초장왕에게 대의로 시작하여 음욕으로 마무리하면 백주의 덕을 훼손하게 된다고 강조하며 반대했다. 어쩔 수 없이 초장왕은 하희를 석방할 것을 지시했다.

당시 공자 측은 부인이 죽어 그 자리가 비어 있는 상태였다. 하희에게 넋이 빠진 공자 측이 초장왕에게 하희를 부인으로 삼겠다며 자신에게 하사해 주기를 간청했다. 당황한 굴무가 하희는 남편의 신세를 망치는 천하의 요물임을 이유로 들며 반대했다. 공자 측은 굴무에게 분노하며, 그 이유라면 굴무도 역시 하희를 취할 수 없을 것이라고 강조했다. 뜨끔한 굴무는 어쩔 수 없이 동의했다.

당시 연連 땅의 수장(=연윤連尹)인 양노襄老도 부인이 죽어 그 자리가 비어 있었다. 초장왕은 하희를 양노의 후처로 하사했다. 양노와 하희는 사은하고 물러갔다. 공자 측은 원통한 마음으로 굴무에게 원한을 가졌다. 굴무는 안타까웠지만, 양노의 나이가 많으므로 훗날을 기약하기로 마음을 다잡고 계책을 마련하기로 결심했다.

초장왕은 진의 도성으로 돌아와 하징서를 거열형에 처했다. 초장왕은 진陳을 멸망시키고, 초의 현으로 편입했다(BC 598년). 초장왕은 공자 영제를 진공陳公으로 임명하고, 진陳을 통치하게 했다. 초장왕은 대부 원파 등을 데리고 초로 귀국했다. 초의 신하들은 모두 초장왕에게 축하의 하례를 올렸다. 초의 속국들도 모두 사신을 보내 진陳을 병합한 것을 하례했다.

초장왕楚莊王의 진陳 복국(BC 598년)

진陳을 병합하여 초는 국가적으로 기뻐하는 상태였다. 제에 사신으로 갔던 신숙시가 귀국하여 초장왕에게 경과를 보고했는데, 초장왕의 공적에 축하 인사를 전혀 올리지 않았다. 초장왕은 매우 괘씸하게 여겨 사람을 보내 신숙시를 꾸짖었다.

즉시 신숙시는 초장왕을 알현하며, 자기 밭을 가로질러 약간의 피해를 입힌 남의 소를 빼앗은 밭주인[1]에 대하여 어떤 판결을 내릴지 물었다. 초장왕은 약간의 피해를 입었다고 남의 소를 빼앗는 행위는 지나친 처사로 밭주인에게 소를 돌려주라고 판결하겠다고 답했다. 신숙시는 초장왕에게 하징서가 군주를 시해한 죄를 저질렀으나 진陳을 망하게 할 죄는 아니라고 지적하며, 하징서의 처형을 넘어 진陳을 멸망시키고 병합한 것은 남의 소를 빼앗은 밭주인과 같음을 강조했다. 초장왕은 크게 깨달았다. 신숙시는 뺏은 소를 돌려줄 것을 건의했다.

초장왕은 즉시 진陳의 대부 원파에게 진陳을 복국시킬 뜻을 표시하며, 귀국하여 진陳성공을 군위에 올리고 초에 충성할 것을 지시했다. 초장왕은 공영과 의행보에게도 귀국할 것을 지시했다.

---

1) 여기서 **혜전탈우蹊田奪牛**(남의 소가 내 밭을 짓밟았다고 그 소를 빼앗는다는 뜻. 지은 죄보다 받은 벌이 무거운 경우를 비유함)의 고사성어가 나옴

진陳의 신하들은 귀국하던 중 초의 경계에서 진성공을 만났다. 진성공은 초장왕을 만나러 오던 중이었다. 진성공과 신하들은 귀국하여 공자 영제로부터 진陳을 인계받았다(BC 598년). 귀국하고 얼마 후 공영은 하징서의 환영을 보고 미쳤고, 연못에 뛰어들어 익사했다. 며칠 후 의행보도 잠자다 급사했다.

공자 영제는 귀국하여 초장왕을 만날 때마다 스스로를 진공陳公으로 칭했다. 초장왕은 속뜻을 짐작하고 보상할 의사를 표시했다. 공자 영제는 신申과 여呂 땅을 희망했고, 초장왕은 허락했다. 그런데 굴무가 초장왕에게 신과 여는 진晉에 대한 방어 요충지이기 때문에 상으로 줄 수 있는 땅이 아니라고 아뢰었다. 초장왕은 공자 영제에게 한 약속을 취소했다.

얼마 후 신공申公 신숙시가 나이를 이유로 벼슬을 사양했다. 초장왕은 굴무를 신공申公으로 임명했다(BC 597년). 굴무는 신과 여 땅을 수여받고 그곳으로 부임했다. 이로 인해 공자 영제는 굴무를 증오하게 되었다.

제3절 초楚와 진晉의 필邲전투

초장왕楚莊王의 정鄭 복속(BC 597년)

초장왕이 진陳을 공격하는 사이에 진晉경공은 송과 연합해 정을 공격했고, 정양공은 진晉과 동맹을 체결했다(BC 599년). <u>진晉과 초 사이에 중원의 소국을 두고 쟁탈전이 계속되고 있었다.</u> 특히 중원의 전략 요충지인 **정鄭**을 두고 공방을 벌였다.

초장왕은 정을 공격하기로 결심했다. 영윤 손숙오는 진晉의 구원군을 예상하며, 대군을 총동원할 필요가 있음을 강조했다. 이에 초장왕은 3군·양광을 총동원하여 정에 대한 공격을 개시했다(BC 597년).

연윤 양노가 선두에서 행군했다. 부장 당교唐狡가 양노에게 자신이 군사 100명을 데리고 먼저 가서 길을 열겠다고 요청했다. 당교는 군사 100명을 이끌고 앞서 가며 용맹을 발휘하여 정군을 격파했고, 초군은 편하게 정의 도성 부근까지 당도했다. 초장왕이 양노를 칭찬했고, 양노는 부장 당교의 활약을 보고했다. 초장왕은 당교에게 후한 상을 내렸는데, 당교는 이미 큰 은혜를 받았음을 이유로 상을 사양했다. 초장왕은 이전에 당교를 알지 못했으므로 은혜를 준 사실을 알지 못했다. 당교는 절영대회에서 허희를 희롱한 사실을 자백하며, 죽이지 않은 은혜에 목숨을 바쳐서라도 보답하고자 한 것이라고 아뢰었다. 초장왕은 찬탄하며, 나중에 벼슬을 수여할 생각으로 종군 관리에게 당교의 공로를 기록하도록 지시했다. 그날 밤 당교는 죄인이 상을 받을 수는 없다면서 종적을 감추었다.

초장왕은 정의 도성을 포위하고 공격했다. 정양공은 진晉의 구원군을 기대하며, 결사적으로 항전했다. 공격 15일 째, 성의 북동쪽이 붕괴되었다. 정의 백성들은 공포로 인해 통곡했다. 초장왕은 갑자기 공격을 중지하고 초군을 10리 후퇴시켰다. 공자 영제가 이유를 물었다. 초장왕은 덕을 보여주어 정의 순종을 기다리는 것이라고 답하며, 거역 여부를 확인한 후 공격 여부를 결정할 것이라고 말했다.

초군이 물러나자 정양공은 진晉의 구원군이 도착한 것으로 오해했고, 백성들을 독려하여 성벽을 수리하고 전투를 준비했다. 정이 항복할 의사가 없음을 확인한 초장왕은 다시 정의 도성을 포위하고 공격했다. 3개월 동안 정은 항전했으나, 더 이상 버티는 것은 불가능했다. 결국 초의 장수 악백이 서문을 돌파했고, 초군은 정의 도성을 함몰했다. 초장왕은 군사들에게 약탈을 금지시켰다. 정양공은 항복의식[1]을 하며 초군을 영접하고 사죄했다. 공자 영제는 정이 또 배반할 것을 예상하며, 아예 멸망시키고 병합할 것을 건의했다. 초장왕은 신숙시의 간언을 회상하며 거절했다.

초장왕은 초군을 30리 후퇴시켰다. 정양공은 초의 군영으로 가서 사죄하며, 동맹을 요청했다. 정양공은 동생인 공자 거질을 인질로 제공했다(BC 597년). 초장왕은 북쪽으로 행군하여 정의 연郔 땅에 군사들을 주둔시켰다.

정鄭에 대한 구원군을 파견하는 진晉

진晉경공은 정에 대한 구원군을 파견하기로 결정했다. 중군은 순림보(원수), 선곡(부장), 조괄 등이 맡았다. 상군은 사회(대장), 극극(부장), 공삭, 한천, 조영 등이 맡았다. 하군은 조삭(대장), **난서欒書**(부장), 순수荀首, 조동 등이 맡았다. 한궐이 사마를 맡았고, 그밖에 위기魏錡, 조전, **순앵荀罃**, 봉백逢伯, 포계鮑癸 등이 참전했다. 진晉의 구원군은 병거 600승으로 구성되었다(BC 597년).

당시 극결은 병으로 사망했고, 극결의 뒤를 이어 중군원수가 된 순림

---

1) 당시 패한 군주는 상의를 벗어 어깨를 드러내고 희생으로 바치는 양을 끌고 나가 승자에게 항복했음

보는 우유부단한 성격으로 능력이 부족했다. 위기는 순림보가 중군원수가 된 것을 시기하고 질투했다. 진晉의 장수들은 서로 화합하지 못하고 있었다.

　진군은 6월에 황하에 도착했고, 정이 이미 항복한 사실과 초군이 북쪽으로 이동한 사실을 알게 되었다. 군영에서 회의가 열렸다. 사회는 초군의 선봉(=전모前茅)은 날카로운 기세로 나아가고 중군은 전략으로 싸움을 지휘하며 후군도 굳게 지키고 있음[1]을 강조하며, 정을 구원하는 목적이 실패했으므로 회군할 것을 주장했다. 중군원수 순림보도 찬성하고, 회군을 지시했다. 이때 중군부장 **선곡**[2]이 회군할 경우 백주의 지위를 상실할 우려가 있으므로 초군을 공격할 것을 주장하며, 자신의 소속 부대만이라도 초군을 공격하겠다고 강조했다. 순림보가 초군은 초장왕이 친정하여 사기가 높고 강병으로 편성되었음을 이유로 선곡의 주장을 불허했다. 선곡은 회군은 수치라고 강력히 주장하며 군영을 나가버렸다. **조동**과 **조괄**은 선곡의 주장에 찬동했다.

　얼마 후 선곡, 조동, 조괄은 원수의 명령 없이 독단적으로 소속부대를 이끌고 황하를 건넜다. 순앵이 그 사실을 알게 되어 사마 한궐에게 알렸다. 한궐은 순림보에게 중군부장인 선곡 부대가 패할 경우 중군원수 역시 책임을 져야 한다고 지적하며, 총진군하여 승리할 경우 원수의 공적이 되지만 패할 경우에는 모든 장수의 책임이 됨을 강조했다. 결국 순림보는 전군에게 전진할 것을 명령했다. 진군은 황하를 건넜고, 오산敖山과 호산鄗山 사이에 주둔했다. 선곡은 만족했다.

---

1) 여기서 **명렬전모名列前茅**(이름이 앞에 놓인다는 뜻. 명성이나 성적이 매우 우수하여 서열이 맨 앞에 있음을 비유함)의 고사성어가 나옴. **전모여무前茅慮無**도 같은 의미임
2) 선진-선저거-선극-선곡

진군晉軍과 결전을 결심하는 초장왕楚莊王

초장왕은 진晉의 구원군이 접근하고 있다는 보고를 받았다. 영윤 손숙오는 이미 정을 복속시켰고 진晉과 원수질 필요는 없으므로 회군할 것을 주장했다. 궁중 시종 신분인 **오참伍參**은 회군할 경우 스스로 약함을 인정하는 것이 되고 정도 다시 이탈할 것임을 이유로 들며, 공격을 주장했다. 손숙오는 군사들이 계속된 싸움으로 피로하다고 주장하며 반박했다.

초장왕은 모든 장수들에게 손바닥에 전戰·퇴退 의견을 기입하라고 지시했다. 중군대장인 우구와 양노, 채구거蔡鳩居, 팽명彭名은 퇴를 기입했다. 공자 영제, 공자 측, 공자 곡신穀臣, 굴탕, 반당, 악백, 양유기, 허백許伯, 웅부기, 허언許偃 등 20여 명은 전을 기입했다. 초장왕은 손숙오와 우구의 의견을 존중하여 회군을 결정했다.

그날 밤 오참은 초장왕을 방문하여 순림보와 선곡은 능력이 부족하고 진晉의 장수들이 화합하지 못하고 있음을 아뢰고, 왕이 신하를 피하면 천하의 웃음거리가 됨을 강조했다. 결국 초장왕은 진군과 결전을 결심했다. 초군은 북쪽으로 이동하여 관성管城 땅에 주둔했다.

싸움을 부추기는 정양공鄭襄公

진晉의 대군이 접근하고 있다는 보고를 받은 정양공은 진이 승리할 경우 큰 질책을 받을 것을 우려했다. 대부 황술皇戌[1]이 진군을 방문하

---

1) 황수皇戍라는 견해도 있음. 글자가 비슷하여 혼동이 생긴 것인데, 여기서는 황술로 표기하기로 함

여 초군과의 싸움을 권유하겠다고 자청하며, 진과 초 중에서 이긴 나라를 섬길 것을 건의했다[1]. 정양공은 허락했다.

황술은 진군을 방문하여 초에 항복한 것은 본의가 아니었다고 아뢰었다. 황술은 초군이 교만하고 지쳐있다고 강조하며 싸움을 권유하고, 정군이 호응할 것을 약속했다. 선곡은 초군을 공격할 것을 주장했다. 난서는 정의 말을 다 믿을 수는 없다면서 주의를 강조했다. 조동과 조괄은 선곡의 주장에 찬성했다. 선곡은 중군원수 순림보의 허락도 없이 독단적으로 황술에게 싸움을 약속했다.

정양공은 초군에 사신을 파견하여 초장왕에게도 싸움을 권유했다. 손숙오는 진군의 강함을 염려하여 초장왕에게 진군에 먼저 화평을 요청할 것을 건의하고, 진이 거절할 경우 싸움의 명분을 얻을 수 있다고 강조했다.

초장왕은 진군에 채구거를 사신으로 보냈다. 채구거의 화평 요청에 순림보는 동의했다. 이때 선곡이 채구거에게 마구 욕설을 하며 초장왕을 모욕했다. 조동과 조괄은 칼로 위협하고, **조전**은 활로 위협했다. 채구거는 황급히 돌아가서 사실을 보고했고, 초장왕은 분노했다.

초楚와 진晉의 필邲전투(BC 597년)

초의 대장 악백이 진군에게 싸움을 걸겠다고 자청했다. 악백은 허

---

[1] 이와 비슷한 상황을 묘사하는 고사성어로 **좌관성패**坐觀成敗(다른 사람의 승패를 앉아서 구경하며 자신의 이익만을 추구한다는 뜻)가 있음. 한漢의 무제가 태자 유거와 불화가 생겨 내란이 발생했는데, 신하 임안이 태자의 부절을 거절하지 않고 받은 후 태자에게 협력하지 않은 일이 있었음. 무제는 앉아서 승패를 지켜보다가 승리한 자를 따르려는 이중적인 마음을 가졌다고 여겨 임안을 처형했음. 좌관성패는 여기서 유래한 말임

백, 섭숙攝叔과 함께 병거 1대로 진군 영채의 보루 근처에 도착해 일부러 틈을 보였다. 이를 본 진군 보초 10여 명이 접근하자 악백과 섭숙은 화살을 날렸고, 진군 보초들은 달아났다. 진군 본영에서 포계, 봉영逢寧, 봉개逢蓋가 군사들을 이끌고 악백을 공격하러 나왔다. 악백은 초군 영채로 물러나면서 화살을 무수히 날렸다. 봉영의 말이 화살에 맞아 쓰러졌고, 봉개가 얼굴에 화살을 맞았다. 많은 진군이 쓰러졌다. 포계는 계속 추격했으나, 내심 불안했다. 화살이 한 대만 남게 되자 악백은 마지막 화살로 사슴을 맞추었다. 악백은 섭숙을 시켜 사슴을 포계에게 바쳤다. 포계는 속으로 안도하며, 초의 장수가 예로 대하니 예로 답하겠다며 겉으로 위엄을 부렸다. 포계는 추격을 중지하고 철수했다. 악백은 무사히 돌아갔다.

　진의 장수 **위기**는 분노하여 역시 병거 1대로 출전하기를 자청했고, 조전도 같이 출전하기를 자원했다. 순림보는 초의 경우처럼 먼저 화평을 요청할 것을 지시했다. 위기는 채구거의 화평 요청에 대한 보답 역할을 맡기로 하고 먼저 출발했고, 조전은 악백의 도발에 대한 보복 역할을 맡기로 하고 나중에 출발했다.

　상군대장 사회가 뒤늦게 사실을 알고 위기와 조전을 말리기 위해 순림보를 방문했으나, 이미 늦었다. 사회는 위기와 조전으로 인해 초군은 격분하여 총공격을 할 것으로 예측하며, 순림보에게 초군의 총공격을 대비할 것을 요청했다. 극극도 사회의 주장에 동의했다. 선곡은 초군을 얕보면서 방어 준비 대신 총공격을 주장했다. 중군원수 순림보는 결정을 내리지 못하고 망설였다.

　사회는 순림보의 우유부단을 한탄하며, 극극에게 방어책으로 오산 골짜기에 작은 영채 7개를 건설할 것을 지시했다. 사회는 극극, 공삭,

한천에게 오산 앞에 매복할 것을 명령하고, 조영에게 황하에 가서 배를 준비하고 대기할 것을 지시했다.

위기는 순림보의 명령을 어기고 초군 진영에 접근하여 화평 대신 싸움을 요청하고 철수했다. 초의 장수 반당이 위기를 추격했다. 위기는 사슴을 쏘아 맞춘 후 어자를 시켜 반당에게 바쳤다. 반당은 초에 예법이 있음을 보여주겠다며 위기를 추격하지 않았다. 위기는 복귀하여 순림보에게 초군이 화평을 거절했다고 거짓 보고를 했다. 순림보는 나중에 출발한 조전의 안전을 우려하여 순앵에게 병거 20승과 보졸 150명을 내어주며 조전을 구출할 것을 지시했다.

한편 조전은 밤에 초군 진영에 도착했다. 조전은 수행 병사 20명을 초군으로 가장하여 초군 진영에 잠입시켰으나 들켰다. 새벽에 조전은 급히 후퇴했다. 초장왕은 직접 조전을 추격했다. 조전은 다급해서 병거와 갑옷을 버리고 숲속으로 달아났다.

이때 순앵의 부대가 접근하고 있었다. 순앵의 부대를 대군으로 착각한 반당이 급히 초장왕에게 북쪽에서 진의 대군이 접근하고 있다고 보고했다. 초장왕은 당황했다. 잠시 후 손숙오가 초장왕의 신변을 염려하여 선발대를 이끌고 남쪽에서 당도했다. 손숙오는 뒤에 초의 본대가 접근 중임을 보고했다. 비로소 초장왕은 안도했다. 파악해 보니 순앵의 부대는 진의 대군이 아니었다.

손숙오는 초군이 이미 모두 집결했으니 그냥 진군을 향해 총공격을 할 것을 건의했다. 초장왕은 초군에게 총공격을 명령하고, 직접 북을 치며 독려했다. 초군은 일제히 총공격을 개시했다. 좌군은 공자 영제와 채구거가 맡아 진의 상군을 공격했다. 우군은 공자 측과 공윤工尹 제齊가 맡아 진의 하군을 공격했다. 중군은 초장왕이 맡았는데, 양광과 함께 진의 중군을 공격했다.

서로 전서를 교환하고 약속한 날에 모여 진영을 펼친 후 싸움을 개시하던 당시의 전쟁 관행과 달리 **초군이 기습 총공격을 개시하자 진군은 미처 대비하지 못하여 당황했다.** 그사이 초군은 이미 당도했다. 중군원수 순림보는 우왕좌왕하며 계책을 세우지 못하고, 그냥 병사들에게 힘껏 싸우라고만 명령할 뿐이었다. 초군은 자신감을 가지고 기세 있게 돌진했고, 당황하여 미처 전열을 제대로 갖추지 못한 진의 중군과 하군을 크게 무찔렀다. 진군은 사분오열하여 도주하기 바빴다.

조전을 구하러 갔던 순앵은 초의 장수 웅부기와 접전을 벌이다 병사의 수에서 밀려 도주했다. 순앵은 결국 웅부기에게 생포되었다.

봉백은 병거 1대에 아들 봉영, 봉개와 함께 타고 도주했다. 조전이 중상을 입고 봉백에게 구원 요청을 했다. 봉백은 일부러 못 본 척 그냥 지나쳤다. 봉백의 두 아들이 그 사실을 지적했고, 봉백은 체면을 세우기 위해 꾸중하며 두 아들에게 조전을 구원할 것을 지시했다. 봉영과 봉개가 병거에서 내려 조전을 부축해 병거에 태웠다. 초군에 대한 공포심으로 제정신을 잃고 있던 봉백은 두 아들이 아직 병거에 타지 않은 것도 잊은 채 그냥 출발해 버렸다. 결국 봉영과 봉개는 전사했다.

순림보는 한궐과 함께 패잔병들을 거느리고 황하 줄기를 따라 도주했다. 부상을 당해 피를 흘리고 있는 선곡이 뒤를 따라오자 순림보는 선곡을 비난했다. 순림보, 한궐, 선곡은 황하 건널목에 당도했다. 조괄이 순림보에게 와서 조영이 혼자 배를 타고 황하를 건넌 후 구원하러 오지 않고 있다며 형을 비난했다. 이때부터 조영과 조괄의 불화가 시작되었다.

순림보는 선곡에게 배를 수집할 것을 지시했다. 얼마 후 조삭과 난서가 패잔병들과 함께 황하 건널목에 도착했다. 선곡이 어렵게 배 수십 척을 구해왔다. 배에 비해 병사들의 수가 너무 많았다.

이때 남쪽에서 먼지가 일어났다. 순림보는 초군이 당도한 것으로 생각하고, 병사들에게 황하를 건널 것을 지시했다. 병사들이 배에 먼저 오르려고 아귀다툼을 벌였다. 이미 너무 많은 병사들이 올라탄 배에 미처 오르지 못한 병사들이 매달려 배 30여 척이 전복되었다. 선곡은 배에 올라타려고 매달리는 자의 손을 칼로 치라고 명령했다. 손을 잘린 병사들의 비명과 물에 빠진 병사들의 절규, 배에 오르지 못하고 언덕에 남은 병사들의 곡성으로 생지옥이 벌어졌다.

잠시 후 순수, 조동, 위기, 봉백, 포계가 황하 건널목에 당도했다. 남쪽의 먼지는 이들이 오면서 일으킨 것이었다. 아귀다툼을 하던 진군은 안도했다. 순수, 조동, 위기, 봉백, 포계는 배에 올랐다. 순수는 명궁으로 이름이 높았는데, 아들 순앵이 초군에 포로로 잡힌 사실을 알게 되었다. 순수는 순앵을 구하러 돌아가려고 했다. 순림보가 말렸으나, 순수는 적의 장수를 잡아 교환할 의지를 드러냈다. 평소 친분이 두터웠던 위기가 함께 가겠다고 나섰다. 순수와 위기의 가병들과 소속 부하들도 함께 가겠다고 나섰다. 이로 인해 진군은 사기가 올랐다.

순수와 위기는 초군을 향해 남쪽으로 출발했다. 이때 초의 연윤 양노는 진군이 남기고 간 병장기를 수습하고 있었다. 순수와 위기가 이끄는 부대가 양노의 부대를 급습했다. 순수는 활을 쏘아 양노를 죽였다. 초의 공자 곡신이 구원하러 왔으나, 위기가 막았다. 순수가 활을 쏘아 곡신을 맞추었고, 위기는 부상당한 곡신을 생포했다. 순수는 더 많은 초군이 오기 전에 양노의 시체와 부상당한 곡신을 병거에 싣고 철수했다.

한편 초의 공자 영제는 진의 상군을 공격했다. 중군 및 하군과는 달리 미리 방어 준비를 하고 있던 사회는 당황하지 않고 초군을 방어하며 후퇴했다. 공자 영제가 진의 상군을 추격하여 오산에 당도했다. 매복 중이던 공삭이 초군을 공격했다. 공삭은 사회를 호위하며 서서히 후퇴했다. 공자 영제가 추격을 계속 했다. 매복 중이던 한천이 등장했고, 산에서 극극의 매복병들이 움직임을 보였다. 공자 영제는 어쩔 수 없이 후퇴했다. 사회는 진의 상군을 정돈하여 후퇴했는데, 손실을 입지 않았다. 사회는 황하 건널목에 도착했다.

이때 순수도 황하 건널목에 도착했다. 진군은 아직 황하를 다 건너지 못한 상태였다. 순림보는 초조해하며 우왕좌왕하고 있었다. 잠시 후 조영이 반대편에서 빈 배들을 이끌고 와서 병사들을 실어 날랐다.

초군은 필성邲城에 당도했다. 오참이 초장왕에게 진군을 전멸시킬 것을 건의했다. 초장왕은 진과 강화할 여지를 남겨두기 위해 거절하고, 더 이상 나아가지 않았다. 진군은 밤새도록 황하를 건너 아침이 되어서야 겨우 도강을 완료했다.

진의 중군원수 순림보는 적의 동정을 예상하지 못하여 전투 준비를 하지 못했고, 장수들을 통솔하지도 못했고, 군대의 전진과 후퇴도 결정하지 못하는 등 무능의 극치를 보여주었다. 순림보는 패잔병들을 이끌고 귀국했다.

제4절 초장왕楚莊王의 패권

필邲전투 이후의 변화

정양공은 필성으로 가서 초장왕에게 아첨하며 형옹으로 초대했다. 정양공은 예전에 주왕이 임시로 거처했던 왕궁에서 성대한 잔치를 열어 초장왕에게 아부했다. 반당이 진군의 시체를 높이 쌓아 무공을 과시할 것을 주장했다. 초장왕은 운이 좋아 승리한 것이라며 거절했다. 초장왕은 진군 병사들의 시체를 모두 묻어주었다. 초장왕은 황하의 신에게 제사를 지낸 후 귀국했다.

초장왕은 오참을 1등 공훈으로 인정하고 대부에 임명했다. 영윤 손숙오는 오참의 공적에 부끄러움을 느끼고 탄식했다. 손숙오는 자책으로 인하여 우울병에 걸렸다.

진晉경공은 참패에 격노하여 순림보를 참하라고 지시했다. 대신들이 패전은 선곡의 책임임을 강조하고, 선왕의 대신인 순림보에게 기회를 주어 복수하게 할 것을 탄원했다. 진경공은 순림보를 처벌하지 않고 중군원수의 지위를 계속 유지시켰다. 진경공은 선곡을 참수하고, 대신들에게 군사들을 조련하여 초에 대해 보복할 것을 지시했다. 진경공은 초의 공자 곡신도 처형했다.

진晉을 누르고 패업을 달성한 초장왕은 송의 부용국인 소蕭를 공격하여 멸망시키고 그 땅을 병합했다(BC 597년).

필전투에서 진晉의 참패로 인해 패권은 초로 넘어갔다. 예전부터 초를 남방의 오랑캐로 무시하던 중원 국가들은 이때부터 어쩔 수 없이 초를 오랑캐가 아닌 중원 국가로 대접하게 된다. 춘추시대에 패자로 공인받기 위해서는 회맹을 개최해야 했다. 초장왕은 회맹을 개최한 사실이 없어 패자의 공식을 완성하진 못했지만, 강력한 국력으로 중원을 제압했으므로 일반적으로 춘추시대의 세 번째 패자로 칭해지고 있다.

중원 땅에 거주하던 사람들은 오래 전부터 천하의 주인은 중원 국가이고, 중원 사람들이 세상을 다스려야 한다는 생각을 갖고 있었다. 그런데 남방의 오랑캐인 초가 천하의 주인이 되었다. 이런 현실을 인정하기 어려웠던 중원 사람들은 이때부터 초를 중원 국가로 대접하게 된다. 초를 중원 국가로 인정하면 결국 천하의 주인은 중원 국가가 되는 것이다. 이는 예전에 동이 국가인 상商이 천하의 주인이 되자 중원 사람들이 상商을 중원 국가로 인정했던 것과 동일한 것이었다.

하희夏姬를 향한 굴무屈巫의 집념

늙은 양노와 혼인한 하희는 양노가 필전투에 참전한 사이 음욕을 참지 못하고 곧 양노의 아들인 흑요黑要와 사통했다. 양노가 필에서 전사한 이후 흑요는 부친의 시신을 찾을 생각도 않고 하희에게 빠져있었다. 하희와 흑요의 추문은 곧 퍼졌고, 하희는 부끄러움을 느꼈다. 하희는 양노의 시신을 찾으러 간다는 핑계를 대고 친정인 정으로 귀국할 결심을 했다. 신공 굴무는 드디어 하희를 차지하기 위해 오랫동안 계획한 것을 실행하기 시작한다.

굴무는 하희의 시녀를 매수했고, 시녀를 통해 하희에게 정으로 귀국하면 부인으로 삼을 의사를 전달했다. 굴무는 심복 부하를 정에 보내 정양공에게 하희의 귀국 의사를 알리고, 초에 사신을 파견하여 하희의 귀국을 요청할 것을 건의했다. 정양공은 초의 실력자인 굴무의 말을 무시할 수 없었다. 정양공은 사신을 초에 보내 초장왕에게 하희의 귀국을 요청했다.

초장왕은 정이 하희의 귀국을 요청하는 이유를 궁금하게 여겼다. 굴무가 초장왕에게 하희의 목적은 양노의 시신을 되찾는 것인데, 정양공이 누이인 하희를 위해 편의를 봐주기로 한 것이라고 설명했다. 즉 굴무는 ①정의 대부 황술과 진의 장수 순수는 친한 사이인데 ②순수가 공자 곡신 및 양노의 시신과 아들 순앵을 교환하는 것을 조건으로 제시하며 ③황술에게 순앵의 석방을 위해 초와 교섭해 줄 것을 부탁했고 ④정양공은 진에 대하여 두려움을 가지고 있어 이를 수용했다고 아뢰었다.

하희가 초장왕을 찾아와 눈물을 흘리며, 남편의 시신을 찾지 못하면 돌아오지 않겠다는 결심을 밝혔다. 초장왕은 하희를 불쌍히 여겨 귀국을 허락했다. 하희는 정으로 귀국했다.

굴무는 하희를 통해 정양공에게 서신을 전달했는데, 하희에게 혼인을 신청하는 내용이었다. 정양공은 혼인을 승낙했다. 굴무는 순수에게도 서신을 전달했는데, 정의 대부 황술에게 여차여차한 조건으로 순앵의 석방을 주선해 줄 것을 부탁하라는 내용이었다. 순수는 즉시 황술에게 주선을 부탁했고, 황술은 사람을 보내 초장왕에게 교섭을 했다. 초장왕은 순앵을 진으로 돌려보냈고, 진은 공자 곡신과 양노의 시신을 초로 돌려보냈다. 초장왕은 굴무가 말한 대로 일이 진행되자 굴무에 대하여 전혀 의심하지 않았다.

영윤 손숙오孫叔敖의 죽음(BC 595년)

손숙오는 병세가 악화되었다. 손숙오는 아들 손안孫安을 불러 ①재주가 평범함을 지적하며 ②벼슬에 나가지 말 것과 땅을 분봉 받지 말 것을 유언으로 남기고 ③어쩔 수 없이 땅을 분봉 받을 경우에는 가장 척박한 땅인 침구寢邱 땅을 받을 것을 당부했다. 유언을 마친 손숙오는 사망했다(BC 595년).

손안은 손숙오의 유서를 초장왕에게 바쳤다. 아들 손안은 능력이 없음을 아뢰고 조카인 위빙蔿憑을 천거하면서, 진쯥을 경계할 것을 당부하고, 초군은 휴식이 필요함을 강조하는 내용이었다. 초장왕은 탄식하고, 장례에 참석해 통곡했다. 초장왕은 공자 영제를 영윤에 임명하고, 위빙을 잠윤에 임명했다. 초장왕은 손안을 공정에 임명했으나, 손안은 끝내 사양했다.

손숙오는 10년 동안 영윤으로 있었지만, 매우 청렴하여 재산을 모으지 못했으며 유산이 거의 없었다. 공자孔子가 손숙오에 대하여 '검소함이 아랫사람을 위협할 정도'였다고 평가할 정도로 손숙오의 청빈淸貧은 유명하다. 그 결과 아들 손안은 물려받은 재산도 없었고 관직에도 나가지 못하여 교외에서 농사를 지으며 어렵게 생활하게 되었다.

진晉의 정鄭 공격(BC 595년)

손숙오의 사망 소식을 들은 순림보는 진쯥경공에게 초군이 출전하기 어려울 것이므로 정에 위력을 과시할 것을 건의했다. 진경공은 허락했다. 순림보는 정을 공격하고(BC 595년), 교외에서 곡식과 백성들을 노략질했다. 장수들은 정의 도성에 대한 본격적인 공격을 건의했다. 순림보는 초의 원군을 우려하여 주저하고, 노략질을 계속했다.

정양공은 아우인 공자 장張을 초에 파견하여 진군의 위협을 호소했다. 공자 장은 초장왕에게 자신을 인질로 제공하면서 공자 거질의 귀국을 부탁했다. 초장왕은 정을 신뢰하여 둘 다 귀국시켜 주었다.

공격 명분을 만들기 위해 송宋을 자극하는 초楚

정에 대한 원군 문제로 초의 조정에서 회의가 열렸다. 공자 측은 진晉과 송은 친하므로 송을 공격하면 진은 정에 대한 공격을 멈추고 송에 구원병을 보낼 것이라고 주장했다. 초장왕은 송을 공격하는 명분이 없음을 염려했다. 영윤 공자 영제는 제로 가는 사신은 반드시 송을 통과해야 한다고 지적하며, 송이 사신을 통과시키지 않고 모욕하게 만들면 송을 공격할 명분이 생긴다고 계책을 아뢰었다. 공자 영제는 신무외를 사신으로 추천했다. 신무외는 예전에 궐맥회맹 때 송소공의 어자를 처벌한 전력이 있어 송이 매우 싫어하는 인물이었다.

초장왕은 신무외를 불러 사신으로 제에 갈 것을 지시했다. 신무외는 관례대로 사신임을 증명하는 문서와 송에 길을 빌려줄 것을 요청하는 공문을 요청했다. 초장왕은 공문 없이 그냥 갈 것을 지시했다. 신무외는 자신이 송의 미움을 받고 있는 처지임을 아뢰고, 공문을 교부해 주길 간곡히 요청했다. 초장왕은 신무외의 이름을 신주申舟로 바꿀 것을 지시하고, 출발을 독촉했다. 신무외는 이름을 바꾸어도 얼굴은 고칠 수 없다고 호소했다. 초장왕은 노기를 띠며, 송에서 죽을 경우 원수를 갚아 주겠다고 강조했다. 신무외는 더 이상 거절할 수 없음을 깨달았다.

다음 날 신주(=신무외)는 아들 신서申犀를 데리고 입궁했다. 신주는 초장왕에게 아들을 부탁한 후 예물을 가지고 제로 출발했다. 신주는 교외까지 따라 나온 신서에게 아비의 원수를 갚을 것을 당부했다.

신주는 송의 도읍 수양에 도착하여 공문 없이 길을 빌려줄 것을 말로 요청했다. 송의 상경 화원이 송문공에게 공식 문서 없이 길을 빌려줄 것을 요청하는 것은 송을 멸시하는 것임을 강조하고, 사신을 죽여 응징할 것을 건의했다. 송문공은 초의 공격을 우려했다. 화원은 공격받는 것보다 무시당하는 것이 더 치욕이라고 강조하며, 이러나저러나 초는 결국 침공할 것이라고 지적했다.

송문공은 초의 사신을 불러들였다. 화원이 신주를 알아보고, 송소공의 어자를 처벌한 자라며 분노했다. 신주는 죽음을 각오하고, 할머니와 붙어먹은 놈이라며 송문공을 비난했다. 화원은 분노하여 무사를 시켜 신주의 혀를 잘랐다. 이후 송문공은 무사들을 시켜 신주를 몽둥이로 때려죽이고, 신주가 지참한 문서와 예물을 모두 불살랐다(BC 595년 4월).

초장왕楚莊王의 송宋 공격(BC 595년)

신주(=신무외)의 처형을 보고 받은 초장왕은 즉시 송에 대한 친정을 개시했다. 초장왕은 사마 공자 측을 대장으로, 은퇴한 신숙시를 다시 불러 부장으로, 신서를 군정으로 삼았다. 초군은 송의 도읍 수양성을 포위하고 맹렬히 공격했다(BC 595년 9월). 송군은 화원의 지휘하에 철저히 방어했다. 송문공은 대부 악영제樂嬰齊를 진晉에 파견하여 구원을 요청했다.

진쯥경공은 송에 대한 구원을 결정했다. 모신 백종伯宗이 진경공에게 초군이 강하여 구원군을 보내도 성과를 거두지 못할 것이라고 아뢰었다. 진경공은 원군을 보내지 않을 경우 송의 이탈을 우려했다. 백종은 초와 송은 2,000리 거리여서 초군은 군량을 수송하는 데 어려움이 있으므로 장기전이 불가능할 것으로 분석했다. 백종은 ①송에 사신을 보내어 대군이 송을 구원하러 가는 중이라고 소문을 퍼뜨리면 ②사기가 오른 송군은 초군에 결사 항전할 것이고 ③군량이 부족한 초군은 회군할 것이라고 계책을 아뢰며, 싸우지 않고 송을 구원하는 것임을 강조했다. 대부 해양解揚이 송에 사신으로 갈 것을 자청했고, 진경공은 승낙했다.

사신으로 송에 가던 해양은 송의 교외에서 초군에 체포되었다. 초장왕은 해양을 꾸짖고, 송군에 진군이 구원하러 오지 않는다고 통지하면 현공縣公으로 임명하겠다고 회유했다. 해양은 거짓으로 승낙했다. 해양은 초군의 누거樓車[1]에 올라 수양성을 향해 자신은 초에 잡힌 진쯥의 사신임을 밝히고, 진쯥의 대군이 구원하러 오고 있으므로 항복하지 말라고 외쳤다.

초장왕은 격노하여 해양을 신의 없는 자라고 비난하고, 처형을 지시했다. 해양은 초장왕에게 자신은 신의를 잃은 일이 없음을 강조하며, 타국의 뇌물을 받고 나라를 배신하는 것이 신信이냐며 되묻고, 초의 신信은 정신이 아닌 물질에 있는 것이냐고 비꼬았다. 초장왕은 찬탄하며, 해양을 풀어주었다.

화원은 해양의 말을 믿고 더욱 굳게 성을 지켰다. 초의 사마 공자 측은 성벽보다 높은 망루를 쌓아 성을 감시했다. 수양성에 대한 초군의

---

1) 높은 망루를 설치하여 적의 성이나 진지를 내려다 볼 수 있게 만든 수레

포위와 공격은 해를 넘겨 5월까지 9개월 동안 계속되었다(BC 594년). 성안의 식량과 땔감은 이미 다 떨어졌다. 화원은 충의를 강조하며 군사들과 백성들을 격려했다. 송의 백성들은 자식을 서로 바꾸어 잡아먹으며 굶주림을 견디고[1], 해골에 불을 지펴 추위를 견뎠다. 송의 백성들은 강한 의지를 보였다.

노魯의 실권자 풍서鄷舒의 전횡

노魯의 실권자인 풍서는 전횡을 저질렀다. 노의 군주 영아嬰兒는 유약했는데, 진晉경공의 누이인 백희伯姬와 혼인했다. 영아는 진晉의 힘을 빌려 풍서를 견제하고자 했다. 풍서는 진晉과의 우호를 단절하기 위해 백희에게 억울한 죄를 씌웠고, 영아에게 백희를 교수형에 처할 것을 강요했다. 결국 백희는 목을 매고 자살했다. 진경공은 이에 대해 원한을 가졌다.

풍서는 영아를 무시하고 횡포를 부렸다. 어느 날 풍서는 사냥 대회에서 일부러 영아에게 탄궁을 쏘아 한쪽 눈을 실명시켰다. 풍서는 웃으며 벌주를 한 잔 마시는 것으로 마무리했다.

진晉의 노魯 병합(BC 594년)

진晉경공은 초군의 송성 포위가 장기화되자 초조하여 송에 대한 구

---

1) 여기서 **역자이식易子而食**(자기 자식은 차마 먹지 못하여 자식을 서로 바꾸어 먹는다는 뜻. 기근이나 전쟁으로 인한 굶주림 때문에 고통을 받고 있는 상황을 비유함)의 고사성어가 나옴

원군을 보내기로 결심했다. 이때 노潞의 군주 영아가 진경공에게 밀서를 보냈는데, 진군을 파견하여 풍서를 처단해 줄 것을 부탁하는 내용이었다. 모신 백종은 진경공에게 풍서를 처단하고 노潞와 그 인접 적적赤狄 국가들을 멸하여 동남 방향으로 영역을 확대할 것을 건의했다. 진경공은 송을 구원하는 대신 여동생의 복수를 위해 노潞를 공격하기로 결정했다.

진경공은 순림보를 대장으로 위과를 부장으로 임명하고, 병거 300승을 내어주었다. 순림보가 이끄는 진군은 노潞로 쳐들어갔다(BC 594년). 진경공은 순림보를 신뢰하지 못해 직산稷山으로 대군을 이끌고 가서 주둔했다. 곡양曲梁 땅에서 풍서가 지휘하는 노군이 순림보의 진군에 맞섰으나, 진군이 대승을 거두었다. 풍서는 위衛로 도주했다. 위목공은 진晉과 우호를 맺고 있어 풍서를 체포해 진晉에 보냈다. 풍서는 진의 도읍으로 압송되어 참수되었다.

순림보는 노성에 입성했고, 영아는 진군을 영접했다. 순림보는 백희에 대한 책임을 물어 영아를 체포했다. 순림보는 예전에 노潞에 망했던 여黎 군주의 후손을 찾아서 500가를 할당하고, 복려성復黎城을 축성하면서 여黎의 복국을 선포하는 쇼를 벌였다. 순림보는 노潞를 멸망시켰고, 영아는 칼로 목을 찔러 자살했다. 순림보는 직산에 가서 진경공에게 승전을 보고했다.

초楚와 송宋의 화친(BC 594년)

수양성을 포위한 초군의 식량도 일주일 치밖에 남지 않았다. 초장왕은 탄식하며, 공자 측과 회군에 대해 상의했다. 신서가 초장왕을 찾아와 통곡하며, 부친에 대한 신의를 호소했다. 초장왕은 부끄러운 빛을 드러냈다. 신숙시는 초장왕에게 송군은 초군이 오래 머물지 못할 것이라고 생각해서 항복하지 않는 것이라고 강조하며, 집을 짓고 밭을 경작하여 장기 주둔할 의지를 표명하면 송이 두려워할 것이라고 계책을 아뢰었다.

초장왕은 공자 측에게 지시하여 집을 건설하고, 밭을 경작하고, 성에 대한 공격을 유지하게 했다. 초장왕은 항복을 받지 않으면 철수하지 않는다는 소문을 퍼뜨렸다.

화원은 당황하여 송문공에게 자신이 공자 측을 방문해 화평을 교섭하겠다고 자청했다. 화원은 심야에 밧줄에 매달려 성 아래로 내려가 명령을 전달하는 초군 병사로 가장하고 망루에 거주하는 공자 측을 방문했다.

화원은 자고 있던 공자 측을 깨우고, 비수를 보여주며 화평을 요청했다. 화원은 화평을 거절할 경우 함께 죽을 것임을 강조했다. 공자 측은 신중히 결정할 문제라며 화원을 설득했다. 화원은 자신의 무례한 행동을 사과하고 공자 측과 진솔한 대화를 나누었다. 화원은 성안의 실상을 알려주며, 소인은 남의 위기를 이용하지만 군자는 남의 위기를 동정한다고 강조했다. 화원은 죽을지언정 항복하지 않겠다는 백성들의 의지가 굳건하여 항복하지 않았음을 설명했다. 화원은 초군을 20리 물리면 화친을 맺고 초를 섬길 것이라고 맹세하며, 공자 측에게 화평을 주선해 줄 것을 부탁했다.

공자 측도 화원에게 군량이 부족한 초군의 실상을 알려주고, 집과 밭의 의도까지 알려주었다. 공자 측은 화친을 주선할 것을 약속하며, 초군을 30리 물리겠다고 다짐했다. 화원은 화친을 맹세하며 자신을 볼모로 제공할 의사를 표시했다.

　공자 측과 화원은 서로 약속 이행을 맹세했다. 공자 측은 화원에게 검문 통과용 화살을 주었고, 화원은 무사히 수양성으로 돌아갔다. 화원의 보고를 받은 송문공은 만족했다.

　다음 날 일찍 공자 측은 초장왕에게 화원과 있었던 일을 보고하고, 화친을 위해 군사를 물릴 것을 요청했다. 송의 사정을 알게 된 초장왕은 수양성을 함몰할 욕심을 드러냈다. 공자 측은 초군의 군량 부족 사실을 알려준 것을 보고하며, 화친을 주장했다. 초장왕은 군사기밀을 누설한 것에 대해 진노했다. 공자 측은 죽어 가는 송의 신하도 신信을 지키는데, 대국인 초의 신하가 송의 신하만 못할 수는 없다고 설명했다. 초장왕은 공자 측의 말에 동의했다.

　초군은 수양성에 대한 포위를 풀고 30리를 후퇴했다. 신서는 대성통곡했고, 초장왕은 신서를 위로했다. 화원은 초장왕을 찾아와 화친을 요청했다. 공자 측은 초장왕의 지시로 송문공을 방문했다. 송문공과 공자 측은 맹세의식을 거행하고, 화친을 맺었다(BC 594년).

　초장왕은 신주의 관을 운구하여 초로 귀국했다. 화원은 볼모가 되어 초로 갔다. 초장왕은 신주의 장례를 치르고, 신서를 대부에 임명했다.

　화원은 초에서 볼모생활을 시작했다. 화원은 영윤 공자 영제와 친해졌다. 공자 영제와 화원은 진晉과 초의 평화를 희망했다. 화원은 자신이 진晉의 장수 난서와 친한 사이임을 강조하며, 주선할 의사를 나타냈다. 공자 영제는 공자 측에게 화원의 말을 전달했다. 공자 측은 진晉과 초는 모두 평화의 의지가 없으므로 신중할 것을 당부했다.

진秦의 원군을 물리치는 위과魏顆[결초보은結草報恩]

진秦환공은 진晉이 노潞를 공격한 사실을 보고받고, 풍서에 대한 구원군을 준비시켰다. 아직 출발하기도 전에 풍서의 처형과 영아의 체포 소식이 전해졌다. 진환공은 노潞를 진晉에 빼앗기는 것을 우려했고, 두회杜回를 대장으로 하여 구원군을 급히 보냈다(BC 594년).

이때 진晉군 부장인 위과는 노潞에 남아 민심을 안정시키고 있었다. 임무를 마치고 위과는 회군을 시작했다. 위과가 보택輔澤에 당도했을 때 진秦군과 만났다. 위과는 급히 전투 준비를 했다.

두회는 백적白狄 출신으로 거인이고 천하장사였다. 예전에 정예병인 직속부하 300명을 이끌고 산적 만여 명을 격파한 공을 세워 대장이 될 정도로 용기와 힘이 뛰어났다. 진晉군과 만난 두회는 영채를 세우지도 않고 직속부하 300명과 함께 바로 정면 공격을 시작했다. 두회와 그 부하들은 괴력을 발휘해 진晉군을 죽이기 시작했다. 진晉군에게 두회는 죽음의 신 그 자체였다.

일진이 패하자 위과는 영채를 굳게 수비하며, 싸움에 응하지 않았다. 위과의 동생인 위기魏錡가 진晉의 증원군으로 도착했다. 위과가 두회의 괴력에 대하여 설명했으나, 위기는 자신만만해하며 걱정하지 않았.

이때 두회가 싸움을 걸었는데, 위과의 만류를 무시하고 위기는 출전했다. 진秦군이 유인하기 위해 도주했고, 위기는 추격했다. 갑자기 진秦의 복병이 나타났고, 두회도 방향을 바꾸어 포위공격을 했다. 진晉군은 크게 패했고, 위기는 위기에 빠졌다. 그때 위과가 나타나 진秦군을 공격하는 사이에 위기는 도주했다.

계속된 패배로 인해 위과는 고민하다 깜빡 잠이 들었는데, 잠결에 청초파靑草坡라고 속삭이는 소리를 들었다. 잠에서 깬 위과는 이상히 여겨 위기와 상의했다. 위기는 보택에 청초파라는 언덕이 있음을 말하며, 청초파에서 진晉군이 승리할 것이라고 신인神人이 알려준 것으로 해석했다. 위기는 청초파에 병사들을 매복시키고 그곳으로 진秦군을 유인하여 협공할 것을 제안했고, 위과도 찬성했다.

위기는 청초파에 매복했고, 위과는 군대를 여黎 땅으로 이동시켰다. 두회가 위과를 추격했다. 위과는 방어와 도주를 반복하며 두회를 청초파로 유인했다. 매복하고 있던 위기가 공격했고, 위과도 협공을 펼쳤다. 두회는 협공에 신경 쓰지 않고 진晉군을 맹렬히 공격했다. 진晉군의 피해가 막심했다.

이때 위과는 어떤 노인이 풀을 묶어 두회의 걸음을 방해하고 있는 것을 보았는데, 다른 사람들의 눈에는 보이지 않았다. 결국 두회는 풀에 걸려 넘어졌다. 진晉군이 그 틈을 노려 두회를 생포했다. 두회가 사로잡히자 진秦군은 사기가 떨어졌고, 패하여 도주했다. 두회는 무언가가 발을 묶어 몸을 움직이는 데 방해가 되었다고 탄식했다. 위과는 두회를 즉시 참수했다(BC 594년).

그날 밤 위과는 비로소 편히 잠을 잤다. 위과는 다시 꿈을 꾸었는데, 어떤 노인이 나타나 자신을 조희祖姬의 아비라고 말했다. 노인은 예전에 조희를 순장시키지 않고 살려준 은혜를 갚기 위해 풀을 묶었다고 말하며[1], 훗날 자손이 왕이 될 것이라고 알려주었다.

당시는 미신이 널리 믿어지는 시대였다. 당시 지배계급은 가문의 위

---

1) 여기서 **결초보은結草報恩**(풀을 묶어 은혜를 갚는다는 뜻. 죽어서도 자신이 받은 은혜를 잊지 않고 보답하는 것을 비유함)의 고사성어가 나옴

대함을 알리기 위해 하늘이나 신령의 선택 또는 도움을 받았음을 여러 방식으로 홍보했다. 이 일화는 위魏씨 가문이 두회의 실수로 인하여 위과가 승리한 것을 신령의 도움으로 승리한 것으로 미화시켜 홍보하기 위하여 만들어 낸 결과물로 보인다. 즉 위씨 가문은 하늘과 신령의 도움을 받는 신성한 가문이라고 선전하기 위해 만들어 낸 일화로 추론되는 것이다. 있을 수 없는 내용이지만 당시 사람들은 이를 그대로 믿었고, 역사서에 기록되어 지금까지 전해지게 되었다.

노래로 왕을 깨우치는 배우

당시 초장왕이 총애하는 난쟁이 배우가 있었는데, 맹씨孟氏여서 흔히 **우맹優孟**으로 불렸다. 우맹은 재치가 있어서 초장왕의 기분을 상하지 않게 간언하는 능력이 뛰어났다. 그래서 손숙오도 우맹을 높이 평가했었고, 좋은 친분을 유지했었다.

어느 날 우맹이 교외에 나갔다가 나뭇짐을 지고 가는 손안을 발견했다. 우맹은 귀한 분이 왜 나뭇짐을 지고 가는지 물었다. 손안은 물려받은 재산이 없어서 지게를 메고 농사를 지어 생계를 유지한다고 답했다. 우맹은 탄식했다.

이때부터 우맹은 손숙오의 행동을 1년 동안 열심히 연습하여 거의 손숙오와 같이 보일 정도가 되었다. 며칠 후 궁중 잔치 때 우맹은 손숙오로 분장하여 무대에 등장했다. 손숙오에 대한 그리움 때문에 초장왕은 매우 기뻐했다. 초장왕은 손숙오와 비슷한 사람만 보아도 마음의 위로가 된다고 말하며, 우맹에게 영윤에 취임할 것을 요청했다. 우맹은 아내와 상의한 후에 결정하겠다고 대답하고 무대에서 퇴장했다. 잠시 후 등장한 우맹은 아내가 벼슬에 반대했다고 대답했다. 우맹은 벼슬을 하지 않는 이유를 노래로 불러 설명했는데, 영윤 손숙오가 탐관오리와 달리 청렴하게 관직에 종사하여 그의 아들이 가난하게 살고 있음을 알리고 왕의 무정함을 은근히 비난하는 취지의 노래였다[1].

노래를 듣던 초장왕은 하염없이 울며 탄식했다. 초장왕은 우맹에게 손안을 데려올 것을 지시했다. 우맹은 교외에 가서 손안을 모시고 입궁했다. 손안은 누더기 옷에 짚신을 신고 있었다. 초장왕은 손안을 위로하며, 땅을 하사할 뜻을 표했다. 손안은 부친의 유언을 생각하여 사양했지만, 초장왕은 거듭 하사할 뜻을 표했다. 더 이상 거절할 수 없게 된 손안은 가장 척박한 땅인 침구 땅을 희망했다. 초장왕이 침구 땅의 척박함을 걱정했다. 손안은 부친의 유언임을 강조했다. 결국 초장왕은 손안에게 침구 땅을 하사했다. 침구 땅은 워낙 척박하여 대부들이 전혀 욕심을 내지 않는 땅이었고, 결국 손안의 후손들은 침구 땅을 계속 소유할 수 있었다[2]. 이 일화를 통해 손숙오의 선견지명을 잘 알 수 있다.

진晉의 적적赤狄 정복(BC 593년)

진晉경공은 위과의 공을 칭찬하며 영호솛狐 땅을 하사했다. 진경공은 사회士會에게 적적赤狄의 나머지 국가들도 모두 함몰할 것을 지시했다(BC 594년).

---

1) 여기서 **우맹의관優孟衣冠**(우맹이 손숙오의 의관으로 분장해 초장왕을 깨우쳤다는 뜻. 예술가가 진실을 전달하기 위해 은근한 풍자의 기법을 사용하는 것을 비유함)의 고사성어가 나옴
2) 여기서 **침구지지寢丘之志**(가장 척박한 침구 땅을 봉토로 요구한다는 뜻. 고관대작의 후손이 욕심을 버리고 안분지족하며 살아가는 것을 비유함)의 고사성어가 나옴

사회는 적적의 다른 국가들인 갑씨甲氏, 유우留吁, 탁진鐸辰을 공격하여 멸망시켰다. 이로써 진은 적적의 모든 땅을 병합했다(BC 593년).

진晉의 중군원수 사회士會(범회范會)의 활약

진晉에 극심한 흉년이 발생했고, 이로 인해 도적떼가 창궐했다. 진의 중군원수 순림보는 도적을 잘 잡기로 유명한 극옹郤雍을 책임자로 임명했다. 극옹은 남의 속을 잘 맞추는 재주가 있었다. 어느 날 극옹은 시장을 거니는 사람 하나를 도적으로 지목하고 체포했는데, 조사 결과 도적이 맞았다. 순림보가 감탄하자 극옹은 그 사람의 눈을 보고 도적임을 알 수 있었다고 말했다. 극옹은 그 사람은 물건을 볼 때는 욕심을 내는 기색이었고, 사람을 볼 때는 부끄러워하는 기색이었고, 자신이 가까이 갔을 때는 두려워하는 기색이어서 도적임을 알 수 있었다고 설명했다.

극옹은 매일 많은 도적들을 체포했으나, 도적은 감소하지 않고 오히려 증가했다. 대부 양설직羊舌職이 순림보에게 극옹이 피살될 것을 예언했다. 사흘 후 극옹은 교외에서 도적들의 공격을 받고 죽었다. 치안 불안이 계속되고 극옹마저 피살되자 순림보는 화병이 났고, 곧 죽었다.

진경공이 양설직에게 도적을 없애는 방법을 물었다. 양설직은 어질고 착한 자를 선발하여 백성들을 교화하고 예의와 염치를 가르쳐야 한다고 대답했다. 양설직은 사회를 천거하며, 신용에 의지하여 말을 하고 대의에 의지하여 행동하며 아첨하지 않고 교만하지 않으며 정직하고 위엄이 있다고 칭찬했다.

얼마 후 사회가 적적을 평정하고 귀국했다. 진경공은 주정왕에게 사신을 보내 적적 포로들을 바치며 사회의 공적을 알렸다. 주정왕은 사회에게 제후의 예복을 하사했다.

진경공은 사회를 중군원수에 임명했다. 사회는 태부를 겸직했다. 진경공은 사회에게 범范 땅을 하사했다. 이때부터 사회는 범회范會로 불리기도 했고, 범씨范氏의 시조가 되었다. 사회는 법조문을 간소화하고, 백성들의 교화에 노력했다. 서서히 도적들은 소멸하고, 진의 내정은 안정을 되찾았다.

제6장
새로운 질서의 움직임

제1절 진晉의 제齊 제압과 초楚의 고립

제경공齊頃公의 진晉·노魯·위衛·조曹 사신 모욕(BC 592년)

진晉경공은 다시 백주伯主 지위를 되찾고 싶었다. 모신 백종은 현재 진晉의 속국은 위와 조 등 서너 개 국가에 불과하므로 우선 제·노와 친선을 맺은 후 초를 제압하여야 한다고 강조했다. 진경공은 상군대장 **극극郤克**[1]을 제와 노에 사신으로 파견했다. 극극은 먼저 노를 향해 출발했다.

노선공은 제혜공 때 연 2회 제에 사신을 보내 예물을 바쳤는데, 제경공이 즉위한 이후에도 계속했다. 당시 노는 동문수와 숙손득신은 이미 사망하여 계손행보가 실권을 장악하고 있는 상태였다. 극극이 노선공을 알현하고, 친선 의사를 표명했다. 극극은 제로 가기 위해 하직인사를 했는데, 노선공은 마침 상경 **계손행보**도 사신으로 제로 갈 예정이므로 동행할 것을 요청했다.

---

1) 극예-극결-극극

극극과 계손행보는 동행했고, 제의 교외에 당도했다. 극극과 계손행보는 마침 친선 사신으로 제로 가던 위의 상경 **손양부孫良夫**와 조의 대부 **공자 수首**를 만났다. 4국 사신은 같은 목적이어서 동행하게 되었다.

진晉·노·위·조 4국 사신은 함께 제경공을 알현했는데, 제경공은 속으로 네 명의 사신들의 용모에 대해 우스워했다. 극극은 애꾸눈이었고, 계손행보는 대머리였으며, 손양부는 절름발이였고, 공자 수는 꼽추였다. 네 명이 동시에 한 자리에 있으니 당시 가치관으로 볼 때는 우스웠던 것이다. 진晉·노·위·조 4국 사신은 공관으로 돌아가 휴식을 취했다.

잠시 후 제경공은 모친인 소태부인에게 문안을 드리러 갔는데, 4국 사신들이 모여 있던 모습을 이야기하며 웃었다. 소태부인이 그 모습을 직접 보고 싶어 했다. 제경공은 사신을 대접하는 공식 연회 이후 후원에서 사적인 연회가 열릴 것인데, 4국 사신들은 높은 누대(숭대崇臺) 밑을 지나서 연회에 입장할 것이므로 숭대 위에서 구경하시라고 제안했다.

다음 날 공식 연회가 끝난 후 후원에서 사적인 연회가 개최되었다. 잔치를 베푸는 쪽에서 수레와 어자를 제공하던 것이 당시 관례였다. 제에서 사신들에게 수레와 어자를 제공했는데, 제경공은 모후를 즐겁게 해 줄 의도로 어자와 사신을 같은 용모로 맞추었다. 상경 국좌國佐가 사신을 접대하는 것은 국가의 중대한 일로 장난을 쳐서는 안 된다고 간언했으나, 제경공은 무시했다. 한 쌍의 애꾸눈, 한 쌍의 대머리, 한 쌍의 절름발이, 한 쌍의 꼽추가 행렬을 이루며 지나가는 모습을 숭대에서 본 소태부인은 즐거워하며 크게 웃었다.

그 웃음소리는 사신 행렬에게까지 들렸다. 잔치가 끝난 후 4국 사신은 공관으로 돌아왔고, 자신들이 조롱당하고 부녀자의 웃음거리로 제공된 사실에 격노했다. 극극은 모욕을 받은 것에 대해 원수를 갚자고 제안했다. 나머지 3국 사신들은 진晉이 제를 공격할 경우 군사 원조를 약속했다. 4국 사신들은 원수를 갚기로 약속하고, 맹세의식을 치렀다 (BC 592년). 4국 사신들은 제경공에게 하직 인사도 없이 귀국해 버렸다. 제경공은 신경 쓰지 않았으나, 국좌는 탄식하며 염려했다.

극극은 귀국하여 제를 공격할 것을 주장했다. 중군원수 사회가 반대했고, 진경공은 허락하지 않았다. 진晉의 거병이 지연되자 계손행보는 초조했다. 계손행보는 노선공에게 초에 군사 원조를 요청하여 제를 공격할 것을 건의했다. 노선공은 초에 사신을 파견했다.

초공왕楚共王의 즉위(BC 591년)

초장왕은 심審, 곡신穀臣, 정貞, 오午 등의 아들을 얻었는데, 적자인 심을 세자로 임명했다. 시대를 풍미했던 초장왕이 재위 22년에 병으로 사망하고 세자 심이 열 살의 나이로 즉위하니(BC 591년), 곧 **초공왕楚共王**[1]이다. 왕이 어리므로 영윤 공자 영제가 국정을 장악하여 권세가 왕을 능가할 정도였다.

이때 노에서 사신을 보내 군사 원조를 요청했는데, 초공왕은 국상을 이유로 거절했다.

---

1) 초공왕 웅심: 재위 BC 590 ~ BC 560

노성공魯成公의 즉위(BC 591년)

극극은 진晉경공에게 제를 제압해야 패권이 가능하다며, 거듭 제에 대한 공격을 주장했다. 진경공은 극극의 주장에 마음이 움직여 제를 공격하고 싶어졌다. 진경공이 제를 공격할 뜻을 보이자 중군원수 사회는 사임했다. 진경공은 극극을 중군원수에 임명했다. 극극은 계손행보에게 사람을 보내어 통지했다.

계손행보는 극극에게 안부를 전하고 제 공격의 시기를 문의하기 위해 동문수의 아들인 공손귀보公孫歸父를 진晉에 파견할 계획을 세웠다.

당시 노선공은 3환의 세력이 공실을 능가할 정도로 강대해진 것을 염려하고 있었다. 노선공은 공손귀보를 총애하고 있었는데, 진으로 떠나는 공손귀보를 불러 진에 밀지를 전하게 했다. 노에 군사를 보내 3환을 제압해 줄 것을 부탁하고, 성공할 경우 영원히 진에 복속할 것을 약속하는 내용이었다.

공손귀보는 진경공의 총애를 받고 있는 도안고를 방문하여 많은 뇌물을 전달하고, 노선공의 밀지를 알리며 주선을 부탁했다. 도안고는 친하게 지내던 난서에게 사실을 알렸고, 난서는 극극에게 사실을 알렸다. 계손씨와 협력하여 제를 공격할 계획을 세우고 있던 극극은 노선공의 밀지를 단호히 거부했다. 오히려 극극은 계손행보에게 밀서를 보내 사실을 알려주었다.

계손행보는 대노하고, 숙손교여와 상의했다. 당시 노선공은 병을 이유로 한 달째 조회를 열지 않고 있었는데, 계손행보와 숙손교여는 병문안을 핑계로 입궁하여 노선공을 탐색하기로 했다. 계손행보와 숙손교여는 맹손곡의 아들인 중손멸仲孫蔑에게 동참을 요청했으나, 중손멸은 군신 간에 시비를 따질 수는 없다며 거절했다. 결국 계손행보와 숙손교여는 사구 장손허臧孫許와 함께 입궁했으나, 노선공이 위독하여 알현하지 못했다.

다음 날 노선공은 병으로 재위 17년에 사망하고 세자 흑굉黑肱이 13세의 나이로 즉위하니(BC 591년), 곧 **노성공魯成公**[1]이다. 계손행보는 노성공을 섭정하고 국정을 전담했다. 계손행보는 노선공의 밀지를 전달한 공손귀보에게 원한을 가졌다. 계손행보는 이미 사망한 동문수에게 군주를 시해한 죄를 물어 처벌할 것을 주장했다. 결국 계손행보는 동문수의 유족들을 국외로 추방했다. 귀국 중이던 공손귀보는 노선공의 사망과 일족의 추방 소식을 듣고 제로 망명했다.

제경공齊頃公의 노魯 공격(BC 591년)

제경공은 진晉과 노의 공격에 대비하여 초에 사신을 보내 우호를 맺었다. 이후 제경공은 직접 노에 대해 선제공격을 개시했다. 제군은 평음平陰 땅을 경유하여 노의 용읍龍邑에 당도했다. 제의 장수 노포취괴盧蒲就魁는 제경공의 총애를 받고 있었는데, 경솔하게 앞서 나가다 용읍에서 노군에 생포되었다. 제경공은 노포취괴를 석방할 경우 회군하겠다고 용성의 노군에 제의했으나, 용성의 노군은 노포취괴를 처형하여 그 시체를 성 위에 내걸었다. 제경공은 대노하여 총공격을 개시했고, 사흘 뒤 용성은 함락되었다. 제경공은 용성의 군사들과 백성들을 몰살했다.

---

1) 노성공 희흑굉: 재위 BC 590 ~ BC 573

위衛의 제齊 공격(BC 591년)

제가 노를 공격하는 빈틈을 노려 위의 대장 손양부는 제를 공격했다. 보고를 받은 제경공은 용성에 약간의 수비군을 주둔시킨 뒤 위군을 향해 군대를 이동시켰다. 제군과 위군은 위의 신축新築 땅에서 서로 대치했다.

위의 부장 석직石稷은 빈틈을 노려 공격하려던 의도가 실패했으므로 회군했다가 진晉·노와 연합하여 다시 공격할 것을 건의했으나, 손양부는 화를 내며 고집을 부렸다. 손양부는 중군을 이끌고 심야에 제군 영채를 기습했다. 제군은 이미 위군의 기습을 예상하고 있었다. 제군은 국좌와 고고高固의 지휘하에 위군을 좌우에서 포위하고 역공을 가했다. 제경공이 대군을 이끌고 합세했고, 손양부는 위기에 빠졌다. 영상寧相과 상금向禽이 겨우 손양부를 구했으나, 위군은 대패하여 도주했다. 제군이 추격했다.

이때 석직이 일단의 군사들을 이끌고 나타나 제군에 대항했고, 그 틈을 노려 손양부는 북쪽으로 도주했다. 얼마 후 신축을 수비하고 있던 대부 중숙우해仲叔于奚가 병거 100승을 이끌고 손양부에게 합류했다. 손양부는 중숙우해에게 석직을 원조할 것을 지시했다. 중숙우해와 석직은 합세하여 제군에 대항했다. 제경공은 후속 지원이 없는 이유로 더 이상 진군하지 않고, 실컷 약탈한 후 회군했다. 석직과 중숙우해는 제군을 추격하지 않았다.

송공공宋共公의 즉위(BC 589년)

송문공이 재위 22년에 사망하고 세자 고固(=하瑕)가 즉위하니(BC 589년), 곧 **송공공宋共公**[1]이다.

초에서 볼모생활을 하던 화원은 장례에 참석하기 위해 귀국을 요청했다. 초공왕이 승낙했고, 화원은 6년 만에 귀국했다.

진晉·노魯·위衛·조曹 4국과 제齊의 안鞌전투(BC 589년)

손양부는 석직에게 신축 땅에 주둔할 것을 지시하고, 군사 원조를 요청하기 위해 진晉으로 출발했다. 손양부는 도중에 역시 군사 원조를 위해 진으로 가던 노의 사구 장손허와 우연히 만났다. 손양부와 장손허는 함께 극극을 방문해 상의했다. 극극, 손양부, 장손허는 진경공을 알현하여 제를 제압할 것을 주장하고, 병거 800승을 요청했다. 진경공은 승낙했다.

드디어 진晉·노·위·조 4국이 연합하여 제를 공격하러 출전했다(BC 589년 6월). 진군은 극극이 중군원수를 맡고, 사회의 아들인 사섭士燮이 상군장수를 맡고, 난서가 하군장수를 맡았다. 그밖에 해장이 어자, 정구완鄭邱緩이 거우, 한궐이 사마를 맡았다. 노군은 계손행보와 숙손교여가 맡았다. 위군은 손양부가 맡았다. 조군은 공자 수가 맡았다. 4국 연합군은 신축 땅에 집결한 후 제를 향해 진격했다.

제경공은 백성들이 놀랄 것을 염려하여 먼저 출격하여 국경에서 적

---

1) 송공공 자고: 재위 BC 588 ~ BC 576

을 상대하기로 결정했다. 제경공은 초에 구원을 요청하고, 병거 500승을 거느리고 직접 출전했다. 제군은 3일간 500리를 강행군하여 안鞍 땅에 도착해 영채를 세웠다. 4국 연합군은 미계산靡筓山 밑에 영채를 세웠다. 제경공이 싸움을 요청했고, 극극은 다음 날 회전하자고 회답했다.

제의 대장 고고가 제경공에게 진군의 실력이 불분명하므로 시험 삼아 출전할 것을 자청했다. 제경공은 승낙했다. 고고는 병거 1승으로 진군 영채 앞에 나섰다. 진의 말장 하나가 응전하러 나왔다. 고고는 병거에서 내려 큰 돌을 집어 던졌고, 진의 말장은 돌에 맞아 즉사했다. 고고는 진군의 병거를 빼앗아 영채로 귀환했다. 제경공과 고고는 진군을 비웃었다.

다음 날 제경공은 중군을 이끌고 친히 출전하여 진군과 상대했다. 병하邴夏가 어자, 봉축보逢丑父가 거우를 맡았다. 국좌는 우군을 맡아 노군과 상대했다. 고고는 좌군을 맡아 위군과 조군을 상대했다. 제경공은 비단 전포와 화려한 갑옷을 입고, 황금빛 병거에 올라탔다. 제경공은 진군을 향해 돌격했고, 제군은 일제히 화살을 날렸다. 진군은 큰 피해를 입었다.

극극은 직접 북을 치며 진격 신호를 보냈다. 진군이 일제히 진격을 개시했다. 해장은 팔에 화살을 맞았지만, 병거를 계속 전진시켰다. 극극도 왼쪽 옆구리에 화살을 맞았고, 부상으로 인해 북소리는 느려졌다. 해장이 극극에게 북소리는 삼군의 진퇴를 결정하므로 기운 내어 북을 쳐야한다고 외쳤다. 정구완도 극극을 격려했다. 극극은 죽을힘을 다해 북을 쳤고, 북소리는 힘차게 울렸다. 중군의 힘찬 북소리에 승리한 것으로 착각한 상·하군은 기세를 올리며 돌진했다. 진군의 사기와 기세는 최고로 올랐고, 결국 제군은 참패하여 도주하기 시작했다.

한궐은 중군원수 극극의 부상에 놀라서 극극에게 휴식을 권유하고, 극극을 대신하여 제군을 추격했다. 제경공은 화부주산華不注山으로 도주했다. 한궐은 황금빛 병거를 추격했다. 거우 봉축보가 어자 병하에게 자신이 병거를 몰 것이니 구원병을 요청할 것을 지시했다. 병하는 구원을 요청하러 떠났다. 진군은 집요하게 추격하여 화부주산을 겹겹이 포위했다. 봉축보는 제경공에게 옷을 바꿔 입고 진군을 속일 것을 건의했다. 제경공과 봉축보는 옷을 바꿔 입었고, 제경공이 병거를 몰았다.

한궐은 화천華泉 부근에서 제경공의 병거를 사로잡았다. 한궐이 가짜 제경공(봉축보)에게 절을 하며, 포로로 함께 갈 것을 요청했다. 가짜 제경공은 목이 마르다며 어자(제경공)에게 화천에 가서 샘물을 떠오라고 지시하며 보냈다. 어자는 샘물을 떠서 돌아왔다. 가짜 제경공이 샘물이 탁하다며 늦더라도 맑은 물을 떠오라고 지시하며 다시 보냈다.

제경공은 봉축보의 뜻을 알아챘다. 제경공은 샘물을 뜨러 가는 척하다 도주했다. 도주하던 제경공은 제의 장수 정주보鄭周父와 만났다. 정주보는 병하가 포로가 되었음을 보고했다. 정주보는 제경공을 병거에 태우고 도주했다.

한궐은 극극에게 체포한 가짜 제경공을 바쳤다. 사신으로 가서 제경공을 알현했던 극극은 제경공의 얼굴을 알고 있었다. 극극은 가짜임을 알려주었다. 봉축보는 자신의 신분을 밝히며, 진짜 제경공은 물 뜨러 간 어자라고 말했다. 극극은 대노하며, 봉축보를 참할 것을 지시했다. 봉축보는 군주를 대신해 죽음을 당하는 것을 자랑스러워했다. 극극은 충신을 처형하는 것은 상서롭지 못하다고 생각해 처형하지 않고 수레에 가두었다.

제경공은 본영으로 돌아왔다. 제경공은 봉축보를 걱정하며, 병거를 타고 직접 출전하여 봉축보를 구출하려고 시도했다. 제경공은 진군 속을 누비며 봉축보의 소식을 알아보았으나 알 수 없었다. 국좌와 고고가 중군에 합류했다. 국좌와 고고는 허탕치고 돌아오는 제경공을 영접하며, 군사들의 사기가 바닥이므로 귀국하여 수비하면서 초의 구원군을 기다릴 것을 건의했다. 제경공은 임치로 철수했다.

진晉·노魯·위衛·조曹 4국과 제齊의 화친(BC 589년)

 진晉·노·위·조 4국 연합군은 제의 국경을 돌파하여 임치를 목표로 행군했다. 450리를 전진하여 원루袁婁 땅에 영채를 세우고, 원루성을 공격했다. 그즈음 초는 국상을 이유로 제의 원군 요청을 거절했다. 초의 구원군이 좌절되자 국좌는 제경공에게 진에 뇌물을 제공하고 노·위에는 점령지를 반환하여 화평을 요청할 것을 건의했다. 제경공은 승낙했다.
 국좌는 기紀의 시루와 옥경을 뇌물로 가지고 진의 사마 한궐을 방문하여 화평을 상의했다. 한궐은 국좌와 함께 극극을 방문했다. 극극은 거만한 태도를 보이며, 화평의 조건으로 소태부인을 볼모로 제공하고 길의 방향을 동서로 변경할 것을 요구했다. 국좌는 군주의 모후를 볼모로 보내는 법은 없으며, 길의 방향을 동서로 변경하여 진군의 공격을 용이하게 하는 것은 국가를 잃는 것과 같다고 말하며 거절했다. 국좌는 분노하며 제의 결사항전 의지를 표명하고, 돌아가려고 나섰다.
 계손행보와 손양부는 극극에게 전쟁은 매번 이긴다는 보장이 없으므로 화평을 수락할 것을 건의했다. 극극도 동의했고, 국좌를 쫓아가 다시 데려오게 했다. 극극은 국좌에게 화평을 승낙했다. 국좌는 동맹을 맺고 신의를 지킬 것을 약속했다. 극극과 국좌는 맹세의식을 거행했다.

극극은 봉축보를 석방했고, 제경공은 봉축보를 상경에 임명했다. 진晉·노·위·조 4국 군대는 귀국했다.

위목공은 손양부를 구출한 공과 승전하고 귀국한 공을 인정하여 중숙우해에게 마을을 하사했다. 중숙우해는 사양하며, 곡현曲縣[1]과 번영繁纓[2]을 허락해 줄 것을 요청했다. 이는 자신을 제후로 인정해달라는 요청과 같다. 그런데 위목공은 그 요청을 허락했다. 이는 주 왕실의 권위에 반하는 행동이었다.

진晉이 제를 제압하고 초가 주춤하자, 심정적으로 진晉을 선호하고 있던 송宋을 비롯한 중원 국가들 다수가 다시 진晉에 붙었다.

하희夏姬를 데리고 진晉으로 망명하는 굴무屈巫(BC 589년)

초공왕은 제가 항복하고 진晉과 동맹을 체결했다는 소식을 듣고 분노하며 자책했다. 초공왕은 제의 원수를 갚기 위해 위와 노를 공격하기로 결심하고, 제에 사신을 보내기로 했다. 굴무가 제에 사신으로 가는 것을 자청했다. 초공왕은 굴무에게 정을 거쳐 갈 때 정양공에게 정군의 출전을 요청하라고 지시하고, 제에 도착하면 제경공에게 공격 개시 시점을 통지하라고 지시했다.

굴무는 가솔들과 친척들에게 추수를 위해 식읍으로 행차한다는 핑계를 대고, 가족과 재물을 실은 수레 열 대를 먼저 출발시켰다. 굴무는 정에 도착해 정양공에게 초공왕의 말을 전달한 후 드디어 꿈에 그리던

---

1) 음악을 연주할 때 세 방향에 악기를 매달고 연주하는 것으로 제후에게 허용됨. 대부는 두 방향만 허용됨
2) 제후들이 말을 장식하는 방법

하희와 결혼했다(BC 589년).

　굴무는 초공왕에게 서신을 보냈다. 하희와 혼인했고, 처벌이 두려워 진晉으로 이주할 예정이고, 제에 대한 사신의 임무를 이행하지 못하게 된 것을 알리는 내용이었다. 굴무는 하희를 데리고 진晉으로 망명했다. 진경공은 굴무의 망명을 기뻐하며, 대부로 임명하고 형邢 땅을 하사했다. 굴무는 **무신巫臣**으로 이름을 바꿨다.

　굴무의 서신을 받은 초공왕은 격노했다. 사마 공자 측은 굴무의 진晉 이주는 왕에 대한 배반이라고 강조했다. 영윤 공자 영제는 흑요가 계모인 하희와 사통한 죄를 범했음을 강조했다. 초공왕은 굴무의 일족과 흑요를 처단할 것을 지시했다. 공자 영제는 굴무의 일족을 몰살시켰고, 공자 측은 흑요를 참수했다. 공자 영제와 공자 측은 두 집안의 재산을 몰수해 나누어 가졌다(BC 589년). 진晉에서 이 소식을 들은 무신은 공자 영제와 공자 측에게 저주의 서신을 적어 보냈다.

초楚·정鄭 연합군의 위衛·노魯 공격(BC 589년)

　초공왕은 공자 영제를 시켜 정과 연합하여 위를 공격했다(BC 589년 10월). 초군과 정군은 위의 도성 교외까지 진출하여 실컷 노략질을 했다.

　이후 초군과 정군은 공격 방향을 노로 전환했다. 초군과 정군은 노의 양교楊橋 땅까지 쳐들어가서 주둔했다. 노의 중손멸이 사신으로 와서 공장工匠·직녀織女·침녀針女 각 100명을 바치는 조건으로 화평을 요청했다. 초군은 노의 맹세를 받은 후 철수했다.

　얼마 후 진晉경공이 노성공에게 사신을 보내 초의 앞잡이 노릇을 하는 정을 함께 공격할 것을 제안했다. 노성공은 초를 버리고 진晉의 제안을 승낙했다.

위정공衛定公의 즉위(BC 589년)

위목공은 장臧과 흑견黑肩 등의 아들을 얻었다. 위목공이 재위 11년에 사망하고 세자 장이 즉위하니(BC 589년), 곧 **위정공衛定公**[1]이다. 위정공은 동복동생인 공자 흑견을 총애했다. 공자 흑견은 위의 국정을 전단했다.

제후들의 신뢰를 잃게 되는 진경공晉景公(BC 588년)

제에 승리한 진晉경공은 패업의 부흥을 목표로 하고, 진晉의 국력을 과시하기 위해 3군을 증설하여 6군 체제로 편성했다(BC 588년). 신중군을 만들어 한궐(장수)과 조괄이 담당하게 했고, 신상군을 만들어 공삭(장수)과 한천이 담당하게 했고, 신하군을 만들어 순추荀騅(장수)와 조전에게 담당하게 했다.

대외적으로 신3군은 각기 1군으로 편제되어 있으나, 정식 1군은 병거 300승이어서 당시 진晉의 국력을 감안하면 6군(병거 1,800승)을 유지하는 것은 불가능한 것으로 보인다. 대외적으로 과시하기 위해 6군 체제를 갖추었으나, 실제로는 신3군은 그 규모가 작아서 묶어서 통상 신군으로 칭한 듯 추측된다. 결국 실제로는 4군과 비슷한 체제였던 것으로 보는 것이 합리적일 것이다.

---

1) 위정공 희장: 재위 BC 588 ~ BC 577

사구 도안고는 조씨 일파에 대하여 반감을 가지고, 극극과 난서와의 교류를 더 강화했다.

한편 제경공은 세금을 감면하고 가난한 자들을 구휼하고 환자들을 치료하는 등 내정에 전념하며, 진에 대한 복수를 다짐했다. 진경공은 제의 공격으로 인해 패업이 실패할 것을 염려했다. 진경공은 제가 순종하고 있음을 이유로 들며, 빼앗은 제 땅을 다시 돌려줄 것을 노와 위에 통지했다. 이로 인해 제후들은 진晉을 원망하게 되었고, 진晉은 제후들의 신뢰를 잃게 되었다.

정도공鄭悼公의 즉위(BC 587년)

정양공이 재위 18년에 사망하고 세자 비費가 즉위하니(BC 587년), 곧 **정도공鄭悼公**[1]이다. 정도공은 즉위 직후에 국경 문제로 허와 말다툼을 벌였다. 허후가 초공왕에게 국경 분쟁을 조정해 줄 것을 호소했다. 초공왕은 허후를 편들며, 정도공을 책망했다.

이로 인해 정도공은 초를 원망하게 되었고, 결국 초 대신 진晉을 섬기기로 했다(BC 586년). 진경공은 정을 공격하려고 준비하던 것을 중단했다.

주간왕周簡王의 즉위(BC 586년)

주정왕이 재위 21년에 사망하고 세자 이夷가 즉위하니(BC 586년),

---

1) 정도공 희비: 재위 BC 586 ~ BC 585

곧 **주간왕周簡王**[1]이다.

제2절 새로운 질서의 조짐

철기의 보급과 기후 변화로 인한 사회 변동

춘추시대 중기 이후 청동기를 대신하여 철기가 서서히 보급되기 시작했다. 철기는 서쪽(지금의 중동 지역)으로부터 전래되어 동쪽으로 퍼져나가 한반도에까지 전래된 것으로 보는 견해가 일반적이었다. 그런데 최근 연해주 지역에서 중국보다 시기적으로 앞선 철기 유물이 발굴되는 등 종래의 이론으로 설명하기 곤란한 상황이 발생하고 있다. 철기가 언제 어디서 유입되었는지는 연구가 더 필요한 분야다. 중국에서는 장강 하류에 위치한 오와 월에서 철기 산업이 특히 발전했다.

청동기와 달리 철기는 재료를 구하기 쉽고 가공하기도 쉬워 일상 용품을 철기로 제조하는 것이 가능해졌다. 청동기의 경우에는 국가적으로 중요한 제기와 무기류, 귀족들이 필요로 하는 장신구에 한정하여 제작되었다. 반면 철기의 경우는 농기구와 같은 생활용품까지 확대되었다. 과거 목제·석제 농기구로는 경작할 수 없었던 땅도 철제 농기구로 인하여 경작이 가능해졌고, 면적당 생산량도 급증하였다. 결과적으로 **철제 농기구는 농업 생산력과 인구의 획기적인 성장을 가져왔다**. 생산력의 확대로 인해 발생한 잉여 식량은 늘어난 인구와 결합하여 농사에

---

1) 주간왕 희이: 재위 BC 585 ~ BC 572

종사하지 않는 전문가 집단(군인, 기술자 등)을 더 많이 양성할 수 있게 했고, 산업과 문화를 발전시켰다.

　청동기시대의 목제·석제 농기구로는 경작 가능한 농지가 한정되어 있었고 생산력이 낮아 많은 인구를 부양하는 것이 불가능했다. 농업에 가장 적합한 지역에 마을이 들어서고 그 주변 약간의 범위에서 농업이 이루어졌고 나머지 지역은 방치된 곳이 많았다. 즉 청동기시대에는 국가와 개인은 소유할 수 있는 땅에 기술적인 한계가 있었다. 그러나 철제 농기구는 이러한 한계를 극복할 수 있게 했다. 철기시대에는 넓은 땅을 확보하는 것이 경제력과 직결되었고, 이는 권력과 연결되었다. <u>인구 증가와 땅에 대한 수요 급증은 필연적으로 땅에 대한 쟁탈전을 유발했다</u>. 국가 내부적으로는 지배계급 간의 투쟁을 가져왔고, 국가 외부적으로는 땅을 차지하기 위한 국가끼리의 전쟁을 증가시켰다. 땅을 차지하기 위한 투쟁에서 승리한 가문 또는 국가는 더 많은 땅을 차지하며 더 많은 권력을 누렸고, 패배한 가문 또는 국가는 사라졌다. 청동기시대 때 전쟁에서 패배한 국가는 승리한 국가에 복속하고 공물을 바치는 것으로 끝났으나, 철기시대로 바뀌면서 패배한 국가는 병합되어 멸망하는 경우가 늘어나게 된다. 물론 이는 주 왕실의 권위 약화와도 관련이 있으나, 기본적으로는 땅에 대한 욕망이 급증하여 발생한 결과로 보는 것이 정확할 것이다.

　철기시대에는 기후가 한랭건조해졌는데, 이는 장강 유역과 그 이남 지역의 농업 생산력을 급증하게 만들었다. 예전에는 열대우림 지역으로 풍토병이 창궐하여 농업과 주거에 어려움이 있었으나, 기후 변화로 인하여 농업에 적합한 지역으로 변하게 된 것이다. 이후 장강 유역과 그 이남 지역은 서서히 농업의 중심지가 되어 많은 인구를 부양하는 근거지가 된다.

결론적으로 정리하면 철기의 보급과 기후 변화로 인하여 장강 유역과 그 이남 지역은 중원보다 농업 생산력이 더 높아졌고, 많은 인구를 부양할 수 있게 되었다. 이는 초, 오, 월 등 예전에는 중원의 변두리 지역에 불과했던 국가들이 역사의 주역으로 등장하는 배경이 된다.

오왕吳王 수몽壽夢의 즉위(BC 586년)

장강 하류에 위치한 오吳는 고공단보의 장남 태백太伯과 차남 우중虞仲(=중옹仲雍)이 남만 땅으로 이주하여 세운 나라로 무왕에 의해 제후국으로 분봉을 받았다고 《사기》에 기록되어 있으나, 그 증거는 당연히 없다[1]. 중원과는 멀리 떨어진 지역에 위치하고 주변이 동이와 남만 국가여서 오는 **중원과는 별개의 문화권**이었다. 오는 남만족이 주민들의 다수를 구성하고 있었던 것으로 추정되며, 먹물로 문신을 하고 머리를 짧게 자르는 풍습이 있었다. 오가 역사에 등장한 것은 추장 **수몽壽夢**[2]이 즉위한 이후부터였다.

수몽이 새로이 오의 추장이 되었다(BC 586년). 수몽은 군위에 오른 이후 주변의 부족들과 소국들을 정복하기 시작했다.

초에 의해 일족이 몰살당한 무신은 초에 대한 복수를 위해 초의 배후에 위치한 오를 이용하기로 결심했다. 무신은 진晉경공에게 건의하

---

[1] 당시 장강 하류 지역은 동이와 남만 국가들이 지배하고 있었고 서주의 지배력이 전혀 미치지 않았으므로 후대에 조작한 내용으로 보는 것이 맞을 것임
[2] 오왕 수몽: 재위 BC 585 ~ BC 562. 오와 월은 중원과 달리 시호제도가 없어 이름이 그대로 왕의 명칭이 되었음

여 오와 우호를 체결했다(BC 584년). 무신은 직접 오에 출사하여 병거 기술 등 선진 기술을 전수하고, 수몽에게 초에 대한 적대감을 부추겼다. 진晉으로부터 선진 기술을 전수받은 오는 이때부터 강성해지기 시작한 것으로 일반적으로 설명되고 있으나, 이는 중화패권주의적 사고에 불과한 것이다. 오는 중원보다 일찍 철기문화가 발달하여 이미 국력이 팽창할 여건이 갖추어진 상태였는데, 무신이 이를 자극한 것으로 보는 것이 정확할 것이다.

수몽은 본격적으로 초의 동쪽 지역 속국들을 정복하여 땅을 넓히기 시작했다. 국가의 힘이 강성해지자 수몽은 드디어 왕을 자칭한다(BC 584년). 수몽이 왕을 자칭한 것은 오가 주 왕실과 혈연적 관계가 전혀 없는 이민족 국가임을 반증하는 사건이다. 오왕 수몽은 수시로 초의 변경 지역을 침범했다. 후방에 대한 걱정 없이 중원을 노리던 초는 이때부터 후방에서 오가 끊임없이 괴롭히자 중원에 대한 집중을 못 하고 이후 오랫동안 주춤하게 된다. **초의 후방에 위치한 오를 초에 적대적인 국가로 만든 무신의 계책은 엄청난 효과를 거둔 것이고, 춘추시대 역사의 흐름을 바꾼 결과가 되었다.** 그 계기가 하희라는 음탕한 여자 하나 때문에 비롯된 것이니 세상일은 참으로 묘한 것이다.

오왕 수몽은 **제번諸樊**, **여제餘祭**, **이매夷昧**, **계찰季札** 등 네 명의 아들을 얻었다. 수몽은 가장 인자한 성품의 막내 계찰을 총애하여 세자가 되길 여러 번 권했으나, 계찰은 한사코 사양했다. 수몽은 어쩔 수 없이 장남인 제번을 세자로 세웠다.

정성공鄭成公의 즉위(BC 585년)

정도공이 재위 2년 만에 사망하고 동생인 곤睔이 즉위하니(BC 585년), 곧 **정성공鄭成公**[1]이다.

당시 정은 정목공의 아들인 공자 비騑, 공자 발發, 공자 가嘉와 정목공의 손자인 공손 첩輒(공자 거질의 아들), 공손 채蠆(공자 언의 아들), 공손 사지舍之(공자 희의 아들) 이상 6명이 6경이 되어 권력을 나눠가졌는데, 이들은 모두 정목공의 후손이어서 흔히 '6목'으로 불리고 있다.

조씨趙氏 일족의 몰살(BC 584년)

진晉경공은 신전新田으로 놀러 갔다가 그곳이 마음에 들어 도읍을 강성絳城에서 신전으로 옮겼다(BC 585년). 진경공은 신전을 신강新絳으로 고쳐 부르고, 이전 도읍 강성을 고강古絳으로 고쳐 불렀다.

극극은 제와 싸울 때 입은 상처가 악화되어 벼슬을 사임했으나, 얼마 후 병으로 사망했다(BC 584년). 진경공은 난서[2]를 중군원수에 임명했다.

초를 배반하고 진晉에 붙은 정을 응징하기 위해 초의 영윤 공자 영제는 정을 공격했다. 난서는 진군을 이끌고 가서 정을 구원했다. 제와 정은 진晉에 복속했다. 이때부터 진晉경공은 자만에 빠졌고, 사치와 향락을 즐기며 도안고를 더욱 총애했다.

필전투에서 배 문제로 갈등이 생긴 이후 조씨 가문은 조동·조괄과 조

---

1) 정성공 희곤: 재위 BC 584 ~ BC 571
2) 난지-난돈-난서-난염-난영

영이 서로 반목하고 있었다. 조동과 조괄은 형인 조영을 진경공에게 음란죄로 무고했고, 결국 조영은 제로 망명했다. 진경공도 조씨 가문의 분쟁을 조정하지 못했고, 이로 인해 조동과 조괄에 대하여 반감을 가지게 되었다.

이때 양산梁山이 붕괴되는 일이 발생했다. 진경공은 태사에게 점을 칠 것을 지시했다. 도안고는 태사에게 많은 뇌물을 주고, 형벌을 제대로 내리지 못하여 산이 무너진 것이라고 답하도록 사주했다. 태사는 도안고의 지시대로 진경공에게 보고했다. 진경공은 점괘의 의미를 해석하지 못했다. 도안고가 진경공에게 진영공을 시해한 조돈의 죄를 다스리지 못해 진영공의 원한이 쌓여 양산이 무너진 것이라고 아뢰었다. 도안고는 조씨 가문의 세력이 강한 것을 믿고 조삭, 조원趙原, 조병趙屛 등이 역모를 도모할 우려가 있음을 강조했다. 진경공도 내심 조동과 조괄을 미워하고 있었기에 도안고의 말을 믿게 되었다.

진경공은 한궐을 불러 조씨 가문의 죄를 처벌할지 여부를 물었다. 한궐은 진영공의 사망과 조돈은 무관함을 강조하고, 공신인 조최의 후손임을 지적하며 조씨 가문을 옹호했다. 진경공은 난서와 극기郤錡에게도 같은 질문을 했다. 난서와 극기는 도안고와 친하여 미리 부탁을 받았고, 조씨 가문을 옹호하지 않았다. 결국 진경공은 서판에 조돈의 죄를 기입하여 도안고에게 교부하며, 조씨 일족을 처단할 것을 지시했다.

조돈의 아들인 조삭은 진성공의 사위(=진경공의 처남)로 부인 장희莊姬가 만삭이어서 당시 하궁下宮에 거처하고 있었다. 한궐이 심야에 급히 조삭을 방문하여 사실을 알려주며 도주할 것을 권유했다. 조삭은 군주의 명령임을 이유로 도주를 거절하고, 만삭인 장희가 아들을 출산할 경우 그 아들을 보호해 줄 것을 부탁했다. 한궐은 조돈이 자신에게 베푼 은혜를 강조하며, 자신의 능력이 부족함을 탄식했다. 한궐은 가장 안전한 곳은 궁중이므로 장희를 궁중으로 들여보낼 것을 건의했고, 조삭도 동의했다.

조삭은 장희와 눈물로 이별하며, 딸을 낳으면 이름을 문文으로 하고 아들을 낳으면 이름을 무武로 하라고 말했다. 조삭은 문객 정영에게만 사실을 알리고, 장희를 궁중으로 모실 것을 지시했다. 장희는 정영이 호위하는 온거輼車[1]를 타고 울면서 입궁하여 모친 성부인成夫人에게 의탁했다.

다음 날 새벽 도안고는 조씨 가문의 죄를 기입한 서판을 게시하고, 조씨 일족을 몰살했다(BC 584년). 조삭, 조동, 조괄, 조전 등이 이때 죽었다. 조전의 아들인 조승趙勝은 마침 한단邯鄲을 방문 중이어서 화를 모면했다. 조승은 도성으로 돌아오다 소식을 듣고 송으로 도주했다. 조씨가 몰락하자 극씨와 난씨가 득세했다.

아들을 출산한 장희莊姬

도안고는 장희의 시체를 발견하지 못한 것을 알고, 하궁의 비복들을 추궁하여 궁으로 도피한 사실을 알게 되었다. 도안고는 진경공에게 장희를 처단할 것을 건의했다. 진경공은 장희가 여동생이고 모후의 총애를 받고 있음을 이유로 불허했다. 도안고는 장희가 아들을 낳을 경우 복수를 꾀할 염려가 있음을 강조하며, 장희의 처단을 거듭 요청했다. 진경공은 아들을 출산할 경우 갓난아기를 죽일 것을 약속했다. 도안고

---

1) 누워서 탈 수 있도록 개조된 수레

는 장희를 철저히 감시했다.

　진경공은 더욱더 환락에 빠져 정치를 소홀히 했고, 도안고가 국정을 농단하고 있었다. 얼마 후 장희는 아들을 출산했는데, 성부인은 딸을 낳았다고 소문을 냈다. 도안고는 소문을 믿지 않고, 직접 확인하기 위해 계속 시도했다. 그러자 장희와 성부인은 갓난아기가 죽었다는 소문을 냈다. 도안고는 소문을 믿지 않고, 여복을 거느리고 불시에 내궁을 수색했다. 장희는 급하여 갓난아기를 치마 속바지에 감추고, 울지 않기를 천지신명께 기도했다. 갓난아기는 울지 않았고, 수색은 결과 없이 끝났다.

　도안고의 심복들은 누군가 갓난아기를 궁 밖으로 빼돌려 몰래 기르고 있을 것이라고 추측했다. 도안고는 방을 게시했다. 조삭의 갓난아기를 신고할 경우 천금을 상으로 주고, 신고하지 않거나 기르는 경우 역적의 무리로 간주하여 일족을 몰살한다는 내용이었다. 도안고는 검문검색을 강화했다.

자식을 죽여 도안고屠岸賈를 속이는 정영程嬰

　도안고가 조씨 일족을 몰살하기 위해 군사들을 동원해 조씨 가문의 저택들을 포위하고 있을 때, 가신 공손저구는 정영에게 하궁으로 가서 의리를 지켜 순사하자고 제의했다. 정영은 자초지종을 이야기하며 만삭인 장희가 아들을 낳을 경우 뒷일을 도모해야 함을 강조하고, 딸을 낳을 경우 순사하자고 답변했다.

　이후 정영은 궁녀에게 뇌물을 주고 장희와 연락을 취했다. 장희는 궁녀를 통해 정영에게 서신을 전달했는데, '무武' 한 글자만 기재되어 있었다. 정영은 공손저구에게 사실을 알리고, 도안고의 수색을 피하기 위해 내궁의 사내 아기를 모셔내어 먼 곳에서 키울 것을 제안했다.

공손저구는 반나절 동안 계책을 생각했다. 공손저구가 정영에게 아기를 잘 길러 원수를 갚는 것과 죽는 것 중에서 어느 것이 더 어려운 일인지 물었다. 정영이 죽는 것은 쉬우나 고아孤兒[1]를 지키는 것은 어려운 일이라고 답했다. 공손저구는 자신이 쉬운 일을 맡겠다고 말하며, 정영에게 어려운 일을 맡아주기를 부탁했다. 공손저구는 정영에게 ① 자신이 남의 집 아기를 조삭의 아들인 것처럼 꾸며 수양산首陽山에 은거하고 ②정영은 도안고에게 밀고하여 ③도안고를 안심시킨 후 ④정영이 진짜 아기를 키울 것을 제안했다. 정영은 진짜 아기를 내궁에서 모셔오기가 어려울 것을 걱정했다. 공손저구는 한궐이 조씨의 은혜를 많이 받았으므로 부탁하면 거절하지 않을 것이라고 말했다.

정영은 자신의 아내가 최근에 사내 아기를 출산했으므로 자신의 아들을 제공하겠다고 제안했다. 정영은 눈물을 흘리며, 자신만 살아남는 것을 고통스러워했다. 이후 정영은 자신의 아들을 공손저구에게 내어주고, 한궐을 방문해 상의했다. 한궐은 협력할 것을 승낙했다.

며칠 후 정영은 시장에 나가 조씨 가문의 자식을 궁중에서 찾는 이유를 모르겠다고 크게 외치며 주의를 끌었다. 도안고의 문객이 접근하여 정영에게 관심을 보였다. 정영은 조씨의 자식이 있는 곳을 알고 있음을 넌지시 알렸다. 그 문객은 정영을 데리고 도안고를 방문했다. 정영은 도안고에게 장희의 부탁으로 공손저구와 함께 조씨의 자식을 숨겨주었고, 공손저구가 수양산에 숨어 조씨의 자식을 기르고 있다고 밀

---

1) 당시에는 아버지 없는 자식을 고아로 칭했고, 어머니 없는 자식을 애자哀子로 칭했음

고했다. 정영은 공손저구가 곧 진秦으로 도주할 계획임을 강조하고, 주변에 조씨의 인맥이 많으므로 도안고가 직접 가서 처단해야 할 것이라고 충동했다.

도안고는 즉시 병사 3,000명을 데리고 정영과 함께 수양산으로 갔다. 공손저구는 도주하는 시늉을 하다가 체포되었고, 정영의 배신을 비난하고 저주하는 연극을 펼쳤다. 정영은 도안고에게 저주를 듣기 거북하니 속히 처단할 것을 부탁했다. 도안고는 부하들을 시켜 공손저구를 참수했고, 아기를 바위에 던져 죽였다.

조무趙武를 기르는 정영程嬰

도안고는 비로소 안심하며, 장희에 대한 경계를 풀었다. 경계가 느슨해지자 한궐은 심복부하를 의원으로 꾸며 함께 장희에게 갔다. 가짜 의원은 장희가 정영에게 보냈던 무자武字 서신을 보여주었다. 장희는 그 뜻을 눈치채고, 아기를 데려왔다. 가짜 의원은 아기를 약주머니에 넣었다. 장희는 아기에게 궁문을 나갈 때 제발 울지 말 것과 장성하여 원수를 갚아줄 것을 축원했다.

한궐과 가짜 의원이 아기를 약주머니에 넣어 궁문을 지날 때 다행히 아기는 울지 않았고, 그들은 무사히 궁 밖으로 나왔다. 한궐은 가족에게도 비밀로 하고 유모에게 맡겨 아기를 키웠다.

도안고는 정영을 불러 상금을 주었다. 정영은 자신은 죽음이 두려워 밀고한 것이고 의로운 일을 한 것이 아니라고 말하며, 상금을 사양했다. 대신 정영은 조씨 일문의 시체를 거두어 장례를 지내 과거의 은혜를 갚기를 청했다. 도안고는 승낙하고, 장례를 지내도록 상금을 주었다.

정영은 상금으로 장례를 지낸 후 도안고에게 감사 인사를 했다. 도안고는 정영을 기특하게 여겨 자신의 부하가 되길 권했다. 정영은 의롭지 못한 짓을 하여 진晉에 머물 수 없어 먼 곳으로 떠날 계획이라고 말하고, 하직 인사를 했다.

정영은 한궐을 찾아가 아기를 받았다. 정영은 아기와 유모를 데리고 우산盂山에 들어가 깊이 숨었다.

제3절 진晉과 초楚의 치열한 외교전

진환공秦桓公의 진晉 공격(BC 582년)

진晉경공과 진秦환공이 황하에서 회견하고 동맹을 체결했는데(BC 583년), 이듬해 진秦환공은 맹약을 어기고 백적白狄을 끌어들여 진晉을 공격했다(BC 582년). 진晉이 잘 방어하여 큰 성과는 없었다. 양국의 사이가 나빠졌다.

진경공晉景公의 정성공鄭成公 구금(BC 582년)

정성공이 진晉경공에게 잘 보이려고 직접 방문했다. 그런데 진晉경공은 정이 진晉과 초 사이에서 두 마음을 가지고 있음을 질책하고, 정성공을 감금해 버렸다(BC 582년).

얼마 후 진경공의 지시로 진晉군은 정을 공격했다. 정은 당황하여 초에 사신을 보내 사죄하고, 구원 요청을 했다. 초는 진晉에 복속하고 있던 송을 공격했다. 진晉군은 송을 구원하러 떠났고, 정은 포위에서 풀렸다. 진경공의 행동은 스스로 복속한 정을 핍박하여 초로 넘어가게 한 어리석은 행동이었다.

제영공齊靈公의 즉위(BC 582년)

제경공이 재위 17년에 사망하고 세자 환環이 즉위하니(BC 582년), 곧 **제영공齊靈公**[1]이다.

진여공晉厲公의 즉위(BC 581년)

진晉경공은 새 궁전에서 큰 잔치를 열었다. 날이 저물 무렵 진경공은 봉두난발한 10척 장신의 귀신을 보았는데, 귀신은 구리 몽둥이로 진경공을 때렸다. 진경공은 피를 쏟으며 쓰러졌고, 중병에 걸렸다.

진경공은 상문桑門 땅의 용한 무당을 불러 물었다. 무당은 조돈의 원혼으로 인해 병이 났음을 아뢰고, 햇보리를 맛보지 못하고 사망할 것이라고 예언했다. 도안고는 한 달 내에 햇보리가 나옴을 들어 무당을 꾸짖고 쫓아버렸다. 진경공은 병세가 악화되었다. 위기의 아들인 대부 위상魏相이 진秦의 명의인 고화高和와 고완高緩을 초빙할 것을 건의하며, 사신을 자청했다. 대신들은 진秦과 사이가 나쁨을 염려했다.

위상은 진秦환공을 알현하고, 명의를 보내줄 것을 부탁했다. 진환공

---

1) 제영공 강환: 재위 BC 581 ~ BC 554

은 과거 진晉이 진秦을 침범한 것을 이유로 들며 거절했다. 위상은 과거 양국의 우호관계와 진秦이 진晉을 침범한 사례 등을 예시로 들어 진환공의 주장에 반박했다. 위상은 진晉의 대신들이 거절을 예상했음을 아뢰고, 자신이 진秦환공은 이웃의 불행을 동정하는 마음씨를 가진 밝은 군주라고 주장하여 사신으로 온 것이라고 강조했다. 기분이 좋아진 진秦환공은 위상에게 공경을 표하며, 태의 고완에게 진晉을 방문할 것을 지시했다.

진경공은 병이 위중해졌다. 진경공은 꿈을 꾸었는데, 콧구멍에서 작은 아이 둘이 튀어나와 고완이 오는 것을 걱정하고 황고肓膏[1])에 숨기로 상의하는 내용이었다. 고완이 진경공을 진맥했다. 고완은 병이 황고에 있어 치료가 불가능하다고 아뢰었다[2]). 진경공은 꿈과 일치하여 탄식했고, 고완은 귀국했다.

어느 날 내시 강충江忠이 진경공의 병간호를 하다 피곤하여 깜빡 졸았는데, 진경공을 업고 하늘로 날아오르는 꿈을 꾸었다. 강충은 주위 사람들에게 꿈 이야기를 자랑했다. 도안고가 그 소문을 듣고 진경공에게 병이 치료될 징조라고 해몽을 했다.

진경공의 상태가 호전되었다. 이때 햇보리가 진상된 사실이 보고되었다. 진경공은 식욕이 생겨 햇보리로 죽을 만들 것을 지시했다. 도안고가 상문의 무당을 불러 꾸짖었다. 무당은 좀 더 두고 볼 일이라며 대꾸했다. 진경공은 무당의 태도에 대노했고, 도안고는 군주를 저주한 죄를 물어 무당을 참수하게 했다.

---

1) 심장과 비장 사이의 지방. 옛날에 의사들이 약의 효력이 미치지 못하는 곳으로 생각했음
2) 여기서 **고황지질膏肓之疾**(고황의 질병이라는 뜻. 치료가 불가능한 질병을 의미함. 어떤 분야에 깊이 빠져 헤어 나오지 못하는 경우를 비유하기도 함)의 고사성어가 나옴

진경공이 햇보리 죽을 먹으려는 순간 갑자기 복통과 설사가 났다. 내시 강충이 진경공을 업고 측간으로 달려갔다. 진경공은 측간에서 정신을 잃었고, 똥통에 빠졌다. 강충이 놀라서 들어 올렸으나, 이미 사망한 뒤였다. 진경공은 재위 19년에 어이없게도 똥통에 빠져 죽은 것이다.

진경공의 뒤를 이어 세자 주포州蒲가 즉위하니(BC 581년), 곧 **진여공晉厲公**[1]이다. 진여공은 꿈이 들어맞았다며 강충을 순장했다. 상문의 무당과 내시 강충은 입이 화근이 되어 명을 재촉하는 결과가 되었다.

진秦환공이 진晉의 국상을 이용해 진晉을 공격했다(BC 581년). 얼마 후 진晉여공과 진秦환공은 협하夾河에서 회견하고 동맹을 맺었다.

정鄭의 혼란[정성공鄭成公의 복위](BC 581년)

정성공은 계속 진晉에 구금되어 있었다. 정의 조정에서 회의가 열렸다. 공손신公孫申은 세자인 곤완髡頑을 군주로 옹립하면 진晉은 정성공을 가치가 없는 것으로 생각하여 석방할 것이라고 주장했다. 다수의 대신들이 찬성하여 세자 곤완이 형식적으로 군위에 올랐다(BC 581년).

진晉은 정성공을 석방했다. 정성공은 귀국하여 다시 군위에 올랐는데, 세자 곤완을 군주로 옹립한 자들을 처형해 버렸다(BC 581년).

---

1) 진晉여공 희주포: 재위 BC 580 ~ BC 573

진晉과 초楚의 우호 체결[1차 미병彌兵회맹](BC 579년)

송공공의 지시로 상경 화원이 문상 겸 즉위 축하 사절로 진晉을 방문했다. 화원은 중군원수 난서를 만나 진晉과 초의 우호에 대해 논의했다. 난서가 초에 대한 불신을 보였다. 화원은 자신이 초의 영윤 공자 영제와 친함을 강조하며, 협상을 자청했다. 난서는 아들 난겸欒鍼을 화원과 함께 초로 보냈다.

화원은 난겸을 대동하고 공자 영제를 방문했다. 영제는 난겸의 재주를 시험하기 위해 군사 쓰는 법에 대해 물었다. 난겸은 조급하지 않고 정돈하는 것이라고 답했다. 영제는 감탄하여 어린 난겸을 존경하게 되었다.

영윤 공자 영제가 화원과 난겸을 대동하고 초공왕을 알현했다. 초공왕은 진晉과 초의 우호에 찬성하고, 나중에 송에 모여 맹세의식을 거행하기로 합의했다.

얼마 후 송의 도성 서문 밖에서 진晉과 초의 화친을 약속하는 맹세의식이 열렸다(BC 579년). 진晉에서는 사섭이 참석했고, 초에서는 공자 파罷가 참석했다. 이를 진晉·초의 1차 미병彌兵회맹이라고 부른다. 미병은 전쟁을 그친다는 뜻이다.

초의 사마 공자 측은 자신과 상의도 없이 영윤 공자 영제가 진晉과의 화친을 추진한 사실을 나중에 알고, 자신을 무시한다며 분노했다. 이때부터 공자 측은 공자 영제와 대립하게 되었고, 공자 측은 진晉과의 화친을 못마땅하게 여겼다.

진晉과 진秦의 갈등

진秦환공이 진晉과의 맹약을 파기하고 백적白狄과 연합하여 다시 진晉을 공격했다(BC 579년). 진晉군이 잘 방어하여 백적군을 무찔렀고, 진秦군은 철수했다.

분노한 진晉여공은 제齊·송宋·노魯·조曹·주邾 등의 제후들과 회견한 이후 연합군을 결성하여 대대적으로 진秦으로 쳐들어갔다(BC 578년). 진晉 연합군은 진秦군을 크게 무찌르고 위력을 과시한 후 회군했다. 이로써 진晉의 명성이 올라갔다.

위헌공衛獻公의 즉위(BC 577년)

위정공은 간衎과 전鱄 등의 아들을 얻었다. 위정공이 재위 12년에 사망하고 세자 간이 즉위하니(BC 577년), 곧 **위헌공衛獻公**[1]이다. 위헌공은 천성이 방종하여 국정을 돌보지 않고 사냥과 음악에만 몰두했다. 모후의 훈계도 소용이 없었다. 위의 실권은 여전히 위헌공의 숙부인 공자 흑견이 쥐고 있었다.

진경공秦景公의 즉위(BC 577년)

진秦환공이 재위 27년에 사망하고 세자 석石이 즉위하니, 곧 **진경공**

---

1) 위헌공 희간: 재위 BC 576 ~ BC 559, BC 546 ~ BC 544

秦景公[1]이다. 진秦경공의 여동생은 초공왕의 부인이 되었다. 이후 진秦과 초는 친밀한 관계를 유지하며, 진晉을 경계했다.

진여공晉厲公의 황음무도

진晉여공은 천성이 교만하고 사치를 즐기며, 국정을 돌보지 않았다. 진여공은 남자와 여자를 가리지 않고 색을 밝혔다. 진여공은 서동胥童, 이양오夷羊五, 장어교長魚矯, 장려씨匠麗氏 등 미소년을 총애하여 이들을 대부에 임명했다. 사섭은 진여공의 교만과 방탕을 걱정했다.

난서는 중군원수였으나, 당시 진晉의 권세는 극씨에게 있었다. 특히 상군장수 극기郤錡, 상군부장 극주郤犨, 신군부장 극지郤至의 권세가 막강하여 삼극三郤으로 불렸다. 극주의 아들인 극의郤毅, 극지의 동생인 극걸郤乞도 대부에 임명되어 권세를 누렸다.

모사인 대부 백종伯宗이 극씨 일족의 세력이 너무 강함을 염려하여 견제할 것을 건의했는데, 진여공은 무시했다. 이 사실을 알게 된 극씨 일족은 국정을 비난한 죄를 적용하여 백종을 참소했다. 진여공은 백종을 옥에 가두었고, 백종은 옥사했다(BC 576년). 백종의 아들인 백주리伯州犂는 초로 망명했다. 초공왕은 백주리를 태재에 임명했다.

초楚의 부용국으로 전락하는 허許(BC 576년)

정은 허와 영토분쟁으로 갈등(BC 587년)한 이후 지속적으로 허를

---

1) 진秦경공 영석: 재위 BC 576 ~ BC 537

공격했다. 이 때문에 허는 초에 더욱 의지하게 되었는데, 정의 지속적인 공격을 견디지 못하고 초의 내지로 옮기기를 희망하였다. 결국 허는 초의 섭葉 땅으로 도읍을 옮겼고(BC 576년), 이때부터 허는 중원 국가들과 단절되면서 완전히 초의 부용국으로 전락하게 되었다.

초楚의 정鄭 공격(BC 576년)

무신은 오왕 수몽의 지원 하에 초의 고립을 위해 외교적 노력을 전개했다. 그 결과 오의 종리鍾離 땅에서 각국 대부들이 참석한 회의가 열렸다(BC 576년). **송, 노, 제, 위, 정, 오**의 대표가 참석했다. 오의 뒤에 진晉이 있으므로 정은 다시 초를 등지고 진晉에 붙는 결과가 되었다.

초의 사마 공자 측은 초공왕에게 진晉과 오가 우호를 체결한 것은 초를 공격하기 위한 목적이라고 아뢰며, 송과 정이 진晉에 가담하여 초가 고립되었다고 강조했다. 초공왕은 초장왕 때의 패권을 상실하여 우울했다. 초공왕은 우선 정을 공격하여 보복을 하고 싶었으나, 진晉과의 우호 동맹 때문에 주저했다. 공자 측은 동맹은 의미가 없는 것이므로 유리할 경우 적극적으로 조치를 취해야 한다고 설득했다.

결국 초공왕은 사마 공자 측에게 정을 공격할 것을 지시했다. 초군이 정을 공격하자, 정성공은 즉시 진晉을 배반하고 다시 초에 붙었다(BC 576년). 이로써 진晉·초의 1차 미병회맹은 사실상 끝나 버렸다.

송평공宋平公의 즉위(BC 576년)

송공공이 재위 13년에 사망했는데(BC 576년), 군위를 두고 송의 대부들 사이에 내분이 발생했다. 화원은 사마 탕택蕩澤을 공격해 죽이고, 송공공의 어린 아들인 성成을 추대했다. 대신들의 추대로 성이 즉위하니(BC 576년), 곧 **송평공宋平公**[1]이다.

이에 반발하여 어석魚石, 상위인向爲人, 인주鱗朱, 상대向帶, 어부魚府 등 다섯 대부들은 초로 망명했다.

송평공 때 어진 신하로 사성 **자한子罕**[2]이 있었다. 어느 날 밭을 갈다 어떤 농부가 귀한 옥을 발견하고, 자한에게 그 옥을 바쳤다. 자한은 "그대는 옥을 보물로 여기고, 나는 탐하지 않는 마음을 보물로 여긴다. 만약 내가 이 옥을 받으면 우리 모두 보물을 잃게 되니 서로 각자의 보물을 간직하는 것이 낫겠다."라고 말하며, 옥을 사양했다[3].

어느 날 태재 황국보皇國父가 송평공을 위해 별궁을 지으려 하자 자한은 백성들의 부담을 염려하여 농번기가 끝날 때까지 기다릴 것을 제의했다. 태재는 이를 무시하고 공사를 강행했다. 백성들은 태재를 원망하고, 자한을 칭송하는 노래를 만들어 불렀다. 자한은 백성의 저주를 받는 사람과 칭송을 받는 사람으로 나뉘면 국가가 분열될 우려가 있음을 걱정했다. 자한은 일부러 인부들을 채찍으로 독려하고 노래를 부르지 못하게 했다.

---

1) 송평공 자성: 재위 BC 575 ~ BC 532
2) 전국시대 송환후 때 동명이인인 자한이 있는데, 두 사람을 혼동하면 안 됨
3) 여기서 **자한지보子罕之寶**(자한의 보물이라는 뜻. 물질보다 더욱 소중한 정신적 가치를 의미함)라는 고사성어가 나옴

제4절 진晉과 초楚의 언릉鄢陵전투

진여공晉厲公의 정鄭 공격(BC 575년)

진晉여공은 정의 배반에 분노했다. 극지, 난서, 묘분황은 제후들을 통제하기 위해 본때를 보여야 한다고 강조하며, 정을 공격할 것을 주장했다.

진여공은 난서, 사섭, 극기, **순언荀偃**(순림보의 손자), 한궐, 극지, 위기, 난겸 등을 대동하고 병거 600승으로 직접 정을 공격했다(BC 575년). 진여공은 동시에 노에 극주를 보내고 위에 난서의 아들인 **난염欒黶**을 보내 군사 원조를 요청했다. 순앵은 남아서 도성을 수비했다.

정성공은 진晉에 항복하려고 했다. 대부 요구이姚鉤耳는 초에 구원을 요청할 것을 건의하며, 초군과 협공하면 승산이 있다고 주장했다. 정성공은 허락했다.

요구이는 초공왕을 알현하고 구원을 요청했다. 초공왕은 진晉과의 (명목상으로 남아 있는) 우호맹약 때문에 구원을 주저했다. 영윤 공자 영제는 정에 대한 원군을 반대하며, 진晉에 항의하고 지켜볼 것을 주장했다. 사마 공자 측은 정의 구원을 거절할 경우 패업을 달성할 수 없다고 주장하며, 진晉군을 격파할 자신이 있다고 강조했다. 초공왕은 만족하고, 정에 대한 구원을 결정했다.

초공왕은 공자 측을 중군원수로 공자 영제를 좌군장수로 공자 임부任夫를 우군장수로 임명하고, 양광을 대동하여 직접 정으로 출전했다. 초군은 하루 100리의 강행군을 했다.

사섭은 난서에게 승리할 경우 진晉여공이 더욱 교만해질 우려가 있으므로 초와의 대결을 회피하여 진여공에게 교훈을 줄 필요가 있다고 지적했다. 난서는 패배의 오명을 우려하여 사섭의 제의를 거부했다. 사섭은 승리할 경우 국내의 혼란을 우려하며 탄식했다.

진군晉軍과 초군楚軍의 대치

초군은 언릉鄢陵 땅을 통과했고, 진군은 팽조彭祖 땅에 영채를 세웠다. 그믐밤에는 군사를 이동시키지 않는 것이 당시의 관행이었는데, 초군은 6월 그믐밤에 기습적으로 군사를 이동시켜 진군의 영채 바로 앞에 포진했다. 날이 밝자 난서는 당황했다. 초군이 바로 앞에 포진하여 진군은 포진할 장소가 없었고 싸울 공간이 없었기 때문이다. 난서는 군사회의를 급히 열었으나, 모두 대책이 없었다.

사개士匄는 사섭의 아들로 당시 10대 후반의 젊은이였다. 사개는 ①우선 영채의 방비를 철저히 하고 ②마른 식량을 확보한 후 ③영채 내의 부엌, 아궁이, 우물을 허물어 땅을 확보하면 ④군사를 포진할 공간을 만들 수 있고 ⑤포진 이후에 노약병을 뒤로 보내 영채 뒤에 다시 부엌과 우물 등을 만드는 계책을 제안했다. 전투를 원하지 않았던 사섭은 분노하여 창을 들고 사개를 죽이려 했는데, 주위에서 겨우 말렸다. 난서는 사개의 계책에 대만족이었다. 진군은 사개의 계책대로 하여 군사를 포진하고 초군과 싸울 준비를 마쳤다.

초군에서 백주리는 사다리 수레에 올라 위 과정을 정찰한 후 진군의 준비가 철저함을 초공왕에게 보고했다. 진군에서 묘분황은 진여공에게 초군 장수들이 불화하고 있어 승리할 것이라고 아뢰었다.

진군과 초군이 대치한 첫째 날에는 교전이 없었다. 양군은 전서를 교환하고 다음 날 싸우기로 했다. 이날 정성공은 정군을 이끌고 초군에 가세했다.

초의 장수 반당은 평소 자신의 활솜씨에 자부심을 가지고 있었다. 그날 오후 반당이 활쏘기 연습을 하고 있을 때 우연히 양유기가 그 옆을 지나갔다. 장수들이 양유기를 신궁으로 칭송하자 반당은 발끈했다. 반당이 자신을 신궁으로 인정하려 하지 않자 양유기는 버들잎 세 개에 숫자를 적은 후 백보 밖에서 화살 세 대로 버들잎 세 개를 맞추어 자신의 활솜씨를 반당에게 보여주었다[1]. 장수들이 감탄했다.

반당은 속으로 감탄했지만 오기가 생겼다. 반당은 전쟁에서는 화살을 강하게 쏘아 적을 죽이는 것이 중요함을 강조하고, 백보 밖에서 일곱 벌의 갑옷을 겹쳐놓고 화살을 쏘아 갑옷을 꿰뚫으며 자신의 활솜씨를 과시했다. 장수들이 감탄했다.

그러자 양유기는 다시 화살을 쏘아 반당의 화살을 맞추어 옆으로 밀어내고, 갑옷을 똑같이 꿰뚫어 버렸다. 장수들은 눈으로 보고도 믿을 수 없었다. 반당은 진심으로 양유기의 실력에 승복했다.

아군에 신궁이 있어서 장수들은 자신감이 상승했고, 초공왕에게 그 내용을 알리며 양유기를 칭송했다. 장수들이 모두 양유기를 칭송하자 초공왕은 심기가 불편해졌다. 초공왕은 양유기를 불러 힘껏 싸워 이길 생각은 하지 않고 화살 한 대로 요행만 바라고 있다며 책망하고, 양유기의 화살을 몰수했다.

---

1) 여기서 **백보천양百步穿楊**(100보 떨어진 거리에서 작은 버들잎을 꿰뚫는다는 뜻. 활솜씨가 뛰어난 명궁을 비유함)의 고사성어가 나옴. **백발백중百發百中**(100번 쏘아 100번 맞춘다는 뜻)과 비슷한 의미임. 백발백중은 모든 일이 계획대로 들어맞는 것을 의미하기도 함

진晉과 초楚의 언릉鄢陵전투(BC 575년 7월)

다음 날 새벽 어둑한 여명 속에 진군과 초군은 싸움을 개시했다. 진군의 편제는 난서(원수)와 사섭이 중군을 맡아 초의 중군을 상대하고, 극기(장수)는 상군을 맡아 초의 좌군을 상대하고, 한궐(장수)은 하군을 맡아 초의 우군을 상대하고, 극지는 신군을 맡아 중군을 돕는 것이었다.

진여공은 중군과 신군을 거느리고 융로戎輅를 몰고 출격했는데, 극의를 어자로 하고 난겸을 거우로 했다. 초공왕은 어제 일로 기분이 나빠 양유기가 맡은 우광 대신 좌광을 대동했다. 초공왕은 중군과 좌광을 거느리고 출격했는데, 팽명을 어자로 하고 굴탕을 거우로 했다. 정성공이 후대를 맡고 초공왕을 따랐다.

어둠 속을 빠르게 달리다 그만 진여공의 병거가 진흙 수렁에 빠졌다. 초공왕의 아들인 웅패熊茷[1]는 선봉대로 출전했는데, 그 모습을 보고 진여공의 병거로 돌진했다. 난겸이 진흙 수렁에 뛰어내려 괴력을 발휘해 병거의 바퀴를 수렁에서 들어올렸다. 웅패가 진여공의 병거에 거의 접근했다. 이때 난서가 웅패를 향해 병거를 돌진시키며 크게 고함을 질렀다. 웅패는 진의 대군이 접근하자 당황하여 도주했다. 난서는 끝까지 추격하여 웅패를 사로잡았다.

초의 중군은 웅패를 되찾기 위해 일제히 돌격했다. 진군에서 사섭과 극지가 방어했다. 더 많은 진군이 몰려오자 초군은 영채로 철수했다.

이날 극기가 맡은 진의 상군과 초의 좌군은 교전하지 않았고, 한궐이

---

1) 무茂라는 기록도 있음. 글자가 비슷하여 발생한 혼란인데, 여기서는 소설 《동주 열국지》의 기록에 따르기로 함

맡은 진의 하군과 초의 우군은 소규모 전투만 치렀다.

둘째 날 싸움이 끝나고 난서는 웅패를 진여공에게 바쳤다. 진여공은 웅패를 처형하려고 했는데, 묘분황이 웅패를 미끼로 초공왕을 유인할 것을 건의했다. 진여공은 만족했다.

그날 밤 위기는 활을 쏘아 둥근 달을 맞춘 후 진흙탕에 빠지는 꿈을 꾸었다. 위기는 난서에게 꿈 이야기를 했다. 난서는 달은 이성異姓 제후를 의미하므로 초공왕을 맞출 것으로 해몽하면서, 진흙탕은 황천을 의미하므로 조심할 것을 당부했다. 위기는 해몽을 듣고 선봉을 자청했다. 난서는 승낙하면서 각별히 조심할 것을 당부했다.

셋째 날 싸움이 시작되었다. 위기가 초군을 공격했다. 초의 공윤工尹 양襄이 위기와 대결했다. 진군은 웅패를 가둔 함거를 초군 진영 앞에서 왔다 갔다 하면서 도발했다. 초공왕이 분노하여 병거를 몰아 웅패 쪽으로 돌진했다. 위기는 이 모습을 보고 공윤 양을 내버려두고 초공왕을 향해 화살을 날렸다. 화살은 초공왕의 왼쪽 눈에 명중했다. 반당이 위기에게 달려들어 싸우며 시간을 벌었고, 초공왕은 겨우 후퇴했다. 초공왕이 고통을 참고 화살을 뽑자 화살에 박힌 눈알이 빠졌다. 초공왕은 눈알이 박힌 화살을 버렸다. 소졸 하나가 그 화살을 집어 들고 바치며, 용안을 버리면 안 된다고 아뢰었다. 초공왕은 화살을 전통에 넣었다.

초공왕의 부상 이후 진군은 사기가 급상승했고, 총공격을 개시했다. 초의 사마 공자 측이 사력을 다해 겨우 방어했다. 극지는 정성공을 포위했다. 정성공의 어자가 정성공의 기를 감추었고, 정성공은 겨우 포위에서 탈출했다. 초공왕은 신궁 양유기를 불러 화살 두 대를 주고 자신을 쏜 적장의 외관을 알려주며 원수를 갚아 줄 것을 명령했다.

양유기는 병거를 몰고 달리며 초공왕이 알려준 적장을 찾았다. 양유기는 위기를 발견하고 화살을 날렸고, 위기는 목에 화살을 맞고 즉사했다. 난서는 위기의 시신을 병거에 싣고 돌아갔다. 초공왕은 원수를 갚아준 양유기를 칭찬하며, 자신의 비단 전포와 낭아전狼牙箭 100대를 하사했다.

싸움은 계속 되었고, 초의 중군은 사기가 오른 진군에 밀려 후퇴했다. 진군이 초군을 추격했는데, 양유기는 후대에서 활을 쏘아 진군의 추격을 저지했다. 초의 좌우군이 합세하자 진군은 추격을 멈추었다.

셋째 날 싸움이 끝났다. 난겸은 진여공의 허락을 받고 공자 영제에게 술을 한 병 보내어 진군의 정돈과 여유를 과시했다. 공자 영제는 찬탄하며, 심부름 온 병사를 통해 내일 진영 앞에서 만나 감사를 표시하겠다고 전하게 했다. 난겸은 그 말을 듣고 초군이 철수할 뜻이 없음을 알았다. 이때 극주와 난염이 당도하여 노와 위의 원군이 20리 근처에 도착했음을 보고했다.

초군楚軍의 철수

초의 사마 공자 측은 원래 두주불사의 애주가였다. 술에 취하면 인사불성이 되는 술버릇이 있었는데, 중대한 전쟁이어서 술을 마시지 않고 있었다. 공자 측은 부상을 당한 초공왕을 위로한 후 중군 진영에 복귀하여 자정까지 계책을 궁리했으나, 좋은 방안이 없어 고민하고 있었다.

공자 측의 시종인 곡양穀陽은 눈치가 빨라 총애를 받고 있었다. 공자 측이 워낙 애주가여서 곡양은 항상 접대용 술을 몇 통씩 가지고 다녔다. 곡양은 고민 중인 공자 측을 위로하기 위해 산초탕이라고 둘러대며 술을 한 사발 바쳤다. 공자 측은 주인을 위하는 곡양의 마음을 알아채고 만족하며 한 사발 마셨는데, 그만 자제하지 못하고 너무 많은 술을 마셔버렸다. 공자 측은 대취했고 인사불성이 되어 잠들었다.

이때 초공왕에게 노와 위의 원군이 접근하고 있고 진군은 새벽 일찍 출전할 준비를 마쳤다는 정찰병의 보고가 올라왔다. 초공왕은 계책을 의논하기 위해 공자 측을 소환했다. 공자 측은 대취하여 인사불성이 되어 아무리 깨워도 잠에서 깨어나지 못했다. 초공왕은 어쩔 수 없이 공자 영제를 불러 상의했다. 곡양은 주인을 아끼는 마음이 오히려 주인을 해치게 되었음을 한탄하며, 처벌을 피하기 위해 도주했다.

공자 영제는 사마가 일을 그르쳤다며 평소 사이가 나빴던 공자 측을 강하게 비난했다. 공자 영제는 강한 진군에 원군까지 가세하여 대책이 없다고 아뢰며, 회군을 건의했다. 초공왕은 결국 회군을 결정했다. 초군은 한밤중에 비밀리에 물러났다. 초공왕은 공자 측의 안전을 우려하여 양유기를 불러 공자 측을 보호하며 후퇴할 것을 지시했다. 양유기는 인사불성이 된 공자 측을 수레에 실어 먼저 보내고 궁노수 300명과 함께 최후에 위치하여 후퇴했다. 정군은 초군을 전송하고, 각처에 주둔하면서 방어 준비를 하며 진군을 경계했다.

날이 밝자 진군은 초군의 후퇴를 알게 되었다. 난서가 추격하려 했으나, 사섭은 설득하며 말렸다. 결국 진군은 그냥 귀국했다. 노군과 위군도 귀국했다.

공자 측은 50리 이상 후퇴한 이후에야 술에서 깼다. 공자 측은 지난 밤에 있었던 일과 초군의 회군 사실을 알게 된 후 통곡했다. 초공왕은 300리를 후퇴하고 나서야 비로소 안도했다. 초공왕은 공자 측이 죄책감으로 자살할 것을 염려하여, 사자를 보내 패전의 책임은 자신에게 있으며 사마의 허물이 아님을 알렸다.

초공왕이 공자 측을 위로하는 사자를 보낸 사실을 알게 된 공자 영제는 당황했다. 공자 영제는 급히 공자 측에게 사자를 보냈다. 공자 영제는 사자를 시켜 성득신의 패전과 그 책임을 언급하도록 하며, 비록 왕이 용서하더라도 초군의 원수에 머물 면목이 있느냐고 묻게 했다.

사마 공자 측은 초공왕이 보낸 사자로부터 왕의 전갈을 받고 감격했으나, 잠시 후 공자 영제가 보낸 사자로부터 영윤의 전갈을 받고 자신의 과오에 탄식했다. 결국 공자 측은 면목이 없어서 목을 매고 자살했다(BC 575년)[1].

---

1) 한비는 《한비자》〈십과〉 편에서 작은 충의는 큰 충의의 적이라고 말하며, 곡양을 예로 들고 있음

제7장

진도공晉悼公의 패권 회복

제1절 혼군 진여공晉厲公의 실정

진晉 내부의 갈등

　진晉여공은 승전 이후 더욱 교만하여 사치와 향락이 더 심해졌다. 진여공은 자식이 없었다. 진晉의 백성들은 진양공의 서자 첩捷의 손자인 주周가 군위에 오르기를 원했다. 사섭은 진晉의 장래를 염려하다 병으로 죽었고, 아들인 사개가 부친의 지위를 승계했다. 범씨는 사씨에서 분리된 일파이므로[1] 사개는 흔히 범개(=범선자范宣子)로 불리고 있다.

　진여공은 서동을 총애하여 경으로 임명하고 싶었으나, 경은 정원에 제한이 있어 결원이 필요했다. 서동은 진여공에게 극씨 일족을 제거하고 총애하는 사람들을 경으로 임명할 것을 건의했다. 진여공은 극씨를 제거할 명분이 없어 주저했다. 서동은 진여공에게 언릉전투 때 극지가 정성공에 대한 포위를 풀고 정성공을 놓아 주었다고 모함했다. 서동은 극지가 초군과 내통했으며 웅패가 증인이라고 주장했다. 진여공은 서

---

1) 사위-성백결-사회(범 땅 분봉 이후 범씨로 분화됨)-사섭-사개(=범개)

제4편 춘추시대 중기　219

동에게 웅패를 소환할 것을 지시했다.

　서동은 웅패를 만나 초에 귀국하게 해 주겠다고 미끼를 던지며, 극지에 대해 무고하라고 회유했다. 웅패는 귀국할 욕심에 동의했고, 서동은 웅패에게 말할 내용을 알려주었다. 서동과 웅패는 진여공을 알현했다. 웅패는 진여공에게 극씨와 초의 영윤 공자 영제는 친한 사이로 서신 왕래를 하고 있다고 증언했다. 웅패는 진여공에게 그들은 진여공을 불신하여 진양공의 증손자인 주周를 추대할 계획을 세우고 있다고 아뢰었다. 진여공은 격노했다.

　서동은 진여공에게 언릉전투 때 극기는 공자 영제와 대치하면서도 교전하지 않았음을 아뢰며, 내통하고 있음이 틀림없다고 주장했다. 서동은 극지를 주 왕실에 사신으로 파견하여 주에 거주하고 있는 진양공의 증손자인 주周와 모의하는지 염탐할 것을 건의했다.

　진여공은 극지를 주 왕실에 보내 승전을 보고하게 했다. 서동은 심복 부하를 진양공의 증손자 주에게 보내 말을 전달하게 했는데, 극씨는 진晉의 실세이므로 훗날 귀국할 때 도움을 받기 위해 친교를 맺을 것을 권하는 내용이었다. 주는 그 말을 타당하다고 여겼다.

　극지는 주간왕을 알현하고 승전을 보고했다. 진양공의 증손자 주는 공관으로 가서 극지를 방문하고, 고국의 소식을 묻는 등 반나절 동안 환담을 나눴다.

　진여공이 보낸 염탐꾼은 돌아와 주와 극지가 반나절 동안 환담을 나눈 사실을 보고했다. 진여공은 웅패의 증언을 믿게 되었고, 극씨 일파를 제거하기로 결심했다.

삼극三郤을 제거하는 진여공晉厲公(BC 574년)

어느 날 진晉여공은 사슴고기가 먹고 싶었다. 마침 궁중에 사슴고기가 없었고, 진여공은 화를 냈다. 내시 맹장孟張이 사슴고기를 사러 시장으로 갔으나, 시장에도 사슴고기가 없었다. 이때 극지가 사냥에서 돌아오다 맹장과 만났는데, 수레에 사냥한 사슴 한 마리가 실려 있었다. 초조한 마음에 맹장은 극지의 허락도 받지 않고 사슴을 급하게 가져갔다. 극지는 분노하여 맹장에게 화살을 쏘았고, 맹장은 즉사했다.

진여공은 대노했다. 진여공은 총신들을 불러 극지를 제거하는 문제를 상의했다. 서동은 극지만 죽일 경우 극기와 극주가 반란을 일으킬 것이라고 지적하며, 동시에 죽일 것을 건의했다. 이양오가 무사 800명을 모아 밤에 급습할 것을 주장했다. 장어교는 극씨 일파의 사병이 매우 많음을 지적하며 반대했다. 장어교는 극지가 사구司寇를 겸직하고 있고 극주가 사사士師를 겸직하고 있음을 강조하며, 거짓으로 싸움을 벌인 다음 소송을 걸어 극지에게 판결을 받다가 기습 공격할 것을 계책으로 아뢰었다. 진여공은 장어교의 계책에 만족했다. 진여공은 천하장사인 청비퇴清沸魋를 시켜 일을 돕도록 했다.

그날 삼극은 강무당講武堂에 모여 회의를 하고 있었다. 장어교와 청비퇴는 서로 싸운 것처럼 꾸미고, 비수를 속에 숨긴 채 강무당에 가서 맞소송을 제기했다. 극주가 장어교와 청비퇴를 가까이 불러 싸운 이유를 물었다. 청비퇴는 비수로 극주를 기습 공격했고, 극주는 칼을 맞고 즉사했다. 극기가 칼을 뽑자 장어교가 상대했다. 극지는 그 틈에 수레를 타고 도주했다. 청비퇴가 합세하자 극기는 수세에 몰렸다. 극기는 결국 청비퇴의 칼을 맞고 즉사했다. 장어교는 극지를 추격했다. 서동과 이양오가 무사 800명을 대동하고 도주하는 극지의 수레 앞을 가로막았다. 극지는 수레를 돌려 달아나다 장어교와 마주쳤다. 장어교는 극지를 칼로 베어 죽였다(BC 574년). 장어교와 청비퇴는 진여공에게 가서 보고했다.

상군부장인 순언은 상군장수인 극기의 피살 소식을 보고받고 궁중으로 급히 갔다. 중군원수인 난서도 소식을 듣고 급히 궁중으로 갔다. 난서와 순언은 조정 문 앞에서 군사들을 이끌고 오던 서동과 마주쳤다. 난서와 순언이 서동을 비난했다. 서동은 난서와 순언을 포박했다. 서동은 진여공에게 가서 난서와 순언이 극씨 일파와 친밀한 관계임을 지적하고, 후환을 제거하기 위해 처형할 것을 건의했다. 진여공은 거절했다. 장어교가 진여공에게 거듭 처형을 건의했으나, 진여공은 거절했다. 진여공은 난서와 순언을 석방하고 현 지위를 유지시켰다. 장어교는 탄식하고, 후환을 예상하여 서융으로 도주했다.

진여공은 극씨 일족을 추방했다. 결국 서동은 상군장수가 되었고, 이양오는 신군장수가 되었고, 청비퇴는 신군부장이 되었다. 난서와 순언은 서동 일행을 경멸하여 칭병하고 궁중에 출입하지 않았다. 초의 공자 웅패는 석방되어 귀국했다. 진여공과 서동은 난서와 순언의 불만과 불안을 신경 쓰지 않았다.

난서欒書와 순언荀偃의 진여공晉厲公 시해(BC 573년)

어느 날 진여공은 서동을 데리고 장려씨 집으로 놀러갔다. 장려씨 집은 도성 20리 밖 태음산太陰山 남쪽에 있었다. 진여공은 노느라 사흘이 지나도록 도성에 돌아가지 않았다.

순언은 난서를 방문하고, 국가와 가문의 미래를 걱정하며 상의했다. 순언은 국가 사직이 군주보다 더 중요함을 강조하며, 진여공이 도성 밖으로 나간 기회를 이용해 거병하고 어진 군주를 추대할 것을 제안했다. 난서는 찬성했다.

난서와 순언은 아장 정활程滑에게 군사 300명을 거느리고 태음산 좌우에 매복할 것을 지시했다. 난서와 순언은 장려씨 집을 방문하여 진여공에게 도성으로 복귀할 것을 건의했다. 진여공은 어쩔 수 없이 도성으로 돌아가기 위해 출발했다. 매복한 정활이 진여공의 행렬을 기습했다. 정활은 서동을 베어 죽이고, 진여공을 생포했다.

난서와 순언은 태음산에 주둔하고 진여공을 감금했다. 난서는 거병의 확실한 성공을 보장받기 위해 사씨(범씨 포함)와 한씨의 참가가 필요함을 주장했다. 순언도 동의했다. 난서와 순언은 사자를 보내 진여공의 명을 사칭하며 사개(=범개)와 한궐을 태음산으로 소환했으나, 사개와 한궐은 의심이 들어서 가지 않았다.

결국 난서와 순언은 정활을 시켜 진여공을 독살했다(BC 573년). 난서와 순언은 진여공의 급사 소식을 알리고 익翼으로 가서 진여공의 장례를 치렀다. 사개와 한궐을 포함한 대신들은 진여공이 죽은 이유를 묻지 않았다.

장례가 끝나자 난서는 대부들을 소집하고, 새 군주의 추대 문제를 의논했다. 순언이 진양공의 증손 주周를 추대했고, 모두 찬성했다.

제2절 진도공晉悼公의 선정과 진晉의 중흥

진도공晉悼公의 즉위(BC 573년)

난서는 공손 주周를 모셔오기 위해 순앵을 주로 보냈다. 공손 주는 당시 14세의 소년이었다. 주는 순앵에게 진晉의 국내 사정을 물어서 듣고, 진晉으로 출발했다. 진晉의 대신들은 청원清原 땅으로 나가 주를 영접했다.

주는 영접 나온 대신들에게 군주가 존귀한 것은 신하에게 명령을 내릴 수 있어서 그러하다고 강조하며, 자신은 허울뿐인 군주가 될 생각이 없음을 밝혔다. 주는 자신의 명령에 복종할 뜻이 없다면 즉위하지 않을 것임을 선언하고, 명령 복종 여부를 선택하도록 했다. 대신들은 재배하며, 명령에 복종할 것을 다짐했다. 마침내 진양공의 증손 주周가 신강에 도착하여 즉위하니(BC 573년), 곧 **진도공晉悼公**[1]이다.

진도공은 즉위한 직후 군주를 타락시킨 죄를 물어 이양오와 청비퇴를 참수하고, 일족을 국외로 추방했다. 또 진도공은 군주를 시해한 죄를 물어 정활을 거열형에 처했다.

정활이 처형당하자 중군원수 난서는 혼비백산했고, 노쇠를 이유로 사직하며 한궐을 천거했다. 이후 난서는 너무 걱정하여 병이 들었고, 곧 죽었다.

---

1) 진晉도공 희주: 재위 BC 573 ~ BC 558

조씨趙氏 가문의 부활(BC 573년)

진晉도공은 한궐을 중군원수에 임명했다. 한궐은 진도공을 비밀리에 알현하고, 조씨 일족의 신원을 건의했다. 한궐은 공손저구와 정영의 충정으로 조무趙武가 살아있음을 보고하며, 사구 도안고를 경계하여 비밀로 해 줄 것을 부탁했다. 진도공은 기뻐하며, 한궐에게 조무를 데려올 것을 지시했다.

한궐은 조무와 정영을 방문하여 사실을 알리고, 조무와 정영을 신강으로 데려왔다. 15년만의 귀환이었다. 진도공은 조무를 궁에 숨겨둔 후에 병이 들었다고 핑계 대며 드러누웠다. 한궐은 도안고를 포함한 모든 대신들과 함께 진도공을 문병했다. 진도공은 공신을 박대한 일로 인해 병이 들었음을 알리고, 조최와 조돈의 일을 거론했다. 대신들이 안타까워하자 진도공은 드디어 조무를 나오게 했다. 도안고는 혼비백산했다. 진도공은 도안고를 참수하고 일족을 몰살하도록 지시했다. 한궐과 조무는 도안고 일족을 몰살했다. 조무는 도안고의 수급을 바치며 부친 조삭에게 제사를 올렸다.

진도공은 조무를 사구에 임명하고, 조씨 일족의 재산과 국록을 돌려주었다[1]. 진도공은 정영을 불러 놀라운 의리를 칭찬하며 군정에 임명했다. 정영은 조씨 가문의 신원을 위해 자신이 살아남은 것이라고 아뢰며, 공손저구를 지하에 홀로 있게 할 수는 없다면서 갑자기 칼로 목을 찔러 자살했다. 조무는 대성통곡했다. 조무는 공손저구의 무덤 옆에 정

---

1) 《사기》는 진경공晉景公(재위 BC 599 ~ BC 581)이 조씨 가문을 부활시킨 것으로 기록하고 있으나, 재위기간을 감안하면 이는 잘못된 것임. 진도공이 부활시킨 것으로 보는 것이 맞음

영을 묻고, 부모에 대한 예로 3년 동안 상복을 입었다.

진도공은 송에 망명 중이던 조승을 소환하고, 한단邯鄲 땅을 하사했다. 이로써 **조무**(조돈의 손자)는 <u>진양 조씨</u>의 시조가 되었고, **조승**(조천의 손자)은 <u>한단 조씨</u>의 시조가 되었다.

노양공魯襄公의 즉위(BC 573년)

숙손득신의 아들인 숙손교여는 노성공의 모후인 목강穆姜과 사통했다. 숙손교여의 동생인 숙손표叔孫豹는 자신에게 화가 미칠 것을 우려하여 제로 도주했다. 숙손표는 서장자 수우豎牛, 적자 병丙과 임壬을 아들로 두었다. 노성공의 말년에 숙손교여도 제로 도주했다.

노성공이 재위 18년에 사망하고 세자 오午가 3세의 어린 나이에 즉위하니, 곧 **노양공魯襄公**[1]이다. 군주는 어렸고 계속해서 노의 실권은 삼환이 장악했다. 노양공은 숙손표를 불렀고, 숙손표는 노로 귀국했다. 이후 숙손표는 상경이 되어 노의 실권을 행사했다.

노는 원래 상·하 이군 체제였다. 계손행보의 아들인 계손숙季孫宿(=계무자季武子)이 숙손표 등과 상의하고 군대를 개편하여 삼군을 설치했는데(BC 561년), 삼환이 일군씩 차지했다. 이후 맹손씨와 계손씨는 사병들을 해고했는데, 숙손표는 해고된 삼가의 사병들을 거두어 가신으로 삼았다.

---

1) 노양공 희오: 재위 BC 572 ~ BC 542

진도공晉悼公의 선정과 진晉의 중흥

진晉도공은 능력과 자격에 따라 벼슬을 수여했다. 한궐을 중군원수로, 사개를 중군부장으로, 위주의 손자인 **위강魏絳**을 사마로 임명했다. 그밖에 순앵을 상군장수로, 난서의 아들인 난염을 하군장수로, 조무를 신군장수로 임명했다.

진도공은 형벌과 조세를 감면하고, 빈민을 구제하고, 통상을 진흥하고, 농업을 장려하는 등 국정을 쇄신했다. 이로 인해 민생은 안정되었고, 진晉의 국력은 신장되었다.

진晉이 안정을 되찾자 송과 노 등 여러 나라에서 진晉에 사신을 파견하고 조례를 올렸다. 진도공은 기환공杞桓公의 딸을 부인으로 맞이했다. 한편 정성공은 언릉전투에서 초공왕이 실명失明한 것에 감복하여 초에 대한 충성을 유지했다.

제3절 진晉과 초楚의 치열한 패권 다툼

초공왕楚共王의 송宋 공격(BC 573년)

초공왕은 진晉의 중흥이 걱정되어 진晉의 패업을 방해할 대책을 논의하기 위해 회의를 열었다. 영윤 공자 영제는 계책을 올리지 못했다. 공자 임부는 송에서 망명한 다섯 대부들에게 병사를 주어 송을 공격하게 하고, 일이 진행되어 가는 것을 지켜볼 것을 건의했다. 초공왕은 승낙했다.

초공왕은 송에서 망명한 다섯 대부들을 대동한 채 공자 임부 등을 이끌고 직접 송으로 쳐들어갔다(BC 573년). 초군은 송의 팽성彭城 땅을 함몰했다(BC 573년 4월). 초공왕은 다섯 대부들에게 병거 300승을 내어주면서, 송 정권을 쟁취하는 것을 최종 목표로 하되 최소한 팽성을 방어하면서 진晉과 오의 연락을 차단할 것을 지시했다. 초공왕은 다섯 대부들을 팽성에 남겨두고 귀국했다. 팽성 주민들은 초의 앞잡이가 되어 돌아온 다섯 대부들을 증오했다.

송평공은 대부 노좌老佐를 시켜 팽성을 공격하게 했다(BC 573년 겨울). 노좌는 어석 등이 지휘하는 초군을 크게 무찌르고 팽성을 포위했다. 초 공자 영제가 구원군을 이끌고 팽성으로 와서 송군을 격파했고, 노좌는 화살에 맞아 죽었다. 초군은 송의 도읍을 향해 나아갔다.

진도공晉悼公의 송宋 구원(BC 572년)

송의 상경 화원은 구원을 요청하기 위해 진晉으로 가서 한궐을 만났다. 한궐은 진도공에게 송을 구원하는 것이 패업의 시작이라고 강조했다. 진도공은 각국 제후들에게 협력을 요청하는 사신을 보냈다. 진도공은 한궐, 순언, 난염을 대동하고 직접 출전하여(BC 572년) 대곡臺谷 땅에 주둔했다. 진晉군의 출전 소식을 듣자 공자 영제는 송 공격을 중단하고 귀국했다.

진도공은 송, 노, 위, 조, 거, 주邾, 등滕, 설薛[1] 등 8국 군대를 거느리고 행군하여 팽성을 포위했다. 송군은 팽성 주민들을 향해 항복을 권

---

1) 하夏 때부터 존재하던 임성任姓 제후국. BC 416년 제에 멸망함

유하며, 역적을 처단할 것을 부추겼다. 팽성 주민들은 성문을 열고 9국 군대를 영접했다. 초군은 즉시 도주했다. 진도공은 다섯 대부들을 참수하고, 팽성을 송에 돌려주었다.

진도공은 초에 협력하고 있는 정으로 쳐들어갔다(BC 572년). 진도공은 정의 도성을 포위했다. 초 공자 임부는 정을 구원할 목적으로 송을 공격했다. 진도공은 어쩔 수 없이 송으로 회군했고, 초군은 바로 귀국했다. 9국 군대도 귀국했다.

주영왕周靈王의 즉위(BC 572년)

주간왕이 재위 14년에 사망하고 태자 설심泄心이 즉위하니(BC 572년), 곧 **주영왕周靈王**[1]이다.

정희공鄭僖公의 즉위(BC 571년)

정성공이 병이 들어 위독해지자 상경인 공자 비騑를 불러 초공왕의 은혜를 강조하고 초에 충성할 것을 유언으로 남겼다. 정성공이 재위 14년에 사망하고 세자 곤완髡頑이 즉위하니(BC 571년), 곧 **정희공鄭僖公**[2]이다. 권력은 6목이 나누어 가졌고, 정희공은 실권이 없었다.

---

1) 주영왕 희설심: 재위 BC 571 ~ BC 545
2) 정희공 희곤완: 재위 BC 570 ~ BC 566

진晉 연합군의 정鄭 공격(BC 571년)

정이 계속 초에 충성하자 진晉도공은 척戚 땅으로 각국의 대부들을 초청했다. 제·노·송·위·조·주邾·등·설·소주小邾의 대부들이 참석했다. 진晉의 순앵, 제의 최저崔杼, 노의 중손멸, 송의 화원, 위의 손임보 등의 대부들이 모여 정에 대한 대책을 상의했다. 중손멸이 정의 호뢰虎牢 땅은 험지로 정과 초의 교통 통로라고 말하며, 호뢰를 빼앗아 성을 쌓고 군사를 주둔시키면 정이 복속할 것이라고 주장했다. 당시 진晉으로 복귀해 있던 무신은 오에 장수를 파견해 초를 공격할 수 있도록 지도할 것을 건의했다. 진도공은 무신의 아들인 무호용巫狐庸을 오에 파견하여 오군을 지도하도록 했다.

진도공은 9국 군사들을 이끌고 출전하여 정의 호뢰 땅을 빼앗고 호뢰성을 쌓았다(BC 571년). 진도공은 각국의 규모에 따라 병사 300명~1,000명을 차출하여 공동으로 호뢰성을 수비하도록 주둔시켰다.

정희공은 결국 진晉의 압박에 굴복하고 진에 화평을 요청했다. 진도공은 승낙하고 충성 서약을 받은 후 귀국했다(BC 570년). 친초정책을 주장하던 상경 공자 비는 이때부터 정희공과 사이가 나빠졌다.

기해祁奚와 위강魏絳의 지조

진晉의 중군위中軍尉[1] 기해祁奚는 나이가 일흔이 넘어 노쇠를 이유로

---

1) 군위軍尉는 진도공이 새로 만든 관직으로 평시에는 군정을 담당하고 전시에는 사령관 역할을 하는 고위직이었음. 중군위는 중군의 군위였으므로 매우 중요한 직책이었음

사임을 요청했다. 진도공이 후임자를 천거할 것을 요청했다. 기해는 뜻밖에도 평소 사이가 매우 나빴던 해호解狐를 천거했다. 진도공이 의아해하자 기해는 적임자를 하문하여 답한 것이고 원수를 하문한 것은 아니라고 대답했다[1].

해호는 취임 직전에 병으로 사망했다. 진도공이 다시 기해에게 후임자를 요청했다. 기해는 아들 기오祁午를 천거했다. 진도공이 의아해하자 기해는 적임자를 하문하여 답한 것이고 아들에 대해 하문한 것은 아니라고 대답했다.

당시 중군위부장 양설직羊舌職도 사망하여 공석이었는데, 진도공이 후임자를 천거할 것을 요청했다. 기해는 양설직의 아들인 양설적羊舌赤과 양설힐羊舌肹을 천거했다.

진도공은 기해가 친족이나 자기 사람을 챙기기 위해서가 아니라 능력만을 기준으로 천거한 것을 알았기 때문에 결국 기오를 중군위에, 양설적을 중군위부장에 임명했다(BC 570년). 진晉의 대부들은 진도공이 능력에 따라 사람을 쓰는 것을 보고 기뻐했다.

한편 패업의 재건을 목표로 하는 진도공은 계택鷄澤 땅에서 각국 제후들을 초대하여 맹회를 개최했다[**계택鷄澤회맹. 진도공의 1차 회맹**] (BC 570년). 진晉, 송, 노, 위, 정, 거, 주邾의 제후들이 참석했고, 제는 세자 광光이 참석했다. 제후들이 모인 기회에 진도공은 군대를 사열하고 진晉의 위세를 과시했다.

공자 양간楊干은 진도공의 친동생으로 10대 중반의 혈기왕성한 소년이었다. 진도공이 군대를 사열할 때 양간이 공명심에 행렬의 순서를 위

---

1) 여기서 **기해천수**祁奚薦讐(기해가 원수를 천거했다는 뜻. 공평무사하게 적임자를 천거하는 것을 비유함)의 고사성어가 나옴

반하고 앞서나갔다. 행렬 위반은 군법을 위반하는 행위이므로 사마 위강은 군법의 지엄함을 강조하며 양간을 처벌하기로 결정했다. 사마 위강은 공자 양간을 직접 처벌할 수는 없어서 대신 양간의 어자를 참수하고, 단 아래에 효수했다(BC 570년).

공자 양간은 진도공을 찾아가 울면서 위강이 자신의 어자를 참수하여 공실을 능멸했다고 호소했다. 진도공은 분노하여 사실 관계를 확인하지 않은 채 중군위부장 양설적에게 위강을 체포할 것을 지시했다. 양설적은 위강은 지조 있는 사람이어서 군무를 처리한 후 스스로 출석할 것이므로 체포가 불필요하다고 아뢰었다.

이때 위강은 상소장을 들고 궁으로 오던 중이었는데, 진도공이 자신을 체포하라고 지시한 사실을 알게 되었다. 위강은 시종에게 상소장을 궁으로 가져가 올리도록 지시한 후 군법을 굽히고 목숨을 구걸하기는 싫다며 칼을 들어 자살하려고 했다.

하군부장 사방士魴과 대부 장노張老가 이 모습을 보고 위강을 급히 말렸다. 사방과 장노는 진도공을 알현하고 위강의 상소장을 전달했다. 군대에서 중군원수의 명령이 갖는 의미와 그 명령 이행의 중요성을 역설하고, 중군원수의 명령을 어긴 자를 죽여 사마의 직책을 다했으나, 결과적으로 군주의 동생에 관련된 부분으로 군주의 분노를 초래한 것을 죽음으로 사죄하고자 하는 내용이었다.

이때 위강은 궁문 앞에서 엎드려 처벌을 기다리고 있었다. 진도공은 달려 나가 위강을 일으키고 위로하며, 동생을 가르치지 못한 자신의 과오를 인정했다. 진도공은 공자 양간을 문책했다.

초楚와 오吳의 교전(BC 570년)

　무호용은 오에 정착했다. 오왕 수몽은 무호용을 상경에 임명했다. 무호용은 오왕 수몽에게 초를 공격할 것을 건의했다. 오왕 수몽은 세자 제번諸樊에게 초 근처의 강에 주둔하고 군사를 훈련시킬 것을 지시했다.

　영윤 공자 영제는 초공왕에게 오에 대한 선제공격을 건의했고, 초공왕은 승낙했다. 공자 영제는 군사 2만 명을 거느리고 배를 타고 강 하류로 진격했다(BC 570년). 초군은 오의 구자鳩玆 땅을 점령했다. 공자 영제는 장강 하류로 진격하려고 했다.

　이때 초의 장수 등요鄧廖가 장강은 전진은 쉬우나 후퇴가 어려운 강임을 지적했다. 등요는 선두를 자청하면서, 유리하면 진격할 것이고 불리하면 연락할 것이니 본진은 학산郝山 강변에 주둔하고 상황에 따라 대처할 것을 건의했다. 영제는 승낙했다. 등요는 전선 100척에 정병 3,300명을 싣고 동쪽(하류)으로 나아갔다.

　오의 세자 제번은 초군의 동진을 예상하고 유인작전으로 쓰기로 계책을 마련했다. 오의 공자 여제餘祭는 채석항采石港에 매복하고, 공자 이매夷昧가 양산梁山으로 나가 초군을 유인했다. 등요는 동쪽으로 진격하다 이매를 만났다. 이매는 거짓으로 패하고 동쪽으로 도주했다. 등요는 추격했는데, 채석항 부근에서 세자 제번이 등요를 상대하며 접전을 벌였다. 이때 매복 중이던 여제가 초군의 후위를 기습했다. 등요는 분전했으나 전사하고, 초군은 대패하여 겨우 300명만 도주했다.

　세자 제번은 승세를 이용해 초의 본진에 대한 공격을 개시했다. 미처 예상하지 못했던 초 공자 영제는 대패했고, 구자 땅을 도로 빼앗겼다.

영윤 공자 영제는 귀국하던 도중에 울화병으로 죽었다(BC 570년).

초楚 영윤 공자 임부任夫의 욕심

초공왕은 공자 임부任夫를 영윤에 임명했다(BC 570년). 임부는 매우 탐욕스러운 성격이었는데, 지위를 남용하여 초의 속국들에 끊임없이 뇌물을 요구했다. 특히 사소한 트집을 잡아 진陳을 두 차례 공격하고 뇌물을 요구했다. 초장왕이 진陳을 멸망시켰다가 회복시켜 준 이후부터 성실히 초를 섬기고 있었던 진陳성공은 초 영윤 임부의 계속된 욕심에 분노하여 대부 원교轅僑를 진晉에 보내 복속을 자청했다(BC 569년).

초공왕은 진陳을 잃은 것에 대해 분노하여 영윤 임부를 처형하고, 자신의 동생인 공자 정貞을 영윤에 임명했다.

진애공陳哀公의 즉위(BC 569년)

진陳성공은 세자 약弱(익溺이라는 기록도 있음), 초招, 과過 등의 아들을 얻었다. 진성공이 재위 30년에 사망하고 세자 약이 즉위하니(BC 569년), 곧 **진애공陳哀公**[1]이다.

진晉과 산융山戎의 화친(BC 569년)

무종국 군주 가보嘉父가 대부 맹낙孟樂을 진晉에 파견하여 여러 산융

---

1) 진陳애공 규약: 재위 BC 568 ~ BC 534

국가들이 연과 제가 약해진 틈을 노려 중원에 대한 침략을 자행하고 있음을 알리고, 자신들이 여러 산융 국가들을 설득하여 그들이 진晉과 동맹을 맺기를 바라게 했음을 강조했다. 맹낙은 진晉이 산융 국가들과 동맹을 맺거나 그렇지 않으면 그들을 정벌하여 줄 것을 요청했다.

대부분의 대신들이 산융을 불신하여 정벌을 주장했다. 사마 위강은 산융 원정 시 초가 그 틈을 노려 공격할 것을 우려하며, 산융 국가들과 화평을 체결할 것을 주장했다. 위강은 산융과 동맹을 맺으면 변방을 안정시킬 수 있고, 제후들에게 진晉의 위세를 보일 수 있으며, 북쪽에 대한 걱정 없이 남쪽에 전념할 수 있음을 강조했다. 진晉도공은 위강의 주장에 찬성했다.

진도공은 위강을 무종국에 파견했다. 위강은 가보와 상의했고, 가보는 산융 국가들의 여러 추장들을 초대했다. 위강은 여러 산융 국가들의 추장들과 맹세의식을 하고, 모든 국가들이 서로 평화를 유지하기로 합의했다(BC 569년).

산융 국가들과 동맹을 맺은 이후 진도공은 진晉의 위세를 과시하기 위해 제후들을 척戚 땅으로 불러 회맹을 가졌다[**척戚회맹. 진도공의 2차 회맹**](BC 568년). 진晉, 송, 제, 노, 진陳, 위, 정, 거, 주邾, 등, 설, 오의 제후들이 참석했다. 오왕 수몽이 중원의 회맹에 최초로 참석했다.

공자 비騑의 정희공鄭僖公 시해[정간공鄭簡公의 즉위](BC 566년)

정희공은 정의 실권을 쥐고 있는 6목에 대하여 불만을 가졌고, 대우를 소홀히 했다. 정희공은 6목과 불화했는데, 특히 상경 공자 비騑와 사이가 나빴다.

초공왕은 진晉에 붙은 정과 진陳을 공격할 것을 영윤 공자 정貞에게 지시했다. 초의 영윤 공자 정은 진晉의 연합군이 점령한 호뢰로 갈 수 없어 허 땅을 통과하여 정을 공격했다(BC 566년).

정희공은 회의를 열고, 진晉에 구원을 요청할 뜻을 밝혔다. 공자 비는 초에 복속할 것을 주장하며, 진晉에 대한 구원 요청에 반대했다. 정희공은 초에 복속할 경우 진晉의 공격을 우려했으나, 공자 비는 강한 나라를 섬기면 충분하다고 주장했다. 공자 비는 진과 초에 대한 동맹을 수시로 바꿀 것을 강조하며, 공격을 받을 경우 즉시 동맹을 바꾸면 충분하다고 주장했다. 정희공은 국가가 불안해진다며 공자 비의 주장을 반박하고, 진晉에 대하여 구원 요청을 할 것을 지시했다.

대부들은 공자 비를 두려워하여 아무도 사신으로 나서지 않았다. 정희공은 분노하여 직접 진晉으로 출발했다. 며칠 후 공자 비는 자객을 보내 역사에 숙박 중이던 정희공을 암살하고(BC 566년), 정희공이 급살병으로 죽었다고 선포했다. 이후 공자 비는 정희공의 동생[1]인 공자 가嘉를 즉위시키니(BC 566년), 곧 **정간공鄭簡公**[2]이다.

정간공은 즉시 초군 진영에 사자를 보내 복속을 제안했다. 초의 영윤 공자 정은 승낙했다(BC 566년).

월越의 군주 부담夫譚의 즉위(BC 565년)

오의 동남쪽에 위치한 월越은 하夏의 6대 왕 소강의 후예로 하왕으로부터 제우(우 임금)의 무덤 제사를 담당하기 위해 제후로 책봉되었다

---

1) 정희공의 아들이라는 견해도 있음. 동명이인으로 공자 비의 동생인 공자 가도 있음
2) 정간공 희가: 재위 BC 565 ~ BC 530

고 《사기》에 기록되어 있으나, 전혀 근거 없는 주장이다[1]. 원래 월 땅의 주민들은 중원과는 전혀 다른 동남아시아 계열의 원주민으로 추정되며, 언어와 문화가 중원과는 전혀 달랐다. 여러 다양한 계통의 부족들로 구성되어 있었으며, 통일된 국가를 이루지 못한 채 원시공동체를 유지하고 있었다. 철기시대 때 기후가 한랭건조해지면서 북쪽으로부터 다수의 중원 사람들이 내려오기 시작하였고, 춘추시대 중·후기 때에는 중원과 동남아 계통 주민의 혼혈이 다수가 된 것으로 보인다. 그 결과 원주민들은 더 남쪽의 척박한 땅으로 밀려나게 되었다[2].

이때부터 역사서에 월에 대한 기록이 보이기 시작한다. 부담夫譚[3]이 월의 군주로 즉위했다(BC 565년)는 기록이 그것인데, 더 자세한 사항은 기록이 없어 알 수 없다. 주변의 여러 부족들을 통합하여 초기 형태의 국가를 완성한 것으로 추정되는데, 부담의 부족을 중심으로 여러 부족들이 연합한 부족연맹국가의 모습이었을 것으로 보인다.

월은 더 북쪽에 위치하여 먼저 중원의 문물을 받아들인 후 강해진 오吳에 일찍부터 예속되었다. 오는 월을 수시로 약탈하여 주민들을 잡아다 발뒤꿈치를 자른 후 노예로 부렸다. 월은 오를 증오하였지만 힘이 약하여 공물을 바치며 복속했으나, 오의 약탈은 수시로 반복되었다.

---

1) 하夏 당시 장강 유역은 동이 또는 남만 국가들이 지배하고 있었으며, 하 왕조의 지배력은 전혀 미치지 못했음
2) 중원 사람들이 장강 이남을 완전히 장악하게 되는 것은 동진시대 때였고, 삼국시대 때까지는 원주민들의 영역이 꽤 남아 있었음
3) 월의 군주 부담: 재위 BC 565 ~ BC 538

진晉의 정鄭 공격과 초楚의 진陳 공격(BC 565년)

정이 초에 붙자 진晉도공은 회의를 열었다. 순앵荀罃은 정이 중원의 요충지임을 지적하면서, 정을 복속시키는 것은 패업의 시작임을 강조했다. 한궐은 순앵의 견해에 찬성하면서, 노쇠를 이유로 중군원수에서 사임할 뜻을 아뢰었다. 한궐은 순앵을 천거했고, 진도공은 순앵을 중군원수에 임명했다(BC 566년).

진도공은 초에 복속한 정에 대한 대책을 논의하기 위해 위鄗 땅으로 제후들을 소집하여 회맹을 가졌다[위鄗회맹. 진도공의 3차 회맹](BC 566년 12월). 진晉, 송, 노, 진陳, 위, 조, 거, 주邾의 제후들이 참석했다.

순앵은 정을 공격했다(BC 565년). 정간공은 즉시 동맹을 요청했고, 순앵은 승낙했다.

한편 초의 영윤 공자 정은 병거 500승을 거느리고 진晉에 복속한 진陳으로 쳐들어갔다. 진陳애공은 바로 초에 항복하고, 충성을 맹세했다(BC 565년).

비록 진陳을 잃었지만 정이 다시 복속하자 진도공은 형구邢丘 땅으로 제후들을 소집하여 회맹을 가졌다[**형구邢丘회맹. 진도공의 4차 회맹**](BC 565년). 진晉, 송, 제, 노, 정, 위, 주邾의 제후들이 참석했다.

제4절 진도공晉悼公의 패권

초楚에 대한 공격을 준비하는 진도공晉悼公

정이 진晉에 복속하자 초공왕은 직접 정을 공격했다(BC 564년). 정은 초에 동맹을 요청했다. 초공왕은 승낙하고, 귀국했다.

진도공은 정의 배신에 분노했다. 진도공은 정에 대한 대책을 논의하기 위해 제후들을 소집하여 회맹을 가졌다[**진도공의 5차 회맹**](BC 564년). 진晉, 송, 제, 노, 위, 조, 거, 주邾, 등, 설, 기杞, 소주小邾의 제후들이 참석했다.

순앵은 정을 복속시키는 근본 대책은 초를 피곤하게 하는 것이라고 강조하며, 우리는 편안하면서 초를 피곤하게 하는 이일대로以逸待勞 계책을 아뢰었다. 즉 ①4군을 3군으로 나누고 ②1군씩 교대로 출전하여 ③초군이 출전하면 후퇴하고, 초군이 철수하면 전진하는 내용이었다. 결국 진晉의 일군이 교대로 초의 전군을 견제하여 적을 피곤하게 하는 것이었다. 진도공은 만족했다. 순앵은 다음과 같이 군을 3군으로 편성했다.

- 제1군: 상군(순언, 한기) + 노·조·주邾군 + 사개(중군부장)
- 제2군: 하군(난염, 사방) + 제·등·설군 + 위힐(중군상대부)
- 제3군: 신군(조무, 위상) + 송·위·소주군 + 순회(중군대부)

순앵은 출전 순서를 정하고, 윤번제로 출전함을 알리고 초군과 교전을 금지시켰다. 제1군이 출전할 준비를 마쳤다.

제1군의 핍양국偪陽國 점령(BC 563년)

출격 준비가 끝나자 진도공은 사査 땅에서 제후들을 소집하여 회맹을 가졌다[사査회맹. 진도공의 6차 회맹](BC 563년). 진晉, 송, 제, 노, 위, 조, 거, 주邾, 등, 설, 기杞, 소주小邾의 제후들과 오왕 수몽이 참석했다.

제1군이 출전하려고 할 때 송에서 국서를 보내왔다. 초와 정이 자주 송의 경계를 침범하고 있는데, 핍양국偪陽國이 초에 길을 빌려주고 있어 위기에 처해 있음을 호소하는 내용이었다. 순언이 핍양국을 정벌한 후 송의 속국으로 삼아 송의 대부 상술에게 통치하도록 할 것을 제안했다. 순앵은 핍양성이 견고한 것을 염려했다. 사개는 정을 공격할 때 송의 협조가 필요함을 들어 순언의 주장에 찬성했다. 순앵은 순언과 사개에게 핍양을 정복할 자신이 있는지 물었다. 순언과 사개는 실패 시 군법을 받겠다고 자신 있게 답했다. 결국 진도공은 제1군을 보내 핍양을 공격하기로 결정했다.

제1군은 출전하여 핍양성을 포위했다. 핍양 대부 운반妘斑은 제1군 전체의 기세를 꺾기 위해 북문에 주둔하고 있는 노군을 유인하여 격파하는 계책을 마련했다. 노의 상장 중손멸이 **숙량흘叔梁紇**, 진근보秦菫父, 적사미狄虒彌를 대동하고 핍양성의 북문을 공격했다. 핍양성의 북문은 좌우로 여는 성문이 아니라 상하로 올리고 내리는 문이었다. 운반은 노군을 유인하기 위해 북문을 열었다. 진근보와 적사미가 성안으로 진입했는데, 핍양군은 즉시 북문을 내려 노군을 분리시키려 했다. 이때 숙량흘은 성으로 진입하려다 내려오는 북문을 초인적인 힘을 발휘해 두 손으로 떠받쳤다. 입성했던 노군은 놀라서 급히 성 밖으로 후퇴했다. 운반은 노군을 추격하려다 숙량흘의 괴력에 놀라 중단했다.

본영으로 돌아온 숙량흘이 진근보와 적사미에게 자신의 힘을 자랑했다. 진근보는 계속 공격했으면 성을 함몰할 수 있었다고 주장했다. 적사미는 혼자 힘으로 성을 함몰하여 노군의 힘을 과시하겠다고 장담했다.

다음 날 노의 상장 중손멸은 핍양성 공격을 재개했다. 적사미가 장담한 대로 분전했다. 핍양성의 군사들이 성벽 아래로 베(布)를 늘어뜨리며, 베를 붙들고 성벽을 타고 올라올 용기가 있는지 도발했다. 진근보가 베를 타고 올라갔다. 핍양군이 베를 칼로 잘랐다. 진근보는 땅으로 떨어졌으나, 큰 상처 없이 일어났다. 핍양군이 다시 베를 늘어뜨리며 도발했고, 진근보는 다시 올라갔다. 핍양군이 또 베를 칼로 잘랐다. 진근보는 또 땅으로 떨어졌으나, 큰 상처 없이 일어났다. 핍양군이 또다시 베를 늘어뜨리며 도발했고, 진근보는 또다시 올라갔다. 핍양군이 또다시 베를 칼로 자르려는 순간 진근보는 칼을 들어 그 군사를 베고 땅으로 떨어졌다. 핍양성의 군사들은 진근보의 용기를 인정하고 더 이상 도발하지 않았다. 노군의 사기는 올라갔다.

핍양 대부 운반은 장기전으로 계획을 변경하고 수비에 집중했다. 제1군은 성을 포위한 지 24일이 지났으나 성과를 내지 못했다. 그러던 중 장마가 시작되었고 홍수가 발생했다. 제1군은 불안감을 느꼈다. 순언과 사개는 강이 범람하는 경우 회군이 곤란할 것을 우려하여 순앵에게 회군을 요청했다. 순앵은 분노하여 순언과 사개를 질타하고, 7일 내로 함몰하지 못할 경우 군법을 적용해 처형하겠다고 말했다. 순언과 사개는 부하 장수와 군사들을 독려하며, 6일 내로 함몰하지 못할 경우 모두 처형한 후 자살하겠다고 선언했다.

순언과 사개는 총공격을 개시했다. 핍양성도 결사적으로 저항했다. 순언과 사개는 앞장서 사다리 수레를 이용해 성벽에 도달했다. 처절한 싸움 끝에 제1군은 성으로 진입했다. 시가전이 벌어졌다. 핍양군은 결사적으로 저항했으나, 중과부족으로 패했다. 운반은 전사했다. 결국 핍양 군주는 순앵에게 항복했는데, 만 5일째였다(BC 563년 5월).

이때 진도공은 정병 2,000명을 거느리고 제1군을 후원하기 위해 위의 도읍 초구에 당도했다. 승리를 보고받은 진도공은 사람을 보내 송의 대부 상술에게 핍양을 하사했다. 상술은 송평공과 함께 진도공을 방문하여 핍양을 사양했다. 진도공은 송평공에게 핍양을 하사했다. 진도공은 노의 세 장수의 용맹을 칭찬하고 병거를 하사했다.

진도공은 핍양 군주를 폐서인하고, 핍양 공족들을 곽霍 땅으로 강제로 이주시켰다. 이는 춘추시대 중기 이후 패전국을 다스리는 방식이 바뀌고 있는 현상을 보여주는 것이다. 즉 ①항복을 받고 동맹을 맺은 후 회군하던 전통적인 방식 ②나라를 멸망시키고 현을 설치하여 직접 통치하는 방식(멸국치현) ③멸국치현에 더하여 패전국의 주민들을 강제로 타지로 분산시켜 반란의 가능성을 줄이고 패전국에 자국민을 이주시켜 통치의 효율성을 높이는 방식(멸국치현 + 사민정책)의 순서로 방식이 달라지고 있는 것이다. ③의 방식은 특히 효과가 높았는데, 부용국과 작은 국가에 대하여 먼저 적용되다 서서히 큰 국가에 대하여도 확대된다.

정鄭의 내분(BC 563년)

정에서 울지尉止와 사신司臣이 변란을 일으켜 서궁西宮에 모여 있던 상경 공자 비, 공자 발, 공자 첩을 공격해서 죽이는 사건이 발생했다.

공자 비의 아들인 공손 하夏와 공자 발의 아들인 **공손 교僑**가 연합하여 울지와 사신을 공격했다. 울지와 사신은 패해 북궁北宮으로 도주했는데, 공손 채蠆가 공격에 가세했다. 결국 울지와 사신은 사로잡혀 처형되었다. 울지의 아들인 울편尉翩과 사신의 아들인 사제司齊는 송으로 도주했다.

남은 6목 중 가장 연장자인 공자 가嘉(정목공의 아들, 공자 비의 동생)가 정경이 되었다.

제2군의 정鄭 공격[1차 출격](BC 563년)

핍양 점령 후 얼마 뒤 신군부장 순회가 사망했다. 진도공은 위강을 신군부장에 임명하고, 장노를 사마에 임명했다. 진도공은 정에 대한 공격을 논의하기 위하여 다시 제후들을 소집하여 회맹을 가졌다[**진도공의 7차 회맹**](BC 563년). 진晉, 송, 제, 노, 위, 조, 거, 주邾, 등, 설, 기杞, 소주小邾의 제후들이 참석했다.

제2군이 정으로 쳐들어갔다(BC 563년 10월). 제2군은 정의 우수牛首 땅에 주둔하고, 호뢰성과 연락을 주고받았다. 정의 내분 사실이 제2군에 보고되었다. 난염은 순앵에게 정의 내분을 이용하여 신속히 공격할 것을 건의했다. 순앵은 남의 불행을 이용하는 것은 의로운 일이 아니라며 거부했다. 순앵은 정에 대한 공격을 연기했다.

정의 상경 공자 가는 진晉군에 사자를 보내 화평을 요청했다. 순앵은 승낙하고, 맹세를 받은 후 신속히 귀국했다.

얼마 후 초의 영윤 공자 정이 정을 구원하러 뒤늦게 도착했다. 그러자 정은 바로 초와 동맹을 맺었다(BC 563년).

제3군의 정鄭 공격[2차 출격](BC 562년)

진晉도공은 제3군을 출전시켜 정을 공격했다(BC 562년 여름). 진의 순앵과 조무, 송의 상술, 위의 손임보 등이 출전했다. 제3군은 정의 도성을 포위했다.

정간공은 제3군에 화평을 요청했다. 순앵은 송의 박毫 땅으로 군사를 물렸다. 정간공은 박 땅으로 가서 순앵과 맹세의식을 치르고 동맹을 맺었다. 제3군은 신속히 귀국했다.

초공왕楚共王과 정간공鄭簡公의 송宋 공격(BC 562년)

초공왕은 영윤 공자 정을 진秦에 보내 정에 대한 공동 공격을 제안했다. 진秦경공은 매부인 초공왕의 제안을 승낙했다. 진秦경공은 영첨嬴詹을 대장으로 하고 병거 300승을 출전시켰다. 진秦군과 초군은 형양滎陽 땅에서 만나기로 약속했다. 초공왕은 정을 멸망시킬 생각을 하고 직접 형양으로 출전했다(BC 562년).

진晉과 초의 공격을 받고 동맹하는 일이 계속 반복되자 정간공은 처지를 탄식했다. 공손 사지舍之는 진晉과 초를 싸움 붙여 결과를 보고 섬기는 나라를 정할 것을 주장하며, ①초군이 국경을 넘기 전에 나가서 초군을 영접하고 ②초와 연합하여 송을 공격하고 진晉을 격분시키면 ③진晉은 정을 공격하기 위해 출전할 것이므로 ④초군과 진晉군이 만나 교전하면 그 결과를 기다리는 계책을 아뢰었다. 정간공은 만족했다.

공손 사지는 초공왕을 찾아가 엎드리며, 진晉의 포악무도 때문에 본의 아니게 진晉과 화평한 것이라고 변명했다. 공손 사지는 초에 대한 충성을 강조하며, 진晉의 앞잡이인 송을 공격할 것을 건의하고, 정도 참전할 의사를 표시했다. 초공왕은 만족했다. 공손 사지는 정간공이 미리 동비東鄙에서 송을 공격할 준비를 하고 있다고 보고했다.

초공왕은 진秦과 합세하기로 약속했음을 알리며, 진秦과 함께 송을 공격할 뜻을 밝혔다. 공손 사지는 진秦은 너무 멀리 떨어져 있다고 강조하며, 대왕의 위엄과 용맹한 초군을 감안하면 서쪽 오랑캐의 도움은 필요 없을 것이라고 아뢰었다. 초공왕은 매우 기뻐하며, 사자를 보내 진秦군을 도로 돌려보냈다.

초공왕은 공손 사지와 함께 동쪽으로 나아갔다. 정간공은 유신有莘 벌판에서 초공왕을 영접했다. 초군과 정군은 송으로 쳐들어갔다. 초군과 정군은 실컷 노략질을 한 후 철수했다(BC 562년).

진晉 연합군의 정鄭 공격[3차 출격](BC 562년)

송평공은 상술을 진晉으로 보내 초와 정의 공격 사실을 보고했다. 순앵은 초가 진秦에 원조를 요청한 것은 초군이 지쳤다는 증거라고 강조하며, 총공격을 통해 정을 복속할 것을 건의했다. 진도공도 동의했다. 진도공은 송, 제, 노, 위, 조, 거, 주邾, 등, 설, 기杞, 소주小邾의 제후들과 두 차례 회합을 가지고 공격을 논의했다[**진도공의 8차, 9차(=마지막) 회맹**](BC 562년 4월, 7월).

진晉 연합군은 정에 대한 총공격을 개시했고(BC 562년), 많은 물품을 노략질했다. 공손 사지는 정간공에게 진晉에는 화평을 요청하고 초에는 구원을 요청할 것을 건의하고, 초군이 출동할 경우 싸움의 결과를 기다리고 초군이 출동하지 않으면 진晉에 복속할 것을 아뢰었다. 정간공은 대부 백변伯騈을 진晉군에 파견하고, 공손양소公孫良霄를 초에 파견했다.

공손양소는 초공왕을 알현하고 구원을 요청하며, 구원이 없으면 진晉을 섬길 수밖에 없음을 알렸다. 영윤 공자 정은 초군이 지쳐 있어 출동이 불가하다고 아뢰었다. 초공왕은 구원군을 보낼 수 없어 짜증이 났고, 공손양소를 구금해 버렸다.

한편 백변은 소어蕭魚 땅에 주둔 중인 진도공을 알현했다. 진도공은 정의 반복된 배신을 책망했다. 백변은 정의 복속 의사를 거듭 강조했다. 진도공은 조무를 정의 도성으로 보냈고, 조무는 정간공과 맹세의식을 거행했다. 정간공은 공손 사지를 파견했고, 공손 사지는 12월에 정간공이 진도공을 방문하여 맹세할 것을 청했다. 진도공은 허락했다.

약속된 날에 맞춰 정간공은 진晉군의 진영으로 가서 진도공을 알현했다. 진도공은 함께 참전한 11국 제후들을 초청하여 함께 정간공을 만났다. 진도공은 정간공에게 정의 처지를 이해하고 있다고 위로하고, 노략질한 물품을 반환했다. 진도공은 정에 대한 신뢰를 보이기 위해 호뢰에 주둔한 병사들을 철수시켰다. 진도공은 진晉군과 정군의 휴식이 필요함을 강조하고, 정간공에게 복속을 강요하지 않을 것이니 진晉과 초 중에서 섬길 국가를 자유롭게 선택하라고 말했다.

정간공은 진도공의 위로에 감격하여 진정한 복속을 약속했다(BC 562년 12월). 정간공은 도성으로 복귀한 후 진晉군에 다수의 악사, 악공, 돈거 등 많은 뇌물을 보냈다. 진도공은 순앵과 위강의 공적을 칭찬하며, 정이 바친 뇌물의 일부를 하사했다. 위강은 "서書(=서경)에서 말하기를, '편안할 때는 위태로움을 생각하라(거안사위居安思危).'라고 하였습니다. 생각하면 대비를 하게 되며, 대비가 되어 있으면 근심이 사라지게 됩니다."라고 아뢰며[1], 진도공에게 경계를 권유했다. 위강의 말을 들은 진도공은 정간공이 보내온 뇌물을 돌려보냈다. 모든 제후들은 귀국했다. 진도공은 각국에 사신을 파견해 협조에 대해 감사를 표했다.

한편 진秦경공은 정을 구원할 목적으로 역櫟 땅에서 진晉군을 공격하여 승리했다. 이후 정이 항복한 소식을 듣고 진秦경공은 철수했다.

초공왕楚共王의 후계 고민

초공왕은 **초招**[2], **위圍**, **비比**(일명 간干), **흑굉黑肱**(일명 석晳), **기질棄疾** 등의 아들을 얻었다. 초공왕은 세자를 누구로 정할지 고민이었다. 결국 초공왕은 조상의 혼령의 도움을 받아 결정하기로 결심했다. 초공왕은 종묘 제단에 옥구슬을 숨긴 후 선조 신위에 적임자를 선택해 주길 기원했다.

며칠 후 초공왕은 그 옥구슬을 비밀리에 태실 앞뜰에 묻고 아무도 알 수 없게 표시를 했다. 소수의 측근만 이 사실을 알았다. 초공왕은 조상의 혼령이 선택한 적임자는 묻어둔 옥구슬 위에서 참배할 것이라고 생각하고, 아들들에게 종묘를 참배할 것을 지시했다. 공자 위는 절하면서 발이 약간 닿았다. 다른 공자들은 전혀 엉뚱한 곳에서 절을 했다. 어려서 유모에 안겨 온 공자 기질은 정확히 묻어둔 옥구슬 위에서 절을 했다.

초공왕은 상서로운 조짐을 보인 공자 기질을 총애했다. 그러나 공자

---

1) 여기서 **유비무환**有備無患(평소에 준비가 되어 있으면 나중에 근심이 없다는 뜻)의 고사성어가 나옴
2) 소설《동주 열국지》에는 소昭로 기재되어 있음

기질은 아직 너무 어렸다. 초공왕은 어쩔 수 없이 공자 초를 세자로 임명했다. 초공왕의 뜻을 아는 사람들은 공자 기질이 왕위를 계승하길 희망했다.

오왕吳王 제번諸樊의 즉위(BC 561년)

오왕 수몽이 병이 들어 위독해졌다. 수몽은 제번, 여제, 이매, 계찰을 불러 계찰이 왕이 되어야 함을 강조하고, 계찰이 거부하여 제번에게 왕위를 넘기지만, 제번은 나중에 왕위를 여제에게 넘기고, 여제는 이매에게 넘기고, 이매는 계찰에게 넘길 것을 유언으로 지시했다. 수몽은 이를 어기는 자는 불효자로 하늘이 그를 용서하지 않을 것이라고 말하고 나서 재위 25년에 사망했다(BC 561년).

제번은 계찰에게 즉위할 것을 권유했으나, 계찰은 완강하게 사양했다. 결국 제번[1]이 오왕으로 즉위했다. 오왕 제번에게는 **광光**, **부개夫概** 두 아들이 있었지만, 오왕 제번은 다음 왕위를 여제에게 넘기겠다고 선언했다. 진도공은 조문 및 즉위 축하 사절을 보냈다.

이후 오왕 제번은 계찰에게 양위하려고 여러 차례 시도했지만, 계찰은 한사코 거부했다(BC 559년).

초강왕楚康王의 즉위(BC 560년)

초공왕이 재위 31년에 사망하고 세자 초가 즉위하니(BC 560년), 곧

---

1) 오왕 제번: 재위 BC 560 ~ BC 548

초강왕楚康王[1]이다.

오왕 제번은 초의 국상을 기회로 삼아 공자 당黨을 시켜 초를 공격했다. 초 장수 양유기는 오군을 맞아 싸우며, 활을 쏘아 공자 당을 죽였다(BC 560년). 오군은 패하여 도주했다.

3군으로 군대를 재편하는 진도공晉悼公

진晉의 중군원수 순앵과 사방, 위상이 연달아 병으로 죽었다(BC 560년). 여러 자리가 비게 되자 진晉도공은 군대를 재편했다(BC 559년). 순언을 중군원수에, 사개를 중군부장에 임명했다. 조무를 상군장수에, 한기를 상군부장에 임명했다. 난염은 하군장수에 유임시키고, 위강을 하군부장에 임명했다. 평소 성격이 교만했던 난염은 자신이 중군원수가 되지 못한 것에 실망했고, 순언을 미워하게 되었다. 진도공은 신3군을 폐지하고, 하군에 편입시켰다. 이로써 진晉은 제후의 예법대로 다시 3군 체제가 되었다.

진도공은 중원의 여러 제후들을 모아 여러 차례 회맹하였으며, 초를 제압하고 정을 복속시키는 등 **진문공의 옛 패업을 부활시켰다**. 이로써 진晉은 다시 중흥을 이루게 되었다. 중원의 주요 국가들 중 **진陳, 채, 허**를 제외한 대부분의 국가들이 진도공을 섬겼다.

---

1) 초강왕 웅초: 재위 BC 559 ~ BC 545

진晉 연합군의 진秦 공격(BC 559년)

오왕 제번은 초군에 패하자 진도공에게 원조를 요청했다. 대부 양설힐은 오가 초를 공격한 것은 국상을 이용한 것으로 무모하고 동정의 여지가 없는 것이라고 지적했다. 양설힐은 진秦과 초의 협력을 우려하며, 진秦이 역 땅을 공격한 것에 대하여 보복할 것을 주장했다. 결국 진도공은 진秦을 공격하기로 결정했다. 진도공은 여러 나라에 격서를 보냈다. 송, 제, 노, 위, 조, 정, 거, 주邾, 등, 설, 기杞, 소주小邾 등 12개 국가가 호응했다.

순언은 12개 국가와 연합하여 진秦으로 쳐들어갔다(BC 559년). 진秦군은 진晉 연합군의 전진을 막기 위해 경수涇水 상류에 독약을 뿌렸다. 숙손표는 노군을 이끌고 경수를 건너다 많은 피해를 입었다. 그 모습을 본 진晉 연합군은 강을 건너기를 주저했다. 한참 후 정의 공손교와 위의 북궁괄北宮括이 용기를 내어 강을 건넜고, 진晉 연합군도 따라서 강을 건넜다. 진晉 연합군은 진秦의 역림棫林 땅에 영채를 세웠다.

진秦경공은 영첨을 대장으로 하고 공자 무지無地 등을 대동하여 병거 400승으로 직접 출전해 역림 외곽 50리에 영채를 세웠다.

진晉의 중군원수 순언은 군사회의를 열지도 않고 독단적으로 전군에 출전 태세를 갖추도록 지시했다. 순언은 닭이 울면 말에 멍에를 지우고 군영의 우물을 덮고 부뚜막을 메우고[1] 무조건 자신의 병거가 가는 방향으로 따라올 것을 명령했다. 평소 순언을 싫어했던 하군장수 난염은

---

1) 여기서 **색정이조塞井夷竈**(우물을 덮고 부뚜막을 메운다는 뜻. 진을 치고 전투 준비를 하는 것을 비유함)의 고사성어가 나옴

의논도 없이 지나치게 독단적으로 사람을 무시한다고 분노했다. 난염은 하군 군사들에게 진秦과는 반대로 본국 방향인 동쪽으로 행군할 것을 지시했다. 하군부장 위강은 상관인 난염을 따라 회군했다.

순언은 난염과 위강의 회군 보고를 받고 우울해하며, 명령에 불복하니 성공할 가망이 없다고 탄식했다. 결국 순언은 전군에 회군할 것을 지시했다. 이때부터 순씨(=중행씨)[1]와 난씨 사이에 불화가 생겼다.

난염의 동생으로 하군거우인 난겸欒鍼은 사개(=범개)의 아들이자 소년장수로 유명한 **범앙**范鞅에게 성과 없는 회군은 치욕이라고 강조하며, 함께 진秦군과 싸울 것을 제안했다. 범앙은 동의했다. 난겸과 범앙은 진秦군에 대하여 공격을 개시했다. 난겸은 용맹을 발휘하여 진秦의 장수 10여 명을 죽였다.

진秦군은 처음에는 당황했으나, 진晉군의 후속부대가 없는 것을 알고 난겸과 범앙을 포위했다. 범앙은 난겸에게 후퇴할 것을 건의했다. 난겸은 이를 무시하고 진秦군을 맹렬히 공격했다. 결국 난겸은 전사했다. 범앙은 겨우 진秦군의 포위를 뚫고 탈출하여 귀국했다.

난염은 범앙에게 동생 난겸의 생사를 물었다. 범앙은 전사했다고 답했다. 난염은 혼자 돌아온 범앙에게 분노하며, 창을 들어 범앙을 공격했다. 범앙은 부친 사개의 처소로 도주했다. 난염은 범앙을 추격했다. 난염의 아내인 난기欒祁는 사개의 딸이다. 사개는 사위인 난염에게 분노하며 달려온 이유를 물었다. 난염은 경위를 설명하고, 처남인 범앙을 추방할 것을 요구했다. 사개는 어쩔 수 없이 추방에 동의했다. 이때부

---

1) 순씨에서 분파되어 **중행씨(순림보-순경-순언-순오-순인)**와 **지씨(순수-순앵-지삭-지영-지역…)**가 나옴. 분파 이후에도 이들은 순씨를 혼용하여 표기하기도 했고, 동족 의식이 있어서 상호 협조적이었음

터 사씨(=범씨)와 난씨 사이에 불화가 생겼다.
결국 범앙은 진秦으로 도주했다. 진秦경공은 범앙을 객경에 임명했다(BC 559년).

진晉과 진秦의 우호(BC 559년)

어느 날 진秦경공과 범앙은 진晉의 대부들을 주제로 많은 대화를 나누었는데, 범앙은 난씨의 몰락을 예견했다. 즉 난염은 교만하지만 부친 난서의 후광이 있어 세력을 유지할 것이지만, 난염의 아들인 **난영欒盈**에 이르면 후광은 사라지고 가문은 몰락할 것으로 분석했다. 진경공은 범앙의 식견을 칭찬했다.

진秦경공은 서장庶長 무빙武聘을 진晉에 보내 우호를 요청했고, 진晉도공은 승낙했다(BC 559년). 이후 양국은 춘추시대가 끝날 때까지 우호를 유지하게 된다.

진秦경공은 다시 사람을 보내 진晉도공에게 범앙의 귀국 및 복직을 권유했다. 진晉도공은 범앙을 불러들였고, 대부에 임명했다. 진晉도공은 난염에게 범앙에 대한 원한을 풀라고 타일렀다. 얼마 후 난염은 병이 들어 죽었다. 진晉도공은 위강을 하군장수에, 난영을 하군부장에 임명했다(BC 559년).

제5편 춘추春秋 시대 후기

제1장

중원 정세의 변화

제1절 제齊의 배신과 진晉의 응징

손임보孫林父의 위헌공衛獻公 축출[위상공衛殤公의 즉위](BC 559년)

위정공 때부터 국정을 전단하던 공자 흑견이 죽자 그 아들인 공손표 公孫剽가 부친의 벼슬을 승계했다. 공손표는 권모술수가 대단한 인물이었다. 정경 **손임보孫林父**와 아경 **영식寧殖**은 위헌공의 방종과 실정에 실망했다. 손임보와 영식은 공손표와 친밀하게 지냈다.

위헌공에 실망한 손임보는 반역할 뜻을 굳힌 후 은밀히 진晉과 내통하며 유사시 원조를 요청하고자 했다. 손임보는 국고의 재화를 척戚 땅으로 빼돌리고 처자식을 이주시켰다. 위헌공은 손임보를 의심했으나, 반역의 명백한 증거가 없고 손임보 가문의 힘을 의식하여 경계하고 있었다.

어느 날 위헌공은 손임보와 영식을 점심식사에 초대했는데, 깜빡 잊어버리고 후원에서 궁술 선생인 **공손정公孫丁**과 활쏘기 시합을 하고 있었다. 손임보와 영식은 아침에 궁에 도착하여 저녁이 될 때까지 허기를 참으며 기다리다 결국 위헌공을 찾아갔다. 위헌공은 미안한 기색도 없이 나중에 다시 약속을 정할 테니 물러가라고 말하며, 공손정과 기러기 맞추기 내기를 했다.

손임보와 영식은 심한 모욕감을 느끼고 귀가했다. 손임보와 영식은 위헌공을 비난하며, 공손표를 추대하기로 합의했다. 손임보는 척읍으로 내려가 부하 유공차庾公差와 윤공타尹公佗에게 가병들을 정돈하게 하고, 모반 계획을 세웠다. 손임보는 맏아들 손괴孫蒯에게 위헌공의 동정을 파악할 것을 지시했다.

손괴는 위헌공을 방문하고 문안을 드렸다. 위헌공은 주연을 베풀며, 악공에게 '교언巧言'을 연주하도록 지시했다. 교언은 주유왕의 폭정을 풍자하는 내용인데, 위헌공은 손괴에게 손임보의 반역 의도를 이미 파악하고 있으니 자숙하라는 경고의 의미로 교언의 연주를 지시한 것이다. 태사가 교언은 불길한 시라고 아뢰었으나, 노래를 부르기로 되어 있던 사조師曹가 태사에게 연주를 종용했다.

원래 사조는 거문고의 명수였다. 예전에 사조는 위헌공의 지시로 위헌공의 애첩에게 거문고를 강습한 적이 있었는데, 지도에 잘 따르지 않아 매를 10대 때렸다. 위헌공의 애첩은 눈물을 흘리며 위헌공에게 일러바쳤고, 위헌공은 사조를 잡아다 애첩 앞에서 300대의 곤장을 때렸다. 이 일로 인해 사조는 위헌공에게 원한을 품게 되었다. 사조는 교언을 불러 손괴가 위헌공을 원망하도록 자극하기 위해서 연주를 종용한 것이다.

손괴는 교언을 들으며 좌불안석이었다. 위헌공은 손괴에게 손임보에 대한 명령을 전달하도록 지시했는데, 척읍에서 근신할 것을 명하는 내용이었다. 손괴의 보고를 받은 손임보는 오히려 거사를 결심했다. 손임보는 은밀하게 도성으로 돌아가 대부 거원蘧瑗을 방문하고, 거사에 동참할 것을 권유했다. 거원은 신하가 군주를 섬기는 방법은 간언하거나 망명하는 것이라고 말하며 거절했다. 손임보는 소득 없이 척읍으로 돌아왔다. 거원은 나라의 혼란을 피해 노로 이주했다.

손임보는 가병을 소집했다. 손임보의 반역 움직임을 보고받은 위헌공은 두려움을 느끼고, 사자를 파견하여 화해를 시도했다. 손임보는 거부 의사를 명백히 하기 위해 그 사자를 죽였다.

위헌공은 손임보를 공격하기 위해 북궁괄을 소환했으나, 북궁괄은 병을 핑계 대며 불응했다. 영식이 손임보와 내통하고 있다는 보고가 올라오자 공손정은 대세가 기울었다고 판단하여 위헌공에게 도주할 것을 권유했다. 위헌공은 병사 200여 명을 선발하여 황급히 제를 향해 도주했는데, 공손정이 위헌공을 수행했다.

손괴와 손가孫嘉 형제가 위헌공을 추격하여 공격했다. 많은 병사들이 죽거나 도망쳤고, 공손정과 10여 명의 병사만이 위헌공을 따라 도주했다. 명궁 공손정은 화살을 쏘아 추격군의 접근을 저지했다. 많은 병사들이 공손정에게 죽임을 당하자 손괴와 손가는 추격을 포기했다.

후발 추격대를 이끌고 오던 유공차와 윤공타는 손괴 형제에게 위헌공을 수행하는 명궁에 대한 이야기를 들었다. 유공차와 윤공타는 15리를 더 추격했다. 공손정은 유공차의 궁술 스승이고, 유공차는 윤공타의 궁술 스승이었다. 위헌공을 태우고 병거를 몰며 도주하던 공손정은 제자인 유공차가 추격하는 것을 알게 되었고, 위헌공에게 자신의 제자라고 말하며 안심시켰다. 공손정은 병거를 멈추고 유공차를 기다렸다. 유공차는 스승인 공손정에게 인사했고, 공손정은 철수하라는 손짓을 보냈다.

유공차는 스승과 주군 사이에서 갈등하다 결국 활촉을 부러뜨린 화살 4대를 발사한 후 철수했다. 철수하던 윤공타는 자신과 공손정은 직접적인 사제관계가 없다고 주장하며, 자신은 주군의 명령을 따르겠다고 말했다. 유공차는 공손정의 활솜씨는 양유기에 필적함을 강조하며, 목숨을 아끼라고 윤공타를 설득했다.

윤공타는 고집을 부리며, 방향을 바꿔 다시 위헌공을 추격하여 따라잡았다. 공손정은 사제관계를 강조하며, 철수하라고 윤공타를 설득했다. 윤공타는 말을 듣지 않고 공손정에게 화살을 날렸다. 공손정은 날아오는 화살을 잡아 윤공타에게 쏘았다. 윤공타는 즉사했고, 병사들은 도주했다.

위헌공은 감탄하며, 공손정에게 고마움을 표했다. 이때 위헌공의 동복동생인 공자 전鱄이 병사들을 이끌고 와서 합류했다. 위헌공 일행은 제에 당도했다. 제영공은 위헌공을 환대하고(BC 559년), 내성萊[1]城에 거주하게 했다.

한편 손임보는 영식과 상의하고 공손표를 추대했다. 대신들의 추대로 공손표가 즉위하니(BC 559년), 곧 **위상공衛殤公**[2]이다. 손임보는 진晉에 사신을 보내 위상공의 즉위를 보고했다.

진도공은 순언을 불러 위의 처벌에 대해 의논했다. 순언은 위헌공의 무능과 무도를 아뢰며, 간섭하지 말 것을 건의했다. 진도공은 위를 처벌하지 않았다. 제영공은 진도공의 결정에 실망하며, 이때부터 패업을 추진하기로 결심한다.

---

1) 산동반도 동부에 위치한 동이 계열 종족. BC 567년 제에 병합됨. 이로써 제는 산동반도를 통일함
2) 위상공 희표: 재위 BC 558 ~ BC 547

제영공齊靈公의 노魯 공격(BC 558년)

제영공의 가족관계는 다음과 같다.

- 안희顏姬: 부인. 노 공실 출신. 아들 없음
- 종희鬷姬: 잉첩. 노 공실 출신. **광光** 출산
- 융자戎子: 애첩. 아들 없음
- 중자仲子: 융자의 동생. **아牙** 출산
- 맹희孟姬: 숙손교여의 딸. **저구杵臼** 출산

제영공은 맏아들 광을 세자로 임명했다. 제영공의 애첩 융자는 친동생인 중자가 낳은 아를 사랑하여 자신의 양자로 삼고, 제영공에게 아를 세자로 임명해달라고 계속 졸랐다. 제영공은 승낙했다. 아의 친모인 중자는 세자 광을 폐위할 경우 백성들이 불복할 것이라며 세자 임명에 반대했다.

제영공은 세자 광을 즉묵 땅으로 보내 그곳을 다스리게 했다. 얼마 후 제영공은 세자 광을 폐위하고, 공자 아를 세자로 임명했다(BC 558년). 광은 매우 용맹하고 지고는 못사는 성격이었으므로 폐위된 것에 분노했으나, 어쩔 도리가 없었다. 제영공은 상경 고후高厚를 세자 아의 태부로, 내시 숙사위夙沙衛를 소부로 임명했다.

노양공은 노와 인연이 깊은 공자 광의 폐위에 분노하고, 사신을 보내 제영공에게 항의했다. 제영공은 노가 광을 후원할 경우 혼란이 발생할 것을 우려하여 아예 노를 공격할 결심을 한다. 제영공은 노의 북비北鄙 땅을 공격하고(BC 558년), 많은 노략질을 한 후 철수했다. 제영공은

아예 공자 광을 죽일 생각까지 했다. 노양공은 진쯥에 사신을 보내 제영공을 고발하고, 원군을 요청했다.

진평공晉平公의 즉위(BC 558년)

당시 진도공은 병이 깊어 노에 원군을 보낼 수 없었다. 진도공은 결국 29세의 나이로 재위 16년에 병으로 사망한다(BC 558년 겨울). 뒤를 이어 세자 표彪가 10대 초중반의 어린 나이에 즉위하니, 곧 **진평공晉平公**[1]이다.

노양공은 숙손표를 진쯥에 보내 조문하며, 제의 횡포를 호소했다. 진쯥의 중군원수 순언은 대회를 개최할 예정임을 알리고, 제영공이 불참할 경우 공격하겠다고 답했다.

이때 초는 진쯥과 오 양쪽을 신경 쓰느라 군사력을 집중하지 못해 국력이 상당히 약해진 상태였다. 진쯥은 초를 공격했고(BC 557년), 담판 땅에서 진군은 초군을 무찔렀다. 진도공 때 확립된 초에 대한 진쯥의 우세가 계속 유지되었다.

진晉 연합군의 제齊 공격[평음平陰전투](BC 555년)

진쯥평공은 제후들을 추량溴梁 땅으로 소집하고 대회를 개최했다(BC 557년 봄). 제영공은 진쯥의 문책을 염려하여 대신 고후를 보냈다. 순언은 고후를 구금할 생각이었다. 고후는 이를 눈치채고 제로 도망쳤다.

---

1) 진쯥평공 희표: 재위 BC 557 ~ BC 532

제영공은 또다시 노를 공격하여 방防 땅을 포위하고, 노의 수장 장견臧堅을 죽였다(BC 557년). 노는 숙손표를 진晉에 보내 원군을 요청했다. 진평공은 순언에게 제를 공격할 것을 지시하고, 제후들에게 격서를 보냈다.

진晉, 송, 노, 위, 조, 정, 거, 주邾, 등, 설, 기杞, 소주小邾 등 12개 국가의 제후들과 군사들이 노의 제濟 땅에 모였다. 순언은 12국 연합군을 이끌고 제에 대한 공격을 개시했다(BC 555년).

제영공은 상경 고후에게 임치성의 수비를 맡기고, **최저崔杼·경봉慶封·석귀보析歸父·식작殖綽·곽최郭最**·숙사위 등을 대동하여 평음성平陰城에 주둔했다. 제영공은 석귀보에게 평음성 남쪽의 방성防城 외곽에 큰 참호를 건설하고 정병을 두어 수비할 것을 지시했다. 내시 숙사위는 참호만으로는 부족하다고 아뢰며, 가장 먼저 도착하는 군대에 기습공격을 하여 적의 사기를 꺾을 것을 건의했다. 제영공은 참호를 과신하며, 승낙하지 않았다.

순언은 제군이 참호를 파서 수비한다는 보고를 받고, 연합군을 나누어 진격하는 작전을 사용했다. 노군과 위군은 낭야琅琊 땅으로 진격하여 수구須句 땅을 거쳐 임치성에서 합류하고, 주邾군과 거군은 낭야 땅으로 진격하여 성양城陽 땅을 거쳐 임치성에서 합류하고, 나머지 군사들은 평음 땅을 공격하고 임치성에서 합류하는 내용이었다.

순언은 평음성 부근에 당도하여 사마 장군신張君臣에게 계책을 지시했다. 장군신은 순언의 지시대로 요충지마다 깃발을 꽂았고, 병거에 나뭇가지를 매달고 달리며 먼지를 일으켰고, 큰 깃발을 병거에 꽂고 달려 엄청난 대군이 집결한 것처럼 꾸몄다. 평음성 공격을 위해 순언은 다음과 같이 연합군을 편성했다.

- 중앙: 진의 중군(순언, 사개) + 송군, 정군
- 우측: 진의 상군(조무, 한기) + 등군, 설군
- 좌측: 진의 하군(위강, 난영) + 조군, 기군, 소주군

연합군은 나무와 돌을 수레에 싣고, 흙가마니를 등에 지고 방성 외곽의 참호를 향해 진격했다. 연합군은 나무, 돌, 흙가마니를 부어 순식간에 참호를 메워버렸다. 연합군은 총공격을 개시했다. 예측하지 못했던 연합군의 신속한 진격에 당황한 제군은 패했고, 석귀보는 평음성으로 도주했다. 연합군은 평음성을 향해 진격했다.

제영공은 대군이 집결한 외관에 속아 당황하고, 싸울 엄두를 내지 못하고 임치성으로 후퇴하기로 결정했다. 내시 숙사위가 자신이 후위를 맡아 아군의 후퇴를 보호하겠다고 자원했다. 장수 식작과 곽최는 숙사위를 내시라고 비웃으며, 자신들이 후위에서 아군을 보호하겠다고 자청했다. 제영공은 식작과 곽최에게 후위를 맡겼다. 숙사위는 수치심을 느꼈고, 식작과 곽최에게 원한을 가지게 되었다.

제군은 20리를 도주하여 평음 북쪽의 석문산石門山에 도착했다. 양쪽 옆은 큰 바위고, 한 가닥 좁은 길이 나 있었다. 제영공 일행이 통과한 뒤 숙사위는 식작과 곽최에게 보복하기 위해 말 시체와 큰 수레를 이용해 석문 어귀의 좁은 길을 막아버렸다.

식작과 곽최는 수비하면서 후퇴하여 석문 어귀에 도착했는데, 길이 막혀 있어 치우느라 지체되었다. 식작과 곽최는 숙사위를 저주했다. 결국 주작州綽이 이끄는 진晉군 선발대가 따라잡았다. 주작은 화살을 날렸고, 식작은 어깨에 화살을 맞았다. 곽최가 진晉군에 대항하려 했으나, 식작은 곽최를 말렸다. 식작과 주작이 인사하며 통성명을 나누었

고, 서로 상대의 명성을 인정했다.

　주작이 식작에게 목숨을 보호해 주겠다고 약속하며, 진晉에 귀순할 것을 설득했다. 주작은 식작의 목숨을 지켜주지 못할 경우 함께 죽겠다는 맹세까지 했다. 식작은 곽최의 신변 보장을 요청했고, 주작은 승낙했다. 결국 식작과 곽최는 진晉에 투항했다. 주작은 순언에게 두 장수의 용맹을 칭찬하며 천거했으나, 순언은 식작과 곽최를 일단 구금하고 나중에 결정하기로 했다.

초楚의 정鄭 공격(BC 555년)

　당시 초는 영윤 공자 정이 물러나고, 공자 오午가 영윤인 상황이었다. 초강왕은 다시 중원을 도모하기 위해 정을 공격하길 희망했다.

　정간공이 출전한 틈을 노려 정의 상경 공자 가는 초의 영윤 공자 오와 내통하고, 초가 정을 공격하면 공자 가는 방어를 핑계로 성을 나가 합류하기로 약속했다.

　초의 영윤 공자 오는 정을 공격했다(BC 555년). 정의 공손 사지와 공손 하는 공자 가를 의심하여 일체의 성문 출입을 엄금하고, 성을 철저히 수비했다. 이 때문에 공자 가는 초군과 내응하는 것이 불가능해졌다. 초의 영윤 공자 오는 정의 도성 부근 어치산魚齒山 아래에 주둔하고, 공자 가의 내응을 기다렸다. 공손 사지와 공손 하는 제로 원정 나간 정간공에게 급히 사자를 보내 구원을 요청했다.

진晉 연합군과 초군楚軍의 철수

세 방향으로 행군했던 진晉 연합군은 임치성에서 합류했다. 범앙은 불을 이용해 임치성의 서문을 공격했고, 결국 임치성의 외곽이 붕괴되었다. 진晉 연합군은 임치성의 내곽을 포위하고, 성에 대한 공격을 개시했다. 제영공은 임치성의 동문으로 도주하려고 했다. 고후가 제영공이 탄 병거의 말고삐를 끊으며, 진晉 연합군은 멀리 원정을 와서 후방에 대한 걱정이 있고 장기전이 불가능하므로 10일 동안 항전을 한 이후 도주 여부를 결정할 것을 간곡히 아뢰었다. 결국 제영공은 도주를 중지했고, 고후는 임치성을 굳게 수비했다.

이때 정간공에게 사자가 당도하여 본국의 위급상황을 보고했다. 정간공은 진평공에게 보고한 후 귀국했다. 순언은 진평공에게 제영공은 혼비백산하여 더 이상 노를 침범하지 않을 것이라고 아뢰며, 정에 대한 구원이 필요하다고 강조했다. 진평공은 임치성에 대한 포위를 해제하고, 정을 구원하기 위해 출발했다. 성 포위 7일째였다.

당시 진晉의 태사였던 사광師曠은 어려서부터 총명하고 음악을 좋아했었는데, 잡념 때문에 음악 공부에 전념하지 못하는 것을 탄식했었다. 사광은 잡념이 많은 것은 잡다하게 보는 것이 많아서라고 생각하고, 쑥잎을 태워 그 연기로 자신의 눈을 쐬어 스스로 장님이 되었다. 이후 사광은 음악 공부에 전념하여 음악에 통달하게 되었고, 기후와 음양에도 통달하게 되었다. 사광은 천시를 예측하는 능력으로 인해 여러 진후晉侯들의 신뢰를 받았으며, 전쟁에도 참전하게 되었다.

진晉군이 정을 향해 급히 행군할 때 태사 사광은 음악을 연주하며, 그 소리로 점을 쳤다. 사광은 초군의 불행을 예상했다.

이때 초군은 추위로 인해 많은 동사자가 발생하여, 병사들이 영윤 공자 오를 원망하고 있었다. 정간공이 회군하고 있다는 보고를 받은 공자 오는 결국 소득 없이 철수했다. 정간공은 도성으로 들어가 공자 가를 처형하고, 진평공에게 대부 공손 채를 파견하여 경과를 보고했다(BC 555년 12월).

진평공은 사광을 음악의 신이라며 찬탄했다. 각국 제후들은 귀국했다. 순언은 귀국 도중 머리에 종기가 났는데, 악화되어 도중에 병사했다(BC 554년 2월). 혼란한 틈을 타 제의 항장 식작과 곽최는 도주하여 제로 돌아갔다. 진평공은 사개(=범개)를 중군원수에 임명하고, 순언의 아들 순오荀吳를 중군부장에 임명했다.

제2절 진晉·제齊의 갈등(난영欒盈의 정변)과 화해

최저崔杼와 경봉慶封의 변란[제장공齊莊公의 즉위](BC 554년)

제영공이 재위 28년에 중병이 들어 드러누웠다(BC 554년 5월). 세자 아가 즉위할 경우 상경 고후의 세력이 강해질 것을 염려한 최저와 경봉은 은밀히 상의하고, 즉묵 땅에 머물던 폐세자 광을 비밀리에 임치로 모셔왔다.

경봉은 사병을 거느리고 세자 아의 태부인 고후를 방문했다. 경봉은 마중 나온 고후를 급습하여 죽였다. 한편 공자 광과 최저는 함께 궁으로 들어가 융자와 세자 아를 죽였다. 제영공은 변란을 보고받고 큰 충격을 받아 피를 토하고 사망했다. 이후 공자 광이 스스로 즉위하니(BC

554년), 곧 **제장공齊莊公**[1]이다.

세자 아의 소부인 숙사위는 고당高唐 땅으로 달아났다. 경봉은 숙사위를 추격했고, 숙사위는 고당성에서 저항했다. 제장공이 출전하여 고당성을 포위했으나, 한 달이 넘도록 함락시키지 못하고 있었다. 고당성의 동문 책임자인 공누工僂는 숙사위가 실패할 것으로 예상하고, 제군이 성을 오르는 데 협력하겠다는 뜻을 적은 서찰을 화살에 끼워 제군 진영으로 보냈다. 제장공은 공누를 불신했으나, 숙사위에 대하여 큰 원한을 가지고 있던 식작과 곽최는 공누와 협력하여 숙사위를 체포하겠다고 간청했다. 제장공은 허락했다. 식작과 곽최는 한밤중에 성 위에서 내려오는 밧줄을 타고 성으로 들어갔다. 식작과 곽최는 공누와 협력하여 숙사위를 체포하고, 성문을 열었다. 제장공은 숙사위를 참수하고, 그 고기로 젓갈을 만들어 신하들에게 나누어 주었다. 제장공은 공누를 고당성의 수장으로 임명했다.

진晉과 제齊의 화평(BC 553년)

범개는 임치성을 포위하고 그냥 돌아온 것을 아쉬워하며, 진晉평공에게 다시 제를 공격할 것을 건의했다. 진평공은 허락했다. 범개가 진晉군을 이끌고 제로 향하던 도중에 제영공의 사망 사실을 알게 되었다. 범개는 국상 중에 공격하는 것은 예가 아니라고 말하며, 그냥 회군했다(BC 554년).

---

1) 제장공 강광: 재위 BC 553 ~ BC 548

제의 대부 **안영晏嬰**은 자字가 평중平仲이었는데[1], 단신이고 외모는 보잘 것 없었으나 어질고 지혜로웠다. 안영은 제장공에게 진晉군이 회군한 것은 인정을 베푼 것이고 제가 진晉을 배반한 것은 불의한 것이라고 말하며, 화평을 건의했다. 제장공은 진晉에 사신을 보내 사죄하고, 동맹을 요청했다.

진평공은 전연澶淵 땅에서 제후들을 모아 회맹을 열었다(BC 553년). 진晉, 송, 제, 노, 위, 조, 정, 거, 주邾, 등, 설, 기杞, 소주小邾 등 13개 국가의 제후들이 참석했다. 범개와 제장공은 맹세의식을 거행하고 동맹을 맺었다.

난씨欒氏 가문의 축출(BC 552년)

진晉의 난씨 가문은 진晉 공실에서 분리되어 나온 가문으로 7대(난빈-난성-난지-난돈-난서-난염-난영)에 걸쳐 진晉의 경상卿相을 지냈고, 막강한 세력으로 부귀영화를 누렸다.

하군부장 **난영欒盈**은 겸손한 성품으로 문객을 양성하고 많은 인물들과 교류하고 있었다. 위서魏舒, 지기智起, 순희荀喜, 양설호羊舌虎, 적언籍偃, 기유箕遺 등은 난영의 일당이었다. 난영 휘하의 장수로는 주작, 형괴邢蒯, 황연黃淵, 기유箕遺 등이 있었다. **독융督戎**은 천하장사로 쌍창의 명수였는데, 난영을 항상 호위했다. 난영의 충성스러운 가신으로는 신유辛兪, 주빈州賓 등이 있었다.

---

1) 《논어》〈공야장〉편에 나오는 안평중晏平仲임. 춘추시대의 명재상 중 한 명임. 사마천은《사기》에서 "만약 안영이 오늘 살아 있다면 나는 기꺼이 그의 마부가 되겠다."라고 기록할 만큼 안영을 찬양하고 있음

난씨 가문은 도안고의 변란 때 방임한 것 때문에 조씨 가문과 사이가 나빴고, 진秦 공격 때 순언(=중행언)의 지시를 거부한 것 때문에 중행씨와 사이가 나빴고, 범앙을 추방한 것 때문에 범씨와 사이가 나빴다.

순앵은 지智 땅에 봉토가 있어 지앵智罃으로도 불렸고, 이때부터 지씨는 순씨에서 분리되었다. 당시 순앵의 아들인 지삭智朔(=순삭)은 요절했고, 지삭의 아들인 지영智盈(=순영荀盈)은 나이가 어렸다. 그래서 지씨는 순씨(중행씨)에 예속되어 있는 상태였다.

난염의 부인 난기는 난염이 사망할 당시 40세였는데, 음욕이 매우 강했다. 결국 난기는 젊고 잘생긴 주빈을 유혹하여 간음했다. 아들 난영이 제로 출전했을 때 난기는 주빈과 거리낌 없이 간음했다. 난영은 귀국한 후 추문 사실을 알게 되었다. 난영은 가문의 체면을 생각해 아무 말 못 하고, 대신 문지기들을 매질하며 가신들의 출입을 엄격히 단속할 것을 지시했다.

난기는 음욕을 제어할 수 없어 처음의 수치심이 분노로 변했고, 주빈의 신변이 걱정되었다. 난기는 괴로워하다 친정아버지 범개(=사개)의 생일 때 친정을 방문했다. 난기는 범개에게 난영이 범개와 범앙을 원망하여 변란을 준비하고 있다고 모함했다. 간부姦夫를 걱정하여 아들을 모함한 것이다. 옆에 있던 범앙은 난씨 가문의 세력이 너무 막강하므로 대비해야 한다고 부친 범개에게 호소했다.

범개는 진평공을 비밀리에 알현하며 난씨 일파를 축출할 필요성을 아뢰었다. 아직 나이가 어렸던 진평공은 대부 양필陽筆을 불러 의견을 물었다. 양필은 예전에 난염과 사이가 매우 나빴고, 범씨와 친밀한 관계였다. 양필은 진평공에게 난서는 진여공을 시해한 역적이므로 난씨 일파를 축출하는 것은 군주의 위엄을 세우는 것이라고 답했다. 진평공은 난서가 진도공을 보위한 공적이 있고, 난영은 죄를 지은 사실이 없음을 들어 주저했다. 양필은 개인적 은혜보다 국가의 기강이 더 중요함을 강조하며, 먼저 난영 주위의 일당을 제거한 후 난영이 세력을 유지하기 위해 저항하면 처형하고 국외로 도주하면 방임할 것을 건의했다. 진평공은 결국 난씨 일파를 제거하기로 결심했다.

다음 날 진평공은 범개를 불러 상의했다. 범개는 난영을 저읍著邑에 보내 축성을 지시한 다음 난영이 없을 때 일당을 제거할 것을 건의했다. 진평공은 승낙했다.

난영이 진평공의 지시를 받고 저읍으로 출발할 때, 기유가 저읍으로 갑자기 보내는 것이 이상하다고 주장했다. 기유는 핑계를 대고 사양한 후 진의를 파악하고 대책을 마련할 것을 간언했다. 난영은 신하는 군주의 분부를 사양하지 않는 것이라고 말하며, 기유의 간언을 거부했다.

난영이 떠난 후 사흘 뒤 진평공은 조회를 열고, 난서의 죄를 강조하며 난씨 일문과 일당을 추방할 것을 지시했다. 양필은 난씨 일족과 일당을 국외로 추방하고 난읍欒邑을 몰수한 후 난영을 축출할 목적으로 저읍으로 군사들을 이끌고 달려갔다.

난씨 가문 제일의 장수인 난낙欒樂과 난방欒鲂, 주작, 형괴는 강주성을 탈출하여 달아났다. 양설호와 기유, 황연은 성문이 닫혀 있어 미처 강주성을 빠져나가지 못했다. 그들은 난씨 파당을 치죄한다는 소문에 불안해하며, 양설호의 집에 모여 상의를 했다. 그들은 밤중에 가병들을 동원해 난을 일으키고, 혼란을 이용해 동문을 부수고 탈주하기로 했다.

조무의 문객인 장갱章鏗은 양설호의 옆집에 살았는데, 우연히 그 모의 내용을 엿듣게 되었다. 장갱은 조무에게 바로 밀고했고, 조무는 이를 범개에게 보고했다. 범앙은 군사 300명을 이끌고 가서 양설호의 집을 포위했다. 양설호의 집으로 모여들던 황연의 가병들은 군사들이 양설호의 집을 포위한 모습을 보고 그냥 도주했다.

양설호가 담 위에 올라 범앙에게 집을 포위한 이유를 물었다. 범앙은 성문을 파괴하고 도주할 계획을 세운 것은 반역죄에 해당한다고 대답했다. 양설호는 그런 일 없다고 시침을 뗐다. 그러자 범앙은 장갱을 불러 대질을 시켰다. 양설호는 분노하며 돌을 던졌고, 장갱은 돌에 맞아 즉사했다. 범앙은 격노하여 집에 불을 지른 후 공격했다. 양설호와 기유는 탈출을 시도했으나, 화살을 맞고 체포되었다. 중군부장인 순오는 범앙을 도우러 군사들을 이끌고 가다 도중에 황연을 생포했다. 범개는 추가로 난씨 일당을 철저히 수색하고 체포할 것을 지시했다. 범앙은 지기, 적언, 주빈을 체포했다. 순오는 순희, 신유, 양설적, 양설힐을 체포했다.

양설호는 미남에 용력도 출중하여 난영의 총애를 받았지만, 양설호의 이복형인 양설적과 양설힐은 어진 선비로 양설호와 교류가 없었다. 대부 악왕부樂王鮒는 진평공의 총애를 받고 있었는데, 양설적과 양설힐에게 호감을 가지고 있었다. 악왕부가 체포된 양설힐을 위로하며, 석방을 주선해 주겠다고 말했다. 양설힐은 악왕부를 무시하고 대꾸하지 않았다. 악왕부는 무안하여 양설힐을 원망하게 되었다. 악왕부의 호의를 거절한 것에 대하여 양설적이 동생 양설힐을 책망했다. 양설힐은 생사는 천명인데 만약 하늘이 돕는다면 노대부 기해가 나설 것이라고 대답했다.

진평공은 양설적과 양설힐이 체포된 사실을 의아하게 여기고, 악왕부에게 양설적과 양설힐이 난영의 일당인지 물었다. 악왕부는 앙심을 품고, 형제간은 가장 친한 관계라고 답했다.

기해의 아들인 기오祁午는 양설적 형제와 친한 사이였는데, 기읍祁邑에 사람을 보내 은거하고 있던 기해에게 양설적 형제를 구명해 줄 것을 요청했다. 기해는 급히 범개를 방문했다. 기해는 어진 신하는 사직의 초석이라고 강조하며, 극예와 극결의 사례를 들어 양설호의 죄는 양설적 형제에게 미치지 않음을 설득했다. 범개는 함께 진평공을 설득해 줄 것을 기해에게 부탁했다. 범개와 기해는 진평공을 알현하여 설득했고, 진평공은 양설적과 양설힐을 석방하고 복직시켰다.

진평공의 명에 의해 양설호·기유·황연은 능지처참 되었고, 지기·순희·적언·주빈·신유는 폐서인되었다(BC 552년).

양설적은 기해에게 감사인사를 하러 같이 가자고 양설힐에게 말했다. 양설힐은 기해는 국가를 위해 노력한 것이지 우리 형제를 위해 노력한 것은 아니라고 답하며, 기해에게 감사를 할 필요는 없다고 말했다. 결국 양설적 혼자 기오를 방문했다. 기오는 부친은 집에 들르지 않고 즉시 기읍으로 내려갔다고 말했다. 양설적은 은혜를 베풀고도 보답을 바라지 않는 기해의 행동에 찬탄했다.

석방된 주빈은 난기와 애정 생활을 계속했다. 결국 범개도 딸 난기의 추문을 알게 되었다. 범개는 자객을 보내 주빈을 암살했다.

제齊로 망명하는 난영欒盈(BC 551년)

난영은 저읍으로 가던 도중 곡옥에 도착했다. 당시 곡옥 수장이던 대부 서오胥午는 예전에 난서의 문객이었다. 서오는 난영을 영접했다. 이때 강주성을 탈출한 난낙 등이 곡옥으로 와서 난영에게 경과를 보고했다. 독융은 양필과 일전을 벌일 것을 주장했고, 주작과 형괴도 찬성했다. 난영은 자신은 군주에 대한 죄를 짓지 않았는데 범씨 일파의 함정에 빠진 것임을 강조하고, 관군에 대항할 경우 모함의 구실을 줄 것을 우려하여 망명을 결정했다. 서오도 동의했다.

난영, 난낙, 주작, 형괴는 서오와 작별하고, 초를 향해 출발했다. 양필은 저읍에 당도하여 난영 일행이 도중에 도주한 사실을 알게 되었다. 양필은 강주성으로 회군하면서 난씨 가문의 죄를 널리 선포했다.

난영은 평소 많은 선행을 베풀었고 선비들과 교류했으므로 진晉의 백성들은 난씨를 동정했다. 범개는 이를 우려하여 진평공에게 난영을 따라 망명하는 자는 처형할 것을 건의했고, 진평공은 법으로 망명을 금지했다.

이때 가신 신유辛兪가 재산을 수레에 싣고 난영을 쫓아 초로 가려다 적발되었다. 진평공은 법 위반을 책망했다. 신유는 진평공에게 삼대三代 동안 한 집안을 섬긴 경우에는 그 주인을 군주처럼 섬겨야 한다고 강조하며, 난씨는 자신에게 군주와 같은 존재라고 아뢰었다. 신유는 자신은 신하의 의무를 다하기 위해 난영에게 가는 것이라고 아뢰며, 이로 인해 난영을 죽이지 않은 진평공의 인덕을 유지하고 백성들에게 알리는 결과가 될 것이라고 설득했다. 진평공은 신유의 말에 매우 만족하고, 신유를 석방하며 자신을 섬길 것을 제안했다. 신유는 거절하고, 재물 수레를 끌고 초로 출발했다.

난영은 초가 진晉의 적국이어서 자신의 망명을 허락할지 여부를 염려하고, 초의 국경 근처에서 여러 달을 머물렀다. 결국 난영은 제로 망명할 결심을 했으나, 노자가 다 떨어졌다. 이때 신유가 재물 수레를 끌고 도착했다. 난영 일행은 제를 향해 출발했다(BC 551년).

제장공齊莊公의 호승지벽

　제장공은 매우 용맹하고, 호승지벽好勝之癖이 있어 지고는 못사는 성격이었다. 제장공은 평음에서 진晉에 패한 사실에 분통을 터뜨리고, 널리 장사들을 모집했다. 제장공은 용작勇爵이라는 직품을 새로 만들어 대부와 같은 국록을 주었는데, 천하장사 9명이 용작으로 뽑혔다. 이때 용작으로 뽑힌 자들은 식작, 곽최, 가거賈擧, 병사邴師, 공손오公孫傲, 봉구封具, 탁보鐸甫, 양군襄君, 누인僂堙 등 9명이었다. 제장공은 용작들과 함께 매일 무예를 단련했다.

　이때 난영 일행이 제로 망명했다. 제장공은 진晉에 대한 보복을 추진할 수 있게 되었다고 매우 기뻐하며, 난영 일행을 영접할 것을 지시했다. 대부 안영은 진晉과의 동맹을 고려하여 난영 일행을 추방할 것을 건의했다. 제장공은 진晉과 동맹한 것은 위급 상황을 일시적으로 모면하기 위한 것이었음을 강조하고, 제는 진晉과 필적할 만한 강국이라고 주장했다.

　제장공은 난영을 위로하고 공관을 하사했다. 제장공이 난영을 위로하기 위해 큰 잔치를 열었을 때, 주작과 형괴는 난영을 수행하며 호위했다. 제장공은 예전에 주작이 식작과 곽최를 포로로 잡은 공적을 칭찬하며, 난영에게 주작과 형괴를 빌려줄 것을 청했다. 난영은 마지못해 허락했으나, 용맹한 가신을 빼앗겨 매우 우울했다. 제장공은 주작과 형괴를 용작의 말석에 참가시켰다. 주작과 형괴는 마음이 불편했다.

　어느 날 주작·형괴는 식작·곽최와 시비가 붙었고, 서로 비난하며 칼싸움 직전까지 갔다. 제장공은 양편을 위로하며, 용작勇爵을 좌반인 호작虎爵과 우반인 용작龍爵으로 나누었다. 호작에는 식작과 곽최 등 기존의 9명을 두었고, 용작에는 주작과 형괴 외에 새로 노포계盧蒲癸와 왕하王何를 추가했다. 제장공의 조치에도 불구하고 주작·형괴와 식작·곽최의 감정대립은 깊어졌다.

제장공齊莊公을 원망하는 최저崔杼

최저의 부인은 **성成**과 **강彊** 두 아들을 낳았는데, 일찍 죽었다. 한편 동곽언東郭偃의 여동생은 절세미인으로 당공棠公과 혼인하여 당강棠姜으로 불렸다. 당강은 당무구棠無咎를 낳았는데, 당공은 병으로 일찍 죽었다. 최저는 당공의 장례식에 갔다가 당강을 보고 반했다. 최저는 동곽언에게 간청하여 당강을 후처로 맞이하고 총애했다. 당강은 최저와 혼인하여 아들 **명明**을 낳았다. 이후 최저는 동곽언과 당무구를 가신에 편입했다. 최저는 최명을 적자로 세워 후계로 삼을 것을 약속하며, 동곽언과 당무구에게 최명을 부탁했다. 이는 지난날의 일이었다.

최저와 경봉은 제장공을 옹립한 공으로 상경이 되어 국정을 전담하고 있었다. 제장공은 수시로 최저와 경봉의 사저에 행차하여 유흥을 즐겼는데, 군신 간의 예의가 없었다.

어느 날 제장공이 최저의 집에 놀러 갔다가 당강을 보고 반했다. 제장공은 동곽언에게 부탁하여 당강과 간음했고, 이후 자주 최저의 집에 행차하여 간음했다. 그러던 중 최저가 제장공과 당강의 관계를 알게 되었다. 최저는 당강을 추궁했는데, 당강은 제장공이 협박하여 항거할 수 없었다고 변명했다. 최저는 제장공에게 원한을 품었고, 죽일 결심을 했다(BC 550년).

진晉을 노리는 제장공齊莊公의 계책

오왕 제번이 진晉에 청혼했고, 진평공은 승낙했다. 이 소식을 들은 제장공은 ①진晉 공실녀의 출가에 부조로 잉첩을 보내면서 ②난영을 그 일행 속에 포함시켜 곡옥에 보내고 ③기회를 보아 난영이 진晉을 공격하는 계책을 마련했다.

한편 최저는 제장공과 진晉의 관계를 악화시켜 진晉의 공격을 유도하고 그 틈을 노려 제장공을 죽일 계책을 마련했다. 최저는 난영이 곡옥에서 진晉을 공격할 때 제장공은 위衛를 공격한다고 소문을 내고 복양을 경유하여 북쪽으로 나가 진晉을 공격할 것을 건의하고, 양쪽에서 협공을 하면 진晉을 격파할 수 있을 것이라고 충동했다[1].

제장공은 난영에게 계획을 알려주었고, 난영은 만족했다. 신유는 진晉에 충성할 것을 건의했으나, 난영은 진평공이 자신을 신하로 대접하지 않았다고 강조하며 거절했다. 신유는 조국에 대하여 반기를 드는 것은 용납될 수 없다고 거듭 간언했으나, 난영은 듣지 않았다. 결국 신유는 불충을 저지르면 천하에 용납될 수 없을 것이며 누명을 벗지 못할 것이라고 울면서 아뢰고, 죽음으로써 주인을 배웅하겠다며 칼로 목을 찔러 자살했다.

주작과 형괴도 난영과 함께 갈 것을 자원했으나, 제장공은 그들이 돌아오지 않을 것을 우려하여 불허했다. 제장공은 대신 식작과 곽최를 보내기로 결정했다.

---

[1] 최저가 제장공을 충동했다는 내용은 역사기록에는 없고 소설 《동주 열국지》에만 나오는 내용임(픽션으로 보임)

제장공은 공족인 강씨를 잉첩으로 진晉에 보내면서 대부 석귀보를 시켜 강씨를 진晉까지 호위하도록 했다. 난영 일행과 식작, 곽최는 온거를 이용하여 석귀보 일행을 따라 곡옥으로 잠입했다(BC 550년).

난영欒盈의 반란(BC 550년)

난영은 곡옥으로 잠입한 뒤 대부 서오를 비밀리에 방문했다. 난영은 제장공의 원조를 받고 곡옥의 군사를 동원하면 범씨 일파를 제거하고 난씨를 다시 일으킬 수 있을 것이라고 눈물로 호소했다. 서오는 진晉군은 강하고, 범씨·조씨·지씨·순씨(중행씨)가 단결하고 있음을 염려했다. 난영은 독융은 천하에 대적할 자가 없는 용장이고, 난낙과 난방은 천하의 명궁이고, 식작과 곽최는 제의 용장임을 강조했다. 난영은 하군부장 때 위강의 손자인 위서魏舒를 도와준 인연이 있음을 말하며, 위서의 내응을 기대할 수 있다고 서오를 설득했다. 서오는 곡옥의 인심을 확인한 이후 추진할 것을 주장했다.

다음 날 서오는 신생에 대한 제사를 거행하며, 신생의 원통한 죽음을 탄식했다. 서오는 난씨의 처지와 신생의 신세가 비슷함을 애통해했다. 곡옥의 관속들은 모두 난씨를 동정하며, 난영의 복귀와 재기를 희망하고 충성을 바칠 의사를 비쳤다. 인심을 확인한 서오는 난영을 등장시켰다. 난영은 원통함을 호소했고, 곡옥의 관속들은 모두 난영을 따르기로 결정했다.

난영은 강주성의 위서에게 밀서를 보냈다. 위서는 평소 난영에게 많은 신세를 졌으므로 난씨가 추방된 것에 분개하고 있었다. 밀서를 받은 위서는 내응을 약속하는 답장을 보냈다.

서오는 곡옥의 모든 병력을 총동원하여 병거 220승을 난영에게 주었다. 난영은 곡옥군을 이끌고 해질 무렵 출발했다. 독융이 선봉을 맡고, 식작과 난낙은 우군을 맡고, 곽최와 난방은 좌군을 맡았다. 곡옥에서 도읍 강주(=신강)는 60리 거리였다. 곡옥군은 밤새 행군하여 새벽에 강주성에 도착했다. 강주성은 방어 준비가 되어 있지 않기 때문에 곡옥군의 등장에 당황했다. 독융은 남문을 돌파하고 성으로 진입했다.

범개는 범앙에게 방어를 지시했다. 악왕부는 진평공을 모시고 고궁固宮으로 피신할 것을 건의했다. 고궁은 진문공 때 변란에 대비하여 견고하게 지은 궁으로 해자와 높은 성곽으로 둘러싸여 있고, 남문과 북문 2개만 있었는데 이중문으로 되어 있었다. 고궁에는 항상 수비병 3,000명이 배치되어 있었다.

범개는 내응이 발생하는 상황을 우려했다. 악왕부는 위씨의 내응을 염려하며, 위서를 소환할 것을 건의했다. 범개는 범앙에게 위서를 소환할 것을 지시했다.

범개와 악왕부는 진평공을 비밀리에 알현하고 위급 상황을 보고했다. 진평공은 민심의 급변을 우려하여 비밀리에 고궁으로 이주했다.

위서는 내응을 위해 출전 준비를 하고 병거에 올라 출발하려고 했다. 이때 범앙이 급하게 도착하면서 난영이 반란한 사실을 외치고, 진평공과 모든 대신들이 고궁에 집결하여 장군을 호출했다고 말했다. 순간 위서가 당황하여 아무 말을 못 하고 있을 때, 범앙은 위서의 병거에 올라 오른손으로 칼을 들고 왼손으로 위서의 허리띠를 움켜잡았다. 범앙은 어자에게 고궁으로 갈 것을 지시했는데, 위서는 아무런 대처를 하지 못했다.

범개는 범앙에게 붙들려 온 위서에게 난씨를 함께 격파할 것을 제의하고, 곡옥 땅을 보답으로 약속하며 회유했다. 위서는 어쩔 수 없이 승낙했다. 잠시 후 조무, 순오, 지영, 한무기韓無忌(한궐의 아들), 한기韓起(한무기의 동생), 기오, 양설적, 양설힐, 장맹적張孟耰이 가병들을 총동원하여 고궁에 합류했다.

범개는 조무와 순오에게 남문 방어를 맡기고, 한무기와 한기에게 북문 방어를 맡기고, 기오에게 순찰을 맡겼다. 범개와 범앙은 진평공을 호위하는 임무를 맡았다.

난영欒盈의 사망(BC 550년)

난영은 위서의 배반에 분노하고, 독융에게 고궁을 공격할 것을 지시했다. 독융은 남문과 북문을 동시에 공격할 것을 건의하며, 단독으로 남문을 공격할 것을 자청했다. 난영과 다른 장수들은 북문을 공격하기로 했다. 식작과 곽최는 독융만 우대하는 난영에게 불만을 가지고 있었고, 전력을 다하지 않았다. 난영은 독융에게 의지하고 있었다.

독융은 고궁의 남문을 공격하기 시작했다. 독융의 용맹한 기세에 조무는 감탄했다. 조무의 부하인 해옹解雍과 해숙解肅 형제가 출전을 자청했다. 해옹과 해숙은 출전했으나, 독융의 쌍창 공격에 해옹은 전사하고 해숙은 겨우 도주했다. 고궁의 남문 군사들은 출전할 엄두를 내지 못했다. 그날 밤 순오는 조무에게 자신의 부하 모등牟登의 아들인 모강牟剛과 모경牟勁이 장사라고 주장하며, 해숙·모강·모경 세 명이 협공하면 승리할 수 있을 것이라고 말했다.

다음 날 해숙·모강·모경은 출전하여 독융과 대결했으나, 모경은 전사하고 나머지는 겨우 후퇴했다. 고궁의 남문 군사들은 출전할 엄두를 내지 못하고 화살만 쏘았다. 비 오듯 쏟아지는 화살을 막아가며 독용은 병사들을 독려했고 남문의 해자를 다 메웠다.

조무와 순오는 범개에게 위급 상황을 보고했다. 범개는 밤늦게까지 고민했다. 한편 범개의 노예 중에 비표斐豹라는 자가 있었는데, 도안고의 부하였던 비성斐成의 아들이었다. 비표는 도안고의 파당이어서 관직을 몰수당하고 노예 신세가 되었지만, 무예가 출중하고 날렵했다. 비표가 고민하는 범개를 찾아가 독용의 장단점을 잘 알고 있다면서 출전을 자청했다. 범개는 후한 보답을 약속하며 승낙했다.

다음 날 비표는 단신으로 출전하여 독용에게 병거 없이 일대일로 대결할 것을 제안했고, 독용은 수락했다. 독용과 비표가 대결을 하던 중 비표가 갑자기 도주하며 독용을 유인했다. 독용은 추격했고, 비표는 미리 계획한 대로 낮은 담을 넘어 큰 나무 뒤로 몸을 숨겼다. 독용은 담을 넘어 추격했으나, 비표가 나무 뒤에 숨은 것을 미처 몰랐다. 독용이 나무를 지나치자 비표가 뒤에서 철퇴로 독용을 내리쳤다. 천하장사 독용은 허무하게 죽었다.

사기가 오른 고궁의 군사들은 일제히 공격을 개시했고, 충격에 빠진 곡옥군은 대패하고 도주했다.

한편 난영·난낙·난방은 최선을 다해 북문을 공격했으나, 식작과 곽최는 비웃으며 최선을 다하지 않았다. 남문의 패전 소식에 위축된 한무기와 한기 형제는 방어에 급급하고 공격할 엄두를 내지 못했다.

이때 독용의 전사와 패전 소식이 전해졌다. 난영은 큰 충격을 받았고, 군사회의를 하며 눈물을 흘렸다. 식작과 곽최는 비웃으며 협력하지 않았다. 난낙은 삼경에 초거를 이용해 화공을 펼치고 일제히 공격하면 관문을 격파하고 입성할 수 있을 것이라고 제안했다.

그날 밤 곡옥군은 화공을 펼치며 맹렬히 공격했고, 바깥 관문을 점령했다. 한무기와 한기는 안쪽 관문으로 후퇴했다. 한무기와 한기는 물에 적신 가죽 장막을 쳐서 화공에 대비했다. 곡옥군과 북문 수비군은 공방을 벌였다.

범개는 진晉의 내전을 이용하여 제가 공격할 것이 걱정되어 빨리 난영을 진압할 결심을 했다. 범개는 ①범앙과 비표에게 남문을 나가 우회하여 곡옥군의 배후를 공격할 것을 지시하고 ②한무기와 한기에게 북문의 안쪽 관문을 수비할 것을 지시하고 ③순오와 모강에게 북문의 안쪽 관문에서 출전하여 곡옥군을 정면으로 공격할 것을 지시하고 ④범앙과 순오에게 앞뒤로 동시에 곡옥군을 협공할 것을 지시하고 ⑤조무와 위서에게 남문을 수비하면서 비상사태에 대비할 것을 지시했다.

범앙은 나이가 어리고 명성이 부족한 것을 우려하여 부친 범개에게 중군기를 사용할 수 있도록 요청했고, 범개는 허락했다. 범앙은 군사들에게 결사의 의지를 표명하고, 우회하여 북문으로 달려갔다. 범앙은 곡옥군의 배후를 공격했다. 순오와 모강은 범앙의 배후 공격에 호응하여 북문에서 출전했다.

난영은 진晉군의 협공을 예상하여 준비하고 있었다. 난방은 철엽거를 이용하여 북문의 바깥 관문 출구를 미리 차단했다. 순오와 모강은 바깥 관문으로 진출하지 못했다.

난낙은 배후 공격 중인 진晉군에 활을 쏘며 반격을 개시했다. 난낙의 동생인 난영欒榮[1]은 난낙과 같은 병거에 탑승하고 있었다. 난영欒榮은 난낙에게 비표를 가리키며, 시살할 것을 요청했다. 난낙은 비표를

---

1) 난씨 가문의 수장인 난영欒盈과 한자가 다름에 주의할 것

노리고 비표의 병거가 접근하길 기다렸다. 이때 범앙의 병거가 지나갔다. 난낙은 순간 비표 대신 범앙에게 화살을 날렸는데, 그만 빗나갔다. 범앙은 난낙에게 욕을 하며 비난했다. 난낙은 범앙을 유인하여 화살을 날릴 목적으로 병거를 타고 도주했다. 식작과 곽최는 난낙이 공을 세울 것을 시기하여, 곡옥군이 패배했다고 거짓으로 외쳤다. 난낙의 병거를 몰던 어자가 놀라서 사실을 확인하기 위해 사방을 둘러보다 길옆의 나무를 들이받았고, 병거는 전복되었다. 난낙은 부상을 입었고, 비표는 창으로 난낙을 찔러 죽였다. 난영欒榮은 겨우 탈출했다.

난씨 가문 최고의 장수인 난낙이 죽자 곡옥군은 사기가 급격히 떨어졌고, 진晉군은 맹렬히 공격했다. 난낙의 전사 소식에 난영欒盈은 통곡했다. 난방은 더 이상 버틸 수가 없어 난영을 보호하면서 도주했다. 난방은 순오와 범앙의 추격을 저지하는 과정에서 중상을 입었다. 난영이 남문 근처까지 도주했을 때, 위서가 난영을 막아섰다. 난영은 눈물로 호소했고, 위서는 난영을 보내주었다. 난영은 곡옥으로 도주했다. 조무는 위서의 입장을 이해하여 난영을 더 이상 추격하지 않았다. 식작과 곽최는 대사를 그르치게 한 책임 때문에 귀국하기가 곤란해졌다. 식작은 위로 도주했고, 곽최는 진秦으로 도주했다.

범개는 범앙에게 곡옥을 공격할 것을 지시했다. 순오가 합류를 자청했다. 범앙과 순오는 병거 300승으로 곡옥을 향해 출전했다. 범개는 진평공을 모시고 궁으로 복귀했다. 범개는 비표를 노예 신분에서 해방시키고, 아장에 임명했다.

범앙과 순오가 곡옥을 포위하고 공격한 지 한 달 만에 곡옥성이 함락되었다. 서오는 칼을 물고 엎어져 자살하고, 난영欒盈과 난영欒榮은 체포되었다. 난방만 겨우 탈출하여 송으로 도주했다. 범앙은 난영欒盈

을 목 졸라 죽였고, 나머지 난씨 일족도 몰살했다(BC 550년).

제장공齊莊公의 진晉 공격(BC 550년)

제장공은 왕손휘王孫揮를 대장으로 하고 주작과 형괴를 선봉으로 삼아 신선우申鮮虞, 안이晏氂, 가거, 병사 등을 대동하고 계획대로 출전했다. 제장공은 위衛를 공격했고, 위는 응전하지 않고 수비를 했다. 제장공은 북쪽 제구帝邱 땅으로 방향을 돌렸고, 진晉의 경계를 공격했다.

제장공은 조가朝歌 땅을 함몰하고, 군사를 전대와 후대로 나누었다. 전대는 왕손휘가 맡아 좌측 맹문애孟門隘로 진군했고, 후대는 제장공이 맡아 용작과 호작을 거느리고 우측 공산共山으로 진군했다. 형괴는 공산에서 야영 중에 독사에 물려 죽었고, 제장공은 매우 애석해했다.

제장공은 태행산에서 군사를 합쳤다. 제장공이 진晉의 도읍 강주성을 공격할 준비를 하고 있을 때 난영이 패배한 사실을 보고받았다. 협공 계획이 실패하자 제장공은 제로 철수했다(BC 550년). 한단을 지키던 대부 조승은 철수하는 제군을 공격하여 후위 부대인 안이를 격파하고 참수했다.

진晉의 제齊에 대한 공격 준비

난영의 반란을 평정하고 나서 범개는 나이를 이유로 물러났고, <u>조무</u>가 중군원수가 되었다.

진晉평공은 난영을 사주한 제를 정벌할 결심을 했다. 진평공은 각국에 격문을 돌려 이의夷儀 땅에 제후들을 소집했다. 진晉·노·송·위·정·조·

주邾·등·설·기·소주小邾의 제후들이 모여 회합을 가지고, 제를 공격하는 문제를 의논했다(BC 550년).

제장공齊莊公의 거莒 공격(BC 550년)

제장공은 성과 없이 진晉에서 회군하여 제 경계에 도착했다. 갑자기 제장공은 진晉에 복속한 거莒에 대한 괘씸한 생각이 들어 보복을 선언하고, 공격할 준비를 했다. 제장공은 주작과 가거 등에게 병거 5승을 하사하며, 오승지빈五乘之賓으로 임명했다.

가거는 제장공에게 용력이 출중한 **화주華周**와 **기양杞梁**을 천거했다. 제장공은 화주와 기양을 불러 병거 1승을 내어주며 같이 타고 출전할 것을 지시했다. 화주가 기양에게 누구에게는 병거 5승을 주면서 우리에게는 사람은 2명인데 병거 1승만 내어주는 것은 모욕하는 것이라고 말하며, 다른 곳에서 임관할 뜻을 비쳤다. 기양도 찬성했지만, 노모에게 아뢴 후 동행하기로 했다. 기양의 노모는 군주의 명령을 거역하고 다른 곳으로 가면 용기 없는 자라는 비웃음을 받을 것이라고 설득했다. 기양은 화주에게 노모의 말을 전달했고, 화주도 생각을 고쳐 참전하기로 했다.

제장공은 오승지빈과 정예부대 3,000명에게 비밀리에 먼저 거로 진격할 것을 지시했다. 화주와 기양은 전대를 자원하며, 병거 1승만으로 출전할 의사를 표시했다. 제양공은 화주와 기양의 용기를 시험하기 위해 이를 허락했다. 화주와 기양은 교대로 어자를 하기로 했으나, 거우가 필요했다. 이때 소졸小卒 습후중隰侯重이 화주와 기양의 용기에 감탄하여 거우를 자청했다. 화주, 기양, 습후중은 병거 한 대로 출전하여 거

莒의 교외에 도착했다.

  이때 거후莒侯 여비공黎比公은 제의 공격이 예상된다는 보고를 받고, 병사 300명을 이끌고 교외를 순시하고 있었다. 거비공은 화주 일행을 발견하고, 병거를 포위했다. 화주와 기양은 병거에서 내려 거 병사들을 닥치는 대로 죽였다. 여비공은 화주와 기양의 용맹에 감탄하고, 벼슬과 부귀를 약속하며 회유했다. 화주와 기양은 장수의 본분은 적을 죽이는 것임을 강조하고, 거로부터 받는 이익에는 관심이 없다고 말하며 거절했다. 화주와 기양은 계속 거 병사들을 죽였고, 여비공은 도주했다.

  제양공은 후발대와 함께 도착하여 화주와 기양을 칭찬하며 벼슬과 부귀를 약속하고, 휴식을 지시했다. 화주와 기양은 오승지빈에 포함되지 않은 것은 자신들의 용기가 부족한 탓이라고 아뢰며, 장수의 본분은 적을 죽이는 것임을 강조하고, 제로부터 받는 이익에는 관심이 없다고 말하며 거절했다. 화주와 기양은 거성을 향해 먼저 출발했다.

  여비공은 좁은 길에 도랑을 파고 숯불을 피웠고, 화주와 기양은 더 이상 전진할 수가 없었다. 습후중은 어려울 때 생명을 아끼지 않은 사람만이 후세에 이름을 남길 수 있다고 말하며, 방패를 짚고 숯불이 타는 도랑에 몸을 던졌다. 습후중은 몸이 타들어 가며, 자신을 밟고 지나가라고 외쳤다. 화주와 기양은 습후중의 몸을 밟고 도랑을 건넜고, 습후중은 타서 재가 되었다. 화주와 기양은 통곡하며 전진했다.

  여비공은 궁수 100명을 성문 좌우에 배치하고, 접근하는 화주와 기양에게 화살을 날렸다. 화주와 기양은 방패로 화살을 막으며 돌진하여 거 병사 27명을 죽였으나, 결국 기양은 전사했고 화주는 화살 수십 대를 맞고 생포되었다.

  제장공은 본진을 이끌고 거성으로 접근했다. 제장공은 기양과 습후중의 죽음에 분노하고, 거성에 대하여 총공격을 지시했다. 이때 여비공이 사자를 파견하여 사죄하고, 조공과 충성을 약속하며 화평을 요청했다. 제장공은 불허했다. 여비공은 다시 사자를 파견하여 기양의 시체를 반환하며, 화주를 송환할 것을 약속하고 황금과 음식을 바쳤다. 제장공은 아예 거를 멸망시킬 생각을 하고 불허했다.

이때 왕손휘가 제장공에게 진晉의 주도로 각국 제후들이 이의 땅에서 회합을 하며 제를 공격할 논의를 하고 있음을 보고했다. 제장공은 놀라며, 돌아가는 거의 사자를 다시 불러들여 화평을 허락했다(BC 550년). 제장공은 급히 귀국했다.

제齊의 풍속을 바꾼 기양杞梁과 화주華周의 처(BC 550년)

제장공은 임치성 교외에 기양의 시신을 안치했다. 기양의 처인 맹강孟姜이 남편의 시신을 영접하기 위해 교외로 왔다. 제장공이 맹강에게 조상弔喪했다. 맹강은 상주는 교외에서 문상을 받지 않는 법이라고 답했다. 제장공은 사과하고, 위패를 성내의 집으로 옮긴 후 다시 문상했다. 맹강은 3일 밤낮으로 통곡했고, 결국 피눈물을 흘렸다. 애간장을 끊는 듯 하는 맹강의 통곡소리 때문에 성벽이 무너졌다는 일화가 전해 온다[1].

몇 달 후 화주도 회복하지 못하고 사망했다. 화주의 아내도 보통보다

---

1) 이 성벽을 만리장성으로 오인(또는 왜곡)하여 맹강녀가 요서 지역의 진황도시에서 진시황제를 알현하여 만리장성 건설의 어려움에 대하여 호소하였다는 취지의 잘못된 주장이 최근 만연하고 있음(시대와 지역이 전혀 부합하지 아니함). 관광 수입 증가를 위해 역사왜곡이 일상화되어 있는 중국의 현실을 보여주는 사례임

몇 배 더 슬프게 통곡했다.

훗날 맹자는 화주와 기양의 아내는 남편의 죽음을 너무 슬피 통곡했기 때문에 마침내 음탕하고 무도한 제의 풍속까지 고쳐놓았다고 평가했다.

진晉의 제齊에 대한 공격 계획 중단(BC 550년)

제장공은 당강과 계속 간음했다. 최저는 제장공을 더욱 증오하고, 진晉이 공격하기를 기대했다. 최저는 경봉을 설득하여 제장공을 제거하고 제를 공동으로 다스리기로 약속했다.

그해에 대홍수가 발생하여 황하가 범람하는 천재지변이 발생했다(BC 550년). 이로 인해 진평공은 제를 공격할 계획을 중단했고, 최저는 매우 실망했다.

어느 날 제장공의 시종인 가수賈竪가 사소한 실수를 저질렀는데, 제장공은 곤장 100대를 때렸다. 이로 인해 가수는 제장공에게 원한을 가졌다. 최저는 가수를 매수하여 심복부하로 삼았고, 가수를 통해 제장공의 일정을 모두 파악했다.

최저崔杼의 제장공齊莊公 시해(BC 548년)

거후 여비공이 임치를 방문하여 제장공에게 조례했다. 제장공은 만족하며, 북곽北郭에서 잔치를 열어 여비공을 대접했다. 북곽 근처에 최저의 집이 있었는데, 최저는 병을 핑계대고 잔치에 불참했다. 최저는 가수를 통해 제장공이 자신을 방문하여 문병할 계획이라는 것을 파악했다. 최저는 제장공이 문병을 핑계로 당강과 간음할 목적이라는 것을 알았다.

　최저는 당강을 불러 제장공을 죽일 계획임을 밝히고, 협력할 것을 요구했다. 최저는 당강에게 최명을 적자로 지명하겠다고 약속했다. 당강은 협력할 것을 수락했다. 최저는 당무구, 최성, 최강, 동곽언에게 무사들을 거느리고 집 안 곳곳에 매복할 것을 지시했다. 최저는 사람을 보내 가수에게 은밀히 작전을 지시했다.

　제장공은 잔치를 마친 후 당강과 간음할 욕심으로 최저의 집을 방문했다. 주작, 가거, 공손오, 누인, 가수가 제장공을 수행했다. 가수가 주작, 가거, 공손오, 누인에게 제장공이 행차한 목적을 고려하여 바깥에서 조용히 기다리자고 제안했다. 모두 찬성했는데, 가거는 투덜대며 혼자 대문 안으로 들어가 행랑채에 머물렀다. 주작, 공손오, 누인은 대문 밖에서 기다렸다. 동곽언이 나와 주작, 공손오, 누인을 대문 옆 바깥채로 데려가 술을 잔뜩 먹였고, 칼을 몰래 치워 버렸다.

　제장공은 내실로 들어갔고, 당강은 제장공을 영접했다. 이때 계집종이 들어와 최저가 병상에서 꿀물을 찾고 있다고 아뢰었다. 당강은 제장공에게 양해를 구하고 잠시 자리를 떴다. 얼마 후 당무구가 매복한 병사들에게 공격을 지시했다. 놀란 제장공은 뒷문을 부수고 누각 위로 피신했다. 당무구는 누각을 포위하고 제장공에게 자살을 강요했다. 제장공은 누각에서 뛰어내려 달렸고, 담을 넘으려 했다. 당무구는 화살을 날렸고, 제장공은 부상을 입었다. 무사들이 달려와 제장공을 무참히 찔러 죽였다(BC 548년 5월). 당무구는 종을 쳐서 성공 신호를 보냈다.

　종소리 신호를 들은 가수는 행랑채로 가서 가거에게 제장공이 부른다고 알렸다. 가거는 중문으로 들어가다 올가미에 걸려 넘어졌고, 최강은 가거를 칼로 쳐 죽였다.

　종소리 신호를 들은 동곽언도 바깥채 주변에 매복한 무사들에게 공격을 지시했다. 주작, 공손오, 누인은 칼을 찾지 못해 섬돌, 말 기둥, 횃불 등을 들고 결사적으로 저항했다. 최성이 공손오에게 부상을 당했으나, 최강이 공손오와 누인을 창으로 찔러 죽였다. 동곽언이 가세하여 음탕무도한 제장공이 죽었음을 알리고, 새 군주를 섬기라고 주작을 설득했다. 주작은 구차하게 살아 진晉과 제의 웃음거리가 될 수는 없다고 탄식하며, 돌담에 머리를 찧고 자살했다.

　제장공의 죽음이 알려지자 병사는 궁문 앞에서 칼로 목을 찔러 자살했다. 탁보, 양이, 봉구도 자살했다. 신선우申鮮虞는 초로 도주했다.
　왕하와 노포계는 제장공의 원수를 갚을 것을 맹세했다. 왕하는 거로 도주했다. 노포계는 동생 노포별盧蒲嫳에게 제장공의 원수를 갚는 데 필요하므로 최저와 경봉의 신임을 받을 것을 부탁하고 진晉으로 도주했다. 노포별은 용력이 있었는데, 갖은 노력을 한 끝에 마침내 경봉의 가신이 된다.
　안영은 군주가 사직을 위해 죽거나 도망갈 경우 신하도 마땅히 따라야 하지만, 군주가 사사로운 일로 죽거나 도망갈 경우에는 따르는 대신 사직을 보존하기 위해 난리를 수습하는 것이 우선이라고 강조했다. 안영은 근신하며 기다렸다.

제경공齊景公의 즉위(BC 548년)

제의 대부들은 변란 소식을 듣고, 집에 머무르며 사세를 관망했다. 안영은 최저의 집을 방문하여 제장공의 시신 앞에서 방성통곡을 하고 돌아갔다. 당무구가 최저에게 안영을 처단할 것을 건의했으나, 최저는 민심의 역풍을 염려하여 거절했다.

안영은 진수무陳須無[1]를 방문하여 새 군주에 대하여 상의했다. 진수무는 자신에게 능력이 없음을 탄식하고, 역적과 같이 일을 할 수 없다며 송으로 망명했다. 안영은 고지高止(고후의 아들)와 국하國夏를 방문했다. 고지와 국하도 자신의 능력이 없음을 탄식했다.

경봉은 아들 경사慶舍를 시켜 제장공과 친하게 지내던 사람들을 모조리 처단했다. 최저와 경봉은 고지와 국하를 불러 새 군주에 대하여 논의했다. 고지와 국하는 최저와 경봉에게 일임했고, 경봉은 최저에게 일임했다. 최저는 제장공의 이복동생인 공자 저구를 추대했다. 대신들의 추대로 공자 저구가 즉위하니(BC 548년), 곧 **제경공齊景公**[2]이다.

최저는 스스로 우상에 취임하고, 경봉을 좌상에 임명했다. 최저는 대신들을 소집하여 태묘에서 최저 및 경봉과 뜻을 같이할 것을 맹세하도록 강요했다. 대신들이 모두 시키는 대로 맹세했으나, 안영은 홀로 군주에게 충성하고 사직을 위해 노력하겠다고 맹세했다. 최저와 경봉이 분노했다. 고지와 국하가 맹세의식은 충성을 위한 노력의 일환이므로 안영의 맹세도 결국 같은 내용이라고 말하며, 최저와 경봉을 달랬다.

---

1) 제환공 때 제로 이주한 진陳 공자 완의 증손자
2) 제경공 강저구: 재위 BC 547 ~ BC 490

거후 여비공은 최저의 강요로 맹세의식까지 마치고 겨우 귀국했다. 최저는 당무구에게 제장공을 매장하라고 지시했는데, 제장공의 용맹을 두려워하여 무기류를 부장하지 못하게 했다.

최저崔杼의 협박에 굴복하지 않는 사관

최저는 태사 백伯에게 제장공이 학질로 죽었다고 실록에 기록하도록 지시했다. 태사 백은 최저의 명에 따르지 않고, '최저가 군주 광을 죽였다.'라고 사실대로 기록했다. 나중에 최저가 그 기록을 보고 격분하여 태사 백을 죽였다.

태사 백에게는 중仲, 숙叔, 계季라는 세 명의 동생이 있었다. 최저는 태사 백의 지위를 승계한 태사 중에게 동일한 지시를 내렸으나, 태사 중도 태사 백과 동일하게 기록했다. 나중에 최저는 태사 중도 죽였다.

최저는 태사 중의 지위를 승계한 태사 숙에게 또다시 동일한 지시를 내렸으나, 태사 숙도 태사 중과 동일하게 기록했다. 나중에 최저는 태사 숙도 죽였다.

최저는 태사 숙의 지위를 승계한 태사 계에게 또다시 동일한 지시를 내렸으나, 태사 계도 태사 숙과 동일하게 기록했다. 최저가 태사 계를 협박하며 회유했다. 태사 계는 사실을 바르게 기록하는 것이 태사의 직분임을 강조하며, 직분을 잃는 것보다 죽는 편이 낫다고 답했다. 태사 계는 동호와 조돈의 사례를 언급하며, 저지른 일을 감출 수는 없다고 말했다. 최저는 탄식하며, 자신의 행동은 사직을 위한 것이었다고 변명했다. 최저는 태사 계를 죽이지 않았다.

태사 계가 관청으로 돌아가던 중 달려오는 남사씨南史氏와 만났다. 남사씨는 태사 계마저 처형을 당할 경우 기록이 사라질 것을 우려하여 죽간을 가지고 사실을 기록하기 위해 오던 중이었다. 남사씨는 태사 계의 기록을 확인한 후 돌아갔다.

최저는 실록 기록에 짜증이 났다. 결국 최저는 가수에게 죄를 뒤집어씌워 처형했다.

진晉과 제齊의 화친(BC 548년)

진晉평공은 홍수가 진정된 후 다시 제후들을 이의夷儀 땅에 소집하여 제를 공격할 일을 상의했다(BC 548년 5월). 최저는 이의 땅에 경봉을 파견했다. 경봉은 진평공을 알현하며, 제장공이 이미 사망했고 새로 즉위한 제경공이 노와 연고가 있음을 아뢰었다. 경봉은 예물을 상납하며 진晉에 충성할 것을 아뢰고, 조가 땅을 반환하며 화평을 요청했다.

진평공은 만족하여 승낙했다. 이로써 진晉과 제는 다시 친선 관계를 회복했다. 경봉은 다른 제후들에게도 뇌물을 뿌렸다. 모든 제후들은 귀국했다.

제3절 진晉과 초楚의 화친

초楚의 서구舒鳩 병합

오왕 제번은 상경 굴호용[1]에게 초의 속국인 서구舒鳩의 반역을 사주하라고 지시했다. 굴호용은 몇 달 동안 노력하여 서구가 초에 반기를 들게 했다(BC 548년).

당시 초의 영윤이던 굴건屈建은 서구를 공격할 준비를 했다. 양유기가 선봉을 자청했다. 굴건은 나이를 이유로 거절하며, 편히 요양할 것을 권유했다. 양유기는 몸을 바쳐 나라의 은혜에 보답하는 것이 소원이라고 강하게 말하며, 선봉을 간청했다. 결국 굴건은 승낙했고, 대부 식환息桓에게 양유기를 보필할 것을 부탁했다.

초군이 서구에 도착했을 때, 오에서 이매와 굴호용이 원군으로 당도했다. 양유기가 오군은 수전에는 능하나 활과 병거에는 미숙하다고 주장하며, 후속 부대가 도착하기 전에 급습할 것을 건의했다. 굴건은 허락했다. 양유기가 오군을 공격하자 오군은 후퇴했다. 양유기가 오군을 추격했는데, 갑자기 오군이 철엽거를 앞세우고 나타나 양유기를 포위했다. 오군이 일제히 화살을 날렸고, 양유기는 무수한 화살을 맞고 죽었다. 초군은 패했고, 식환은 겨우 탈출하여 도주했다.

후퇴하여 재정비를 한 굴건은 정예병사들을 이산櫔山에 매복시키고, 별장 자강子彊에게 오군을 유인할 것을 지시했다. 자강은 오군에 거짓으로 패하여 도주했다. 굴호용은 복병을 염려하여 추격하지 않았으나,

---

1) 무신이 죽은 후 무호용은 다시 원래의 성씨인 굴씨로 바꾸었음

이매는 자강을 맹렬히 추격했다. 매복한 초군이 이매를 기습했고, 이매는 포위당했다. 굴호용이 뒤늦게 가세하여 이매를 겨우 구했으나, 오군은 대패했다. 이매와 굴호용은 도주했고, 초군은 서구성을 함락하고 멸망시켰다(BC 548년 8월).

오왕吳王 제번諸樊의 전사[오왕吳王 여제餘祭의 즉위](BC 548년)

오왕 제번이 서구 멸망에 대한 보복으로 초를 공격했다. 제번은 초의 소성巢城을 공격하면서 죽기를 바라는 듯 선두에 서서 무모하게 나섰다. 초의 장수 우신牛臣이 활로 제번을 공격했다. 제번은 화살을 맞고 죽었는데(BC 548년 12월), 재위 13년이었다.

오의 대신들은 수몽의 유언에 따라 제번의 동생인 여제를 추대했다. 오왕 여제[1]는 형 제번이 부친(수몽)의 유언을 지키기 위해 고의로 죽은 것임을 알고 있었다. 여제는 동생 이매를 계승자로 지명했다. 여제는 계찰이 즉위할 것을 기대하며, 자신이 빨리 죽게 해달라고 기도했다.

위헌공衛獻公의 복위를 추진하는 영희寗喜

위의 대부 영식이 병이 들어 위독해졌다. 영식은 아들 **영희寗喜**를 불러 위헌공을 추방한 것은 손임보가 한 것이고 자신이 한 것이 아님을 강조하며, 세상의 평가에 억울해했다. 영식은 위헌공의 복위를 추진할 것을 유언으로 남겼다.

---

1) 오왕 여제: 재위 BC 547 ~ BC 544

영식이 죽자 영희가 벼슬을 승계하였다(BC 553년). 영희는 부친의 유언을 받들어 위헌공의 복위를 추진하기 위해 고민했다. 당시 위는 위상공이 다른 제후들과 친선관계를 맺고 있었고, 손임보가 건재한 상태였다. 상황이 여의치 않아 영희는 위헌공의 복위를 추진하지 못했다.

위에 망명 중이던 식작은 주작과 형괴가 사망한 소식을 듣고 제로 귀국했다. 위헌공은 제에서 계속 망명 생활을 하고 있었다. 식작의 용맹함을 알고 있던 위헌공은 식작이 제로 귀국했다는 소식을 듣고 부하로 삼기로 결심했다. 위헌공은 공손정을 시켜 식작을 초청하고, 많은 뇌물을 주었다. 식작은 위헌공을 섬기게 되었다(BC 548년).

이후 위헌공은 본국을 습격하고 이의 땅을 점령했다(BC 548년). 위헌공은 공손정을 보내 영희에게 복위를 주선해 줄 것을 부탁했다. 위헌공은 복위 시 자신은 종묘 제사만 담당하고 영희에게 정권 일체를 위임하며 전권을 부여하겠다고 약속했다. 영희는 솔깃했으나, 복위 후 위헌공이 약속을 번복할 것을 우려했다. 영희는 위헌공의 아우이자 신망이 높은 공자 전鱄이 관여하면 나중에 위헌공이 번복하지 못할 것이라고 생각했다. 영희는 공손정을 통하여 위헌공에게 밀서를 보냈는데, 중대한 사안이라 즉답하기는 어려우므로 공자 전과 상의하여 결정하겠다는 내용이었다.

위헌공은 공자 전을 불러 복위를 위해 영씨의 힘이 필요하다고 강조하며, 영희를 만나 협의할 것을 부탁했다. 공자 전은 전권을 일임하기로 약속하면 복위 후에 후회할 것이라고 위헌공에게 아뢰며, 자신은 영희에게 신의를 잃기 싫다고 답했다. 위헌공은 망명한 처지에 정권은 의미가 없다고 강조하며, 제사를 올리고 후손에게 군위를 물려주는 것으로 만족한다고 확답했다.

공자 전은 영희를 방문하여 위헌공의 약속을 보장하고, 언약을 이행하지 않을 경우 위의 곡식을 먹지 않겠다고 맹세했다. 영희는 거원을 찾아가 부친의 유언을 말하며, 협조를 구했다. 거원은 관여할 의사가 없음을 표시하고, 아예 노로 이주해 버렸다. 영희는 대부 석악石惡과 북궁유北宮遺를 찾아가 상의했다. 석악과 북궁유는 찬성했다.

영희는 이번에는 우재 곡穀과 상의했다. 우재 곡은 두 군주 모두에게 죄를 짓는 것으로 천하 사람들이 용납하지 않을 것이라고 대답했다. 영희는 부친의 유언임을 강조하며 뜻을 굽히지 않았다. 한참 고민하고 나서 우재 곡은 자신이 위헌공을 만나 본 후 결정하겠다고 답했다.

우재 곡은 이의 땅에 가서 위헌공을 만났다. 우재 곡은 정권 일체를 위임하면 복위하는 의미가 없는 것 아니냐고 물었다. 위헌공은 군주는 영광을 누리고 유흥을 즐기는 자리라고 주장하며, 정치는 머리가 아프다고 답했다. 우재 곡은 공자 전을 방문하여 위헌공의 말을 전달했다. 공자 전은 위헌공이 객지에서 너무 오래 고생하여 그렇게 말한 것이라고 변호하며, 군주의 책임과 의무를 잘 알고 있음을 강조했다.

우재 곡은 돌아와서 영희를 만나 위헌공은 예전과 바뀐 것이 없다고 강조하며, 약속을 이행할지 의문이라고 답했다. 영희는 부친의 유언이므로 복위 추진을 중단할 수 없음을 강조했다. 우재 곡은 기회를 잘 살핀 후 거사하라고 조언했다.

영희寧喜의 위상공衛殤公 시해[위헌공衛獻公의 복위](BC 547년)

당시 손임보는 늙어서 서출 장자인 손괴孫蒯와 함께 척 땅에서 은거하고 있었다. 손임보의 적자인 손가孫嘉와 손양孫襄은 도읍에서 벼슬하고 있었다. 손씨의 저택은 화려하고 튼튼했다. 가병 1,000명이 있었고, 옹서雍鉏와 저대褚帶가 교대로 당직을 서며 가병들을 지휘했다.

위상공의 지시로 손가는 제에 사신으로 떠났다(BC 547년 2월). 마침 공손정이 영희를 방문하여 복위 추진을 독촉했다. 우재 곡이 영희에게 손양 혼자 도성에 있으므로 거사하기 좋은 기회라고 권유했다.

영희는 가병들을 모두 소집했고, 우재 곡과 공손정이 영희의 가병들을 이끌고 손씨의 저택을 공격했다. 손씨의 저택에서는 저대가 당직을 서고 있었는데, 누대 위에서 궁병들을 동원하여 수비했다. 손양이 가병들을 지휘했고, 소식을 듣고 옹서가 구원군을 이끌고 왔다. 우재 곡은 승산이 없음을 깨닫고 후퇴했다. 손양이 가병들을 이끌고 추격했다. 퇴각하던 명궁 공손정이 손양에게 화살을 날렸고, 손양은 화살에 맞아 쓰러졌다. 옹서와 저대가 손양을 병거에 태우고 황급히 후퇴했다.

우재 곡은 돌아와 영희에게 보고했다. 영희는 손양이 부상당한 것을 이용해 결전을 벌이기로 결심했다. 영희는 만약을 대비해 처자식을 교외로 피신시켰다. 영희는 손씨 저택의 동정을 파악하여 손양이 사망한 사실을 알게 되었다. 북궁유가 영희에게 가세했다.

그날 밤 영희는 북궁유, 우재 곡, 공손정을 대동하고 총공격을 개시했다. 옹서와 저대가 맞섰으나, 주인이 죽은 손씨의 가병들은 사기를 잃고 도주하기 시작했다. 영씨의 가병들은 기세가 올라 총공세를 폈다. 결국 저대는 전사하고, 옹서는 척 땅으로 도주했다.

날이 밝자 영희는 위상공을 방문하여 손씨를 처단한 것을 보고하고, 퇴위를 강요했다. 위상공이 격노하여 옆에 있던 창을 들어 영희를 공격했다. 영희는 도망치면서 가병들에게 지시하여 위상공을 체포했다. 세자 각角이 급보를 듣고 위상공을 도우러 달려왔으나, 공손정의 창에 찔려죽었다. 영희는 태묘에 위상공을 감금한 후 강제로 독주를 먹여 죽였다(재위 12년. BC 547년 2월).

영희는 우재 곡, 북궁유, 공손정을 이의 땅에 보내 위헌공을 모셔왔다. 대부 공손면여公孫免餘는 교외 멀리까지 나가 위헌공을 영접했다. 위헌공은 기쁘고 감격하여 이때부터 공손면여를 총애하게 되었다. 나머지 대부들은 도성 근처에서 위헌공을 영접했다. 위성공의 아들로 위헌공에게는 할아버지뻘인 태숙 의儀는 위상공과 위헌공 모두 군주인데 국가가 불행하여 기막힌 일을 겪게 되었다고 탄식했다.

위헌공은 태묘에 귀국인사를 올리고 문부백관의 하례를 받았는데, 태숙 의는 불참했다. 위헌공은 분노하여 사람을 보내 문책했다. 태숙 의는 ①망명을 수행하지 않았고 ②망명 중에 연락하지 않았고 ③귀국 시도를 모르는 세 가지 죄를 지었다고 말하며, 외국으로 망명할 뜻을 전하게 했다. 위헌공은 태숙 의를 방문하여 망명을 만류했다. 태숙 의는 위상공의 장례를 부탁했고, 위헌공은 승낙했다.

위헌공은 논공행상을 실시했다. 북궁유, 우재 곡, 석악, 공손면여의 국록이 증가되었다. 공손정, 식작, 공손무지公孫無智, 공손신公孫臣은 대부에 임명되었다. 태숙 의, 제악齊惡은 유임되었다. 거원은 귀국하여 복직되었다. 영희는 국정을 전단했고, 식읍이 증가되었다.

진晉을 끌어들이는 손임보孫林父(BC 547년)

손가는 제에서 귀국하던 중 정변 소식을 듣고, 척 땅으로 도주했다. 손임보는 위헌공의 공격을 막을 방법이 없어 고민하다 결국 진晉에 사람을 보내 척 땅을 바치며, 위헌공과 영희의 공격이 예상되므로 진晉군을 파견해 줄 것을 간청했다.

진晉평공은 위군이 감히 진晉군을 공격하지는 못할 것으로 생각하고 겨우 군사 300명을 보내주었다. 손괴는 원군 수가 너무 적다고 불만이었다. 손임보는 위군이 진晉의 원군을 전멸하도록 만들어 진평공이 위헌공에 대하여 격노하게 만들 계책을 꾸몄다. 손임보는 진晉의 원군 300명을 척 땅 동쪽에 있는 모씨茅氏 땅에 배치했다.

영희는 진晉의 원군이 300명에 불과하다는 보고를 받고, 진晉이 손임보를 도울 생각이 없는 것으로 오판했다. 영희는 식작에게 모씨 땅을 공격할 것을 지시했다. 식작의 공격을 보고받은 손임보는 나중에 진晉에 변명할 핑계를 만들기 위해 손괴와 옹서에게 모씨 땅으로 가서 진晉군을 도울 것을 지시했다. 그 무렵 식작은 진晉의 원군을 몰살시키고, 모씨 땅을 점령했다.

손괴와 옹서는 출발했다가 모씨 땅이 함몰되었다는 소식을 듣고 바로 돌아와 식작의 용력에 대하여 보고했다. 손임보는 손괴와 옹서를 꾸짖으며 출전을 지시했다. 손괴는 옹서와 상의하고, 모씨 땅 서쪽에 있는 어촌圉村 마을의 토산 아래에 함정을 파고 식작을 유인하기로 했다.

옹서가 병사 100명을 데리고 모씨 땅으로 가서 정탐을 하는 척하다 발각된 후 도주했다. 식작이 직속부하 수십 명을 데리고 급히 추격했다. 옹서가 식작을 어촌까지 유인했다. 식작은 복병을 염려하여 회군하려고 했는데, 토산 위에서 손괴가 욕설을 하며 도발했다. 식작은 분노와 공적에 대한 욕심 때문에 이성을 잃고 산 위로 돌진하다가 함정에 빠졌다. 손괴가 달려와 함정 속으로 화살을 마구 쏘았고, 식작은 무수한 화살에 맞아 죽었다. 식작이 죽자 위군은 사기를 잃고 도주했다.

손임보는 옹서를 진晉에 보내 패배했다고 거짓 보고를 하고, 진晉군이 전멸한 사실을 알렸다. 진평공은 격노하여, 제후들을 전연瀆淵 땅으로 소집하고 위를 공격하는 것에 대해 상의했다(BC 547년).

위헌공衛獻公을 용서하는 진평공晉平公(BC 547년)

제후들의 전연 회합 소식에 놀란 위헌공과 영희는 진晉평공을 알현하고 해명하기 위해 진晉으로 갔다. 진평공은 위헌공과 영희를 바로 구금시켰다.

그 소식을 들은 제의 대부 안영은 제경공에게 진평공이 손임보의 말만 듣고 위헌공을 구금한 결과 제후들을 제치고 힘센 신하들이 득세하게 되었음을 우려하며, 진평공에게 부탁하여 진晉과 위를 화해시키겠다고 건의했다. 제경공은 승낙했다.

안영은 정으로 가서 정간공을 알현하며, 주선을 부탁했다. 정간공과 안영은 진평공을 알현하며, 위헌공의 석방을 부탁했다. 진평공은 거절했다. 안영은 진晉의 대부 양설힐을 방문하여, 신하가 군주를 억압하는 상황을 우려했다. 안영은 맹주의 직분을 강조하면서, 천자가 아닌 제후가 다른 제후를 감금하면 패권을 상실할 것이라고 충고했다.

양설힐은 조무와 함께 진평공을 알현하고, 안영의 간언을 전했다. 결국 진평공은 위헌공을 석방했으나, 영희는 계속 구금했다. 얼마 후 우재 곡은 진평공에게 많은 뇌물을 바치고, 영희의 속죄를 간청했다. 진평공은 영희를 석방했다.

영희는 귀국하여 거만하게 행동하며 국정을 전단했다. 영희는 위헌공에게 국정에 대한 보고를 올리지 않았고, 위헌공은 허수아비로 전락했다(BC 547년).

초楚·진秦 연합군의 오吳, 정鄭 공격(BC 547년)

초강왕은 오를 공격하기 위해 진秦에 군사 원조를 요청했다. 진秦경공은 동생 공자 침鍼을 파견했다. 초·진秦 연합군은 오를 공격했으나 (BC 547년), 오는 장강 어귀를 철저히 방어했다. 결국 초·진秦 연합군은 성과 없이 회군했다.

초군은 귀국하면서 화풀이로 정을 공격했다. 정은 황힐皇頡을 보내 초군을 방어했는데, 초의 방성 현윤인 천봉술穿封戌이 정군을 물리치고 정의 장수 황힐을 생포했다. 초강왕의 동생인 **공자 위圍**는 천봉술의 공적을 질투하여 황힐을 자기에게 넘겨줄 것을 요청했으나, 천봉술은 거절했다. 초군은 정을 약탈한 후 귀국했다.

귀국한 후 공자 위는 초강왕에게 자신이 잡은 황힐을 천봉술이 빼앗아갔다고 무고했다. 천봉술은 자신이 황힐을 생포했는데 공자 위가 넘겨줄 것을 요청했다고 호소했다. 초강왕은 판단을 내리기 어려웠다. 초강왕은 태재 백주리를 불러 조언을 구했고, 백주리는 황힐에게 직접 물어보면 될 것이라고 답했다.

백주리가 황힐을 불러 심문했다. 백주리는 손을 위로 가리키며 공자 위를 소개하고, 손을 아래로 가리키며 천봉술을 소개했다. 그런 다음 백주리는 황힐에게 누가 생포했는지 물었다. 황힐은 백주리의 속뜻을 알아채고, 공자 위가 자신을 생포했다고 거짓으로 답변했다[1]. 천봉술은 분노하여 공자 위에게 달려들었고, 공자 위는 달아났다. 백주리는 천봉

---

1) 여기서 **상하기수**上下箕手(자신의 손으로 위를 가리키기도 하고 아래를 가리키기도 한다는 뜻. 사사로운 인정이나 권력에 의지하여 사실을 왜곡하고 시비를 뒤집는 것을 비유함)의 고사성어가 나옴

술을 진정시키고 나서, 초강왕에게 공적을 반씩 나누어 동일하게 상을 내릴 것을 건의했다. 이후 백주리는 술자리를 마련하여 공자 위와 천봉 술을 화해시켰다.

경봉慶封의 흉계[최저崔杼의 자살](BC 546년)

제의 우상 최저는 제경공을 군위에 올리고 그 위세가 점점 올라갔다. 좌상 경봉은 술과 사냥으로 자주 자리를 비웠다. 최저는 국정을 독점했다. 과거의 동지였던 경봉은 최저를 질투하게 되었다.

최저는 최명을 적자로 삼기로 약속했으나, 장자인 최성이 불쌍하여 적자를 폐하지 못하고 고민 중이었다. 최성이 부친의 뜻을 헤아려 모든 권리를 최명에게 양도하고 식읍인 최읍崔邑으로 내려가 은거할 것을 자청했다. 최저는 승낙했다.

동곽언과 당무구는 최씨 일족의 근거지인 최읍을 적자인 최명에게 상속시킬 것을 주장했다. 입장이 난처해진 최저는 최성에게 양해를 구했다. 최성은 적자의 지위뿐만 아니라 최읍까지 빼앗기게 될 처지가 되자 분노하였고, 동복동생인 최강과 상의했다. 최성과 최강은 경봉에게 도움을 요청하기로 했다.

최성과 최강은 경봉을 찾아가 자신들의 처지를 호소했다. 경봉은 오랫동안 생각한 후, 최저는 동곽언과 당무구를 제외한 누구의 말도 듣지 아니하므로 동곽언과 당무구를 제거할 것을 권유했다. 최성은 자신들도 그러고 싶으나 힘이 없다고 호소했다. 경봉은 나중에 다시 논의할 것을 약속하고 돌려보냈다.

노포별이 최저와 경봉을 이간하기 위해 최씨의 혼란은 대감의 큰 이익이라고 말하며, 경봉을 부추겼다. 경봉도 동의했고, 고민 끝에 흉계를 마련했다. 며칠 후 최성과 최강이 경봉을 다시 찾아왔다. 경봉은 최성과 최강에게 동곽언과 당무구를 급습하여 제거하라고 부추기고, 원조를 약속하며 우선 갑옷과 무기를 제공했다.

최성과 최강은 가병 100여 명을 동원하여 부친의 집 근처에 매복했다. 동곽언과 당무구는 늘 하던 대로 아침 문안을 올리기 위해 최저의 집으로 갔다. 최성과 최강은 아침 문안을 하러 오던 동곽언과 당무구를 공격하여 살해했다. 최저의 집안 노비들은 놀라서 모두 숨어버렸고, 마구간지기 한 명만 남아 있었다. 최저도 당황하고 놀라서 경봉의 집으로 피신했다. 이때 최명은 외출하고 집에 없었다. 최성과 최강은 최저의 집을 접수하고, 무장한 가병들을 배치해 지켰다.

최저가 경봉에게 자식들이 아비를 배신했다고 하소연했다. 경봉은 시치미를 떼며 위로하고, 최씨와 경씨는 한 몸과 같으므로 자식들을 응징하고자 한다면 협력하겠다고 충동했다. 최저는 경봉에게 최성과 최강을 처단해 줄 것을 부탁했다. 경봉은 가병들을 무장시키고, 노포별에게 비밀 지시를 내렸다.

노포별이 경봉의 가병들을 이끌고 최저의 집으로 갔다. 노포별은 최성과 최강에게 경봉의 지시로 원조하러 왔으니 문을 열어줄 것을 요청했다. 최성과 최강이 문을 열자 노포별은 최성과 최강을 급습하여 죽이고, 최저의 집을 약탈하고 파괴했다. 당강은 큰 충격을 받아 목을 매고 자살했다. 최명은 외출에서 돌아오지 않아 화를 모면했다.

노포별은 돌아와 최저에게 최성과 최강의 수급을 주었다. 최저는 분노와 슬픔이 교차했고, 당강이 걱정되었다. 최저는 급히 집으로 돌아갔다. 처참히 파괴된 집과 목을 매고 자살한 당강을 본 최저는 충격과 분노로 통곡하며 탄식했다. 경봉에게 속은 것을 깨달은 최저는 최명을 찾았으나, 최명도 보이지 않았다. 절망한 최저는 당강 옆에서 목을 매고 자살했다.

최명은 밤에 몰래 귀가해 남아 있던 마구간지기의 도움을 받아 최저와 당강의 시신을 수습하여 선산에 평장하고 노로 도주했다.

경봉은 제경공에게 최저의 자살을 보고하고, 국정을 전단했다. 경봉은 망명한 진수무를 소환했다. 진수무는 귀국했지만 나이를 이유로 은퇴했다. 진수무의 아들인 **진무우陳無宇**가 벼슬을 승계했다.

진晋과 초楚의 우호 합의(BC 546년)

송의 좌사 상술은 진晋의 중군원수 조무, 초의 영윤 굴건과 친한 사이였다. 어느 날 상술은 사신으로 초를 방문했는데, 굴건과 환담하다 진晋과 초가 친선을 맺으면 천하가 태평할 것이라고 의견이 일치했다. 상술과 굴건은 진晋과 초의 군후를 송에 초청하여 우호를 체결하는 과업을 추진하기로 합의했다.

상술이 백방으로 노력한 결과 진晋과 초는 우호를 체결하기로 합의했다(BC 546년). 진晋과 초는 각자의 속국에 이 사실을 알리고 맹회에 모든 국가의 대표들을 초청했다. 진晋은 초와 우호를 맺고 군사들에게 휴식을 주기 위한 목적이었고, 초는 진晋과 우호를 맺은 후 오를 공격할 목적이었다.

영희寧喜를 제거하는 위헌공衛獻公(BC 545년)

진晉에서 위에 사자를 보내 초와의 우호를 위한 맹회에 대표를 보내주길 요청했다. 영희는 위헌공에게 보고하지 않고 석악을 대표로 보냈다. 위헌공이 나중에 소문을 듣고 비로소 그 사실을 알게 되었다. 위헌공은 국가 사이의 큰일임에도 의논조차 하지 않는 것에 대하여 분노하고, 공손면여에게 하소연했다. 공손면여가 영희를 방문하여, 맹약은 국가 사이의 가장 중요한 일임에도 위헌공에게 보고하지 않고 처리한 것을 책망했다. 영희는 위헌공이 전권을 위임하기로 약속하였음을 강조하며, 자신은 다른 신하들과는 다르다고 투덜댔다.

공손면여가 위헌공을 알현하며, 영희의 무례를 비난하고 처단할 것을 비밀리에 건의했다. 위헌공은 영희의 공로를 인정하며, 약속을 했으니 후회해도 소용이 없다고 대답했다. 공손면여는 성공할 경우에는 위헌공의 이익이고 실패할 경우에는 자신의 피해임을 강조하며, 영씨를 처단하겠다고 아뢰었다. 위헌공은 불안하여 자신에게 피해가 없게만 해달라고 당부했다. 공손면여는 친척 동생인 공손무지 및 공손신과 상의하고, 영희를 처단하기로 맹세했다(BC 546년).

이듬해 봄 영희는 저택에서 봄 잔치를 열기로 했다. 영희는 평소 신변의 안전을 위해 저택에 많은 가병들을 배치하고 있었다. 특히 밤에는 저택 대문 안쪽에 비밀리에 복기伏機[1]를 설치하고 작동시켰다. 영희가 봄 잔치를 연다는 소식을 들은 공손무지는 잔치 때 경비가 느슨해

---

1) 여기서 **상하기수**上下箕手(자신의 손으로 위를 가리키기도 하고 아래를 가리키기도 한다는 뜻. 사사로운 인정이나 권력에 의지하여 사실을 왜곡하고 시비를 뒤집는 것을 비유함)의 고사성어가 나옴

질 것으로 생각하고, 공손면여에게 기습을 제의했다. 공손면여는 점을 쳤는데, 점괘가 나쁘게 나왔다며 주저했다.

잔칫날에 공손무지는 공손신과 함께 가병들을 총동원하여 영희의 저택을 공격하러 출발했다. 영희는 가병들이 잔치를 구경하느라 경비가 느슨해질 것을 우려하여, 이날에는 낮에도 복기를 작동시켜 두었다.

공손무지는 영희의 가병들이 적은 것을 기회로 생각하고 영희의 저택으로 쳐들어갔다. 그런데 복기가 작동하여 공손무지는 그만 함정 속으로 빠졌다. 영희의 가병들이 출동했다. 공손신은 함정에 빠진 공손무지를 구출하기 위해 노력하며, 영희의 가병들과 싸웠으나 패하고 전사했다. 영희는 공손무지를 고문하고 처형했다. 이때 공손면여는 공손무지와 공손신을 지원하기 위해 출동하고 있었고, 우재 곡은 영희를 원조하기 위해 출동하고 있었다.

우재 곡이 가병들을 이끌고 도착하자 영희의 가병들은 문을 열어주었는데, 마침 공손면여도 도착했다. 공손면여가 가병들을 이끌고 돌진하여 우재 곡을 칼로 쳐 죽이고, 영희의 저택으로 들어갔다. 양측에서 큰 싸움이 벌어졌는데, 서서히 공손면여가 우세하게 되었다. 영희는 결국 도주했고, 공손면여는 영희를 추격하여 칼로 쳐 죽였다. 공손면여는 영씨 일가를 몰살시켰다(BC 545년). 복위 2년 만의 일이었다.

공손면여는 위헌공에게 성공을 보고하고, 조당에 영희의 시체를 내걸었다. 공자 전은 달려와 영희의 시체 앞에서 면목 없다며 통곡했다. 공자 전은 위의 곡식을 먹지 않겠다는 맹세를 지키기 위해 진晉으로 망명을 떠났다. 위헌공이 대부 제악을 보내 공자 전을 만류했다. 공자 전은 수레에 싣고 가던 꿩의 목을 자르며, 위의 곡식을 먹는다면 꿩처럼 죽여달라고 하늘에 맹세했다. 제악은 설득을 포기하고 돌아갔다.

위헌공은 영희의 시체를 거두어 장례를 치러주었다. 위헌공은 공손면여의 추천에 따라 태숙 의를 정경에 임명했고, 위의 내정은 안정을 회복했다.

공자 전은 이후 한단 땅에서 은거하며 평생 가난하게 살았고, 위에 대한 언급을 한 번도 하지 않았다.

진晉과 초楚의 화친[2차 미병彌兵회맹](BC 545년)

송의 좌사 상술의 노력으로 송에서 진晉과 초의 친선을 위한 회맹이 개최되었다. 회견장 왼쪽에 진영晉營이 세워졌고, 오른쪽에 초영楚營이 세워졌다. 조무, 굴건 및 각국 대표가 송에 당도했다. 노·위·정 대표는 진영에, 채·진陳·허 대표는 초영에 머물렀다. 초의 속국인 돈·호·심·균이 진영에 예물을 상납했고, 진晉의 속국인 주邾·거·등· 설이 초영에 예물을 상납했다. 제와 진秦은 자주국가여서 예물 교환을 참관했다.

초의 영윤 굴건은 조무를 습격할 목적으로 군사들에게 비밀리에 무장할 것을 지시했는데, 백주리가 만류하여 명령을 번복했다. 조무도 초가 군사들을 무장시킨다는 첩보를 받고 대비하려 했으나, 양설힐은 신의의 중요성을 강조하며 맹회를 계속할 것을 간언했다.

굴건이 상술에게 맹세의식을 진행할 때 초가 진晉보다 먼저 삽혈할 것을 요청했다. 즉 맹회를 초가 주재하겠다고 요청한 것이다. 상술은 그 뜻을 조무에게 전달했다. 조무는 예전에 진晉문공이 천토맹회를 주재한 사례를 들며, 불쾌한 뜻을 표했다. 상술은 그 뜻을 굴건에게 전달했다. 굴건은 분노하며, 진晉은 여러 번 맹회를 주재했으므로 이번에는 초에 양보할 것을 요구했다. 상술은 그 뜻을 조무에게 전달했다. 조무는 굴건의 요청을 거부하려고 했다. 양설힐은 조무에게 맹회를 주재하는 것은 덕에 근거한 것이지 위세에 근거한 것이 아니라고 아뢰며, 진晉이 덕이 있다면 나중에 삽혈하더라도 제후들이 진晉을 공경할 것이라고 설득했다. 양설힐은 맹회의 주재 문제로 다투면 싸움이 발생할 것이고 진晉이 신용을 잃을 수 있음을 우려했다.

결국 조무는 맹회 주재를 초에 양보했고, 굴건이 맹회를 주재했다. 진晉과 초 및 참석한 국가들은 화친의 맹약을 체결했다. 이를 진晉·초의 2차 미병彌兵회맹이라고 부른다.

한편, 위의 대표인 석악은 나중에 영희가 피살된 사실을 알게 되었고, 진晉으로 망명했다.

주경왕周景王의 즉위(BC 545년)

주영왕의 장자인 진晉은 매우 총명했고, 생황을 잘 불었다. 주영왕은 진을 매우 총애하였고, 17세에 태자로 임명했다. 그러나 태자 진은 이伊와 낙洛 땅을 순유하고 나서 곧 병으로 죽었다. 주영왕은 태자 진의 사망에 매우 통탄했다. 어떤 신하가 태자 진이 신선이 된 꿈을 꾸었다고 아뢰었다. 주영왕은 태자 진이 신선이 된 것으로 믿었다.

재위 27년 어느 날, 주영왕은 꿈에서 태자 진을 본 후 자신이 곧 죽을 것으로 생각하고 차자 귀貴에게 양위했다. 주영왕의 양위로 왕자 귀가 즉위하니(BC 545년), 곧 **주경왕周景王**[1]이다. 주영왕은 곧 사망했다.

---

1) 주경왕 희귀: 재위 BC 544 ~ BC 520

초겹오楚郟敖의 즉위(BC 545년)

초강왕이 세자를 지정하지 않고 재위 15년에 사망했다. 영윤 굴건이 대부들과 상의하여 초강왕의 아들 균麇을 추대했다. 신하들의 추대로 균이 즉위하니(BC 545년), 곧 **초겹오楚郟敖**[1]다.

경봉慶封의 독재와 난欒·고高·진陳·포鮑씨의 불만

최저의 자살 이후 제의 실권을 잡은 경봉은 국정을 전단했다. 경봉은 매우 음탕하고 무도했는데, 노포별의 아내를 보고 반해 간음했다. 경봉은 힘이 장사인 아들 **경사慶舍**에게 국정을 일임하고, 아예 노포별의 집으로 이사해 노포별의 아내와 동침했다. 그러자 노포별은 경봉의 아내 및 첩들과 간음했다. 경봉과 노포별은 동침 상대를 교환하고 단체로 난교를 벌이는 등 온갖 해괴한 짓을 저지르며 절친한 사이가 되었다.

노포별이 경봉에게 형 노포계의 귀국을 부탁했고, 경봉은 허락했다. 노에서 귀국한 노포계는 경봉의 지시에 따라 경사의 부하가 되었다. 용력을 갖춘 노포계는 경사에게 아첨했고, 경사는 노포계를 신임하게 되었다. 경사는 딸 경강慶姜을 노포계에게 시집보냈다.

노포계는 경사에게 왕하를 천거했다. 경사는 왕하를 거에서 귀국시키고, 부하로 두어 신임했다. 경씨 일족은 신변 경비에 철저하여 무장 경호병들을 항상 대동하고 다녔다. 경사는 노포계와 왕하를 신임하여 경호 임무를 맡기고, 일반인들의 접근을 차단했다.

---

[1] 초겹오 웅균: 재위 BC 544 ~ BC 541

제경공은 닭 발바닥 요리를 매우 좋아했다. 그 결과 제의 국내에 닭 발바닥 요리가 유행했고, 닭 가격이 급등했다. 닭을 조달하느라 궁중 요리 예산이 부족해지자 재부宰夫[1]가 경사에게 예산 증액을 요청했다. 노포별은 일부러 소동을 만들기 위해 경사에게 증액 요청을 거절하라고 조언했다. 경사는 재부에게 닭 대신 다른 방법을 연구하라고 답했다.

결국 재부는 닭 대신 오리를 사용하기로 결심했다. 궁중요리사가 오리고기를 만들었다. 어느 날 궁중의 하급 내시들이 제경공에게 올리는 것으로 생각하지 못하고 오리고기를 훔쳐 먹었다. 그날은 대부 **고채高蠆**와 **난조欒竈**가 시식 당번이었는데, 수라상에서 닭고기 대신 먹다 남은 오리 뼈를 발견했다. 고채와 난조는 자신들이 모욕당했다고 생각하며, 경씨가 나라 살림 운영을 엉망으로 한다고 비난했다. 고채와 난조가 경씨를 비난한 사실은 경봉에게 보고되었다. 노포별은 경봉에게 고채와 난조를 처단하라고 이간했다.

노포별은 노포계를 방문하여 경봉과 고채, 난조를 이간한 사실을 알렸다. 노포계는 왕하와 상의했다. 왕하는 고채를 방문하여, 시식 당번 때 일로 경봉이 분노하여 습격할 준비를 하고 있다고 이간했다. 고채는 경씨에 대하여 분노하며, 처단할 것을 결심했다. 왕하는 비로소 고채에게 자신과 노포계 형제는 제장공의 복수를 위해 경씨에게 거짓으로 충성하고 있음을 밝히고, 난조와 상의할 것을 건의했다. 고채는 난조를 방문하여 상의하고, 거사에 합의했다. **진무우陳無宇**와 **포국鮑國**은 경씨 일족의 독재에 반감을 가지고 있었으므로 고채와 난조의 계획을 눈치채고 협력할 의사를 밝혔다.

---

1) 궁중 요리 담당 관리

난欒·고高·진陳·포鮑씨의 경봉慶封 축출(BC 545년)

경봉은 친척인 경사慶嗣[1]와 경유慶遺를 데리고 동래東萊 땅으로 가서 사냥을 할 계획을 세웠다. 경봉은 진무우에게도 함께 갈 것을 지시했다. 변란이 있을 것으로 짐작한 진무우는 부친 진수무와 상의했고, 진수무가 핑계를 대고 진무우를 소환하여 진무우가 귀가하기로 약속했다. 경봉은 동래로 사냥을 떠났다(BC 545년 8월).

노포계는 경봉이 없는 기회를 노려 가을 제사 때 거사하기로 계획을 세웠다. 그 계획을 알게 된 진수무는 부하를 동래로 보내 진무우에게 모친이 위중하다고 거짓 전달을 하게 했다. 진무우가 경봉을 찾아가 모친의 위중함을 알리며, 임치로 귀환하는 것을 허락해 주길 간청했다. 경봉은 허락했다.

경사慶嗣가 진무우의 행동을 수상히 여기고, 변란을 우려하며 귀성할 것을 경봉에게 건의했다. 경봉은 아들 경사慶舍를 믿고 걱정하지 않았다. 진무우는 임치로 복귀하면서 강을 건넌 후, 배를 모두 하류로 떠내려 보내 경봉의 귀로를 지연시켰다.

이때 노포계는 가병들을 무장시키고 있었다. 아내 경강이 이상하게 생각하고 이유를 물었다. 노포계는 옹규의 사례를 염려하여 대답을 피했다. 경강은 부인에게 있어 남편은 하늘이므로 남편의 명령을 거역하지 않는 법이라고 강조하며 설득했다. 결국 노포계는 경씨 축출 계획을 말해주었다. 경강은 아버지인 경사慶舍가 자만심이 강하고 주색에 빠져 있어 가을 제사에 참석하지 않을 가능성이 많다고 지적하며, 제사에 참

---

[1] 경봉의 아들 경사慶舍와 한자가 다름에 유의할 것

석하도록 경사慶舍를 도발할 필요가 있다고 주장했다. 경강은 자신이 친정에 가서 친정아버지에게 가을 제사에 불참하라고 도발하여 오히려 참석을 유도하겠다고 건의했다. 노포계는 허락했다.

경강은 친정에 가서 경사에게 대부 고채와 난조가 가을 제사를 이용해 공격할 것이라는 소문이 있음을 아뢰고, 제사에 불참할 것을 건의하여 경사의 자존심을 자극했다. 발끈한 경사는 고채와 난조를 하찮게 평가하고, 제사에 참석할 것을 결정했다.

며칠 후 가을 제사를 올리기 위해 제경공은 태묘에 행차했다. 경사도 제사에 참석했고, 경승慶繩이 헌작[1]을 맡았다. 경사는 가병들을 태묘 주위에 겹겹이 배치시켰고, 노포계와 왕하가 경사를 호위했다.

진무우와 포국은 재주가 많은 집안 노비들을 시켜 태묘 밖에서 재주를 부리고 광대놀이를 하게 했다. 거리가 시끄러워진 기회를 노려 난씨·고씨·진씨·포씨의 가병들이 경씨의 말들을 때렸고, 말들은 질주하기 시작했다. 경씨의 가병들은 놀라서 말들을 쫓아가서 끌고 오느라 한바탕 난리를 부렸다. 더위에 지친 경씨의 가병들은 광대놀이를 구경하느라 자리를 비웠다.

난씨·고씨·진씨·포씨의 가병들이 태묘의 문밖에 은밀히 집결했다. 잠시 후 난씨·고씨·진씨·포씨의 가병들은 노포계의 신호를 받고 태묘로 난입했다. 깜짝 놀란 경사는 당황했고, 그 틈을 노려 노포계와 왕하가 창으로 경사를 찔러 치명상을 입혔다. 경사는 제사용 술항아리를 집어 왕하에게 던졌고, 왕하는 즉사했다. 경사는 태묘의 기둥을 잡고 부상의 고통으로 몸부림을 치다 결국 숨이 끊어졌다. 노포계의 가병들이 경승을 죽였다.

---

1) 제사 때 술잔을 올리는 것

제경공은 놀라서 도망치려했다. 안영이 사직을 위한 거사라고 알리며, 제경공을 겨우 진정시켰다. 노포계와 난씨·고씨·진씨·포씨의 가병들은 경씨 일족을 모조리 처단했다. 노포계는 경봉을 경계하여 임치성의 수비를 철저히 했다.

　경봉은 사냥을 마치고 돌아오다 변란 사실을 보고받았다. 경봉은 격노하여 수행하던 가병들을 총동원하여 임치성을 공격했으나, 효과가 없었다. 상황이 변한 것을 느낀 경봉의 가병들은 도주하기 시작했다. 어쩔 수 없이 경봉도 노로 도주했다.

　제경공은 노에 사신을 보내 경봉의 체포와 송환을 요구했다. 이를 눈치챈 경봉은 오로 도주했다. 오왕 여제는 경봉을 등용하고 주방朱方 땅을 하사하며, 초에 대한 경계 업무를 맡겼다. 그 소식을 들은 노의 대부 자복하子服何는 흉악한 자가 복을 받게 되었다며 탄식했다. 숙손표는 착한 자의 부귀는 상이지만 악한 자의 부귀는 재앙이라고 말하며, 경봉이 불행하게 될 것이라고 예측했다.

경봉慶封 축출 이후 제齊의 정세

　경봉 축출 이후 고채와 난조가 제의 정권을 잡았다. 고채와 난조는 최저와 경봉의 죄를 선포하고, 경사의 시체를 길거리에 전시했다. 최저의 시체도 전시하려 했으나, 찾을 수가 없어 큰 상을 내걸고 최저의 시체를 찾는 방을 붙였다. 최저의 집 마구간지기가 신고했다. 제경공은 최저와 당강의 시체를 전시할 작정이었으나, 안영이 부녀자의 몸을 구경시키는 것은 예가 아니라고 간언했다. 결국 최저의 시체만 전시했다.

제의 대부들은 경봉과 음행을 즐겼다는 이유로 노포별을 연으로 추방했다. 노포계도 경사의 사위라는 이유로 외국으로 추방당했다. 제의 대부들은 최저, 경봉, 노포계, 노포별의 토지와 재산을 모두 몰수하여 나누어 가졌다. 이때 진무우는 죄인의 재산을 취할 수 없다는 이유로 하나도 가지지 않았다. 다른 대부들은 미안한 생각이 들어 경씨 장원에 있던 목재 100여 수레를 진무우에게 주기로 합의했다. 진무우는 이를 전부 백성들에게 나누어 주었고, 백성들에게 인기를 얻었다(BC 544년). 얼마 후 난조가 사망하고, 아들 **난시**欒施가 지위를 승계했다.

고채는 고씨 가문 내에서 권력을 독점하기 위해 고후의 아들인 고지高止를 연으로 추방했다. 이에 반발한 고지의 아들 고수高竪가 노읍盧邑에서 반란을 일으켰다. 제경공은 대부 여구영閭邱嬰에게 고수를 토벌할 것을 지시했다. 여구영은 고수의 반란을 진압했는데, 고수는 고씨의 제사가 단절되는 것을 막기 위해 거사한 것이라고 변명을 했다. 여구영은 고수를 석방했고, 고수는 진晉으로 도주했다. 제경공은 보고를 받고 고연高酀을 고혜의 후사로 지정했다.

고채는 분노하여 여구영을 참소하고 처단했다. 고채는 이를 비난하는 공자 자산子山, 자상子商, 자주子周를 외국으로 추방했다. 제의 백성들은 고채를 원망했다.

고채가 사망하고, 아들 **고강**高彊이 지위를 승계했다. 고강은 나이가 어려 정사에 참여하지 못했다. 결국 난시가 제의 실권을 장악하게 되었다.

오왕吳王 **여제**餘祭**의 피살[오왕**吳王 **이매**夷昧**의 즉위](BC 544년)**

오는 수시로 월을 약탈하고 주민들을 잡아다 노예로 사용했다. 오왕 여제도 월을 공격했고(BC 544년), 월의 주민들을 포로로 잡아 월형刖

형[1]에 처했다. 그중에 월의 귀족 한 명이 있었는데, 월의 군주와 친척(종인宗人)이었다.

오왕 여제는 여황餘皇이라는 큰 배를 제조하고, 월형을 받은 월의 종인에게 보초를 서게 했다. 월의 종인은 깊은 원한을 품었다.

재위 4년 어느 날, 오왕 여제는 여황에서 주연을 열고 만취하여 잠이 들었다. 보초를 서고 있던 월의 종인은 깊이 잠든 여제의 칼을 뽑아 여제의 목을 찔러 죽였다(BC 544년). 군사들이 뒤늦게 달려와 월의 종인을 난도질 해 죽였다.

이매는 형 여제가 부친 수몽의 유언을 지키기 위해 사실상 자살한 것을 알고 있었다. 이매는 동생 계찰에게 왕위를 양보하려 했으나, 계찰은 끝까지 사양했다. 결국 이매[2]는 여제의 뒤를 이어 왕위에 올랐고(BC 544년), 계찰을 정경에 임명했다.

계찰은 내정을 충실히 하고, 외교에 노력했다. 계찰은 노, 제, 정, 위, 진晉을 사신으로 방문하여 외교관계를 개선했다. 계찰은 제의 안영, 정의 공손교, 위의 거원, 진晉의 조무·한기·위서 등과 교류했다. 이때 계찰은 진晉이 조씨, 한씨, 위씨에게 넘어갈 것을 예언했다. 계찰의 학문과 인격은 매우 훌륭하여 여러 제후들과 오의 백성들이 계찰을 존경했다.

위양공衛襄公의 즉위(BC 544년)

위헌공이 복위 3년(즉위 33년) 만에 사망하고 아들인 악惡이 즉위하니(BC 544년), 곧 **위양공衛襄公**[3]이다.

---

1) 발뒤꿈치를 자르는 형벌
2) 오왕 이매: 여매餘昧로 기록된 경우도 있음. 재위 BC 543 ~ BC 527
3) 위양공 희악: 재위 BC 543 ~ BC 535

세자 반般의 채경공蔡景公 시해[채영공蔡靈公의 즉위](BC 543년)

채경공蔡景公[1] 고固는 세자 반般의 혼인을 위해 초에서 미씨羋氏를 데려왔는데, 얼마 후 채경공은 며느리인 미씨에게 반해 미씨와 간음했다. 사실을 알게 된 세자 반은 격분했다.

세자 반은 사냥을 나간다고 소문을 내고, 부하들과 미씨의 내실에 잠복했다. 채경공은 미씨의 내실로 가서 미씨와 간음하려고 했다. 세자 반이 뛰어나가 채경공을 칼로 쳐 죽이고(BC 543년), 부친이 급살병으로 사망했다고 부고했다. 세자 반이 부친을 죽이고 스스로 군위에 오르니, 곧 **채영공蔡靈公**[2]이다.

송宋 궁성의 화재

송평공의 부인인 백희伯姬는 노 출신으로, 항상 예법과 체통을 강조했다. 어느 날 송의 궁성에서 큰 화재가 발생했다(BC 543년 가을). 궁녀들이 백희에게 피신할 것을 건의했다. 백희는 부모傅母[3]의 부축을 받는 것이 예법임을 강조하며, 그대로 머물렀다. 궁녀들이 겨우 부모를 찾아 데려왔으나, 이미 백희는 불에 타 죽은 뒤였다.

진晉평공은 진晉과 초의 맹약을 주선한 송의 공로를 평가하여 평소 송을 좋게 생각했으므로 송의 처지를 동정했다. 진평공은 전연澶淵 땅으로 제후들을 소집하여 송을 원조하기 위해 재물을 희사할 것을 요청

---

1) 채경공 희고: 재위 BC 591 ~ BC 543
2) 채영공 희반: 재위 BC 542 ~ BC 531
3) 집에서 어린아이 등을 돌보아 주는 사람

했다. 진평공은 송의 궁성 재건을 원조했다.

정鄭 공자들의 골육상쟁(BC 543년)

정의 정경인 양소良霄는 공자 거질의 손자(=공손첩의 아들)로 사치를 즐겼고, 대단한 애주가였다. 양소는 혼자서 술 마시기를 좋아했다. 그래서 양소는 방해 받지 않고 혼자서 술을 마시기 위해 저택에 지하실을 만들고, 가신의 접견도 불허하며 밤새도록 혼자서 술을 마시곤 했다.

어느 날 초에 친선 사절을 보낼 일이 생겼는데, 양소는 정간공에게 공손흑公孫黑을 추천했다. 당시 공손흑은 서오범徐吾犯의 여동생과 혼인하기 위해 사촌인 공손초公孫楚와 경쟁 중이었는데, 창을 들고 서로 싸울 정도로 심각한 지경이었다[1]. 공손흑은 초에 사신으로 가면 혼인 경쟁에서 밀릴 것을 우려했다. 공손흑은 초에 사신으로 보내는 것을 제고해 달라고 간청하러 양소를 방문했다. 양소의 문지기는 주인 대감이 지하실에 있어 연락할 수 없다고 말하며, 방문을 거절했다.

격노한 공손흑은 가병들을 총동원하여 인단印段과 함께 양소의 저택을 포위하고 방화했다. 양소는 만취한 상태로 시종들의 부축을 받고 옹량雍梁 땅으로 겨우 도주했다. 양소는 술이 깬 후 분노했다. 여러 씨족들이 결당하여 공격했지만 국씨國氏와 한씨罕氏는 가담하지 않았다고 가신들이 보고했다.

---

1) 여기서 **동실조과同室操戈**(한 가족끼리 창을 잡는다는 뜻. 형제간이나 가까운 친척 사이의 불화나 암투를 비유함)의 고사성어가 나옴

양소는 도성의 북문을 공격했다. 공손흑은 인단과 자신의 조카인 사대駟帶를 시켜 양소를 막았다. 양소는 대패하고 옹량으로 도주했으나, 결국 피살되었다(BC 543년).

공손교는 통곡하고 양소와 그 가신들의 장례를 치렀다. 공손교는 골육상쟁을 통탄했는데, 소식을 들은 공손흑은 분노하여 공손교를 처단할 계획을 세웠다. 한호罕虎가 예는 국가의 근본임을 강조하며, 예를 지키는 공손교를 공격하는 것은 명분이 없다고 충고했다. 결국 공손흑은 공격을 단념했다.

정鄭의 정경 공손교公孫僑(＝자산子産)의 활약

정간공은 한호를 정경에 임명하려고 했다. 한호는 사양하며 공손교를 추천했고, 정간공은 공손교를 정경으로 임명했다(BC 542년).

자字가 **자산子産**인 공손교는 명분과 실리를 적절히 조화시킬 줄 아는 인격자였다. 자산은 정경 취임 이후 서서히 세력을 키우며 때를 기다렸다. 충분히 세력을 키운 뒤 드디어 자산은 국정 혼란의 죄를 물어 공손흑을 처형하고(BC 540년), 원칙과 수완을 조화시켜 정의 국정을 쇄신했다.

자산은 너그러움과 엄격함이 조화를 이루어야 함(관맹상제寬猛相濟)을 강조하며 형법을 세긴 형정刑鼎을 주조하는데(BC 536년), 이는 <u>중국 최초의 성문법</u>으로 평가되고 있다. 자산은 국도와 비읍을 구별하여 농민에 대한 국가의 지배력을 강화하고, 신하들의 수입 중 일부를 떼어 적립한 후 불행한 일을 당한 백성들을 부조하는 제도를 만들었고, 향교를 개혁하여 충성과 검소를 가르쳐 백성들을 교화했다. 자산의 법치는 초기에는 백성들의 거센 반발을 사기도 했으나, 시간이 지나면서 효과를 발휘하였고 백성들은 자산을 칭송하게 되었다.

어느 날 정의 백성들 사이에 양소가 인단과 사대에 대하여 원한을 품고 귀신이 되어 나타났다는 소문이 퍼졌다. 이로 인해 민심이 불안해졌는데, 인단과 사대가 병으로 급사하자 불안감은 더욱 확대되었다. 자산은 정간공에게 양소의 아들인 양지良止와 공자 가嘉의 아들인 공손설公孫洩을 대부에 임명하여 제사를 받들게 할 것을 건의했다. 정간공은 허락했다. 이후 귀신 양소에 대한 소문은 사라졌다(BC 535년).

노소공魯昭公의 즉위(BC 542년)

노양공은 세자 야野, 주裯, 송宋 등의 아들을 얻었다. 노양공이 재위 31년에 사망하고 세자 야가 즉위했는데(BC 542년), 즉위 직후 노후 야가 갑자기 죽었다.

누가 군위를 이을 것인지 논의가 있었는데, 가장 강한 가문인 계손씨의 수장인 계손숙季孫宿(=계무자季武子)은 정경 숙손표의 반대를 무시하고 노후 야의 동생인 주를 추대했다. 결국 대신들의 추대로 주가 즉위하니(BC 542년), 곧 **노소공魯昭公**[1]이다. 노소공은 철이 없었고 행동이 신중하지 못했다.

---

1) 노소공 희주: 재위 BC 541 ~ BC 510

초楚 영윤 공자 위圍의 전횡

초의 영윤 굴건이 사망하고, 공자 위圍가 영윤이 되었다(BC 542년). 공자 위는 초공왕의 서자로 당시 친척 중에서 최연장자였다. 공자 위는 거만하고, 항상 스스로를 과대평가했다. 공자 위는 국정을 전단하며, 왕위를 욕심냈다.

대부 위엄蔿掩이 충직하여 바른말을 하자 공자 위는 누명을 씌워 위엄을 처형했다. 공자 위는 대부 위파蔿罷와 **오거伍擧**(오참의 아들)를 심복부하로 삼고 왕위를 빼앗을 궁리를 했다.

어느 날 공자 위는 사냥을 나가며 왕의 기를 무단으로 사용했다. 공자 위는 우읍芋邑에 당도했다. 당시 우읍의 유수留守이던 신무우申無宇는 왕과 신하의 구별을 강조하며, 왕기를 빼앗아 부고에 반납했다. 이로 인해 공자 위의 기세가 약간 꺾였다.

진晉과 초楚의 화친 대회(BC 541년)

진晉과 초는 우호를 강화하기 위해 정의 동괵東虢 땅에서 대부들이 참석하는 대회를 열기로 했다. 정으로 떠나기 전에 초의 영윤 공자 위는 초겹오에게 초의 위엄을 선양하기 위해 필요하다며 왕의 위엄을 빌려줄 것을 요청했고, 초겹오는 승낙했다. 공자 위는 왕의 행차와 동일하게 갖춘 후에 출발했다.

초왕이 직접 오는 것으로 오해하고 교외까지 영접 나왔던 정의 대신들은 모두 황당해했다. 공손교는 공자 위가 입성하여 변란을 일으킬 것을 경계하여, 유길游吉을 불러 비밀리에 지시를 했다. 유길은 공자 위를 알현한 후 성 안의 관사를 수리하고 있다는 핑계를 대며, 성 밖의 관사로 안내했다. 공자 위는 오거를 파견하여 정간공에게 풍씨豊氏의 딸과 혼인하겠다고 요청했다. 정간공은 승낙했다.

공자 위는 갑자기 정을 공격하고 싶은 욕심이 생겼다. 공자 위는 정의 도성으로 들어가 풍씨의 딸을 영접한다는 핑계를 대고, 실제로는 정을 기습할 의도로 많은 병거를 준비했다. 공손교는 공자 위를 경계하여 유길에게 초군의 입성이 불가함을 알리도록 지시했다. 유길은 공자 위를 알현하며, 성이 협소하므로 성 밖 공터에서 신부를 영접할 것을 제안했다. 공자 위는 짜증을 내며, 야외에서 신부를 영접하는 것은 예가 아니라고 답했다. 유길은 혼사를 위해 군사와 병거를 동원하여 다른 국가를 출입하는 것은 예가 아니라고 반박하고, 비무장으로 입성할 것을 요청했다. 계획이 탄로 난 것으로 생각한 오거는 비무장 입성을 건의했다. 결국 공자 위는 비무장으로 입성하여 신부를 영접하고 성 밖 관사로 복귀했다.

정의 동괵 땅에서 진晉과 초의 화친 대회가 열렸다(BC 541년). 진晉에서는 조무가 참석했고, 초에서는 공자 위가 참석했다. 송, 노, 제, 위, 정, 진陳, 채, 허의 대부들도 참석했다. 왕의 행차와 동일하게 갖추고 참석한 공자 위는 행동과 위세가 거만했다. 공자 위는 맹약은 지난번 대회에서 이미 실행했으므로 이번 대회에서는 생략하고 서서를 낭독하는 것으로 갈음할 것을 제안했다.

진晉의 대부 기오는 이번 대회는 진晉이 주재할 차례임을 강조하고, 진晉의 체면을 손상시킬 의도라며 흥분했다. 조무는 공자 위가 역심이 가득하므로 그의 뜻대로 하여 공자 위를 더 교만하게 만들 필요가 있다고 지적하며, 공자 위의 제안을 승낙하려고 했다. 기오가 병사들을 무장시켜 위세를 보여줄 것을 건의했으나, 조무는 신의를 강조하며 거절했다.

결국 공자 위의 주장대로 맹세의식은 생략되었다. 공자 위는 명령조로 조무에게 서서를 낭독할 것을 지시했고, 조무는 서서를 낭독했다.

대회를 마치고 공자 위는 신부를 대동하고 초로 돌아갔다. 모든 대부들은 공자 위가 초왕 자리를 찬탈할 것으로 예상했다. 조무는 공자 위의 지시에 따른 것이 창피해 신의를 위한 행동이었다고 변명했다. 노의 대부 숙손표는 조무에게 어느 정도까지 신의를 지킬 수 있는지 물었다. 조무는 항상 화평을 위해 노력할 뿐 먼 장래까지는 생각할 여가가 없다고 대답했다. 숙손표는 조무가 현실 유지에 급급하여 앞날에 대한 계책이 없음에 실망했다. 숙손표는 조무가 40대의 나이지만 80대 노인같이 행동함을 이유로 오래 살지 못할 것으로 예상했다.

귀국한 지 몇 달 후에 조무가 병으로 사망했다. 진晉평공은 <u>한기韓起</u>를 중군원수에 임명했다(BC 541년).

제4절 초영왕楚靈王의 위세와 진晉의 위축

초楚 영윤 공자 위圍의 정변[초영왕楚靈王의 즉위](BC 541년)

재위 4년 당시 초겹오는 병이 들어 누워있었다. 영윤 공자 위는 귀국 보고 겸 문병을 위해 입궁했다. 공자 위는 궁녀와 내시들을 모두 물러가게 한 후 관끈을 풀어 조카인 초겹오의 목을 졸라 죽였다(BC 541

년). 초겹오의 아들인 막幕과 평하平夏가 달려와 공자 위에게 덤벼들었다 무참히 살해되었다. 공자 위의 동생인 비比와 흑굉黑肱은 진晉과 정으로 각각 도망쳤다.

공자 위가 건虔으로 개명한 후 즉위하니(BC 541년), 곧 **초영왕楚靈王**[1]이다. 초영왕은 위파를 영윤으로, 정단鄭丹을 우윤으로, 오거를 좌윤으로, 투성연鬪成然을 교윤으로 임명했다. 초영왕은 태재 백주리의 불복을 염려하여 자객을 보내 죽이고, 위계강薳啓彊을 태재로 임명했다.

초영왕은 웅균을 겹 땅에 장사 지내고, 겹오라고 불렀다. 초영왕은 장자 녹祿을 세자로 임명했다.

제齊의 대부 안영晏嬰의 현명함

제의 대부 안영이 친선 사신이 되어 초를 방문했다(BC 539년). 초영왕은 명성이 높은 안영을 모욕해 초의 위세를 과시하고 싶어 신하들에게 묘책을 물었다. 태재 위계강은 여러 가지 계책을 아뢰었고, 초영왕은 만족했다.

초영왕은 키가 작은 안영을 모욕하기 위해 영성의 동문 옆에 작은 개구멍을 뚫고 문지기에게 안영을 그곳으로 출입시키라고 지시했다. 안영이 도착하자 문지기는 지시받은 대로 영성의 동문을 열어주지 않고, 옆에 있는 작은 개구멍으로 들어오라고 외쳤다. 안영은 태연히 개의 나라에 왔으면 개구멍으로 들어가야겠지만 사람의 나라에 왔으므로 사람이 드나드는 문으로 들어가야 한다고 주장했다. 보고를 받은 초영

---

1) 초영왕 웅건: 재위 BC 540 ~ BC 529

왕은 탄복하며 성문을 열어주었다.

안영이 초영왕을 알현할 때, 초영왕은 그대처럼 작고 볼품없는 사람을 사신으로 보낸 것을 보니 제에 사람이 없는 것 같다고 말하며 일부러 모욕했다. 안영은 사람들이 땀을 흘리면 바로 비가 될 정도로 제에는 사람이 많다고 대답하며[1], 도읍 임치는 길에 다니는 사람들이 서로 어깨가 닿고 발꿈치가 맞닿을 정도로 붐빈다고 강조했다[2]. 계속해서 안영은 제는 사신을 보낼 때 현명한 사람은 현명한 나라에 보내고 못난 사람은 못난 나라에 보내는 법이 있음을 아뢰고, 자신은 제에서 가장 못난 축에 속하여 제경공이 자신을 초에 보낸 것이라고 대답했다. 초영왕은 탄복했다.

얼마 후 무사 서너 명이 절도죄를 지었다고 말하며 제인齊人을 결박하여 끌고 전각 밑으로 지나갔다. 물론 일부러 초영왕이 안영을 모욕하기 위해 연출한 것이다. 초영왕이 안영에게 제의 백성들은 모두 도적질하는 버릇이 있느냐고 조롱했다. 안영은 강남에는 귤이 나지만 귤을 강북에 옮겨 심으면 탱자가 열리는데 그 이유는 기후와 토질이 다르기 때문이라고 아뢰며, 제의 백성들은 도적질을 모르지만 초에 오면 도적질을 하는 것은 초의 기후와 토질이 그렇기 때문이라고 답을 했다[3]. 초영왕은 탄복하며 안영을 후대했다.

제경공은 국가의 체면을 지키고 귀국한 안영을 총애하여 많은 토지

---

1) 여기서 **휘한성우**揮汗成雨(땀을 흘리면 바로 비가 되어 내린다는 뜻. 사람이 매우 많은 것을 비유함)의 고사성어가 나옴
2) 여기서 **비견접종**比肩接踵(어깨가 나란히 이어지고 발꿈치가 서로 닿는다는 뜻. 서로 몸이 닿고 발 디딜 틈이 없을 정도로 사람들이 붐비는 것을 비유함)의 고사성어가 나옴
3) 여기서 **귤화위지**橘化爲枳(장강 남쪽의 귤이 장강 북쪽으로 가면 탱자가 된다는 뜻. 환경에 따라 사람의 습성이나 기질이 변함을 비유함)의 고사성어가 나옴

를 하사하려고 했으나, 안영은 사양했다. 어느 날 제경공이 안영의 집에 행차했다가 안영의 부인이 늙고 못생긴 것을 보고 젊고 아름다운 자신의 딸을 부인으로 하사하려고 했다. 안영은 여자가 시집을 가서 남자를 섬기는 마음은 나중에 늙고 보기 싫어져도 버리지 말라는 부탁과 믿음이라고 아뢰며, 동고동락한 아내를 버릴 수는 없다고 대답했다. 제경공은 아내를 버리지 않는 안영이 군주를 버릴 리 없다고 말하며, 안영을 더욱 신뢰하게 되었다.

초영왕楚靈王의 야망[신申회맹](BC 538년)

조카를 죽이고 즉위한 군주들의 대부분이 그러하듯 초영왕도 야망이 컸다. 초영왕은 천하 패권을 노렸다. 초영왕은 왕이 되자 부인 풍씨를 미천한 가문 출신이라고 여겨 탐탁지 않게 생각했다. 초영왕은 오거를 진晉에 파견하여 초를 위해 제후들을 소집해 줄 것을 요청하고, 진晉평공의 딸에게 청혼했다. 진평공은 거절 시 초와 대결할 것에 부담을 느껴 승낙했다(BC 539년 12월).

정간공과 허도공이 초를 방문했다. 이때 오거가 귀국하여 보고했다. 초영왕은 제후들에게 사신을 파견하여 신申 땅에서 회맹을 개최함을 알렸다. 정간공은 신 땅에 가서 제후들을 영접하는 역할을 하겠다고 자청했고, 초영왕은 의기양양하며 승낙했다.

신 땅에서 대회가 열렸다(BC 538년 3월). 채·진陳·서徐·등·돈·호·심·소주의 제후가 참석했고, 송은 상술을 참석시켰다. 노·위·조는 참석하지 않았다. 오거가 초영왕에게 천하 패권을 위해서는 제후들의 마음을 얻어야 함을 강조하고, 이를 위해 예법을 준수할 것을 간언했다. 오거는 과거 대회의 여러 사례들을 설명했는데, 초영왕은 제환공이 행한 방식을 선택했다. 오거는 초의 위세를 과시하고 불의한 자를 징벌하면 제후들이 복종할 것이라고 아뢰며, 오의 주방 땅에 있는 경봉을 처단할 것을 건의했다.

초영왕은 군사와 병거를 크게 벌여놓고 대회를 시작했다. 초영왕은 서徐 군주의 모후가 오 출신이라는 이유로 오와 내통한다고 의심하여 사흘 동안 단 아래에 결박했다. 서 군주는 충성을 맹세하며, 오에 대한 공격 시 길 안내를 자원했다. 초영왕은 서 군주를 석방했다. 초영왕은 대부 굴신屈申에게 제후들의 군사들을 지휘하여 오를 공격할 것을 지시했다.

굴신은 오의 주방 땅을 포위하여 경봉을 생포하고, 경씨 일족을 몰살했다(BC 538년). 굴신은 오의 군비가 대단하여 더 이상 나아가지 못하고 초로 회군했다. 초영왕은 제후들 앞에서 경봉에게 군주를 시해하고 국가를 혼란에 빠지게 한 사실을 자백할 것을 강요했으나, 경봉은 제후들 앞에서 공자 위는 왕을 죽이고 왕위를 찬탈했다고 외쳤다. 초영왕은 분노하며 경봉을 죽였다.

초영왕은 귀국한 후 굴신을 오와 내통했다고 의심하여 처형하고, 굴생屈生을 대부에 임명했다(BC 537년). 얼마 후 위파가 진晉평공의 딸 희씨를 모시고 귀국했다. 초영왕은 희씨를 부인으로 삼았다.

월越의 군주 윤상允常의 즉위(BC 538년)

월의 군주 부담이 재위 27년에 사망하고 아들인 **윤상允常**[1]이 월의 군주로 즉위했다(BC 538년). 월은 윤상이 군주가 된 이후 비약적으로 발전하기 시작했고, 주변의 여러 부족들을 정복하며 영역을 넓혀 나갔다. 오에 대한 반감이 컸던 윤상은 오에 대한 예속상태를 벗어나고 싶어 했으나, 오의 국력이 강하여 현실은 쉽지 않았다.

노魯의 정경 숙손표叔孫豹의 몰락

노의 정경 숙손표는 노소공 즉위 이후에도 계속 실권을 행사하고 있었다. 숙손표의 서장자인 수우豎牛는 숙손표의 큰 신임을 받고 있었는데, 숙손표의 이름을 빌려 제멋대로 행동했다. 수우는 자신의 이익을 지키기 위해 숙손표와 그의 적자인 임壬을 이간질했는데, 숙손표는 제대로 확인도 하지 않고 아들 임을 죽였다. 이후 수우는 숙손표와 임의 형인 병丙까지 이간질했고, 숙손표는 병을 국외로 추방했다. 이후 수우는 병이 부친을 원망하고 있다고 또다시 이간질했고, 숙손표는 제대로 확인도 않은 채 자객을 보내 아들 병을 죽였다.

숙손표는 얼마 후 병이 들었는데, 수우는 숙손표의 지시라고 참칭하여 사람들을 모두 물리치고 혼자 병간호를 하는 척했다. 수우는 숙손표에게 음식을 주지 않았고, 숙손표는 결국 굶어 죽었다(BC 538년)[2]. 수

---

1) 월왕 윤상: 재위 BC 538 ~ BC 497. 훗날 왕을 칭하여(후술) 월왕 윤상으로 불리게 됨
2) 한비는 《한비자》〈내저설상〉편에서 군주가 쓰는 일곱 가지 기술의 하나로 신하의 말을 사실과 맞추어 볼 것(참관參觀)을 제시하며, 숙손표를 예로 들고 있음

우는 숙손표의 장례도 치르지 않고 보물을 모두 훔쳐낸 후 제로 달아났다.

노의 삼가는 여전히 실권을 쥐고 국정을 전단했다. 노는 3군을 2군으로 재편했는데(BC 537년), 특히 계손씨는 군사력의 절반을 쥐고 가장 큰 권력을 누렸다.

진애공秦哀公의 즉위(BC 537년)

진秦경공이 재위 40년에 사망하고 세자 적籍이 즉위하니(BC 537년), 곧 **진애공秦哀公**[1]이다. 기록에 따라서는 시호가 필공畢公, 필공㻫公, 백공柏公으로 다르게 표기되어 있다.

초영왕楚靈王의 오吳 공격(BC 537년)

오왕 이매는 초의 동쪽 변경인 극棘, 역櫟, 마麻 땅을 노략질하여 주방 공격에 대한 복수를 했다(BC 538년 겨울).

초영왕은 분기충천했고, 채·진陳·호·돈·심·서徐·월의 군사들을 동원하여 직접 오를 공격했다(BC 537년). 이때 월의 군주 윤상은 대부 상수과常壽過를 파견하여 초를 원조했다. 초 장수 위계강은 선봉이 되어 오의 작안鵲岸 땅에 상륙했으나 패했다. 초영왕은 오의 나예羅汭 땅에 상륙했다.

오왕 이매는 종제인 궐유蹶繇를 보내 초영왕을 영접하게 했다. 초영

---

1) 진秦애공 영적: 재위 BC 536 ~ BC 501

왕은 분노하여 궐유에게 "나오기 전에 점을 치고 나왔느냐?"라고 위협했다. 궐유는 점괘가 대길로 나왔다고 답했다. 초영왕은 "너를 죽이고 북에 너의 피를 바를 작정인데 대길이냐?"라고 위협했다. 궐유는 개인의 안위가 아니라 국가의 장래를 위해 점을 치는 것임을 강조하고, 초왕의 분노 정도에 따라 오의 대비 정도가 결정될 것이므로 자신에게는 불행이나 국가에는 대길이라고 대답했다. 초영왕은 감탄하며 궐유를 석방했다.

초영왕은 오를 공격했다. 오의 방어는 매우 견고했다. 초영왕은 굴신을 의심하여 처형한 것을 후회하고, 결국 철수했다.

초영왕楚靈王의 장화궁章華宮 건립(BC 535년)

초영왕은 초의 위세를 과시하기 위해 대대적인 공사를 일으켜 장화궁章華宮을 건립했는데(BC 535년), 공사 과정에서 백성들을 강제로 동원하여 많은 원성을 받았다. 장화궁은 넓이가 40리에 이르는 대규모 궁궐로 높이가 30인仞[1]에 이르는 장화대章華臺를 비롯한 웅장한 궁실과 화려한 정자들이 배치되어 있었다. 장화대는 꼭대기까지 오르려면 세 번 쉬어야 올라갈 수 있다고 해서 삼휴대三休臺라고 불렸다.

초영왕은 허리가 가는 여자를 선호했는데, 허리가 가는 미인들을 뽑아 장화궁에 거처하게 했다. 그래서 장화궁은 세요궁細腰宮으로 불리기도 했다. 그 결과 초에서는 허리가 가는 미인을 선호하게 되었고, 초의 여성들은 허리를 가늘게 하기 위해 일부러 굶었는데 죽는 경우까지 발

---

1) 1인仞=8척尺

생활 정도였다고 한다.

초영왕은 장화궁의 건립을 자랑하기 위해 사신을 파견하여 제후들을 초청했으나, 아무도 오지 않았다.

위영공衛靈公의 즉위(BC 535년)

위양공이 재위 9년 만에 사망하고 아들 원元이 즉위하니(BC 535년), 곧 **위영공衛靈公**[1]이다. 위영공은 공자孔子와 같은 시대에 활약하는데, 공자로부터 엄청난 비난을 받아 실제 이상으로 과도하게 암군으로 평가되고 있다.

신용을 잃는 초영왕楚靈王

어느 날 초영왕이 장화궁에서 잔치를 열고 있었다. 이때 반자신潘子臣이 우읍 유수 신무우를 끌고 들어와 초영왕에게 죄를 다스려주길 청했는데, 왕궁의 수졸을 잡아가려 했다는 것이다. 신무우는 그 수졸은 원래 자신의 문지기였는데, 주기酒器를 훔쳐 달아나 1년 동안 수색하다 우연히 왕궁의 수졸이 된 것을 발견하고 잡아가려 했다고 해명했다. 초영왕이 왕궁 수졸로 일하고 있으므로 용서해 줄 것을 지시했다. 신무우는 사람에게는 왕王-공公-경卿-대부大夫-사조士皂-여료輿僚-복대僕臺-상相-신臣-복服 등 열 개의 등급이 있다고 지적하며, 상하의 질서가 중요하다고 아뢰었다. 신무우는 도적을 비호할 경우 국가의 질서가 유지

---

1) 위영공 희원: 재위 BC 534 ~ BC 493

될 수 없음을 강조했고, 초영왕은 결국 그 수졸을 신무우에게 넘겨주었다(BC 535년).

장화궁 초청 사신으로 노에 갔던 위계강이 노소공을 위협하여 데려왔다(BC 534년). 위계강은 초영왕에게 노魯는 예법에 밝다고 아뢰며, 예법에 주의할 것을 건의했다. 초영왕은 용모가 뛰어난 사람 열 명을 선발하여 예법을 교육시킨 다음 노소공을 접대했다.

노소공은 장화궁을 구경한 후 감탄하며 거듭 칭찬했다. 초영왕이 노의 궁실에 대하여 물었다. 노소공은 노는 소국이어서 초의 만분지일에도 미치지 못한다고 답했다. 교만해진 초영왕은 만취하여 노소공에게 대굴大屈이라는 보물 활을 선물로 주었다.

다음 날 술이 깬 초영왕은 대굴을 선물한 것을 후회했다. 이를 본 위계강은 노소공을 방문하여 대굴은 제·진晉·월이 수차례 선물로 줄 것을 요청했으나 거부했다고 말하며, 대굴을 지키기 위해 제·진晉·월에 대한 방비가 필요할 것이라고 수작을 부렸다. 부담을 느낀 노소공은 결국 대굴을 반납하고, 노로 귀국했다. 오거는 활 하나 때문에 신용을 잃은 것을 탄식하며, 왕의 인색과 좁은 소견을 걱정했다.

공자 초招의 정변[진애공陳哀公의 자살](BC 534년)

진陳애공은 첫째 부인으로부터 언사偃師, 둘째 부인으로부터 유留, 셋째 부인으로부터 승勝을 얻었다. 진애공은 언사를 세자로 임명했다.

진애공은 둘째 부인을 총애하여 유를 세자로 삼고 싶었으나, 교체할 명분이 없어 실행하지 못했다. 진애공은 동생인 공자 초招를 공자 유의 태부에 임명하고, 동생인 공자 과過를 소부에 임명했다. 진애공은 공자 초와 과에게 세자 언사가 즉위한 이후 사망하면 군위를 공자 유에게 승계시킬 것을 지시했다. 한편 세자 언사는 아들로 공손 오吳를 얻었다.

진애공이 병이 들어 누워있었다. 공자 초는 공자 과에게 공손 오가 이미 장성하여 세자 언사가 즉위하면 공손 오를 세자로 임명할 것이므로 공자 유가 즉위할 가능성이 없음을 강조하며, 진애공의 명을 사칭하여 세자 언사를 죽이고 공자 유를 즉위시킬 것을 제안했다. 공자 과는 찬성하고, 대부 진공환陳孔奐을 불러 상의했다. 진공환은 세자 언사가 매일 세 번 입궁하여 진애공을 문병하므로 진애공의 명을 사칭하는 것은 불가능하다고 강조하며, 차라리 궁문 근처에 매복하여 암살할 것을 제안했다. 공자 과는 만족하며, 실행을 지시했다.

진공환은 힘이 장사인 심복부하를 궁문을 지키는 병사에 편입시키고 비밀지시를 내렸다. 그날 밤 진공환의 심복부하는 문병을 마치고 궁문 밖으로 나오던 세자 언사를 비수로 찔러 죽였다. 공자 초와 공자 과는 진애공이 위독하다고 핑계를 대며, 공자 유를 새 군주로 선포했다.

진애공은 큰 충격을 받고, 목을 매어 자살했다(BC 534년). 공자 승은 조카인 공손 오를 데리고 황급히 초로 도주했다.

진평공晉平公의 사기궁虒祁宮 건립(BC 534년)

진晉평공은 초영왕이 장화궁을 건립했다는 소식을 듣고 질투심을 느껴 화려한 궁실을 지으려고 했다. 양설힐이 패자는 덕으로 통치하는 것이지 화려한 궁실로 통치하는 것은 아니라고 간언했으나, 진평공은 듣지 않았다.

진평공은 곡옥의 분수汾水 옆에 사기궁虒祁宮을 건립했다(BC 534년). 건립하면서 백성들을 강제로 동원하여 많은 원성을 받았다. 사기궁은 그 규모는 장화궁보다 작지만 더 아름답고 정교했다. 진평공은 열국에 사기궁의 건립 사실을 알렸다. 제후들은 속으로는 비웃었으나, 진晉에 사신을 파견하여 축하했다.

초영왕楚靈王의 진陳 병합(BC 534년)

초영왕은 제후들이 장화궁 건립에는 반응이 없고 사기궁 건립에는 축하사절을 보낸 것에 대해 분노했다. 초영왕은 군대를 동원하여 중원을 공격하는 문제를 오거와 상의했다. 오거는 장화궁 건립에 제후들을 소환한 것은 덕과 의로 부른 것이 아니므로 제후들을 책망하는 것은 불가능하다고 아뢰며, 죄 있는 자를 공격해야 명분이 있다고 강조했다. 오거는 부친을 죽이고 군위에 오른 채영공을 공격할 것을 건의했다.

그즈음 진陳의 공자 초招가 초에 파견한 사신인 대부 간징사干徵師가 초영왕을 알현하며, 진陳애공이 병사했다고 거짓으로 보고했다. 이때 진陳의 공자 승이 공손 오를 데리고 도착해 초영왕을 알현하며, 세자 언사의 암살과 진陳애공의 자살을 호소했다. 초영왕은 간징사와 공자 승을 대면시킨 후, 거짓 보고를 한 간징사를 처형했다.

오거는 진陳을 정벌한 이후 채를 공격할 것을 건의했다. 한편 간징사의 처형 소식을 들은 진후陳侯 유는 혼비백산하여 정으로 도주했다. 공자 초는 망명을 권유하는 주변의 충고를 무시하며, 계책이 있다고 큰소리쳤다.

초영왕은 공손 오를 대동하고 직접 진陳으로 쳐들어갔다. 그즈음 공자 초는 상의할 일이 있다며 공자 과를 부른 후 죽였다. 진陳의 백성들은 성문을 열어 초군을 환영했다. 공자 초는 초영왕을 알현하고, 공자 과의 수급을 바치며 모든 일이 공자 과의 소행이라고 변명했다. 공자 초는 초영왕에게 갖은 아양을 떨며, 진陳을 초의 현縣으로 편입할 것을 건의했다. 초영왕은 크게 만족하고, 공자 초를 돌려보냈다. 공자 승은 대성통곡하며, 공자 초가 주동자라고 호소했다. 초영왕은 공자 승을 위로했다.

초영왕은 진후陳侯의 정좌에 앉아 진陳의 문무백관들의 하례를 받았다. 초영왕은 진공환을 참수하고, 공자 초를 월로 추방했다. 초영왕은 공자 초와 공자 과의 잔당이 많이 있음을 핑계 대며, 공손 오에게 초로 이주할 것을 지시했다.

얼마 후 초영왕은 진陳을 초의 현縣으로 편입시켰다[멸국치현滅國置縣](BC 534년). 초영왕은 예전에 포로 황힐 문제로 다투었던 천봉술을 아첨하지 않는 충신으로 생각하여 진공陳公으로 임명하고 진陳을 다스리게 했다. 진陳의 백성들은 크게 실망했다.

초영왕楚靈王의 사민徙民 정책

초영왕은 성부城父 땅 주민들을 진陳으로 이동시켰다. 이후 초영왕은 공자 기질을 시켜 부용국 허許를 성부 땅으로 이동시켰다. 초영왕은 성부 땅으로 옮긴 허에 주래州來 땅 일부를 떼어 더해 주었다(BC 533년).

초영왕은 제후국을 멸망시키고 현으로 편입하는 멸국치현 정책을 펴는 동시에 정복지를 효율적으로 통치하기 위해 주민들을 대규모로 이동시켜 새로운 지역으로 옮기는 사민徙民 정책을 실시했다. 멸국치현은 초가 오래 전부터 실시했으나, 사민 정책은 당시로서는 파격적인 조치였는데 통치권을 강화하는 데 매우 효과적이었다. 멸국치현과 사민 정책은 그 효율성 때문에 전국시대 이후 보편화되고, 이로써 약육강식의 국제정세가 본격적으로 펼쳐지게 된다.

송원공宋元公의 즉위(BC 532년)

송평공은 원래 장남인 좌痤를 세자로 임명했었다. 그런데 송평공은 내시 이여伊戾의 참소를 믿고 세자 좌痤를 죽였다. 그 후 송평공은 애첩이 낳은 좌佐를 세자로 임명했다.

송평공이 재위 44년에 사망하고 좌佐가 즉위하니(BC 532년), 곧 **송원공宋元公**[1]이다. 송원공은 유약하고 독선적이었으며 신용이 없었다. 송원공은 화씨 일족의 강성함을 경계하여 화씨 일족을 미워했다.

음악 때문에 병사한 진평공晉平公[진소공晉昭公의 즉위](BC 532년)

정간공과 위영공은 사기궁 건립도 축하하고 진晉평공에게 잘 보이기 위해 비슷한 시기에 직접 진晉으로 출발했다.

위영공이 복수濮水 근처의 역사에서 묵을 때 밤에 거문고 곡조가 들려왔는데, 귀에 익지 않은 곡이었다. 위영공은 음악을 담당하는 <u>태사太師</u> 연涓을 불러 그 거문고 곡조를 듣게 했다. 태사 연은 충분히 익히기 위해 하루 더 묵을 것을 요청했고, 결국 태사 연은 그 곡조를 익히게

---

1) 송원공 자좌: 재위 BC 531 ~ BC 517

되었다.

진에 도착한 위영공은 진평공에게 하례했다. 진평공은 사기궁에서 잔치를 열었는데, 위영공은 음악을 매우 좋아하는 진평공을 위해 태사 연에게 복수에서 익힌 거문고 곡조를 연주하게 했다. 진평공은 <u>태사 광曠</u>을 불러 같이 들었다. 위의 태사 연은 복수에서 익힌 곡조를 탄주하기 시작했고, 진평공은 감탄했다.

위의 태사 연이 절반 쯤 연주했을 때, 진晉의 태사 광은 나라를 망치는 곡조라고 말하며 중지할 것을 요청했다. 태사 광은 그 곡조는 상商의 악사 연延(=사연師延)이 주왕紂王을 위해 만든 음악인데, 상이 멸망할 때 악사 연은 거문고를 안고 복수에 몸을 던져 자살했고, 가끔 그 망국의 음악이 복수의 물속에서 들린다고 설명했다. 태사 광은 그 곡조를 다 듣게 되면 나라의 영토가 줄어들게 된다고 간언했다.

그러나 진평공은 태사 연에게 계속 연주할 것을 지시했다. 호소하고 우는 듯 하는 곡조였다. 진평공은 태사 광에게 곡조를 문의했다. 태사 광은 청상淸商[1]조라고 답했다. 진평공은 청상조가 가장 슬픈 곡조인지 물었다. 태사 광은 청치조가 더 슬픈 곡조라고 답했다. 진평공은 태사 광에게 청치조를 연주할 것을 지시했다. 태사 광은 청치조는 덕 있는 군주만 들을 수 있음을 강조하며, 옛 군주들보다 덕이 부족하므로 들을 수 없다고 아뢰었다. 진평공은 청치조를 연주할 것을 거듭 부탁했다. 태사 광은 어쩔 수 없이 연주했다. 진평공은 큰 감동을 받았고 감탄했다.

태사 광은 청각조가 더 훌륭한 곡조라고 아뢰었다. 진평공은 청각조를 연주할 것을 지시했다. 태사 광은 청각조는 황제黃帝가 만들었는데

---

1) 고대 중원의 음계는 궁宮·상商·각角·치徵·우羽의 5음五音임

귀신을 불러왔다고 아뢰며, 지금은 귀신을 부릴 수 있는 신인神人이 없으므로 연주할 수 없다고 사양했다. 진평공은 태사 광에게 청각조를 연주할 것을 명령했다. 태사 광은 어쩔 수 없이 연주했다. 연주가 시작되자 갑자기 광풍이 불고 뇌성벽력이 치며 큰 비가 쏟아졌다. 건물이 무너질 듯 몰아치는 비바람에 진평공과 위영공을 포함한 참석한 사람들 모두 공포를 느꼈다. 음악이 끝난 뒤에야 비바람은 그쳤다.

그날 밤 진평공은 놀란 가슴이 병이 되었고, 세 발 달린 자라 모양의 괴물이 꿈에 나타났다. 진평공은 가슴이 계속 떨렸다. 신하들은 그 괴물의 실체를 알지 못했다.

이때 정간공이 역사에 도착했다는 보고가 올라왔고, 진평공은 양설힐에게 영접을 지시했다. 양설힐은 정간공을 알현하며, 진평공이 와병 중임을 알렸다. 위영공도 놀란 가슴 때문에 몸이 불편하였고 곧 귀국했다. 어쩔 수 없이 정간공은 자산(=공손교)에게 진평공을 문안할 것을 지시한 후 귀국했다.

양설힐이 자산에게 진평공의 꿈에 대해 문의했다. 자산은 세 발 달린 자라 모양의 괴물을 내熊라고 답했다. 자산은 옛날에 제순(순 임금)이 제우(우 임금)의 부친 곤을 처형했는데 곤의 넋이 변하여 황내黃熊가 되었다고 설명하며, 제우 때부터 지내던 곤에 대한 제사가 중단된 것이 황내가 꿈에 나타난 이유라고 답했다. 자산은 곤에 대한 제사를 건의했다. 양설힐이 진평공에게 보고했다. 진평공은 중군원수 한기에게 명하여 교례에 의해서 곤의 넋에게 제사를 올렸다. 진평공의 병에 약간 차도가 있었다.

어느 날 위유魏楡 땅에서 돌 10여 무더기가 진晉의 정치에 대한 이야기를 하는 일이 발생했다. 진평공이 태사 광에게 이에 대해 문의했다.

태사 광은 백성들의 원망이 귀신들을 불안하게 만들었고 요기가 발생하여 돌에 귀신이 붙은 것이라고 대답하며, 호화로운 궁전을 만들어 백성들이 원망한 것이 원인이라고 아뢰었다.

얼마 후 진평공은 병이 재발했고, 곧 사망했다(BC 532년)[1]. 사기궁을 건립한 이후 3년 만에 사망했는데, 그 3년 동안 진晉은 가뭄이 들었다. 진평공은 10대 초중반에 즉위하여 재위 26년에 죽었으니 나이 40세 전후였을 것이다. 진평공은 현실에 안주하여 부친 진도공이 회복한 패권을 유지하지 못했고, 대신들의 힘은 서서히 커지고 있었다. 진평공이 무능한 틈을 노려 초영왕은 국력을 크게 키웠다. 진평공에 이어 세자 이夷가 즉위하니, 곧 **진소공晉昭公**[2]이다.

위에서 언급한 여러 일화들의 주요 사실이 실제 발생했을 리는 없다. 그럼에도 불구하고 이런 여러 일화들이 널리 퍼지고 기록에 남아 있는 것은 진평공 때 그만큼 사회가 어지러워졌음을 반증하는 것이고 진晉 공실의 힘이 약해져가고 있음을 보여주는 것이다.

제齊의 민심을 장악한 진무우陳無宇(BC 532년)

고강은 애주가인데, 술을 마시며 난시와 절친한 사이가 되었다. 고강과 난시는 진무우, 포국과는 사이가 멀어지게 되었다. 결국 제는 전통의 명문인 고씨, 난씨와 신흥 문벌인 진씨, 포씨가 대립하게 되었다.

어느 날 고강이 만취하여 작은 실수를 범한 시동을 심하게 매질했는

---

1) 한비는 《한비자》〈십과〉 편에서 정치를 소홀히 한 채 음악에만 열중하면 자신을 곤경으로 몰고 간다고 말하며, 진평공을 예로 들고 있음
2) 진晉소공 희이: 재위 BC 531 ~ BC 526

데, 옆에서 난시가 더 부추겼다. 시동은 원한을 가졌고, 진무우에게 달려가 고강과 난시가 습격 준비를 마치고 내일 습격할 것이라고 거짓말을 했다.

진무우는 분노했고, 상의하기 위해 가병들을 동원하여 포국의 집으로 출발했다. 진무우는 포국의 집으로 가던 도중에 술에 취해 수레를 타고 오던 고강과 만났다. 고강이 가병들을 데리고 어디로 가는지 물었다. 진무우는 역적모의 하는 놈을 공격하러 가는 중이라고 둘러댔다. 고강은 난시의 집으로 술을 먹으러 갔다.

진무우는 포국을 만나 상의했고, 난시의 집으로 사람을 보내 동정을 파악했다. 고강과 난시는 술을 먹고 있다는 보고가 올라왔다. 포국은 시동이 거짓말을 한 것으로 판단했다. 진무우는 도중에 고강을 만났던 일을 말하며, 그만두면 오히려 고강과 난시의 의심을 받고 역습을 당할 우려가 있음을 강조했다. 진무우는 어쩔 수 없는 상황임을 강조하고, 오히려 좋은 기회이니 고강과 난시를 그냥 습격해 버리자고 제안했다. 포국도 동의했다.

진무우와 포국은 가병들을 이끌고 난시의 집을 포위하고 공격했다. 고강은 당황한 난시에게 궁으로 가서 제경공을 받들고 진무우와 포국을 역적으로 몰면 승산이 있다고 제안했다. 고강과 난시는 뒷문으로 탈출하여 제경공을 받들기 위해 가병들을 이끌고 궁궐 방향으로 도주했다. 제경공을 뺏길 것을 우려한 진무우와 포국은 고강과 난시를 추격했다. 급보를 받고 고씨의 가병들도 출전하여 진·포·고·난씨의 가병들 사이에 교전이 발생했다.

보고를 받은 제경공은 교전의 원인을 알지 못해 일단 궁문을 차단하고 출입을 금지한 후 안영을 불렀다. 고강과 난시는 제경공을 모시기 위해 궁궐로 진입하려 했으나, 실패하고 궁문의 우측에 포진했다. 진무우와 포국은 궁문의 좌측에 포진했다.

안영이 진·포·고·난씨의 가병들을 지나 궁으로 들어갔다. 안영은 제경공을 알현하며, 고강과 난시는 백성들의 원망을 받고 있으며 궁궐로 진입을 시도한 죄를 범했고, 진무우와 포국은 함부로 군사를 동원한 잘못을 범했다고 아뢰었다.

제경공은 고강과 난시의 죄가 더 무겁다고 결정했다. 제경공은 안영의 추천을 받은 대부 왕흑王黑에게 고강과 난시를 공격하라고 지시했다. 왕흑은 진무우, 포국과 협력하여 고강과 난시를 공격했고, 백성들도 가세했다. 고강과 난시는 중과부족으로 대패하고, 노로 도주했다(BC 532년).

진무우와 포국은 고강과 난시의 일족들을 추방하고, 그 재산을 몰수하여 나누어 가졌다. 안영은 진무우에게 몰수한 재산을 국가에 바치면 세상 사람들이 칭송할 것이라고 권유했고, 진무우는 찬성했다. 진무우는 제경공에게 몰수한 재산을 바쳤다. 동시에 진무우는 제경공의 모후인 맹희孟姬에게 많은 뇌물을 바쳤다. 맹희는 제경공에게 진무우를 칭찬하며, 고당高唐 땅을 하사할 것을 지시했다. 이로써 진무우는 큰 부자가 되었다.

진무우는 제경공에게 고채가 추방했던 공자들을 소환할 것을 건의했다. 진무우는 귀국한 공자들을 경제적으로 후원하여 자기편으로 만들었다. 또한 진무우는 사재를 출연하여 구휼사업을 크게 벌여 제 백성들의 칭송을 받았다.

제경공은 <u>안영</u>을 정경에 임명했다. 안영은 진무우에게 민심이 쏠리는 것을 경계했다. 안영은 제경공에게 형벌의 집행을 연기하고 세금을 감면하고 백성들의 생업을 보조하여 민심을 잡을 것을 건의했으나, 제경공은 이를 거부했다.

초영왕楚靈王의 채영공蔡靈公 처형(BC 531년)

진陳을 병합한 여세를 몰아 초영왕은 채를 공격하려 했다. 오거는 채영공이 부친을 죽인 패륜을 저지른 지 너무 오래 되어 변명을 할 것으로 예상하고, 차라리 유인하여 살해할 것을 건의했다.

초영왕은 지방 순시를 명목으로 신申 땅에 군사를 주둔시켰다. 초영왕은 채에 사신을 보내 예물을 주며 채영공을 신 땅으로 초청했다. 채의 대부 공손귀생公孫歸生은 초영왕이 신의가 없고 탐욕스럽다고 지적하며, 유인하는 수작이므로 초청을 거절할 것을 건의했다. 채영공은 초의 군사 보복을 우려하여 초청을 승낙했다. 공손귀생은 비상시를 대비하여 세자를 책봉할 것을 건의했고, 채영공은 아들 유有를 세자로 임명했다.

채영공은 공손귀생에게 국정을 맡기고, 신 땅으로 가서 초영왕을 알현했다. 초영왕은 신 땅의 행궁에서 성대한 잔치를 열던 중 미리 매복한 군사들을 풀어 채영공을 체포했다. 초영왕은 채영공의 수행원 70여 명에게 투항할 것을 권유했다. 채영공은 평소 신하들에게 매우 인자했기에 수행원들은 모두 투항을 거부했다. 초영왕은 분노하여 아비를 죽인 채영공의 죄를 선포하고, 채영공과 그 수행원 전부를 모조리 처형했다(BC 531년). 초영왕은 공자 기질에게 채를 공격할 것을 지시했다.

진晉의 무능

 부친의 처형 소식을 들은 채의 세자 유는 방비를 강화했다. 공자 기질이 이끄는 초군은 채의 도성을 포위했다. 공손귀생은 예전에 진晉과 초의 화친동맹에 참석하여 맹서에 서명한 사실이 있음을 지적하며, 진晉에 구원을 요청할 것을 건의했다. 초영왕에게 처형당한 채영공의 수행원 중에 채약蔡略이 있었다. 채약의 아들인 **채유蔡洧**가 부친의 원수를 갚고 싶어 진晉에 사신으로 갈 것을 자원했다.

 채유는 진晉소공을 알현하며, 초의 횡포를 눈물로 호소했다. 순오는 천하 맹주의 위신을 위해 채를 원조할 것을 건의했다. 진소공은 초에 비해 병력이 열세하다며 탄식했다. 한기는 제후들을 소집해 연합할 것을 건의했다.

 진소공은 궐은厥憖 땅으로 제후들을 소집했다(BC 531년). 송, 제, 노, 위, 정, 조에서 대부들을 파견했다. 한기가 채를 구원할 것을 역설했으나, 6국 대부들은 초에 대한 두려움 때문에 호응하지 않았다. 한기는 화가 나서 송의 대표인 우사 화해華亥에게 송의 주선으로 초와 화친했음을 강조하고, 초의 맹약 위반에 대응하지 않는 송의 신의 없음을 비난했다. 화해는 초는 원래 남만의 오랑캐로 신의가 없다고 변명하며, 많은 국가들이 군사 대비를 하지 않아 승산이 없으므로 초에 맹약서를 제시하고 타이를 것을 제안했다.

 한기와 6국의 대부들은 상의하여 서신을 작성했는데, 진陳과 채의 죄인들은 이미 처형되었음을 강조하고 맹약의 신의를 지켜 채에서 철수할 것을 요청하는 내용이었다. 대부 호보狐父가 초영왕을 만나러 신성申城으로 출발했다. 원군 요청에 실패한 채유는 통곡하며 귀국했다.

서신을 받아 본 초영왕은 비웃으며, 호보에게 진陳과 채는 초의 속국이므로 간섭하지 말라고 대답했다. 호보가 거듭 간청하였으나, 초영왕은 무시하고 답서도 보내지 않았다. 호보는 귀국했고, 진晉은 초를 원망했으나 아무런 조치를 취하지 못했다.

초영왕楚靈王의 채蔡 병합(BC 531년)

채유는 귀국하다 초군에 체포되었다. 공자 기질은 채유에게 항복하라고 위협했다. 채유는 항복을 거절했고, 공자 기질은 채유를 구금했다. 공자 기질은 진晉이 원군을 보내지 않은 것에 안도하며, 채의 도성에 대한 공격을 강화했다.

공손귀생은 초군 진영을 방문하여 화평을 설득하겠다고 자청했다. 세자 유는 국정을 담당할 사람이 없게 되는 것을 우려했다. 공손귀생은 그러면 대신 자신의 아들 **조오朝吳**를 파견할 것을 건의했다.

조오는 공자 기질을 알현하며 채영공은 이미 처벌을 받았고 채가 망해야 하는 잘못이 없음을 강조하고, 억울한 사정을 호소했다. 공자 기질은 자신도 채가 망해야 하는 이유를 모르겠지만 왕명에 의해 공격하는 것이라고 답했다.

조오는 초영왕과 공자 기질을 이간시키기로 결심했다. 조오는 비밀 독대를 요청했으나, 공자 기질은 오해를 받는 것을 우려해 거절했다. 조오는 모두가 있는 자리에서 초영왕은 군주를 시해하고 전쟁을 즐기며 백성들을 강제로 노역시키고 사치를 일삼는 잘못을 저질렀으나, 공자 기질은 옥구슬의 상스러운 징조[1]를 받았고 초 백성들의 인심을 얻고 있다고 주장했다. 조오는 초영왕을 죽이고 즉위하여 초 백성들의 원망을 풀어주라고 공자 기질을 충동했다. 공자 기질은 주위를 의식하여 일부러 격노하며 소리치고, 조오를 쫓아내며 항복하라고 전달할 것을 지시했다. 조오의 보고를 받은 세자 유는 결사 항전을 결의했다.

초영왕은 영도로 복귀했다. 어느 날 초영왕은 꿈을 꾸었는데, 구강산九岡山 산신이 나타나 자신에게 제사를 올리면 천하를 얻게 해 주겠다는 내용이었다. 초영왕은 제사를 올릴 결심을 하고, 준비를 시켰다.

초군이 채의 도성을 포위하고 공격한 지 일곱 달이 지났다. 성은 기아와 피로로 한계상황에 이르렀다. 수비를 지휘하던 공손귀생은 과로로 병이나 쓰러졌다. 결국 성은 함락되었고(BC 531년), 세자 유는 사로잡혔다.

공자 기질은 세자 유와 채유를 포로로 초영왕에게 보냈으나, 조오는 빼돌리고 보내지 않았다. 얼마 후 공손귀생은 병으로 죽었고, 조오는 훗날을 기약하며 공자 기질의 심복이 된다.

승전 보고를 받은 초영왕은 채를 멸망시키고, 현으로 편입했다. 초영왕은 구강산 산신에게 제사를 올릴 때 세자 유를 희생하여 제물로 쓸 것을 지시했다. 신무우는 송양공의 전례를 설명하며, 제고를 간언했다. 초영왕은 역적의 자식과 제후는 다르다고 주장하며, 고집을 부렸다. 신

---

[1] 다른 나라 사람인 조오마저 이 내용을 알고 있었다면 초영왕도 당연히 알고 있었을 것이고, 초영왕은 공자 기질을 경계하여 채공에 봉하지도 않았을 것임(오히려 왕위를 위협하는 존재로 여겨 죽였을 것임). 따라서 옥구슬의 징조 일화는 훗날 공자 기질이 정변을 일으켜 왕위에 오른 이후 자신이 신성한 인물임을 알리기 위해 스스로 만들어 백성들에게 선전한 내용으로 보는 것이 합리적일 것임

무우는 탄식하며, 나이를 핑계로 사임하고 낙향했다. 신무우는 얼마 후 병이 났는데, 아들 신해申亥에게 초영왕에게 충성을 다할 것을 유언으로 남기고 사망했다.

결국 세자 유는 제물로 희생되었고, 채유는 사흘 동안 밤낮으로 통곡했다. 초영왕은 채유의 충성심을 높이 평가하여 등용을 제안했고, 채유는 원수를 갚을 목적으로 승낙했다.

초영왕楚靈王의 자만심

채유는 초영왕의 자만심을 키우기 위해 진陳과 채를 병합하여 중원과 경계를 접하게 되었으니 접경지대에 성을 쌓고 천승의 군대를 주둔시킨 다음 오와 월을 친 후 중원을 도모하면 주周를 대신하여 천자가 될 수 있을 것이라고 부추겼다.

초영왕은 진陳과 채의 도성을 증축하고, 중원과의 접경지대에 동·서 불갱성不羹城을 쌓았다. 초영왕은 공자 기질을 채공蔡公에 임명하여 채를 다스리게 했다(BC 531년).

당시 최강국은 초였다. 진陳과 채를 병합한 초영왕은 주周를 대신하여 천하를 지배할 야망을 가졌다. 초영왕은 자신만만하여 태복에게 거북점을 치게 했는데, 점괘가 불길하게 나왔다. 초영왕은 실망했다. 채유는 모든 일은 사람의 능력에 따라 결정되는 것이지 거북의 껍질이 결정하는 것이 아니라고 아뢰며, 초영왕을 부추겼다. 초영왕은 만족하며, 자만심이 더 커졌다.

모든 나라들은 초의 위세에 두려움을 느껴, 조례를 하거나 공물을 바쳤다. 초영왕은 허許, 호胡, 심沈, 도道, 방방房, 신申 등 6국 백성들을 형산

荊山 지방으로 추방했다. 6국 백성들은 흩어지고 슬퍼했다(BC 531년).

정정공鄭定公의 즉위(BC 530년)

정간공이 재위 37년에 사망하고 아들 寧寧이 즉위하니(BC 530년), 곧 **정정공鄭定公**[1]이다.

제5절 초영왕楚靈王의 자살과 진晉·제齊·초楚의 패권 경쟁

초영왕楚靈王의 서徐 원정(BC 530년)

초영왕은 더욱 자만하고, 장화궁에서 주연을 열며 지냈다. 초영왕은 주周에 사신을 보내 구정을 요구할 것을 고민했다. 우윤 정단은 구정을 요구할 경우 모든 제후들이 연합하여 공격할 우려가 있음을 아뢰었다.

초영왕은 오를 공격할 때 서徐가 열심히 돕지 않았다고 비난하며, 서徐를 정복하고 동진하여 장강과 회수 사이의 군서 국가들을 병합할 것을 선언했다. 초영왕은 세자 녹, 영윤 위파, 채유에게 도성의 수비를 맡겼다. 초영왕은 군마와 병거를 사열한 다음 동쪽 지방을 순수하며 영수穎水에 도착했다. 초영왕은 사마 독督에게 병거 300승을 내어주며, 서를 공격할 것을 지시했다. 초영왕은 건계乾谿 땅에 주둔했다(BC 530년 겨울). 초군은 서의 도성을 포위했다.

---

1) 정정공 희녕: 재위 BC 529 ~ BC 514

마침 큰 눈이 내려 초군은 극심한 추위로 고생했다. 정단은 초영왕에게 추위로 군사들의 고생이 막심하니 회군하여 내년 봄에 다시 공격할 것을 건의했으나, 초영왕은 거부했다. 정단은 북동쪽으로 3,000리를 원정 나와 장기 체류할 경우 국내에서 변란이 발생할 것을 염려하며, 계속 회군을 건의했다. 초영왕은 초·진陳·채의 방비가 철저함을 자랑하며, 염려하지 않았다. 정단은 기초祈招의 시[1]를 인용했는데, 천자가 허영과 욕심을 부리지 않고 백성을 생각하여 아껴주기 때문에 군사가 편안하고 화평하다는 내용의 시였다.

　초영왕은 고민하다 결국 회군을 결심했다. 이때 사마 독으로부터 연전연승을 거두고 있으며 서의 도성을 완전히 포위하고 있다는 보고가 올라왔다. 초영왕은 회군 결심을 번복하고 계속 주둔하면서 행궁을 건립했다.

공자 기질棄疾의 거병[초자오楚訾敖의 즉위](BC 529년)

　채공 공자 기질을 보좌하던 조오는 **관종觀從**과 상의하며 채의 독립을 추진했다. 관종은 초영왕의 동생인 비(=간), 흑굉(=석), 기질이 초영왕에게 반감을 가지고 있음을 강조했다. 관종은 초영왕이 장거리 원정을 나간 기회를 이용할 것을 주장하며, 공자 비와 흑굉을 채로 불러들인 후 채공 기질을 충동하여 반란을 일으킬 것을 제안했다. 조오도 찬성했다.

　관종은 진晉으로 가서 공자 비를 만났고, 정으로 가서 공자 흑굉을

---

1) 천하를 주유하는 것을 좋아하던 주목왕周穆王에게 제공祭公이 지어 바친 시인데, 주목왕은 시를 듣고 즉시 순행을 중지하고 도읍으로 돌아갔다고 함

만났다. 관종은 채공 공자 기질이 거사를 계획하고 형님들을 채로 초청했다고 거짓말을 했다. 공자 비와 공자 흑굉은 채를 방문했다. 조오가 비와 흑굉을 영접하며, 기질이 초청한 사실이 없다고 실토했다. 조오는 실망하는 비와 흑굉에게 초영왕이 장거리 원정을 나가 현재 초의 국내 수비가 허술하다고 강조하며, ①채유는 원수를 갚기 위해 초에서 벼슬하고 있고 ②투성연은 공자 기질과 각별한 사이며 ③진陳공 천봉술은 초영왕을 싫어한다고 분석하고, 채와 진陳의 군사를 총동원하고 초 국내의 채유와 투성연이 내응하면 승산이 있다고 설득했다. 비와 흑굉은 만족하며, 조오와 함께 맹세의식을 거행했다.

비와 흑굉은 채공 기질을 방문했다. 기질은 당황하여 피하려고 했으나, 조오가 권유하여 회견했다. 비와 흑굉은 통곡하며, 기질에게 거사를 요청했다. 기질은 결정을 못 하고 주저했다.

조오가 밖으로 나가 갑자기 채공 기질이 거사를 결정하며 맹세했다고 관리들과 군사들에게 크게 외쳤다. 조오는 또 시장에 나가 채공 기질의 거사에 동참하여 채를 독립시키자고 크게 외치며 채의 백성들을 선동했다. 채의 백성들이 호응하여 기질의 저택으로 모여들었다.

조오는 채공 기질에게 여기서 멈추면 채의 백성들이 변란을 일으킬 것이라고 경고하며, 채의 백성들을 총동원하고 진陳과 협력하여 초로 진격할 것을 건의했다. 채공 기질은 어쩔 수 없이 승낙했다.

조오는 진陳공 천봉술을 설득하기 위해 관종을 진陳에 파견했다. 관종은 도중에 하징서의 후손인 **하설夏齧**과 만났는데, 관종은 하설에게 거사 계획을 설명했다. 하설은 천봉술이 현재 중병이 들어 거동할 수 없음을 알려주며, 자신이 진陳의 백성들을 동원하여 협력할 것을 약속했다.

조오는 초로 사람을 보내 채유에게 내응을 부탁하는 밀서를 보냈다. 공자 기질은 출전 준비를 마쳤다. 수무모須務牟가 선봉을, 사패史狽가 부장을, 관종이 향도를 맡았다. 이때 하설이 진陳의 군사들과 백성들을 거느리고 채에 당도했다. 하설은 천봉술이 병으로 죽었다고 보고했다.

마침내 채공 기질은 스스로 중군이 되어 출전했다(BC 529년). 조오가 우군을 맡고, 하설이 좌군을 맡았다. 공자 기질과 친밀하던 투성연, 위거薳居가 소식을 듣고 영도 교외로 나가 채공 기질을 영접했다. 허의 대부 위圍가 군사를 이끌고 와서 채공 기질에 가세했다.

영윤 위파가 군사들을 모아 영성을 방어하려 했으나, 채유가 먼저 성문을 열고 선봉인 수무모를 맞이했다. 수무모는 영성에 들어와 건계를 공격하여 이미 초영왕을 처형했다고 거짓으로 외치며, 채공 기질의 대군이 성 밖에 도착했음을 알렸다. 초의 백성들이 환영하며 호응했다. 수무모는 왕궁을 포위했다.

영윤 위파는 사태가 기운 것을 알고 세자 녹을 구출하여 외국으로 도주하려 했으나, 왕궁이 포위되어 실패했다. 위파는 칼을 물고 자살했다.

채공 기질은 입성하여 세자 녹과 공자 파적罷敵 형제를 죽였다. 기질은 공자 비를 추대했다. 비가 사양했으나, 기질은 장유를 강조하며 계속 권유했다. 대신들의 추대로 공자 비比가 왕위에 오르니(BC 529년), 곧 **초자오楚訾敖**다. 초자오는 공자 흑굉을 영윤에 임명하고, 채공 기질을 사마에 임명했다.

초영왕楚靈王의 자살(BC 529년)

조오가 채공 기질에게 왕위를 사양한 이유를 물었다. 기질은 초영왕이 살아 있어 아직 사태가 끝나지 않았으며, 형을 제치고 왕위에 오를 경우 백성들이 호감을 가지지 않을 것을 우려했다고 대답했다. 조오는 채공 기질에게 초영왕의 군사들은 모두 지쳐 있어 귀국을 희망하고 있다고 분석하며, 군사들을 설득하여 귀국시키면 초영왕의 군세가 급격히 약화될 것이라고 건의했다. 채공 기질은 허락했다.

얼마 후 초영왕에게 두 아들의 피살 소식과 초자오의 즉위 소식이 전해졌다. 초영왕은 대성통곡하며 자책했다.

조오의 지시로 관종은 건계 땅으로 가서 병사들에게 일찍 귀국하면 무사할 것이고, 늦게 귀국하면 처벌을 받을 것이고, 초영왕을 도우면 삼족이 처단될 것이라고 알렸다. 삽시간에 초군 전체에 소문이 퍼졌다. 초영왕의 군사들은 동요하고 탈영자가 속출했으며, 군심은 변했다.

초자오는 채공 기질과 투성연에게 건계 땅에 주둔한 초영왕을 공격할 것을 지시했다. 보고를 받은 초영왕은 격노하고, 하구夏口[1]-한수漢水-양주襄州를 경유하여 영성을 공격할 계획을 세웠다. 초영왕은 군대를 이동시켰으나, 동요한 병사들은 끊임없이 탈영했다. 초영왕이 자량訾梁 땅에 도착했을 때에는 겨우 100여 명의 병사들만 남아 있었다.

초영왕은 대세가 기울었음을 깨닫고, 탄식하며 관과 옷을 벗어 버드나무 가지에 걸었다. 정단은 외국으로 망명하여 군사 원조를 요청할 것을 건의했다. 초영왕은 제후들이 자신을 미워하는 것을 알기에 거절했

---

1) 한수漢水가 장강長江으로 유입되는 지점

다. 자신의 건의가 받아들여지지 않자 정단은 도주하여 초로 귀국했다.

초영왕은 홀로 이택釐澤 근처를 방황했다. 탈영한 병사들로부터 초영왕을 도우면 삼족이 처단될 것이라는 소문을 들은 백성들은 모두 초영왕을 외면했다. 초영왕은 사흘 동안 아무것도 먹지 못하여 허기로 기진맥진했다. 초영왕은 예전에 궁궐 문지기로 있던 주疇라는 소졸을 발견하고, 도움을 요청했다. 주는 새 왕의 법령 때문에 음식을 제공할 수 없다고 대답했다. 지친 초영왕은 주의 무릎을 베고 잠이 들었는데, 주는 그 틈에 달아났다. 잠에서 깬 초영왕은 통곡했다.

신무우의 아들인 신해는 부친의 유언을 따르기 위해 초영왕을 찾아 헤매다 겨우 발견했다. 신해는 초영왕에게 지니고 있던 마른 음식을 올리고, 자신의 시골 농장으로 모셨다. 신해의 시골 농장에서 초영왕은 음식을 먹지 않고 눈물만 흘렸다. 그날 밤 신해는 초영왕의 방으로 두 딸을 들여보내 시중을 들게 했다. 초영왕은 탄식하다 한밤중에 목을 매고 자살했다(재위 12년. BC 529년)[1]. 신해는 애통해하며 초영왕을 장례 지냈는데, 두 딸을 죽여 순장했다.

초자오楚訾敖의 자살[초평왕楚平王의 즉위](BC 529년)

채공 기질은 투성연, 조오, 하설 등을 대동하고 건계 땅으로 행군하다가 정단을 만났다. 정단은 초영왕의 처지를 설명했다. 기질은 자량 땅으로 이동하여 초영왕을 수색했으나, 나뭇가지에 걸려 있는 의관만

---

1) 한비는 《한비자》〈십과〉 편에서 함부로 난폭한 짓을 하고 제후들에게 무례한 행동을 하면 몸을 망친다고 말하며, 초영왕을 예로 들고 있음

발견하고 초영왕의 행방을 찾지 못했다.

  조오는 채공 기질에게 초영왕은 더 이상 문제될 게 없으므로 초자오를 처리할 것을 건의했다. 조오는 채공 기질이 초영왕에게 패하여 전사했고 분노한 초영왕이 대군을 이끌고 영성으로 복귀 중이라고 헛소문을 내면 두려움을 느낀 초자오와 영윤 흑굉은 자살할 것이라고 채공 기질에게 계책을 아뢰었다.

  채공 기질은 관종에게 군사 100명을 내어주었다. 관종은 패잔병으로 가장하고, 영성에 들어와서 헛소문을 마구 퍼뜨렸다. 초의 백성들은 당황하며 두려워했다. 투성연은 왕궁으로 들어가 초자오에게 초영왕이 영성 근처까지 당도하여 격노하며 복수를 선언했다고 거짓 보고를 했다. 투성연은 초자오에게 곤욕을 피할 방도를 마련하라고 건의하고 도망쳐 버렸다.

  초자오와 영윤 흑굉은 큰 충격을 받고 두려워서 통곡했다. 그때 어떤 병사가 들어와 초영왕이 입성했으니 빨리 피하라고 알린 후 달아나 버렸다. 결국 초자오와 영윤 흑굉은 두려움 때문에 칼로 목을 찔러 자살했다.

  다음 날 채공 기질은 투성연의 영접을 받으며 영성에 입성하고 거居로 개명한 뒤 스스로 왕으로 즉위하니(BC 529년), 곧 **초평왕楚平王**[1]이다.

  헛소문 때문에 놀랐던 초의 백성들은 초평왕이 즉위한 이후에도 계속 동요했고, 초영왕이 귀국한다는 소문이 계속 돌았다. 인심이 흉흉해지자 관종은 초평왕과 상의하고, 썩은 시체를 구해 초영왕의 관과 옷을 입혀 한수 상류에 빠뜨렸다. 얼마 후 관종은 초영왕의 시신을 발견했다고 보고했고, 초평왕은 가짜 시체에 대하여 성대히 장례를 치러주었다.

---

1) 초평왕 웅거: 재위 BC 528 ~ BC 516

이로써 초의 민심은 차차 안정되었다.

오吳의 초楚 공격

한편 초의 사마 독은 서徐의 도성을 계속 공격했으나, 서군의 방어가 철저하여 큰 성과가 없었다. 사마 독은 회군하고 싶었으나, 초영왕이 두려워 계속 성을 포위하고 있었다. 그러던 중 사마 독은 초에서 정변이 발생하여 초영왕이 사망했다는 소문을 들었다. 사마 독은 초로 회군했다.

서와 친분이 두터웠던 오의 **공자 광光**은 예장豫章 땅에서 회군하던 사마 독의 초군을 습격했다. 초군은 대패했고, 사마 독은 포로가 되었다. 공자 광은 승세를 타고 초의 주래州來 마을을 공격하여 점령한 후 귀국했다.

진陳과 채蔡의 복국[진혜공陳惠公과 채평공蔡平公의 즉위](BC 529년)

초평왕은 논공행상을 실시했다. 투성연은 영윤, 양개陽匃는 좌윤, 백주리의 아들인 백극완伯郤宛은 우윤, 위엄의 두 동생들인 위사蔿射와 위월蔿越은 대부, 조오·하설·채유는 하대부, 공자 방魴은 사마, 관종은 복윤卜尹이 되었다.

초평왕은 공자 시절부터 오거의 기상을 높이 평가했었는데, 오거는 이미 사망하여 그 아들인 **오사伍奢**에게 연連 땅을 하사하고 연공連公의 작위를 내렸다. 또 초평왕은 오사의 아들인 오상伍尚에게는 당棠 땅을 하사하고 당공棠公의 작위를 내렸다.

조오와 채유는 벼슬을 사양하고 채로 귀국할 뜻을 밝혔다. 조오와 채유는 초평왕에게 초영왕은 무리한 욕심과 침략으로 인심을 잃었다고 아뢰며, 진陳과 채를 복국시켜 주기를 간청했다. 초평왕은 허락하고, 진陳후과 채후의 후손을 수색하도록 지시했다. 진陳 세자 언사의 아들인 공손 오吳와 채 세자 유의 아들인 공자 여廬를 찾았다.

초평왕이 공손 오를 진후陳侯에 책봉하니(BC 529년), 곧 **진혜공陳惠公**[1]이다. 진혜공은 초평왕에게 사은하고, 하설과 함께 귀국했다.

또 초평왕이 공자 여를 채후에 책봉하니(BC 529년), 곧 **채평공蔡平公**[2]이다. 채평공은 조오, 채유와 함께 귀국했다. 채가 복국되어 도읍으로 정한 곳을 하채下蔡라고 한다(채는 원래 도읍을 상채上蔡로 정했다가 신채新蔡로 옮겼는데, 복국 후에는 하채로 옮겼음).

채평공은 즉위 직후 자신의 군위를 안정시키기 위해 숙부인 공자 우友를 죽였다. 공자 우의 아들인 동국東國은 이 때문에 채평공에게 원한을 품었다.

진晉의 맹주 지위 상실[평구平邱회맹](BC 529년)

진晉소공은 나이가 젊었지만 무사안일 하여 현상유지에만 집착했다. 그 결과 제후들은 딴 생각을 가지게 되었다. 진소공은 제의 정경 안영이 예전에 초를 방문한 것을 알고, 초에 대한 경쟁심이 생겨 제경공을 초청했다. 제경공은 내심 패권에 대한 뜻이 있어 진소공을 탐색할 목적

---

1) 진陳혜공 규오: 재위 BC 529 ~ BC 506
2) 채평공 희여: 재위 BC 529 ~ BC 522

으로 초청을 승낙했다.

제경공이 황하를 건너고 있을 때, 큰 자라가 뱃머리에 메어 둔 제경공의 애마를 물고 강 속으로 사라졌다. 장사 고야자古冶子가 물에 뛰어들어 혈투 끝에 자라를 죽이고 말을 되찾아 왔다. 제경공은 고야자의 용력을 극찬했다.

진소공은 제경공을 환대했다. 순오와 안영은 잔치에서 의례를 집전했다. 진소공이 투호 시합을 제안했다. 진소공이 먼저 화살을 던지려고 할 때, 순오는 투호를 성공시키고 제후들을 통솔하기를 축원하는 덕담을 진소공에게 올렸다. 투호는 성공했고, 진晉의 신하들은 천세를 외쳤다. 제경공은 불쾌해져 화살을 던지려 하면서 스스로 진후晉侯와 번갈아 패업을 일으키기를 축원하는 덕담을 흉내 냈다. 투호는 성공했고, 안영은 천세를 외치며 하례했다. 진소공은 불쾌했다. 순오는 제경공에게 천하의 맹주는 진후晉侯라고 항의했고, 안영은 맹주는 고정되어 있지 않고 덕 있는 자가 맹주가 된다고 반박했다. 양설힐은 투호의 성공과 패업은 상관없는 것이라고 순오의 덕담을 비판했다.

다음 날 제경공은 귀국했다. 양설힐은 여러 제후들이 진晉에 대하여 불복할 조짐이 있으므로 위세를 보여야 한다고 건의했다. 진소공은 병거 4,000승과 군사 35만 명[1]을 총동원하여 군대를 사열했다. 이후 진소공은 제후들에게 사신을 보내 7월에 평구平邱 땅에서 대회를 개최한다고 알렸으며, 주周에 사신을 보내 평구에 왕의 신하를 파견해 줄 것을 요청했다.

진소공은 병거 4,000승을 총동원하고 순오, 위서, 양설힐, 적담籍談,

---

1) 소설《동주 열국지》의 내용인데, 당시 진晉의 경제력과 국가 규모를 감안하면 과장된 내용으로 보임

양병梁丙, 장격張骼, 지역智躒(=순역) 등을 대동하여 평구대회에 참석했다(BC 529년). 주의 경사인 유헌공劉獻公 지摯도 평구에 도착했다. 제, 송, 노, 위, 정, 조, 거, 주邾, 등, 설, 기, 소주의 군후들도 도착했는데, 모두 진晉군의 위세에 두려움을 느꼈다.

양설힐은 동맹의 의미로 삽혈의 맹세의식을 거행할 것을 제의했다. 모든 제후들이 찬성했으나, 제경공은 이미 동맹한 처지인데 다시 의식을 거행할 이유가 없다고 반박했다. 양설힐은 천토대회의 전례를 강조하며, 거절 시 군사를 동원할 것을 암시했다. 결국 제경공도 진晉의 위세에 눌려 찬성했다.

동맹의식이 끝난 후 주邾와 거의 군후가 진소공에게 노의 반복된 공격을 호소했다. 진소공은 노소공을 책망하며, 노의 상경인 계손의여季孫意如(=계평자季平子)를 감금했다. 노소공은 진소공을 원망했다. 노의 대부 자복혜백子服惠伯이 순오에게 동맹에서 노의 이탈을 우려했다. 순오는 한기에게 이를 전달했고, 한기는 진소공에게 건의했다. 진소공은 계손의여를 석방했다.

여러 제후들은 위력만 앞세우는 진晉에 실망했고, 이때부터 진晉은 맹주의 역할을 잃게 되었다.

초평왕楚平王의 유화책과 무사안일

초평왕은 초영왕과는 반대의 정책을 시행했다. 대외적으로는 다른 국가들과 우호관계를 유지했고, 내부적으로는 대대적인 시혜정책을 실시했다. 초평왕은 진陳과 채로부터 빼앗은 보물을 모두 반환했고, 형산으로 추방했던 6국의 백성들을 다시 고향에 복귀시켰다. 여러 제후들이 초평왕의 조치를 칭송했다. 진陳·채의 복국 등 초평왕의 유화책은 다른 제후들의 호평을 받았지만, 결과적으로 초의 국력 약화를 가져왔다.

초평왕은 채의 운양鄖陽 땅을 다스리던 지방관의 딸인 채희蔡姬와 공자 시절에 혼인하여 아들 **건建**을 얻었는데, 즉위 이후에 건을 세자로 임명했다. 초평왕은 오사를 세자 건의 태사로, 분양奮揚을 동궁사마로 임명했다.

이때 아첨을 잘하는 **비무극費無極(=비무기費無忌)**이라는 소인배가 있었는데, 비무극은 평소 초평왕의 비위를 잘 맞추어 총애를 받았다. 초평왕은 비무극을 대부에 임명했다. 비무극은 세자 건의 보필을 자청했고, 초평왕은 비무극을 소사로 임명했다.

한편 영윤 투성연은 스스로 공적을 과신하며 거만하게 행동하고 전횡을 저질렀다. 초평왕은 이를 부담스러워 했다. 간신 비무극이 초평왕의 뜻을 알아채고 투성연을 참소했다. 초평왕은 영윤 투성연을 처형했는데(BC 528년), 투성연의 공적을 감안하여 그 아들인 투신鬪辛, 투소鬪巢, 투회鬪懷 형제들을 처형하지는 않았다. 초평왕은 투신에게 운雲 땅을 하사하고 운공雲公으로 책봉했다. 초평왕은 양개를 영윤으로 임명했다.

초의 내정이 안정되자 비무극은 초평왕에게 아첨하며 음악과 여색을 권했고, 초평왕은 음악과 여색에 빠져 나태해졌다. 초평왕은 오에 빼앗긴 주래 땅을 회복할 생각도 하지 않았다. 비무극은 아첨을 잘하는 **언장사鄢將師**를 초평왕에게 천거했고, 초평왕은 언장사를 우령右領에 임명하고 총애했다.

세자 건은 비무극이 부왕을 타락시킨다고 생각하여 미워했다. 이때부터 비무극은 세자 건을 두려워하게 되었다.

오왕吳王 요僚의 즉위(BC 527년)

　월은 오와 함께 일찍부터 제철기술이 발달되어 있었다. 월의 군주 윤상은 장인 구야자歐冶子에게 지시하여 담로湛盧, 반영磐郢, 어장魚腸 등 명검 다섯 자루를 제조했다[1]. 이때 오왕 이매는 연로했고, 계찰은 왕위를 사양하고 있었다. 윤상은 오왕 수몽의 아들 4형제 중 첫째이던 제번의 아들인 공자 광光이 다음 왕으로 즉위할 것으로 예상했다. 윤상은 훗날 오와의 우호를 위해 공자 광에게 명검 5자루 중에서 담로, 반영, 어장 등 세 자루를 바쳤다.

　오왕 이매가 병이 걸려 위독해지자 부친 수몽의 유언을 받들어 막내동생 계찰에게 왕위를 전달하려고 했다. 계찰은 부귀는 가을바람과 같다고 말하며 끝까지 사양하고, 아예 연릉延陵 땅으로 이주해 버렸다. 얼마 후 오왕 이매가 재위 17년에 병으로 죽자 오의 대신들은 이매의 아들인 주우州于를 왕으로 추대했고, 주우는 **요僚**[2]로 개명하고 왕위를 승계했다(BC 527년).

　오왕 제번(4형제 중 첫째)의 아들인 **공자 광光**은 군사를 잘 다루고 야심이 있었는데, 오왕 이매(4형제 중 셋째)의 아들인 요가 왕위를 계승하자 분노했다. 광은 숙부인 계찰이 즉위하지 않는다면 오왕 수몽의 적손인 자신이 마땅히 왕위를 계승해야 한다고 생각했다. 공자 광은 오왕 요를 증오했으나, 내색하지 않고 인내했다.

　오왕 요의 아들인 **경기慶忌**는 천하장사로 유명했는데, 경기는 항상 오

---

1) 명검 다섯 자루의 이름은 기록마다 다름. 여기서는 소설 《동주 열국지》의 내용에 따르기로 함
2) 오왕 요: 재위 BC 526 ~ BC 515

왕 요를 호위했다. 오왕 요는 동생인 엄여掩餘와 촉용燭庸에게 오의 병권을 맡겼다. 오왕 요는 공자 광을 장수로 임명했으나, 항상 경계했다.

공자 광은 군사를 다루는 데 능통했는데, 장강에서 초와 전투를 벌여 초의 사마 공자 방을 죽이고 대승을 거두었다(BC 525년).

제경공齊景公의 패업 추진

평구회맹에서 귀국한 이후부터 제경공은 진晉을 대신하여 패업을 추진할 결심을 했는데, 우선 동남 일대의 소국들을 대상으로 먼저 추진하기로 했다.

안영은 패업을 추진하기 위해 우선 내정을 안정시켜야 한다고 강조했다. 안영은 형벌을 축소하고, 부역과 세금을 감면하고, 구휼사업을 실시할 것을 건의했다. 제경공은 수용했고, 백성들은 감격했다.

제경공은 동남 일대의 제후들을 초청했다. 모든 소국들이 참석했으나, 서徐의 군주는 오지 않았다. 제경공은 분노하여 전개강田開疆을 대장으로 삼아 서를 공격했다. 전개강은 포수蒲隧 땅에서 서군을 크게 무찔렀다. 서의 장수 영상嬴爽이 전사하고, 서군 500여 명이 포로가 되었다. 서의 군주는 많은 보물을 바치며 화평을 요청했다.

제경공은 포수 땅에 담과 거의 군후를 초청했다. 제경공은 서徐, 담, 거의 군후들과 함께 4국 동맹을 체결했다(BC 526년). 진晉은 제의 월권행위에 대해 문책을 하지 못했다.

제齊 삼걸의 죽음(BC 526년)

제경공은 전개강과 고야자의 공을 인정하여 5승지빈五乘之賓으로 대우했다. 전개강은 장사인 공손첩公孫捷[1]을 천거했고, 제경공은 만족했다.

어느 날 제경공이 동산桐山에 사냥을 나갔는데, 호랑이가 습격을 했다. 공손첩이 맨손으로 호랑이와 싸워 죽였다. 제경공은 공손첩을 5승지빈으로 대우했다.

전개강, 고야자, 공손첩은 결의형제를 맺고, 제의 삼걸로 자칭했다. 그들은 제경공의 총애를 믿고 교만해져 허세를 부리고 많은 무례를 저질렀다. 간신 양구거梁邱據는 아첨을 잘하여 제경공의 총애를 받았는데, 양구거는 삼걸과 친하게 지내며 서로 도왔다.

한편 진무우는 계속 사재를 출연하여 백성들에게 인심을 얻었고, 친척인 전개강과 친하게 지냈다.

안영은 삼걸의 발호를 우려했다. 안영은 삼걸을 제거하기로 결심했으나, 제경공의 총애가 워낙 두터워 실행에 신중을 기하고 있었다.

이때 진晉에 실망한 노소공이 친교를 위해 제를 방문했다. 제경공은 기뻐하며 큰 잔치를 열었다. 노의 숙손착叔孫婼과 안영이 참석했다. 당시 궁궐의 후원에 있던 복숭아나무에 금도가 열렸는데, 그 금도는 맛이 뛰어나기로 유명했다. 안영은 금도 두 개를 이용해 삼걸을 이간하기로 결심했다. 안영은 후원에 금도가 익었다고 아뢰며, 금도를 맛보고 상수上壽할 것을 건의했다. 안영은 직접 후원으로 가서 금도를 일부러 여섯 개만 따서 바쳤다. 제경공, 노소공, 안영, 숙손착이 우선 먹었다.

---

1) 기록에 따라서는 공손접公孫接으로 기록된 경우도 있음

안영은 제경공에게 금도가 두 개 남았음을 아뢰고, 공로가 많은 신하 두 명에게 하사할 것을 건의했다. 제경공은 신하들에게 스스로 공적을 아뢸 것을 지시하고, 안영에게는 평가를 지시했다.

먼저 공손첩이 공적을 자랑했고 금도를 하사받았다. 이어 고야자가 공적을 자랑했고 역시 금도를 하사받았다. 전개강이 공적을 자랑했으나, 남은 금도가 없었다. 제경공은 최고의 공적이라고 위로했으나, 금도를 하사할 수 없었다.

전개강은 금도를 하사받지 못한 것을 부끄러워하고 비웃음을 당했다고 자책하며, 갑자기 칼로 목을 찔러 자살했다. 공손첩은 작은 공적을 세우고 금도를 하사받은 몰염치를 저질렀다며 자책하고, 자신의 용기를 증명하겠다며 갑자기 칼로 목을 찔러 자살했다. 고야자는 결의형제를 맺고 생사를 함께 하기로 맹세했는데 혼자 살 수는 없다고 자책하며, 역시 칼로 목을 찔러 자살했다(BC 526년).

순식간에 삼걸이 모두 자살하자 제경공은 큰 충격을 받았다. 노소공도 안타까워하며 제경공을 위로했다. 안영은 제경공과 노소공에게 제에는 식견 높은 장수가 수십 명 있음을 강조하고, 삼걸은 그저 용사에 불과하여 그들이 없어도 제에는 아무 영향이 없다고 큰소리를 쳐서 나라의 위신을 세웠다.

제경공은 탕음蕩陰 땅에서 삼걸의 장례를 치렀다[1]. 제경공은 삼걸의 후임을 염려했다. 안영은 병법에 탁월하지만 서출이어서 불우한 삶을 살고 있던 **전양저田穰苴**를 천거했다. 제경공은 진씨가 민심을 얻는 것을 속으로 염려하고 있었기 때문에 진씨와 전씨가 동족임을 들어 전양

---

1) 제갈량諸葛亮이 남양南陽 융중隆中에 은거할 때 즐겨 부르던 〈양보음梁甫吟〉은 이를 소재로 한 시임

저의 등용을 주저했다.

전양저田穰苴(=사마양저司馬穰苴)의 활약(BC 526년)

제경공의 월권행위에 분노하고 있던 진晉은 제의 삼걸이 죽었다는 소식을 듣고 제의 동아東阿 땅을 공격했다(BC 526년). 연燕도 기회를 노려 제의 북쪽 변경을 공격했다.

나라가 위기에 빠지자 제경공은 전양저를 초빙했다. 제경공은 전양저와 병법에 대해 대화를 나눈 후 만족하여 대장에 임명했다. 제경공은 병거 500승을 내어주며 진과 연을 방어하도록 지시했다. 전양저는 자신은 서자 출신으로 신분이 미천하여 사람들이 불복할 우려가 있다고 아뢰며, 중신을 감군으로 파견하여 전군을 감독해 줄 것을 요청했다. 제경공은 총애하는 신하인 대부 장가莊賈를 감군으로 지명했다. 전양저와 장가는 내일 오시午時(11시~13시)에 출발하기로 약속했다.

다음 날 전양저는 출발 준비를 완료했고, 오시가 되자 장가에게 출발을 독촉하는 사자를 보냈다. 장가는 성격이 교만하여 제경공의 총애를 믿고 전양저를 무시했다. 장가는 주변 사람들이 열어준 출정 전송 잔치에 참가하여 만취했고, 해질녘에 군영에 당도했다. 전양저는 국가와 백성이 위급한 상황임을 강조하며, 장수는 집·가족·일신에 대한 생각을 하여서는 안 된다고 장가를 책망했다. 전양저는 병사들에게 군법에 의하여 장가를 참수할 것을 지시했다.

장가의 시종이 황급히 제경공에게 달려가 보고하며 장가의 목숨을 간청했다. 제경공은 놀라서 양구거에게 부절을 주며, 전양저에게 가서 장가를 사면하라고 전달하도록 했다. 양구거는 전속력으로 수레를 몰아 달렸다. 당시 군법상 군영 안에서는 수레를 타고 달리는 것이 금지되어 있었다. 양구거는 급한 마음에 군영 속으로 수레를 돌진하며 제경공의 명령을 외쳤으나, 장가는 이미 참수된 후였다. 전양저는 군법을 어긴 양구거를 참수할 것을 지시했다.

양구거는 제경공의 명령을 수행하다 발생한 일이라고 애원했다. 전양저는 군법의 지엄함과 군주의 명령수행을 고려하여 참수 대신 수레를 박살내고 말을 죽이는 것으로 대신했다. 장가와 양구거의 사례 이후 제군의 기강은 확립되었고 사기는 크게 올라갔다.

제군의 혼란을 예상하고 공격을 개시했던 진晉군은 소문을 듣고 바로 회군했고, 진군이 회군하자 연군도 바로 회군했다. 전양저는 회군하는 연군을 추격하여 만여 명을 죽이는 대승을 거뒀다[1]. 연은 제에 뇌물을 바치며 화평을 요청했다. 제경공은 전양저를 사마에 임명했고, 전양저는 해이해졌던 군기를 바로 잡았다. 이때부터 전양저는 사마양저로 불리게 되었다.

제齊의 안정[안영晏嬰과 전양저田穰苴의 활약]

제경공은 안영에게 내정을 맡기고, 전양저에게 군사를 맡겼다. 안영과 전양저의 활약으로 제는 안정되었고, 제후들 사이에서 명성도 올라갔다. 제경공은 이때부터 유흥에 빠지게 되었다.

어느 날 제경공이 궁에서 주연을 즐기다 갑자기 안영의 집에서 주연

---

1) 제경공 당시 연이 제를 공격한 역사적 사실이 없음을 근거로 전양저에 대한 《사기》의 기록에 대하여 불신하는 견해가 유력함

을 즐기기 위해 안영의 집을 찾아갔다. 안영은 주연은 나라 일이 아님을 아뢰고, 유흥에는 관여하지 않겠다며 방문을 사양했다. 제경공은 무안해져서 전양저의 집으로 갔다. 전양저는 주연은 군사 일이 아님을 아뢰고, 유흥에는 자신이 필요하지 않다며 방문을 사양했다. 제경공은 흥취를 잃어버렸다. 제경공은 양구거의 집으로 갔다. 양구거는 술과 음악을 동원하여 제경공을 영접했다.

다음 날 안영과 전양저는 제경공에게 사과하며, 밤에 신하의 집을 방문하지 말 것을 간언했다. 제경공은 나라 일과 군사 일을 간섭하지 않을 테니, 유흥에는 간섭하지 말라고 대답했다.

진경공晉頃公의 즉위(BC 526년)

진晉소공이 재위 6년 만에 갑작스럽게 사망했는데, 20대 중반의 나이였다. 아들인 공자 거질去疾이 즉위하니(BC 526년), 곧 **진경공晉頃公**[1]이다. 진소공 당시 공실의 힘이 서서히 약해지고 대신들의 힘이 점점 강해졌는데, 진소공이 요절하고 진경공이 열 살 전후의 어린 나이에 즉위하자 **군주의 실권은 완전히 대신들에게 넘어가게 된다.**

---

1) 진晉경공 희거질: 재위 BC 525 ~ BC 512

제2장

오吳의 성장과 기존 강국의 약세

제1절 초평왕楚平王에 대한 오자서伍子胥의 원한

며느리를 가로채는 초평왕楚平王(BC 524년)

비무극은 초평왕에게 세자 건의 혼인이 시급하다고 아뢰며, 진秦과 통혼하여 초의 위세를 확대할 것을 건의했다. 초평왕은 승낙했다. 비무극이 진秦을 방문하여 세자 건의 청혼을 했다.

대신들과 회의한 후에 진秦애공은 승낙하고, 여동생인 **맹영孟嬴**을 출가시키겠다고 초에 통보했다. 초평왕은 비무극을 통해 많은 예물과 폐백을 보냈다. 진애공은 공자 포蒲에게 맹영을 초로 호위할 것을 지시했다. 신부의 행차는 잉첩 수십 명을 포함한 수레 100여 대의 거대한 규모였다.

비무극은 신부를 모시고 귀국하던 중 맹영이 천하절색이라는 사실을 알게 되었다. 비무극은 잉첩 중에 용모 단정한 여자 한 명을 발견했는데, 맹영의 시녀로 원래는 제 출신이었으나 부친을 따라 진秦으로 이주한 것을 알게 되었다(제녀齊女).

비무극은 초평왕에게 아부하기 위해 흉계를 꾸몄다. 비무극은 잉첩인 제녀에게 세자 건의 부인 지위를 미끼로 제안하며 계책을 지시했고, 제녀는 승낙했다. 비무극은 신부의 일행보다 먼저 달려 초평왕을 알현하고, 맹영이 천하절색임을 강조하며 초평왕을 충동했다. 비무극은 초평왕에게 맹영을 차지하라고 부추기며, 세자 건은 제녀와 혼인시키되 맹영인 것처럼 꾸미고 비밀을 지키면 된다고 제안했다. 초평왕은 매우 만족했다.

비무극은 진秦의 공자 포에게 신부가 시아버지에게 먼저 인사를 올리는 것이 초의 예법이라고 속이고, 맹영과 잉첩들을 왕궁으로 데려갔다. 비무극은 맹영을 왕궁에 머물게 하고, 제녀를 맹영으로 가장시켜 동궁에 통지했다. 세자 건은 제녀를 맹영으로 알고 혼인했고, 초의 신하들도 비무극의 속임수를 몰랐다.

초평왕은 맹영을 총애하여 매일 잔치를 열었고, 비밀 유지를 위해 세자 건의 입궁을 금지시켰다. 초평왕의 새로운 여자에 대한 소문은 점점 퍼졌고, 비무극은 비밀의 누설을 염려했으며 또 겁이 났다.

비무극은 초평왕에게 세자 건을 중원에 가까운 성부城父 땅으로 보내 다스리도록 하여 혼사의 비밀을 유지할 것을 건의했다. 초평왕은 세자 건에게 성부로 가서 통치할 것을 지시했고, 장수 분양을 성부사마로 임명하며 왕을 섬기듯 세자를 섬기도록 지시했다. 비무극은 태사 오사의 충간을 우려하여 초평왕에게 오사를 성부 땅으로 보내 세자를 보필하게 할 것을 건의했고, 초평왕은 승낙했다.

세자 건은 오사와 분양을 데리고 성부로 이동했다. 초평왕은 맹영을 정실부인에 임명했고, 세자 건의 모친인 채희를 친정인 채의 운 땅으로 돌려보냈다. 세자 건은 비로소 신부가 바뀐 사실을 알게 되었으나, 어쩔 도리가 없었다.

맹영은 초평왕의 총애를 받았고 아들 **진珍**을 낳았으나(BC 523년), 왕이 너무 늙어서 우울했다. 이후 맹영은 혼사의 비밀까지 알게 되어 더 비통했다. 초평왕은 미안해서 맹영을 즐겁게 해주기 위해 노력했다. 초평왕은 맹영에게 진을 세자로 임명할 것을 약속했고, 맹영의 슬픔은 진정되었다.

한편 세자 건은 성부에서 제녀를 통해 아들 **승勝**을 얻었다.

송원공宋元公과 화씨華氏의 갈등(BC 522년)

송원공은 화씨 일족인 화향華向, 화정華定, 화해華亥를 매우 미워했다. 송원공은 공자 인寅, 공자 어융御戎, 상승向勝, 상행向行과 상의하여 화씨 일족을 제거하기로 했다. 상승은 이 계획을 상영向寧에게 알려주었다.

상영은 화씨 일족과 친한 사이여서 화씨 일족에게 송원공의 계획을 알려주었다. 화씨 일족은 긴급회의를 열고, 먼저 공격하기로 결정했다. 화해가 중병이 났다고 소문을 냈다. 공자 인, 공자 어융, 상승, 상행 등 모든 대부들이 화해에게 문병을 갔다. 화해는 문병 온 공자 인과 어융을 죽이고, 상승과 상행을 감금했다.

송원공은 분노하여 화해의 집을 찾아가 상승과 상행을 석방하라고 지시했다. 화해는 볼모를 요청했다. 결국 송원공과 화씨 일족은 서로 볼모를 교환하기로 합의했다. 화씨 측에서 화무척華無慼(화해의 아들), 화계華啓(화정의 아들), 상나向羅(상영의 아들)를 제공했다. 송원공 측에서는 세자 난欒, 공자 진辰(송원공의 동생), 공자 지地를 제공했다. 양측은 볼모를 교환했고, 화해는 상승과 상행을 석방했다.

초楚 세자 건建의 망명(BC 522년)

　비무극은 훗날 세자 건이 즉위할 경우 자신의 신변이 위험해질 것으로 생각하여 세자 건을 제거하기로 결심한다. 비무극은 초평왕에게 세자 건과 오사가 진晉·제와 협력하여 반역을 준비하고 있다고 참소했다. 초평왕은 이를 믿지 않았다.
　비무극은 세자 건이 맹영으로 인하여 부왕을 원망하고 있으며, 심지어 초목왕의 사례까지 언급하고 있다고 계속 참소했다. 결국 초평왕은 계속된 참소로 의심이 들었고, 아들 진을 세자로 세울 욕심까지 합쳐져 세자 건을 폐위하기로 결심한다. 비무극은 세자를 폐하는 전지를 보내면 반란을 격동할 염려가 있다고 아뢰며, 오사를 먼저 소환한 후 군사들을 보내 세자를 체포할 것을 건의했다.
　초평왕은 오사를 불러들인 후 반역에 대해 추궁했다. 오사는 강직한 성품이어서 초평왕에게 ①며느리를 취한 것은 잘못이며 ②간신을 신뢰하여 세자를 의심하는 것은 한심한 일이라고 직간을 올렸다. 초평왕은 분노하여 오사를 감금했다.
　비무극은 세자가 거병할 우려가 있으며 진晉과 제가 합세할 우려가 있다고 초평왕을 충동했다. 결국 초평왕은 세자 건을 처단하기로 결심한다. 비무극은 분양에게 밀지를 내려 세자를 처단할 것을 건의했고, 초평왕은 분양에게 밀지를 보냈다.
　밀지를 받은 분양은 심복 부하를 세자 건에게 보내 사태를 알리며 도피를 권유했다. 세자 건은 부인인 제녀와 아들 승을 데리고 황급히 송으로 망명했다(BC 522년).

세자가 도피한 후 분양은 스스로를 결박시킨 채 영도로 가서 초평왕에게 자신이 밀지를 누설한 것과 세자가 도주한 것을 보고했다. 초평왕은 격노했으나, 분양은 왕을 섬기듯 세자를 섬기라고 지시한 것을 이행했다고 강조했다. 분양은 죄 없는 세자를 살해할 명분이 없다고 간언하며, 자신은 왕의 아들을 살린 것으로 만족한다고 아뢰었다. 초평왕은 분양의 충직함을 인정하여 용서하고, 성부사마의 지위를 유지시켰다.
　초평왕은 진珍을 세자로 임명하고, 비무극을 태사로 임명했다.

오자서伍子胥의 도주(BC 522년)

　비무극은 초평왕에게 오사의 두 아들인 오상伍尙과 오원伍員이 능력이 출중하므로 유인하여 3부자를 모두 처단해야 한다고 아뢰었다. 초평왕은 오사를 불러 조상의 공로를 참작하여 사면할 것이라고 알리며, 글을 보내 두 아들을 불러오면 관직에 복귀시켜 주겠다고 유인했다.
　오사는 초평왕의 계책을 파악했으나, 국가의 안정을 위해 두 아들과 함께 죽을 결심을 했다. 오사는 오상은 인자하고 신信을 존중하는 성품이어서 부르면 올 것이지만, 오원은 문무에 능하고 강한 인내심과 큰 포부를 가지고 있어서 불러도 오지 않을 것이라고 답했다. 초평왕은 글을 보낼 것을 강요했다. 오사는 죽간을 작성했는데, 조상의 공로 덕분에 사면되었으며 왕이 너희들 형제에게도 벼슬을 하사할 것이니 도성으로 오라는 취지였다.
　초평왕은 오상과 오원을 유인하기 위해 언장사를 파견했다. 언장사는 오상을 만나러 당읍으로 갔으나, 오상은 성부로 가고 없었다. 언장사는 성부로 가서 오상과 오원에게 경하의 말을 올리며, 오사의 죽간과 후작의 인수를 전달했다.

　오상은 기뻐했으나, 오원은 유인책이라는 것을 간파했다. 오원은 자字가 자서子胥여서 흔히 **오자서伍子胥**로 불리는데, 지혜와 용기와 문무를 모두 갖춘 인재였다. 오자서는 형 오상에게 아버지는 나라에 충성하는 것만 아는 분임을 강조하고, 우리 형제가 나중에 원수를 갚기 위해 나서면 나라에 후환이 될 것을 염려하여 함께 죽을 각오를 한 것이라고 말했다. 오자서는 형 오상에게 가면 안 된다고 설득했다.

　오상은 오자서에게 부자父子의 정은 끊을 수 없는 것임을 강조하며, 자신은 죽음으로써 효도를 할 것이라고 말했다. 오자서는 자신은 가지 않을 것이며 다른 나라로 가서 초를 공격하여 원수를 갚을 것이라고 말했다. 오상은 영원한 이별을 슬퍼하며, 오자서에게 다른 나라로 가서 아버지와 형의 원수를 갚아줌으로써 효도를 할 것을 부탁했다.

　오상은 혼자 언장사를 따라 영도로 갔다. 초평왕은 오상을 구금했고, 오사는 탄식했다. 비무극은 오자서를 체포할 것을 건의했다. 초평왕은 무성흑武城黑에게 정예병사 200명을 내어주며, 오자서를 체포하라고 지시했다.

　오자서는 소식을 듣고 통곡했다. 오자서는 외국으로 망명하여 군사 원조를 요청할 생각이었으나, 아내 가씨賈氏가 걱정되었다. 가씨는 오자서를 격려하며 출발을 독려했다. 오자서가 출발 준비를 하고 있을 때, 가씨는 남편의 계획에 방해가 되지 않기 위해 안방에서 목을 매고 자살했다. 오자서는 통곡하며 가씨를 매장하고, 소복을 입고 성부를 급히 떠났다.

　무성흑이 오자서를 추격했다. 오자서는 화살을 날려 무성흑의 병거 어자를 죽였고, 무성흑은 놀라서 달아나려고 했다. 오자서는 무성흑에게 돌아가서 부형을 살해할 경우 초왕을 죽여 복수하겠다는 경고를 초평왕에게 전하라고 외쳤다.

무성흑은 돌아가 초평왕에게 오자서의 말을 전했다. 초평왕은 분노하여 오사와 오상 부자를 참수할 것을 지시했다. 형장에서 오상은 비무극을 꾸짖었고, 오사는 오자서로 인해 초가 혼란에 빠질 것을 우려했다. 오사와 오상은 처형되었고(BC 522년), 초의 백성들은 슬퍼했다. 초평왕은 좌사마 **심윤술沈尹戌**[1)]에게 군사 3,000명을 내어주며, 오자서를 체포할 것을 지시했다.

오자서는 걸어서 이동하다 큰 강가 버드나무에 도포와 신발을 벗어두고, 짚신으로 바꿔 신고 강을 따라 걸었다. 오자서는 오로 망명할 계획이었다. 심윤술은 오자서의 행방을 찾지 못하고, 도포와 신발만 회수해 돌아갔다.

비무극은 초평왕에게 오자서를 체포하는 자에게 곡식 5만 석을 하사하며 대부에 임명하지만 오자서를 도와주는 자는 멸족될 것이라는 내용의 방문을 게시하고, 관문의 검색을 강화하고, 제후들에게 오자서를 수용하지 말라고 요청할 것을 건의했다. 초평왕은 승낙했다. 오자서의 초상화는 각처로 보내졌고, 초의 도로와 관문은 검색이 철저해졌다.

오로 가려던 오자서는 세자 건이 송에 체류 중인 것을 고려하여 송으로 방향을 돌려 걷고 또 걸었다. 오자서는 송으로 가던 도중에 사신의 임무를 마치고 귀국하던 절친한 친구인 **신포서申包胥**를 우연히 만났다. 오자서는 경위를 설명하며 초평왕과 비무극에게 복수할 결심을 밝혔다. 신포서는 오자서를 위로하면서도 신하의 처지에 왕을 원수로 삼

---

1) 심윤수沈尹戍라는 견해도 있음. 글자 모양이 비슷하여 발생하는 혼선임. 여기서는 심윤술로 기록하기로 함

는 것은 옳지 못하다고 설득했다. 오자서는 폭군 걸과 주의 사례를 들며, 초를 멸망시키겠다고 맹세했다. 신포서는 탄식하며, 친구의 의리상 만난 사실을 누설하지 않겠다고 말했다. 신포서는 자신은 초를 구원하는 데 전력을 다할 것이라고 말한 뒤 작별하고 떠났다.

오자서는 송으로 가서 세자 건을 방문했다(BC 522년). 둘은 서로 얼싸안고 통곡했다. 이때 세자 건은 송의 국내가 혼란하여 송원공을 접견도 하지 못하고, 시간만 보내고 있었다. 오자서는 세자 건에게 건의하여 함께 정으로 이주했다.

정鄭과 진晉의 정세

정의 정경 공손교(=자산)가 사망했다(BC 522년). 정정공은 매우 애통해했고, 유길을 정경에 임명했다. 정정공은 진晉과 친하게 지냈으며, 초와는 관계가 매우 나빠졌다.

한편 당시 진晉은 진晉경공이 너무 어려 군주의 권력은 약화되고 신하의 권력은 강화된 상태였다. 특히 **위魏씨, 조趙씨, 한韓씨, 범范씨, 지智씨, 중행中行씨** 등 여섯 가문(6경卿)의 권력이 막강했다. 이들 여섯 가문은 공실의 이익보다는 각자 가문의 이익을 우선하여 권력을 행사했고, 다수가 탐욕스럽고 권세에 의지하여 많은 부정을 일삼았다.

그즈음 특히 탐욕스럽던 순인(=중행인)이 정의 정경 유길에게 뇌물을 요구했는데, 유길은 거절했다. 이로 인해 순인은 정에 대하여 반감을 가지게 되었다.

초楚 세자 건建의 죽음(BC 522년)

　초의 세자 건이 처자 및 오자서와 함께 정으로 망명해 오자 정정공은 세자 건을 환대했다. 세자 건과 오자서는 정정공에게 군사 원조를 부탁했다. 정정공은 정의 국력은 미약하므로 진晉과 상의할 것을 권유했다. 세자 건은 처자와 오자서를 정에 남겨두고, 진晉을 방문하여 진晉 경공에게 군사 원조를 부탁했다.
　진경공은 6대부와 초를 공격하는 문제에 대하여 상의했다. 순인은 정을 신의 없는 국가라고 강조하며, ①세자 건을 포섭하여 정에 돌려보낸 후 ②진晉이 정을 공격하고 세자 건이 정의 도성에서 내응하여 ③정을 멸망시킨 다음 세자 건에게 통치를 맡기고 ④천천히 초를 도모할 것을 건의했다. 진경공은 만족했다. 순인은 세자 건을 설득했고, 세자 건은 욕심에 눈이 멀어 승낙했다.
　세자 건은 정으로 돌아와 오자서와 상의했다. 오자서는 신의를 강조하며 반대했다. 오자서는 정정공에게 사실을 통지할 것을 건의했다. 세자 건은 욕심과 조바심 때문에 오자서의 충고를 따르지 않고, 용병들을 모집하며 내응할 준비를 했다.
　얼마 뒤 세자 건의 내란 준비 행위는 정정공에게 누설되었고, 정정공은 유길과 상의했다. 며칠 후 정정공은 병사들을 매복시키고 후원에서 잔치를 열어 세자 건을 초대했다. 잔치가 한창 진행될 때 정정공은 세자 건을 비난한 후 매복한 병사들을 시켜 무참히 죽였다(BC 522년).

오자서伍子胥의 고난(BC 522년)

세자 건의 피살 소식을 듣고 오자서는 건의 아들인 공자[1] 승만 데리고 황급히 정의 도성을 탈출했다. 오자서는 오를 향해 도주했다. 오자서는 정군의 추격을 염려하여 낮에는 숨고 밤에만 걸었다. 오자서는 갖은 고생을 하며 간신히 정을 빠져나왔고, 진陳을 통과했다.

오로 들어가는 장강 입구에 소관昭關이 있었는데, 좌우로 높은 산이 막혀 있는 외길이었다. 오로 가기 위해서는 반드시 소관을 지나야 했다. 소관에는 오자서의 초상화가 높이 걸려 있었고, 검문을 강화하기 위해 초의 사마 위월이 주둔하고 있었다. 당시 위월은 몸이 약간 불편하여 근처에 사는 의원인 동고공東皐公을 불러 치료를 받았다.

오자서는 소관에서 60리 떨어진 역양산歷陽山에 도착했다. 오자서는 소관의 검문이 철저하여 더 이상 나아가지 못하고, 고민하며 배회하고 있었다. 이때 동고공이 우연히 오자서를 발견했는데, 초상화를 기억하고 있어 오자서를 알아보았다. 동고공은 오자서에게 도와주겠다고 자청하며, 자신의 집 뒤에 있는 토옥으로 데려갔다. 오자서는 소관을 통과하는 것을 도와달라고 부탁했다. 동고공은 계책이 있으니 오자서에게 조금만 기다리라고 했다. 토옥에 7일 동안 기거하며 기다리는 동안 오자서는 고민과 근심이 너무 커 하룻밤 사이에 머리와 수염이 갑자기 백발로 변해버렸다.

동고공은 오자서의 백발에 놀라며 자신의 친구인 황보눌皇甫訥이 오

---
1) 승의 부친은 세자 건이므로 엄밀히 말하면 '왕손' 또는 '공손'이 맞지만 관행적으로 '공자' 승으로 칭하고 있으므로 여기서도 그대로 사용하기로 함. 주왕과 달리 초왕의 경우에는 왕이 아닌 제후로 취급하여 공자, 공손으로 표기하는 관행이 있음

자서와 용모가 비슷한 것을 이용해 소관을 통과할 계책을 알려주었다. 즉 오자서와 공자 승이 황보눌의 종으로 가장하고 황보눌과 함께 소관을 지나가면 초군이 황보눌을 오자서로 오인하여 체포하느라 혼란이 발생할 것이니 그 틈을 이용해 소관을 통과하는 계책이었다. 동고공은 황보눌이 도착할 때까지 기다리느라 7일을 지체한 것이었다. 오자서는 동고공에게 감사의 절을 올렸다.

다음 날 새벽에 황보눌과 오자서, 공자 승은 소관에 도착했다. 예상대로 소관 입구에서 소관 경비병들이 황보눌을 체포했고, 구경꾼들로 일대가 혼잡해졌다. 위월이 달려와 황보눌을 소관 관청으로 체포해 갔다. 오자서와 공자 승은 혼잡한 틈을 이용해 소관을 통과했다.

위월은 황보눌을 심문했는데, 황보눌은 강하게 부인했다. 위월이 확신을 하지 못하고 있을 때, 동고공이 오자서를 체포한 것을 축하하기 위해 위월을 방문했다. 축하를 받은 위월은 자신 있게 답하지 못했고, 동고공은 예전에 오자서를 본 적이 있음을 아뢰며 판별을 자청했다. 황보눌이 끌려 나오자 동고공은 오자서가 아니라 자신의 친구라고 아뢰었고, 황보눌은 석방되었다.

오자서가 소관을 지나 몇 마장 갔을 때 과거 부하로 현재 소관의 경비병이던 좌성左誠과 마주쳤다. 좌성이 어떻게 소관을 통과했는지 물었다. 오자서는 자신이 보물 야광주를 가지고 있다가 남에게 맡겼는데, 위월이 그 사실을 알고 야광주를 바치라고 했으며, 그래서 남에게 맡긴 야광주를 찾으러 가는 중이라고 둘러댔다. 좌성이 믿지 않자 오자서는 야광주를 좌성에게 맡겼는데 좌성이 야광주를 삼켜버렸다고 위월에게 말하겠다고 위협했다. 좌성은 자신의 목숨이 위태로워질 것을 염려하여 길을 비켜주었고, 비밀을 누설하지 않았다[1].

　오자서는 드디어 장강에 도착했으나, 배가 없어 강을 건널 수가 없었다. 오자서는 초조하고 불안했다. 이때 오자서는 고기잡이 노인이 배를 타고 접근하는 것을 발견했다. 오자서는 어부 노인에게 강을 건너게 해 줄 것을 부탁했다. 어부 노인은 근처에 다른 사람이 있는 것을 발견하고, 노래를 부르면서 그냥 지나가 버렸다. "밝은 해와 달이 물속에 잠기어 달리는구나. 내 그대와 갈대밭 언덕에서 만날거나."라는 내용의 노래였다. 오자서는 그 뜻을 알아채고 하류로 내려가 갈대밭에 몸을 숨기고 기다렸다.

　한참 후 어부 노인은 갈대밭으로 와서 오자서와 공자 승을 태워 강 건너편 언덕에 내려 주었다. 어부 노인은 오자서에게 어제 밤에 큰 별이 배에 떨어지는 내용의 꿈을 꾸었다고 말하고, 귀인을 배에 태우게 될 것을 예상했다고 말했다. 오자서는 자신의 신분을 밝히고 감사를 표했다. 어부 노인은 음식을 구하러 떠났는데, 오자서는 불안하여 공자 승과 함께 갈대밭에 숨었다. 한참 후에 어부 노인은 음식을 구해왔는데, 오자서가 없음을 알고 자신은 이익을 추구하는 사람이 아니라고 외쳤다. 오자서는 갈대밭에서 나와 사죄하고 공자 승과 함께 음식을 먹었다.

　오자서는 가보인 칠성검을 사례로 주었으나, 어부 노인은 자신은 이익을 탐내는 사람이 아니라며 사양했다. 오자서는 나중에 은혜를 보답하겠다고 약속하며, 어부 노인의 이름을 물었다. 어부 노인은 보답할 필요가 없다고 답했다. 오자서가 거듭 간청하자, 어부 노인은 그대는

---

1) 오자서의 고난에 대하여는 여러 일화가 전해오는데, 그중 상당수는 과장된 내용임. 위 일화도 논리적으로는 성립할 수 없는 내용임. 왜냐하면 오자서와 좌성 모두 이 사실을 누설할 이유가 없기 때문임.

갈대 속 사람(노중인蘆中人)이고 자신은 고기잡이 노인(어장인漁丈人)이라고 답했다.

어부 노인은 배를 타고 다시 강 건너편으로 출발했다. 오자서는 가다가 뒤돌아서서 비밀을 지켜줄 것을 부탁했다. 어부 노인은 탄식하며, 의심을 풀어주겠다고 말했다. 잠시 후 노인은 배를 전복시키고 스스로 익사했다[1]. 오자서는 자책하며 크게 슬퍼했다.

오자서와 공자 승은 드디어 오에 도착했다. 오자서는 율양溧陽 땅의 뇌수瀨水에서 음식 소쿠리를 옆에 놓아두고 빨래하는 노처녀를 발견하고, 음식을 부탁했다. 노처녀는 오자서에게 음식 소쿠리를 내주었다. 오자서는 음식을 다 먹은 후 망명 중임을 밝히며, 비밀을 지켜줄 것을 부탁했다. 노처녀는 오자서에게 호의를 느끼고 음식을 제공했지만, 오자서가 의심하자 실망했다. 노처녀는 절개를 잃었다고 탄식하며 뇌수에 몸을 던져 자살했다. 오자서는 자책하며, 손가락을 깨물어 근처 바위에다 은혜에 보답하겠다는 취지의 혈서를 남겼다.

오자서는 300리를 더 걸어가 오추吳趨 땅에 도착했다. 그곳에서 오자서는 어떤 장사가 거칠게 싸움을 하던 도중에 아들을 부르는 모친의 말에 순종하여 싸움을 그치고 집으로 들어가는 모습을 보았다. 오자서는 흥미를 느껴 동네 사람들에게 그 장사에 대해 물었다. 그 장사의 이름은 **전제專諸**인데, 의리를 중시하고 불공평한 일에 분노하면서도 대단한 효자여서 모친의 말에 절대적으로 순종한다는 것을 알았다.

오자서는 전제를 방문하여 많은 대화를 나누며 의기투합했다. 오자

---

1) 어부 노인의 익사 부분은 픽션임. 나중에 오자서는 어부 노인의 아들에게 은혜를 갚는데(후술), 어부 노인이 이 시점에서 익사했다면 어부 노인의 아들은 자신의 아버지가 오자서에게 은혜를 베푼 사실을 알 수가 없음.《사기》에도 이런 내용은 기록되어 있지 아니함

서와 전제는 의형제를 맺었는데, 오자서가 두 살 많아 형이 되었다. 오자서의 사연을 들은 전제는 오왕 요는 용기 있으나 교만하다고 지적하며, 대신 공자 광을 추천했다.

오자서와 공자 승은 드디어 오의 도읍인 매리梅里에 당도했다(BC 522년). 성곽의 규모는 작고 거리도 엉성했다. 오자서는 오에 아는 사람이 없어 복수를 위한 군사 원조를 요청할 방법이 없었다. 오자서는 공자 승을 교외에 숨겨두고, 산발하고 광인 분장을 한 채로 시장에 나가 구걸을 하며 지냈다. 오자서는 누군가 자신을 알아주기를 기대하며 퉁소를 불며 노래를 불렀는데, '복수하지 못하면 살아서 무엇 하리!'라는 내용이었다. 그러나 아무도 오자서의 뜻을 알아주는 사람은 없었고, 오자서는 방법이 없었다.

채도공蔡悼公의 즉위(BC 522년)

채평공은 적자인 주朱를 세자에 임명했다. 채평공의 4촌인 동국東國은 채평공에 대하여 원한을 품고 있었는데, 초의 비무극에게 많은 뇌물을 제공하며 원조를 요청했다.

비무극은 초평왕에게 채의 대부 조오를 참소했고, 초평왕은 채평공에게 조오의 추방을 지시했다. 조오는 정으로 망명했다(BC 527년).

채평공이 사망하고 세자 주가 즉위했다(BC 522년). 비무극은 심복 부하를 채로 보내 초평왕의 명령을 사칭하며, 채후 주를 추방하고 동국을 즉위시킬 것을 지시했다. 채의 대신들이 초의 위세에 눌려 동국을 즉위시키니, 곧 **채도공蔡悼公**[1]이다(BC 522년).

---

1) 채도공 희동국: 재위 BC 521 ~ BC 519

비무극은 초평왕에게 채후 주가 초에 역심을 품자 채의 백성들이 채후 주를 몰아냈다고 거짓 보고를 했다. 초평왕은 아무런 조치를 취하지 않았다.

오吳 공자 광光의 야망

오의 공자 광은 훗날을 도모하며 인재를 모으기 위해 관상가 **피이被離**를 고용했다. 공자 광은 피이를 시정을 담당하는 관리로 임명하고, 초야의 인재를 발굴하는 임무를 부여했다.

어느 날 피이는 시정에서 오자서의 노래를 듣고 흥미를 가져 그의 관상을 살펴보았다. 피이는 오자서의 관상에 감탄하며, 오자서를 관청으로 데려와 많은 대화를 나누었다. 피이의 설득으로 오자서는 자신의 신분을 밝혔다.

이때 피이의 부하 한 명이 대화를 엿듣고 오왕 요에게 사실을 보고했다. 오왕 요는 피이에게 사람을 보내 오자서와 함께 입궁할 것을 지시했다. 피이는 공자 광에게 먼저 보고한 후 오자서와 함께 입궁했다.

오왕 요는 오자서의 능력에 만족하여 대부에 임명하고, 초에 대한 복수를 위한 군사 원조를 약속했다. 인재를 모으고 있던 공자 광은 오자서를 뺏길까 걱정이 되었다. 공자 광은 오왕 요에게 필부의 원한보다 국가의 위신이 더 중요하다고 강조하며, 초의 국력이 강하여 이길 가능성이 없으므로 신중하게 처리할 것을 건의했다. 결국 오왕 요는 초를 공격할 생각을 단념했다.

오자서는 공자 광의 속뜻을 짐작하고, 오왕 요에게 대부를 사임할 뜻을 밝혔다. 공자 광은 오자서가 왕을 원망하고 있으므로 등용하지 말라고 충동했다. 오왕 요는 결국 오자서를 등용하지 않았고, 양산陽山 땅의 토지 100마지기를 하사했다. 오자서는 공자 승과 함께 양산에 거주하며 농사를 지었다(BC 520년).

어느 날 공자 광은 오자서를 방문하여 많은 예물을 하사하고 협력을 요청했다. 오자서는 승낙하며 전제를 천거했다. 공자 광과 오자서는 전제를 방문하여 설득했다. 결국 전제는 공자 광의 문하가 되었다. 공자 광은 전제의 모친을 각별히 예우했고, 전제는 충성을 다짐했다.

얼마 후 공자 광은 전제에게 적손이 방계에게 왕위를 빼앗겼음을 강조하며, 오왕 요를 처단해 줄 것을 부탁했다. 전제는 무력을 사용하기 전에 먼저 도리를 내세워 설득할 것을 권유했다. 공자 광은 오왕 요는 의리가 없고 욕심이 많으며 무력을 신봉하여 설득이 불가능하다고 강조하며, 전제의 모친과 처자를 봉양할 것을 약속했다. 결국 전제는 승낙했다.

전제는 생선구이를 특히 좋아하는 오왕 요에게 접근하기 위해 태호太湖에 가서 3개월 동안 생선 굽는 법을 배웠다. 오자서는 오왕 요를 처단하고 왕위를 오래 누리기 위해서는 먼저 공자 경기와 엄여, 촉용을 제거하는 것이 필요하다고 건의했다. 공자 광은 당장은 묘수가 없어 후일을 도모하기로 했다. 전제는 공자 광의 집에 남았고, 오자서는 양산으로 복귀했다.

송宋의 혼란[화씨華氏의 난](BC 520년)

송원공은 거의 매일 화해의 집을 방문하여 세자 난을 접견했다. 화해는 너무 불편하여 세자 난을 돌려주기로 결정했고, 송원공은 매우 기뻐했다. 상영이 화해를 방문하여 결사적으로 반대했고, 화해는 결정을 번복했다.

송원공은 격노하여 사마 화비수華費遂에게 화해의 집을 공격할 것을 명령했다. 화비수는 볼모들의 안전을 염려했다. 송원공은 생사는 천명에 달려 있음을 강조하고, 치욕을 참을 수는 없다며 공격을 명령했다(BC 520년). 송원공은 볼모로 와 있던 화무척, 화계, 상나를 처형했다. 화비수는 군사들을 소집하여 공격 준비를 했다.

화비수에게는 세 아들이 있었다. 첫째는 추貙, 둘째는 다료多僚, 셋째는 등登이었는데, 화추와 화다료는 서로 반목하고 있었다.

화등은 평소 화해와 매우 친한 사이여서 화해에게 부친이 공격 준비를 하는 상황을 알려주었다. 화해는 가병들을 소집하여 대비하고, 화비수의 군대와 교전했으나 패했다. 화해는 세자 난과 기타 볼모들을 석방하고, 일당들과 함께 진陳으로 도주했다. 화등도 함께 도주했다.

얼마 후 화다료는 송원공에게 형 화추가 화해와 내통하고 있다고 참소했다. 송원공은 내시 의요宜僚에게 조사를 지시했다. 의요는 화비수를 방문하여 화추의 내통 사실 여부를 물었다. 화비수는 송원공을 찾아가 화다료의 참소라고 해명하며, 의심이 풀리지 않는다면 장남 화추를 국외로 추방하겠다고 건의했다.

화추의 가신인 장개張匄가 소문을 듣고 의요를 찾아가 칼로 위협하며 추궁했다. 의요는 화다료가 화추를 참소한 것이라고 실토했다. 장개는 화추에게 화다료를 처단할 것을 건의했으나, 화추는 부친의 입장을 고려하여 망명하기로 결심했다. 화추는 부친에게 하직 인사를 올리기 위해 출발했다.

화추는 부친(화비수)에게 가던 도중에 궁에서 나오던 화비수의 수레와 만났는데, 화다료가 그 수레를 몰고 있었다. 장개는 분노하여 화비수의 수레에 뛰어 올라 칼로 화다료를 베어 죽였다. 장개는 충격을 받은 화비수의 옆에 화추를 태우고 수레를 몰아 남리南里 땅으로 도주했다.

화비수 일행은 화해와 상영을 남리 땅으로 불렀다. 결국 화씨 일당들은 상의하고 남리 땅에서 모반을 일으켰다(BC 520년). 송원공은 악대 심樂大心을 대장으로 삼고 직접 출전하여 남리 땅을 포위했다.

진陳에 남아 있던 화등은 초로 가서 원조를 요청했다. 초평왕은 위월에게 화씨를 원조할 것을 지시했다. 초군이 송으로 출전하여 화씨를 원조하자 진晉경공은 직접 출전하여 송원공을 원조했다. 사태가 국제전으로 악화되자 여러 제후들이 주선에 나섰다. 결국 송원공은 포위를 풀었고, 화씨 일족은 초로 망명했다.

주周 왕실의 이분二分(BC 520년)

주경왕周景王은 태자 수壽, 서장자 맹猛, 맹의 동복동생인 개匄(=면丏), 맹의 이복동생인 조朝 등의 아들을 얻었다. 태자 수가 요절하자 주경왕은 서장자인 맹을 태자로 임명했으나(BC 524년), 조를 총애했다. 결국 주경왕은 태자 맹을 폐위하고 조를 태자로 임명할 결심을 한다.

어느 날 주경왕은 대부 빈맹賓孟을 불러 태자 맹을 폐위하고 조를 태자로 임명하는 데 협조할 것을 부탁했다. 주경왕은 이를 실행하기 전에 사냥을 나갔다가 영기씨榮錡氏에게 공격을 받고 죽었다(BC 520년).

얼마 후 대신 유헌공劉獻公 지摯가 사망했는데, 아들인 유권劉卷이 작위를 승계했다. 유권은 평소 빈맹과 사이가 매우 나빴다. 유권은 선기單旗(=선목공單穆公)와 공모하여 대부 빈맹을 암살해 버리고, 태자 맹을 추대했다. 결국 대신들의 추대로 태자 맹이 즉위하니(BC 520년), 곧 **주도왕周悼王**이다.

왕자 조의 일당인 윤고尹固, 감추甘鰌, 소환召奐 등은 이에 불만을 품고 상장 남궁극南宮極에게 지시하여 유권을 공격했다. 유권은 패하여 양揚 땅으로 도주했고, 선기는 주도왕을 모시고 황皇 땅으로 도주했다.

왕자 조는 심복 심힐郫肹에게 황 땅을 공격할 것을 지시했다. 심힐은 황 땅을 공격했으나, 대패하고 전사했다.

진晉경공은 대부 적담과 순역을 파견하여 주도왕을 왕성王城 땅으로 옮겨 보호했다. 왕자 조는 경京(낙읍의 도성) 땅에서 왕을 자칭하며(BC 520년) 왕 노릇을 했다.

그러던 중 주도왕이 왕성 땅에서 병이 들어 사망했다. 유권과 선기는 왕자 개를 추대했다. 대신들의 추대로 왕자 개가 즉위하니(BC 520년), 곧 **주경왕周敬王**[1]이다. 주경왕은 책천翟泉 땅으로 이주하여 살았다(BC 519년).

경 땅이 서쪽에 있어 왕자 조는 서왕西王으로 불리게 되었고, 책천 땅이 동쪽에 있어 주경왕은 동왕東王으로 불리게 되었다. 이로써 주에는 두 명의 천자가 대립하게 되었다.

오吳와 초楚의 계부鷄父전투(BC 519년)

비무극은 세자 건의 생모인 채희와 오자서가 협력할 것을 우려하여 초평왕에게 채희를 처단할 것을 건의했다. 당시 채희는 채의 운 땅에

---

1) 주경왕周敬王 희개: 재위 BC 519 ~ BC 476

거주 중이었는데, 소문을 듣고 오에 사람을 보내 구원을 요청했다. 오왕 요는 공자 광에게 채희를 구출할 것을 지시했다.

공자 광은 출전하여 초의 종리鍾離 땅에 당도했는데, 초의 장수 위월이 공자 광의 진로를 막으며 동시에 영도에 급히 보고를 올렸다.

초평왕은 영윤 양개를 대장으로 삼아 속국의 군사들을 소집하여 방어군을 파견했다. 진陳, 채, 호胡, 심沈, 허, 돈頓에서 군사를 보냈는데, 특히 호와 심은 군주가 직접 출전했다. 초 연합군은 종리에 도착하여 포진했다. 초군은 중앙을 맡고, 호·심·진陳군은 우측을 맡고, 돈·허·채군은 좌측을 맡았다.

오왕 요가 공자 엄여와 함께 1만 명[1]의 병사와 3,000명의 죄수부대를 이끌고 직접 증원군이 되어 당도했다. 오군은 계부鷄父 땅에 포진했다. 오왕 요는 중군을 맡고, 공자 광은 좌군을 맡고, 공자 엄여는 우군을 맡았다.

그런데 초의 영윤 양개가 갑자기 군영에서 급살병으로 사망하여 위월이 초군을 지휘하게 되었다. 공자 광은 오왕 요에게 호와 심의 군주는 연소하고 전쟁 경험이 없으며, 진陳군을 이끄는 대부 하설은 용기만 있고 지혜가 없으며, 돈·허·채는 초에 반감이 있어 전력을 다하지 않을 것이라고 분석했다. 공자 광은 호·심·진陳이 담당한 우측을 격파하면 초 연합군은 와해될 것이라고 강조하며, 약한 군사들을 보내 유인한 후 정예 부대로 격파하는 계책을 아뢰었다.

7월 그믐밤에 오의 죄수부대가 초 연합군의 우측을 공격했다. 호·심·

---

1) 오랫동안 병거부대에 예속된 상태로 보조적인 역할을 수행하던 보병부대는 오의 초 공격에서 주도적인 역할을 수행하며, 전쟁의 주력부대로 새롭게 떠오름. 군대의 규모를 표시할 때 이때부터 병거의 숫자 대신 병사의 숫자로 기록하는 경우가 매우 많아짐

진陳군은 당황했지만 반격했고, 기율이 잡히지 않은 죄수부대를 공격했다. 서로 공적을 다투느라 초 연합군의 우측은 대오가 무질서해졌다. 이 틈을 노려 오의 좌군이 맹렬히 공격을 개시했다. 공자 광은 진陳의 대부 하설을 창으로 찔러 죽였고, 호와 심의 군주는 놀라서 도주했다. 그런데 호와 심의 군주는 당황하여 오의 우군 방향으로 달아났고, 결국 오의 우군에게 사로잡혔다.

오의 좌군은 800명 이상의 포로를 잡는 대승을 거두었다. 공자 광은 호와 심의 군주를 처형하고 포로들을 석방했다. 석방된 포로들은 돌아가 패전과 처형 소문을 퍼뜨렸다. 원래부터 사기가 낮았던 돈·허·채군은 싸우기도 전에 도주했다.

오왕 요는 초의 중군을 향해 총공격을 개시했다. 초군은 사기를 잃고 제대로 싸우지도 않고 도주했다. 오군은 초군을 추격하여 크게 무찔렀다(BC 519년).

공자 광은 직속부대만 이끌고 채의 운 땅으로 이동하여 채희를 구출한 후 오로 돌아갔다. 채군은 아무도 공자 광을 저지하지 못했다. 채희는 오에 당도하여 손자인 공자 승과 같이 살았다.

초의 장수 위월은 겨우 패잔병을 수습했다. 공자 광이 채로 출발한 것을 보고받은 위월은 채로 이동했으나, 공자 광은 이미 이틀 전에 떠나고 없었다. 위월은 계속된 패전과 실책에 좌절했고, 결국 목을 매어 자살했다.

채소공蔡昭公의 즉위(BC 519년)

채도공이 재위 4년 만에 죽었는데(BC 519년), 아들이 없었다. 대부들의 추대로 동생인 신申이 즉위하니, 곧 **채소공蔡昭公(=채소후蔡昭侯)**[1]이다.

초楚와 오吳의 국지전

양개의 후임으로 초평왕은 **낭와囊瓦**를 영윤에 임명했다. 초평왕은 오의 군사력에 대하여 큰 두려움을 느꼈다.

낭와는 초평왕에게 영성이 좁고 낮다고 아뢰며, 영성의 동쪽에 더 넓고 높은 새로운 영성을 쌓았다. 초평왕은 궁전을 새로운 영성으로 옮기고, 옛 영성을 기남성紀南城으로 고쳐 불렀다. 낭와는 새 영성의 서북쪽에 다시 성을 쌓고 맥성麥城으로 불렀다. 기남성·영성·맥성은 품자品字 형태를 이루어 서로 방어하도록 했다(BC 519년).

낭와는 3개월 동안 수군을 조련한 뒤 수군을 이끌고 오의 경계까지 진출해 시위하고 돌아왔다.

오 공자 광은 초의 수군이 출현했다는 보고를 받고 경계 지역으로 이동했으나, 초군은 돌아가고 없었다. 초의 수군이 시위만 하고 그냥 돌아갔다는 사실을 보고받은 공자 광은 초군이 아직 준비가 부족한 것을 알아채고, 초의 경계를 넘어가 초의 소성巢城과 종리 땅을 점령하고 나서 돌아갔다(BC 518년).

초평왕은 오에 대비하여 변방인 주굴州屈, 구황丘皇, 소巢, 권卷 땅에 성을 건설했다(BC 517년).

---

1) 채소공(=채소후) 희신: 재위 BC 518 ~ BC 491

계손의여季孫意如의 노소공魯昭公 축출(BC 517년)

　노의 삼가는 여전히 실권을 쥐고 국정을 전단했는데, 특히 계손씨가 가장 큰 권력을 누렸다. 노소공은 이에 대하여 불만을 가졌고, 당시 계손씨의 수장이자 실권자인 **계손의여季孫意如(=계평자季平子)**를 미워했다.
　어느 날 계손의여와 후소백郈昭伯이 투계내기를 했는데, 계손의여는 닭 머리에 투구를 씌우고 후소백은 닭발에 금속 발톱을 달았다. 계손의여는 분노하여 후소백의 땅을 공격하고 시위한 후 물러갔다. 얼마 후 후소백의 동생이 후소백과 다툰 후 후씨를 모함하고 계손씨의 집에 숨었다. 후소백이 분노하여 계손씨의 가신을 감금하자 계손의여도 후소백의 가신을 감금했다.
　계손의여에게 반감을 가진 후소백이 노소공에게 계손씨를 비난했다. 분노한 노소공은 계공약季公若, 후소백, 공위公爲, 공과公果, 공분公賁 등과 함께 계손씨를 공격하여(재위 25년. BC 517년) 계손의여의 아우인 계손공지季孫公之를 죽였다.
　계손의여는 숙손씨의 도움을 받아 반격하여 후소백 등을 죽이고 노소공을 추방했다. 노소공은 진晉으로 망명하려고 했다. 계손의여는 이를 눈치채고, 진晉의 실권자인 순역(=지역)에게 미리 뇌물을 주었다. 결국 진晉은 노소공의 입국을 불허했다.
　제경공은 언릉 땅에서 여러 제후들을 소집하여 노소공을 추방한 계손의여를 비난하며, 노소공의 구제를 의논했다. 제후들 사이에서 제경공의 명성이 크게 올라갔다. 결국 노소공은 제로 망명했다(BC 517년). 노소공이 명목상 계속 군위를 유지했지만, 노의 군주 자리는 실제로는 공석으로 남게 되었다. 노의 삼가는 더 전횡을 일삼았다.

송경공宋景公의 즉위(BC 517년)

송원공이 재위 15년에 사망하고 세자 난欒이 즉위하니(BC 517년), 곧 **송경공宋景公**[1]이다. 《사기》에는 송경공의 이름이 두만頭曼으로 기록되어 있다. 송경공은 남색을 즐겼다. 송경공의 남색 상대로 총애를 받던 사마 환퇴桓魋는 송의 실권을 장악하게 되었다.

주周 왕실의 혼란 수습(BC 516년)

주 왕실의 두 천자는 계속 대립하며 싸움을 벌였다. 서왕 조의 신하인 소환이 사망하고, 특히 남궁극이 낙뢰를 맞고 사망하자 서왕 조는 민심을 잃게 되었다.

진晉경공은 조앙趙鞅을 시켜 주 왕실을 안정시키기 위해 여러 국가에 사람을 보내 회견을 열었다(BC 517년). 진晉, 노, 송, 위, 정, 주邾, 등, 설, 소주의 대신들이 참석했다. 조앙은 주경왕에 대한 물적 지원을 여러 국가들에 지시하고, 서왕 조를 공격할 것을 선언했다.

이듬해 진晉의 대부 순역이 연합군을 이끌고 가서 주경왕을 진晉으로 모셔왔다(BC 516년). 이후 순역은 낙읍을 공격하여 대승을 거두고, 윤고를 체포했다. 소환의 아들인 소은召隱은 사세가 불리해지자 서왕 조를 배신하고, 오히려 서왕을 공격했다. 서왕 조는 결국 초로 도주했다. 서왕 조가 초로 도주할 때 주 왕실이 보관 중이던 많은 기록들을 가지고 갔고, 이후 초의 학문은 비약적으로 발전하게 된다.

---

1) 송경공 자난: 재위 BC 516 ~ BC 469

진晉 연합군은 주경왕을 왕성으로 모셨다(BC 516년). 이로써 주 왕실의 이분 사태는 수습되었다. 주경왕은 윤고와 소은을 참수했다.

제2절 오왕吳王 합려闔閭의 즉위와 오吳의 중흥

초소왕楚昭王의 즉위(BC 516년)

초평왕은 서장자[1] 신申, 결結, 세자 진珍, 계啓 등의 아들을 얻었다. 초평왕은 오에 대한 걱정이 원인이 되어 병이 났다. 초평왕은 영윤 낭와와 공자 신을 불러 세자 진에게 충성을 바칠 것을 유언으로 남기고 재위 13년에 사망했다(BC 516년).

영윤 낭와는 백극완에게 세자 진은 7세로 너무 어리므로 공자 신이 왕으로 더 적합하다고 주장했다. 백극완은 그 말을 공자 신에게 전달했다. 공자 신은 적자 승계의 원칙을 강조하며, 크게 화를 냈다. 결국 영윤 낭와는 세자 진을 옹립했다. 세자 진珍이 이름을 진軫으로 고친 후 즉위하니(BC 516년), 곧 **초소왕楚昭王**[2]이다. 초소왕은 영윤 낭와를 유임시키고, 백극완을 좌윤, 언장사를 우윤에 임명했다.

오자서는 초평왕이 죽었다는 소식을 듣고 방성통곡했다. 원한을 갚지 못했고, 초평왕이 와석종신臥席終身한 것을 원통하게 생각했기 때문이다.

---

1) 초평왕의 동생이라는 반대 견해 있음
2) 초소왕 웅진: 재위 BC 515 ~ BC 489

오자서伍子胥의 계략

오자서는 원수를 갚지 못한 것이 한이 되어 오랫동안 고민하고 계책을 마련했다. 오자서는 공자 광에게 ①오왕 요를 알현하면서 초의 국상을 이용하여 초를 공격하고 제압하여 천하의 패권을 노릴 것을 충동하되 ②고의로 낙상하여 출전을 회피하면서 ③엄여와 촉용을 대장으로 천거하는 동시에 ④공자 경기를 정과 위에 파견하여 원조를 요청할 것을 건의하고 ⑥계찰을 진晉에 파견하여 우호를 강화할 것을 건의하여 ⑦오왕 요를 고립무원으로 만든 뒤에 제거하는 계책을 아뢰었다.

공자 광은 입궁 도중 일부러 수레에서 떨어져 다리에 부상을 입었다. 공자 광은 다리 부상을 당한 채로 입궁하여 오왕 요를 알현하면서 오자서의 계책대로 건의했다. 오왕 요는 만족하며, 엄여와 촉용에게 초를 공격할 것을 지시하고, 계찰을 진晉에 파견했다. 그러나 오왕 요는 공자 경기는 파견하지 않았다.

엄여와 촉용은 군사 2만 명으로 초에 대한 공격을 개시했고(BC 515년), 초의 잠읍潛邑을 포위했다.

오의 공격에 대하여 초의 공자 신은 초소왕에게 ①좌사마 심윤술은 육로를 통해 군사 1만 명으로 잠읍을 구원하고 ②좌윤 백극완은 수군 1만 명으로 강을 타고 내려가 오군의 후위를 차단하고 ③앞뒤로 포위하여 오군을 공격할 것을 건의했다. 초소왕은 만족하며 심윤술과 백극완을 파견했다.

엄여와 촉용은 잠읍에 대한 공격을 지속하면서 심윤술이 이끄는 초의 구원군을 상대했다. 심윤술은 교전하지 않고 돌과 나무를 쌓아 도로를 차단했다. 이때 백극완은 강 입구를 점거했다. 엄여와 촉용은 앞뒤로 차단되어 진퇴양난에 빠졌다. 엄여와 촉용은 수륙 양면으로 초군과 대치하며, 오왕 요에게 구원을 요청했다.

공자 광은 오군 단독으로 초군을 무찌르기는 어렵다고 강조하며, 정과 위에 군사 원조를 요청할 것을 거듭 건의했다. 결국 오왕 요는 정과 위에 공자 경기를 파견했다.

전제專諸의 오왕吳王 요僚 암살[오왕 합려闔閭의 즉위](BC 515년)

오왕 요만 국내에 남게 되자 드디어 공자 광은 전제에게 '비수 어장魚腸'을 건네주었다. 전제는 작별 인사를 드리러 어머니를 방문했는데, 계속 눈물을 흘렸다. 전제의 모친은 충과 효는 겸전할 수 없다고 말하며, 전제를 격려했다. 전제는 어머니와 이별하는 것이 슬퍼 계속 눈물을 흘렸다.

전제의 모친은 목이 마르다고 말하며, 전제에게 냇가에 가서 물 한 그릇을 떠 오라고 했다. 전제가 물을 뜨러 간 사이 전제의 모친은 전제의 망설임을 차단하고 암살을 실행하여 전제가 이름을 빛내도록 하기 위해 스스로 목을 매어 자살했다. 전제는 통곡하며 장례를 치른 후 처자식과 작별하고 떠났다.

전제는 공자 광에게 잔치를 열어 오왕 요를 초대할 것을 요청했다. 공자 광은 오왕 요를 알현하면서 새로운 요리사를 고용했는데 생선구이를 탁월하게 잘한다고 말하며, 오왕 요를 잔치에 초대했다. 오왕 요는 승낙했다. 공자 광은 저택에서 잔치 준비를 하며 많은 무사들을 매복시켰고, 오자서에게도 무사들을 나누어 주며 외부에 숨겼다.

다음 날 오왕 요는 내궁의 모후를 찾아가 공자 광의 초대 사실을 알렸다. 오왕 요의 모후는 공자 광의 불만을 경계하며, 신변의 안전을 염려했다. 오왕 요는 거절 시 공자 광과 불화할 우려가 있음을 아뢰고, 철저히 대비하겠다고 강조했다.

오왕 요는 가죽 갑옷 세 벌을 겹쳐 입고, 많은 군사들의 호위를 받으며 공자 광의 저택에 당도했다. 연회장의 오왕 요 좌우에 호위병 100명이 배치되었고, 음식을 나르는 요리사들에 대한 검색도 철저했다. 요리사들은 무릎으로 걸어서 오왕 요에게 음식을 바쳤는데, 병사 10명이 동시에 움직였다.

잔치가 한창일 때 공자 광은 부상당한 다리가 아프다며 치료를 핑계로 잠시 자리를 비웠다. 공자 광은 매복시켰던 무사들과 합류했다. 이때 전제가 구운 생선이 올려진 접시를 두 손으로 받쳐 들고 나타났다. 구운 생선의 뱃속에는 비수 어장이 감추어져 있었다. 군사들의 검색을 통과한 전제는 무릎으로 걸어 오왕 요에게 접근했다. 전제는 오왕 요에게 구운 생선을 바치면서 순식간에 비수 어장을 꺼내 오왕 요의 가슴을 찔렀다. 비수 어장은 세 겹의 갑옷을 뚫고 오왕 요의 등 뒤까지 삐져나왔다. 오왕 요는 즉사했고(BC 515년), 좌우의 군사들이 전제를 무참히 찔러 죽였다. 공자 광이 매복시켰던 무사들을 투입했고, 오자서도 외부에서 호응했다. 왕군은 사기를 잃고 크게 패했다.

공자 광은 왕궁에 입성하여 대신들을 소집하고, 전왕前王의 유지를 내세워 계찰을 왕으로 추대했다. 공자 광은 오왕 요의 장례를 치르고, 논공행상을 했다. 공자 광은 전제의 아들인 전의專毅를 상대부에 임명하고, 오자서를 발굴한 공을 인정하여 피이를 대부에 임명했다. 공자 광은 오자서를 신하로 대하지 않고 객경으로 대우했다.

공자 광은 귀국하는 공자 경기를 제거하기 위해 강변에 군사들을 주둔시키고 영채를 건립했다. 귀국하던 공자 경기는 부친의 피살 소식을 듣고 급히 도주했다. 공자 광이 맹렬히 추격했으나, 공자 경기는 말보다 빨리 달리고 날아오는 화살을 쳐내는 등 초인적인 힘을 발휘하여 추격에서 벗어났다.

계찰은 진晉에서 귀국한 후 오왕 요의 무덤 앞에서 통곡했다. 공자 광이 계찰에게 왕위에 오를 것을 권유했으나, 계찰은 사양했다. 이에 공자 광이 스스로 왕위에 오르고(BC 515년), 호號를 **합려闔閭**[1]라고 칭했다. 계찰은 왕위로 인한 오해를 염려하여 연릉 땅에 은거했다.

엄여掩餘와 촉용燭庸의 도주(BC 515년)

초의 잠성 땅에서 교전 중이던 엄여와 촉용은 오왕 요의 사망 소식을 듣고 통곡했다. 엄여와 촉용은 상의하고 외국으로 도주하기로 했다. 엄여와 촉용은 도주의 성공을 위해 병사들에게 내일 교전이 있을 것이라고 거짓으로 말하여 전투 준비를 시켰다. 모두가 잠든 밤에 엄여와 촉용은 소수의 측근들만 데리고 도주했다. 엄여는 서徐로 망명했고, 촉용은 종오鍾吾로 망명했다.

다음 날 오군은 장수가 실종되자 대혼란에 빠졌다. 오군은 사기를 잃고 서로 먼저 배를 타고 귀국하려고 했다. 백극완은 오군의 혼란을 노려 오군을 대파하고 많은 포로들을 잡았다. 초의 장수들은 오의 변란을 이용해 오로 쳐들어 갈 것을 주장했다. 백극완은 국상을 이용해 공격하는 것은 의로운 일이 아니라며 반대하고, 그냥 귀국했다.

---

1) 오왕 합려: 재위 BC 514 ~ BC 496. 춘추시대의 네 번째 패자(다수설)

초소왕은 귀국한 백극완의 공로를 칭찬하며 오군 포로들과 전리품을 많이 하사했다. 초소왕은 백극완을 존경하여 국정에 대한 상의를 많이 했다.

간신 비무극費無極의 처형(BC 515년)

간신 비무극은 백극완이 초소왕의 신임을 받자 이를 시기하여 제거하기로 결심하고, 언장사와 모의해 계책을 꾸몄다.

비무극은 영윤 낭와를 찾아가 백극완이 영윤을 위로하기 위해 주연을 준비하고 자신에게 초대를 전달해 줄 것을 부탁했다고 거짓말을 했다. 낭와는 초대를 승낙했다.

비무극은 백극완을 찾아가 영윤이 백극완의 집을 방문하여 술을 마시며 친분을 나누고 싶어 하여 자신에게 의사를 타진해 줄 것을 부탁했다고 거짓말을 했다. 백극완은 승낙했다. 비무극은 백극완에게 영윤 낭와는 무기와 병사를 구경하는 것을 좋아하여 오군 포로와 전리품을 구경하기를 희망하고 있다고 거짓말을 했다. 비무극은 문에 방장을 치고 무기들을 감춘 후 낭와가 구경을 요청할 때 방장을 거두고 보여주면서 무기들을 선물로 주면 낭와가 만족할 것이라고 제안했다. 백극완은 비무극의 말을 믿고, 문에 방장을 설치하고 무기와 병사들을 배치했다.

비무극은 방문 준비를 마친 낭와를 찾아가 만약을 위해 자신이 먼저 백극완의 집을 방문하여 살펴보겠다고 자청했다. 비무극은 잠시 후 돌아와 문에 방장이 설치되어 있고 무장한 병사들이 있다고 말하며, 호의로 초청한 것이 아니라고 거짓말을 했다.

낭와는 백극완의 인품을 알고 있어서 비무극의 말을 믿지 않았다. 비무극은 백극완이 영윤 자리에 욕심을 내고 있으며 오와 내통하고 있다고 중상모략을 했다. 낭와는 여전히 믿지 않았지만, 확인을 위해 부하 몇 명을 보냈다. 부하들이 돌아와 비무극의 말과 같은 보고를 했다. 낭와는 격노하며, 언장사와 상의했다. 언장사는 백극완이 양영종陽令終, 양완陽完, 양타陽佗와 모의하여 오·진晉·진陳과 파당을 맺고 정권을 욕심내고 있다며 모략했다.

낭와는 격노하며 초소왕에게 보고한 후, 언장사에게 군사를 내어주며 백극완을 처단할 것을 지시했다. 언장사는 백극완의 집을 공격했고, 백극완은 칼로 목을 찔러 자살했다(BC 515년). 백극완의 아들인 **백비 伯嚭**는 겨우 달아났다.

낭와는 백성들에게 백극완의 집에 불을 지를 것을 지시했으나, 백성들은 아무도 호응하지 않았다. 낭와가 위협하며 강제하자 백성들은 마지못해 짚 한 주먹씩을 들고 가 집 안에 던져 놓고 달아나버렸다. 낭와는 가병들을 동원하여 불을 질렀고, 백극완의 일족을 몰살했다. 낭와는 양영종, 양완, 양타 등을 처형했다.

초의 백성들은 낭와를 원망했고, 백극완의 신위에 분향하며 하늘에 원한을 호소했다. 시정에는 낭와를 비난하는 노래가 유행하게 되었다.

낭와는 백성들의 동태에 고민했다. 공자 신은 백극완이 오와 내통하지 않았다며 무죄를 주장했다. 심윤술은 낭와에게 비무극과 언장사는 간신으로 백성들의 원한을 받고 있다고 강조하며, 이로 인해 영윤이 민심을 잃을 것을 우려했다. 심윤술은 낭와에게 민심을 수습하기 위해 비무극과 언장사를 처단할 것을 건의했다.

낭와는 후회하며 고민했다. 결국 낭와는 비무극과 언장사를 처단하기로 결심하고, 심윤술에게 도움을 구했다. 심윤술은 시정에 나가 백성들에게 백극완의 죽음은 비무극과 언장사의 소행임을 알리며, 간신들을 처단하자고 주장했다. 백성들이 호응하며 몰려들었고, 낭와는 비무극과 언장사를 체포하여 참수하고 시정에 효수했다. 백성들은 비무극과 언장사의 집을 방화하고, 그 일족들을 모조리 죽였다.

오吳의 중흥과 제철산업의 발달

오왕 합려는 오자서에게 원수를 갚는 데 협조할 것을 약속하며, 국정을 맡아 줄 것을 부탁했다. 오왕 합려는 오자서의 계책과 건의를 적극 수용할 것을 약속했고, 오자서는 승낙했다. 오자서는 오왕 합려에게 성곽을 세워 수비를 강화하고 백성들이 편히 살 수 있게 하는 것이 우선임을 강조하며, 그 후 나라를 부강하게 하고 군대를 양성하여 가까운 곳부터 제압하여 먼 곳까지 제압하면 패업을 이룰 수 있을 것이라고 아뢰었다.

오자서는 오의 지형을 조사한 후, 고소산姑蘇山 근처에 큰 성과 작은 성을 쌓았다. 오자서는 오왕 합려에게 건의하여 도읍을 매리에서 고소로 옮겼다(BC 515년). 오자서는 또한 월越에 대비하여 봉황산 남쪽에 남무성南武城을 쌓았다. 동시에 오자서는 백성들을 징발하여 훈련을 시켜 군대를 양성했다.

한편 일찍부터 오와 월은 제철산업이 발달했었는데, 오왕 합려는 제철산업 육성에 더 노력했다. 오왕 합려는 우수산성牛首山城에 제련 시설을 마련하고, 간장干將과 막야莫邪 같은 명장들을 모집하여 제철기술을 연구하고 많은 무기를 제조했다. 이 때문에 오에는 제철기술과 관련된 여러 전설들이 전해지고 있는데, 간장·막야의 전설과 오홍·호계의 전설이 대표적이다.

명장名匠 간장이 오왕 합려의 명령을 받고 명검을 제조하려 할 때 동남동녀 300명을 시켜 풀무질을 해도 쇠가 녹지 않았다. 간장의 아내인 막야는 스스로 몸을 용광로에 던져 제물로 바쳤고, 그러자 쇠가 녹기 시작했다. 간장은 명검인 간장과 막야 한 쌍의 검을 완성했다. 간장은 명검 막야를 오왕 합려에게 바치고, 명검 간장을 감춰두었다. 오왕 합려가 뒤늦게 사실을 알고 사람을 시켜 명검 간장을 바치도록 명령했다. 간장이 명검 간장을 들고 나왔을 때 명검 간장은 청룡으로 변해 하늘로 올라가 버렸다.

어느 날 오왕 합려는 백금을 상금으로 내걸고 장식용 황금 갈고리(구鉤)를 모집했다. 그러자 수많은 장인들이 황금 갈고리를 만들어 바쳤다. 이때 어떤 장인이 오홍吳鴻과 호계扈稽 두 아들을 희생으로 죽이고 그 피를 섞어 황금 갈고리를 만들었고, 이를 오왕 합려에게 바쳤다. 이후 아무 소식이 없자 그 장인은 오왕 합려를 찾아가 사실을 알리고 상금을 요청했다. 오왕 합려가 그 황금 갈고리를 가져오게 했다. 그러나 너무 많은 황금 갈고리가 바쳐져 신하들은 그 장인이 만든 황금 갈고리를 찾아 내지 못했다. 그러자 그 장인은 두 아들의 이름을 불렀고, 황금 갈고리 두 개가 튀어나와 그 장인의 가슴에 붙었다. 오왕 합려는 그 장인의 말을 믿게 되었고, 백금을 상으로 내렸다.

오왕 합려는 명검 막야와 황금 갈고리 오홍·호계 한 쌍을 늘 지니고 다녔다.

백비伯嚭의 오吳 망명(BC 515년)

백비는 정처 없이 도주하다 오자서의 소문을 듣고 오로 가서 오자서를 방문했다. 오자서와 백비는 서로 통곡했다. 오자서는 오왕 합려에게 백비를 데려갔다. 백비는 합려에게 충성을 맹세했고, 합려는 백비를 대부에 임명했다(BC 515년).

관상가 피이는 오자서에게 백비는 욕심과 야심이 많고 잔인한 성품의 관상이므로 조심하고 경계하라고 충고했다. 오자서는 피이에게 백비와 자신은 똑같이 초를 원수로 생각하고 있음을 강조했다. 오자서는 같은 병을 앓으면 서로 동정하며 같은 근심이 있으면 서로 도와주는 법[1]이라고 답하며, 피이의 충고를 수용하지 않았다.

요이要離의 공자 경기慶忌 암살(BC 515년)

오왕 요의 아들인 공자 경기는 초와 오의 경계인 애성艾城으로 도망가서 머물러 있었다. 경기는 결사대를 조직하고 기회를 노리며 제후들과 교류하고 있었다. 오왕 합려는 공자 경기를 염려하여 오자서에게 대책을 마련할 것을 부탁했다. 오자서는 아비에 이어 아들까지 죽이는 것은 과하다며 주저했다. 오왕 합려는 조그만 인정이 큰 불행을 초래하는 것이라며 거듭 부탁했다.

오자서는 비록 신분은 미천하지만 용기가 대단한 자라고 설명하며,

---

1) 여기서 **동병상련**同病相憐(같은 병을 앓는 사람끼리 서로를 가엾게 여긴다는 뜻. 괴로운 처지에 있는 사람들이 서로 도움을 주며 의지하는 것을 비유함)의 고사성어가 나옴

요이要離를 천거했다. 오왕 합려는 요이를 데려오게 했고, 오자서는 요이를 합려에게 데려갔다. 요이를 본 합려는 요이가 키도 작고 왜소하여 크게 실망했다. 오자서는 요이가 용모는 보잘 것 없으나 지혜와 용기는 대단하다고 강조했다.

요이는 힘이 아닌 지혜를 사용하여 공자 경기를 처단할 자신이 있다고 강조했다. 오왕 합려가 요이의 말을 믿지 않았다. 요이는 오에서 큰 죄를 범한 후 도주하여 경기의 부하가 되어 신뢰를 받으면 경기를 처단할 수 있다고 아뢰었다. 요이는 이를 위해 자신의 처자를 몰살하고 자신의 오른쪽 팔을 절단해 줄 것을 요청했다.

오왕 합려는 너무 참혹한 일이라며 주저했다. 요이는 가족을 편하게 하기 위해 군주에 대한 의리를 다하지 않으면 불충이고 집안을 돌보느라 군주의 근심을 덜어주지 않으면 불의라고 주장하며, 자신은 충의로써 후세에 이름을 남기기를 희망한다고 강조했다. 오자서는 오왕 합려에게 요이를 천고千古의 호걸이라고 아뢰며, 성공 후에 그 처자를 기리고 공적을 표상하여 후세에 이름을 남기면 될 것이라고 건의했다. 오왕 합려는 고민 끝에 허락하고, 서로 상의하여 연극을 꾸미기로 했다.

다음 날 오자서와 요이는 오왕 합려를 찾아가 요이를 대장으로 삼아 초를 공격할 것을 건의했다. 오왕 합려는 요이를 무시하면서 국내의 안정이 더 필요하다고 답하며, 요청을 거부했다. 요이는 탄식하며, 오왕 합려에게 오자서의 공적을 강조하면서 오자서의 원수를 갚아주지 않는 것을 비난했다. 오왕 합려는 대노하여 요이의 무례를 꾸짖고, 요이의 오른쪽 팔을 자르고 감옥에 감금할 것과 그 처자까지 감금할 것을 명령했다.

오른쪽 팔이 잘린 요이의 부상이 다 나을 쯤 오자서는 옥리에게 감시를 완화하라는 비밀 지시를 내렸다. 결국 요이는 감시가 느슨해진 틈을 타 탈옥하여 도주했다. 오왕 합려는 격노하여 요이의 처자를 시정에서 참수하고, 그 시체를 불태우도록 했다.

이때 공자 경기는 위衛에 체류 중이었다. 요이는 공자 경기를 찾아가 처자의 원수를 갚기를 희망하며 자신을 등용해 줄 것을 요청했다. 공자 경기는 처음에는 요이를 의심했으나, 요이의 상처를 확인하고 요이의 처자가 처형당한 사실을 보고 받은 이후 요이를 신뢰하게 되었다.

요이는 공자 경기에게 오왕 합려가 오자서의 복수를 미루어 오자서와 오왕 합려가 사이가 나빠졌다고 아뢰며, 자신은 오자서를 위해 간언하다가 처자가 처형되었다고 강조했다. 요이는 오자서가 공자 경기와 협력할 의사가 있다고 충동하며, 오자서가 탈옥을 도와 준 후 공자 경기의 의도를 파악할 것을 부탁했다고 아뢰었다. 요이는 오자서와 오왕 합려가 화해하기 전에 공격할 필요가 있다고 강조하며, 오자서에게 원수를 갚아주겠다고 제안하고 협력할 의사를 전달하면 오자서가 내응할 것이라고 충동했다. 요이는 처자의 처형에 대해 통곡하면서 오왕 합려를 저주했다. 공자 경기는 요이를 위로하고, 심복으로 삼았다.

공자 경기는 애성으로 복귀하여 석 달 동안 군사들을 조련했다. 드디어 공자 경기는 오를 공격하기 위해 수로를 통해 이동하기 시작했다. 요이는 공자 경기와 같은 배에 타 옆에서 수행했다. 요이는 공자 경기에게 뱃머리에서 군사들을 지휘할 것을 권유했다. 공자 경기는 뱃머리에 앉았고, 요이는 창을 잡고 공자 경기의 곁에 서 있었다.

공자 경기는 요이를 전혀 의심하지 않았고, 그 기회를 노려 요이는 갑자기 창으로 공자 경기의 가슴을 찔렀다. 공자 경기는 죽어가면서 천하장사인 자신을 찌른 요이의 용기를 칭찬했다. 공자 경기는 요이를 죽이려는 부하들을 제지하고, 요이의 충성을 높이 평가하면서 석방하라고 지시했다. 잠시 후 공자 경기는 사망했고, 공자 경기의 부하들은 요이를 석방했다.

요이는 자신은 처자를 죽여 인仁을 어겼고, 선왕의 아들을 죽여 의義를 어겼고, 일을 이루기 위해 스스로 몸을 해쳐 지智를 어겼다고 자책했다. 요이는 세상 살 면목이 없다고 말하며, 자살하려고 강물에 투신했다. 공자 경기의 부하들이 강물에서 요이를 건져 내고, 부귀를 누리라고 권유했다.

요이는 가족에게도 애착이 없는데 벼슬과 재물에 애착이 있겠느냐고 말하며 통곡했다. 요이는 공자 경기의 부하들에게 자신의 시체를 가지고 귀국하여 큰 상을 받으라고 말하고, 칼로 목을 찔러 자살했다.

공자 경기의 부하들은 공자 경기와 요이의 시체를 가지고 가서 오왕 합려에게 모두 항복했다. 오왕 합려는 공자 경기와 요이의 장례를 치르고, 전제와 요이의 사당을 건립했다.

오왕吳王 합려闔閭의 손무孫武 등용(BC 515년)

오자서와 백비는 오왕 합려에게 원수를 갚아 줄 것을 눈물로 호소했다. 오왕 합려는 승낙했으나, 속으로는 초의 강성함을 염려했다. 오자서는 오왕 합려의 걱정을 알고, **손무孫武**[1]를 천거했다. 오자서는 손무가 병법과 전략에 통달했다고 강조하며, '병법 13편'을 저술한 사실을

---

1) 손무의 출신에 대하여는 제 출신이라는 견해와 오 출신이라는 견해가 나뉘고 있고, 생몰연도도 불분명함

아뢰었다. 오늘날 손무는 병법의 대가에 대한 존칭의 의미에서 '**손자孫子**'로 불리고 있고, 그가 쓴 '병법 13편'은 흔히 《**손자병법孫子兵法**》으로 불리고 있다. 오왕 합려는 오자서에게 예물을 내어주며, 손무를 초빙할 것을 부탁했다.

오자서는 나부산羅浮山 동쪽에 은거하고 있던 손무를 찾아가 임관을 설득했다. 손무는 오자서와 함께 오왕 합려를 알현하며, '병법 13편'을 바쳤다. '병법 13편'은 ①시계始計 ②작전作戰 ③모공謀功 ④군형軍形 ⑤병세兵勢 ⑥허실虛實 ⑦군쟁軍爭 ⑧구변九變 ⑨행군行軍 ⑩지형地形 ⑪취지就地 ⑫화공火攻 ⑬용간用間으로 되어 있다. 오왕 합려는 '병법 13편'을 읽은 후 손무를 극찬했으나, 오의 국력이 약한 것을 염려했다.

손무는 군령이 잘 지켜지면 심지어 부녀자도 출전이 가능하다고 강조하며, 오의 국력이 약한 것은 문제될 것이 없다고 자신 있게 답변했다. 오왕 합려는 부녀자가 출전하는 것은 믿을 수 없다고 대답했다. 손무는 후궁의 궁녀들을 훈련시켜 입증하겠다고 요청했다. 합려는 궁녀 300명을 소집해 주었다.

손무는 오왕 합려가 총애하는 궁녀 두 명을 대장으로 임명하고, 궁녀들을 두 부대로 나누어 진법훈련을 실시했다. 손무는 군대의 위엄을 갖추기 위해 오왕 합려에게 요청하여 왕군 몇 명을 차출하여 군리와 아장 등의 역할을 맡겼다. 손무는 궁녀부대를 대상으로 군법의 지엄함에 대하여 훈시했다.

다음 날 오왕 합려는 교장에 나와 궁녀부대의 진법 훈련을 참관했다. 손무는 궁녀부대를 사열하고 교육하며, 행진 명령 등을 지시했다. 궁녀들은 장난으로 여기며 제대로 명령에 따르지 않았고. 손무를 비웃기까지 했다. 손무는 군법의 지엄함을 강조하며 두 번 명령을 내렸는데, 궁녀들은 계속 따르지 않았다.

손무는 군법 불이행의 책임을 물어 궁녀 대장 두 명을 참수할 것을 지시했다. 분위기가 심상치 않자 오왕 합려가 백비를 손무에게 보내 궁녀 대장을 용서하라고 지시했다. 손무는 군중에서는 군주의 명령을 받지 아니함을 강조하며, 오왕 합려의 지시를 거부하고 아장들을 시켜 궁녀 대장 두 명을 참수했다. 궁녀들은 공포에 질렸고, 이후 궁녀부대의 기강이 확립되었다. 궁녀부대의 모습은 정예부대와 큰 차이가 없었다[1].

오왕 합려는 총애하던 궁녀들의 죽음을 매우 애통해하며, 손무를 등용하지 않으려고 했다. 오자서는 전쟁은 흉악한 것으로 명령의 이행을 위해서는 상벌의 엄격함이 필요하다고 아뢰며, 미인을 얻기는 쉬우나 진실로 출중한 장수를 얻기는 어려운 점을 강조했다. 오자서는 거듭 간언을 올렸고, 결국 오왕 합려는 손무를 상장上將에 임명하고 군사軍師로 대우했다(BC 515년).

손무는 엄격하게 군법을 적용하여 군기를 바로 잡았고, 오군을 최고의 정예부대로 조련했다.

진晉 6경卿의 권력 남용(BC 514년)

당시 진晉은 진晉경공이 나이가 너무 어려 군주의 권력은 약화되어 있었고, 여섯 가문(위씨, 조씨, 한씨, 범씨, 지씨, 중행씨)이 권력을 나누어 전횡을 저지르고 있었다. 이때 중군원수 한기와 양설힐 등이 병으로 연이어 죽었고, 진경공은 위서를 중군원수에 임명했다(BC 514년).

---

[1] 궁녀부대 훈련 일화는 사실이라는 견해와 과장된 픽션이라는 견해가 대립하고 있음

진경공 당시 막강한 권력을 가진 여섯 대부(6경卿)는 **위서魏舒**, **조앙趙鞅**, **한불신韓不信**, **범앙范鞅**, **순역荀躒**(=지역), **순인荀寅**(=중행인)이다. 이들 중 위서와 한불신은 비교적 명성이 높았으나, 나머지는 권세에 의지하여 많은 부정을 일삼았다. 특히 순역과 범앙은 진晉의 실권을 행사하며 권력을 남용하고 뇌물을 받아 국정이 어지러웠다. 진경공 당시 진晉의 6경 가문을 간략히 정리하면 다음과 같다.

① 위씨魏氏

- 필만: 진헌공 때 위魏 땅을 분봉 받음. 위씨의 시조
- **위주**: 필만의 손자. 진문공의 고굉지신
- 위과: 위주의 아들. 결초보은의 주인공
- 위기: 위주의 아들. 위과의 동생. 화살로 초공왕의 눈을 맞춤
- **위강**: 위주의 손자. 진도공의 사마. 유비무환의 주인공
- **위서**: 위강의 손자. 난영을 배신함 → 증손자인 위구(=위환자)가 위魏를 건국함

② 조씨趙氏

- 조보: 주목왕 때 조趙 땅을 분봉 받음. 조씨의 시조
- 조숙대: 조보의 7대 후손. 주유왕에게 추방된 후 진晉의 대부가 됨
- **조최**: 조숙대의 5대 후손. 진문공의 고굉지신
- **조돈**: 조최의 아들. 진양공의 중군원수. 호씨 가문을 몰락시킴
- **조천**: 조돈의 사촌동생 또는 오촌조카. 진양공의 사위. 진영공을 시

해함
- 조삭: 조돈의 아들. 도안고에게 가문이 멸망함
- **조무**: 조삭의 유복자. 진도공이 가문을 부활시켜 줌
- 조승: 조천의 손자. 진도공이 가문을 부활시켜 줌. 한단을 근거지로 함(한단 조씨)
- **조앙(=조간자)**: 조무의 손자. 진양을 근거지로 함(진양 조씨) → 아들 조무휼(=조양자)이 趙를 건국함

③ 한씨韓氏

- 희만(한만): 곡옥환숙의 아들. 韓 땅을 분봉 받음. 한씨의 시조
- 한간: 한만의 손자. 진혜공의 대부. 한원전투 때 포로가 됨
- **한궐**: 한간의 손자. 조돈의 문객. 조무의 은인. 진도공의 중군원수
- 한무기: 한궐의 아들
- 한기: 한궐의 아들. 한무기의 동생
- 한불신: 한기의 손자 → 손자 한호(=한강자)가 韓을 건국함

④ 범씨范氏

- 사위: 진헌공의 대부. 대사공이 되어 도읍 강성을 축조함
- **사회**: 사위의 손자. 조돈의 변심으로 진秦으로 망명했다 귀국함. 범范 땅을 분봉 받음. 범씨의 시조(사씨에서 분파됨. 오랜 기간 동안 사씨와 범씨를 혼용하여 사용)
- 사곡: 사위의 손자. 조돈과 갈등하다 처형됨. 후손들은 사씨로 계속

이어짐
- 사섭: 사회의 아들. 언릉전투 이후 진여공의 방종을 걱정하다 병사함
- **사개(범개)**: 사섭의 아들. 난씨 가문을 멸망시킴
- **사앙(범앙)**: 사개의 아들. 난염과의 갈등으로 진秦으로 망명했다 귀국함. 부친을 도와 난씨 가문을 멸망시킴 → 아들 범길사 때 가문이 멸망함

⑤ 중행씨中行氏

- 순식: 진헌공의 대부. 가도멸괵의 주인공. 여희에게 협력하여 처형됨
- **순림보**: 순식의 아들 또는 손자. 필전투에서 초장왕에게 참패함
- **순경**: 순림보의 아들. 중행장수를 역임하여 후손들이 중행씨를 칭함 (순씨에서 분파됨. 오랜 기간 동안 순씨와 중행씨를 혼용하여 사용)
- **순언(중행언)**: 순경의 아들. 난서와 함께 진여공을 시해하고 진도공을 옹립함
- 순오: 순언의 아들. 범씨와 협력하여 난씨를 멸망시킴
- **순인(중행인)**: 순오의 아들. 뇌물을 밝힘 → 본인 때문에 가문이 망함

⑥ 지씨智氏

- 순식: 진헌공의 대부. 가도멸괵의 주인공. 여희에 협력하여 처형됨
- **순수**: 순림보의 동생으로 추정됨. 필전투 때 아들 순앵을 구하기 위해 초군에 뛰어듦. 지智 땅을 분봉 받음. 후손들이 지씨를 칭함 (순씨에서 분파됨. 오랜 기간 동안 순씨와 지씨를 혼용하여 사용)

- **순앵(지앵)**: 순수의 아들. 진도공의 중군원수. 이일대로 계책으로 초를 제압함
- **순역(지역)**: 순앵의 증손자. 뇌물을 밝힘 → 손자 지요(=지백, 지양자) 때 가문이 멸망함

한편 기해의 손자(=기오의 아들)인 대부 기영祁盈의 가신 중에 기승祁勝이라는 자가 있었다. 기승은 동료인 오장鄔藏의 처와 간통을 저질렀다. 기영은 분노하여 기승을 잡아 가두었다. 기승은 사람을 시켜 순역에게 석방을 부탁하며 많은 뇌물을 바쳤다. 순역은 진경공에게 기영을 중상모략했다.

양설힐의 아들인 양설식아羊舌食我는 평소 기영과 친분이 두터웠는데, 이 사실을 알고 분노하여 기승을 죽여버렸다. 진경공은 대노하여 기영과 양설식아를 처형했다. 이후 순역의 중상모략으로 사태는 더 악화되어 결국 기씨와 양설씨가 몰살되었다(BC 514년). 이로 인해 진晉의 백성들은 진경공을 원망하게 되었다.

정헌공鄭獻公의 즉위(BC 514년)

정정공이 재위 16년에 사망하고 아들인 채蠆가 즉위하니(BC 514년), 곧 **정헌공鄭獻公**[1]이다.

---

1) 정헌공 희채: 재위 BC 513 ~ BC 501

서徐와 종오鍾吾의 멸망(BC 512년)

　오자서는 초를 공격하는 문제에 대해 손무와 상의했다. 손무는 먼저 내환을 제거하는 것이 필수적이라고 강조하며, 엄여와 촉용 문제를 우선 해결할 것을 주장했다. 오자서는 오왕 합려에게 손무의 주장을 전달했다.

　오왕 합려는 서徐와 종오에 사신을 보내 엄여와 촉용을 송환할 것을 독촉했다. 서의 군주와 종오의 군주는 입장이 난처하여 엄여와 촉용에게 도주할 것을 몰래 사주했다. 엄여와 촉용은 도주하다 우연히 만났고, 상의한 후 초로 도주했다(BC 512년). 초소왕은 엄여와 촉용을 환대하며, 서舒 땅에 주둔하여 군사들을 조련하고 오를 방비할 것을 지시했다.

　오왕 합려는 격노하여 서徐와 종오에 대한 공격을 지시했다. 손무는 서徐를 공격하여 멸망시켰고, 서徐 군주는 초로 도주했다. 주목왕 때 왕을 칭하며 회수 유역에서 가장 강력하던 동이 국가인 서徐는 초와 제의 계속된 공세에 국력이 약해졌다가 결국 오에 의해 멸망하게 되었다. 이후 주변의 동이 계열 국가들도 초·오·월·제 등의 공세에 시달리다 어느 순간 역사에서 모두 사라지게 된다.

　이어서 손무는 종오를 공격하여 멸망시켰고, 종오 군주는 사로잡혔다. 계속해서 손무는 서성舒城을 격파하고 엄여와 촉용을 처형했다(BC 512년).

　오군이 계속 승리를 거두자 오왕 합려는 초의 도읍을 공격할 욕심을 냈으나, 손무는 백성들과 군사들이 피로하다고 아뢰었다. 오자서는 군사를 3군으로 나누어 교대로 공격하여 초군을 피로하게 할 것을 건의했고, 오왕 합려는 승낙했다. 오군은 교대로 출전하여 초의 경계를 공격하고 곧 철수하기를 반복했고, 초군의 피로는 계속 증가되었다.

진정공晉定公의 즉위(BC 512년)

진경공晉頃公이 재위 14년에 20대 중반의 나이로 사망하고 아들인 오누가 역시 어린 나이로 즉위하니(BC 512년), 곧 **진정공晉定公**[1]이다.
계속해서 진晉의 군주들이 젊은 나이에 죽고 어린 세자가 즉위하면서 공실의 힘은 급격히 약화되었고, 대귀족들의 권세는 제어 불가능한 지경이 되었다.

오왕吳王 합려闔閭의 잔인함

오왕 합려는 딸 승옥勝玉을 매우 사랑했는데, 승옥은 까다로운 성미에 결벽증이 있었다. 어느 날 잔치를 하면서 오왕 합려는 배가 불러 반쯤 먹은 생선찜을 승옥에게 보냈다. 승옥은 먹다 남은 생선을 보낸 것은 자기를 모욕한 것이라고 분노하여 목을 매고 자살했다.

오왕 합려는 크게 슬퍼하며, 성대한 장례를 치르고 명검 '반영磐郢'을 포함한 엄청난 규모의 부장품을 묻었다. 오왕 합려는 길들인 백학을 춤추게 하여 백성들을 모은 후 승옥의 무덤 안으로 유인했다. 만여 명의 백성들이 무덤 안으로 들어갔고, 오왕 합려는 군사들을 시켜 무덤 입구를 막아버렸다. 결국 만여 명의 백성들이 순장되었고, 오의 백성들은

---

1) 진晉정공 희오: 재위 BC 511 ~ BC 475

오왕 합려를 원망했다.

어느 날 초소왕은 잠에서 깬 후 베개 옆에 명검이 놓여 있는 것을 발견했다. 초소왕은 칼 감정인 풍호자風胡子를 불러 그 명검을 감정했다. 풍호자는 오의 명장인 구야자가 제조한 '담로湛盧'라고 아뢰었다. 풍호자는 담로는 무도한 주인을 스스로 떠난다고 강조하며, 덕이 있는 자가 담로를 가지면 크게 번영하게 된다고 덧붙였다. 초소왕은 매우 만족하며, 하늘이 상스러운 징조를 내렸다고 널리 홍보했다.

한편 오왕 합려는 담로를 분실한 사실을 알고 수색을 하던 중 초소왕이 가지고 있다는 사실을 알게 되었다. 오왕 합려는 대노하여 뇌물을 받고 담로를 초로 빼돌렸다고 의심하여 좌우 신하 수십 명을 처형했다.

오왕吳王 합려闔閭의 월越 공격(BC 510년)

오왕 합려는 담로로 인한 분노 때문에 손무, 오자서, 백비에게 초를 공격하도록 지시했다. 오왕 합려는 동시에 월에 대하여 군사 원조를 요청했다. 월의 군주 윤상은 당시 초와 친교를 맺고 있어서 오의 군사 원조 요청을 무시했다.

손무가 이끄는 오군은 초의 육六과 잠潛 마을을 함락했으나, 후속부대가 오지 않아 그냥 회군했다.

오왕 합려는 원조를 거부한 월에 분노하여 직접 월을 공격했다. 오군은 월의 취리檇李 땅에서 월군을 격파하고, 노략질을 크게 한 후 회군했다(BC 510년). 이때 손무는 훗날 월이 크게 강해질 것을 예상했다.

월의 군주 윤상은 오에 대한 강한 적개심을 나타내며, 오에 대항하는 의미에서 스스로 왕을 칭했다(BC 510년)[1]. 월이 스스로 왕을 칭한 것은 서徐·초·오의 예와 마찬가지로 월이 원래는 이민족 국가로 주周의 정치질서에 속하지 않았음을 의미하는 것이다.

노소공魯昭公의 객사[노정공魯定公의 즉위](BC 510년)

제경공은 진晉의 무능함을 확인한 이후 정과 위를 규합하고, 맹주를 자칭했다. 제경공은 노소공의 추방에 분노하고, 노에 사신을 파견하여 노소공의 복위를 요청했다. 노의 계손의여는 제의 요청을 거부했다. 제경공은 노소공의 복위를 위해 노를 공격하여 운鄆 땅을 빼앗고 노소공을 그곳에 거주하게 했으나, 이후 계손씨의 막대한 뇌물을 받고 노소공의 복위에 소극적으로 변했다.

노소공은 복위를 위해 노력했으나, 계손씨의 뇌물을 받은 진晉과 제 양쪽에서 괄시를 받고 객지를 떠돌다 결국 추방된 지 7년(=재위 32년) 만에 진晉의 건후乾侯 땅에서 객사했다(BC 510년). 계손의여는 세자 연衍을 추방하고, 동생인 계손무인季孫務人과 상의하여 노소공의 서동생인 공자 송宋을 추대했다. 대신들의 추대로 공자 송이 즉위하니(BC 510년), 곧 **노정공魯定公**[2]이다.

계손의여는 이전부터 진晉의 순역과 교류를 하고, 진晉을 섬기고 있었다. 제경공은 노정공의 즉위에 분노하여 장수 국하國夏를 시켜 노를 공격했으나, 노의 수비가 철저하여 국하는 노의 국경을 돌파하지 못했다.

---

1) 윤상이 왕을 칭한 시기는 명확하지 않은데, 여기서는 일단 소설 《동주 열국지》의 내용에 따라 기술하기로 함
2) 노정공 희송: 재위 BC 509 ~ BC 495

제3절 오왕吳王 합려闔閭의 초楚 도읍 함락

초楚 영윤 낭와囊瓦의 탐욕

초의 영윤 낭와는 초소공이 연소하여 초의 국정을 전담하고 있었는데, 욕심이 많고 재물을 밝혀 속국에 많은 뇌물을 강요하고 있었다. 이 때문에 여러 나라들이 초를 원망하게 되었다.

초의 속국들은 초소왕이 담로를 획득한 것을 축하하는 사절을 보냈다. 채소공은 직접 축하를 위해 초를 방문했다. 채소공은 양지백옥패羊脂白玉佩[1] 한 쌍 중 하나, 은초서구銀貂鼠裘[2] 두 벌 중 한 벌을 초소왕에게 바치고 나머지는 자신이 착용했다. 영윤 낭와는 채소공에게 자신에게도 선물할 것을 요청했다. 채소공은 매우 아끼는 물건이어서 거절했다.

한편 당성공唐成公은 명마 숙상肅霜 두 필이 끄는 수레를 타고 초에 당도했다. 영윤 낭와는 숙상을 탐내어 자신에게 선물로 줄 것을 요청했으나, 당성공은 거절했다.

앙심을 품은 영윤 낭와는 초소왕에게 당과 채가 오와 내통하고 있으므로 당후와 채후를 감금해야 한다고 참소했다. 결국 채소공과 당성공은 역관에 감금되었다(BC 509년).

---

1) 양의 비계처럼 새하얀 패옥
2) 은색 담비 가죽으로 만든 가죽옷

때를 기다리는 오자서伍子胥와 손무孫武

초의 영윤 낭와는 손무가 육과 잠 마을을 공격한 것에 대한 보복으로 수군을 동원하여 오를 공격했다(BC 509년). 손무와 오자서는 소巢 땅에서 초군을 격파하고, 초 장수 미번羋繁을 생포했다.

오왕 합려는 초의 도읍인 영성을 공격하길 원했다. 오자서는 초는 천하의 강국임을 강조하며, 영윤 낭와가 욕심이 많아 여러 국가들이 분노하고 있으므로 조금만 더 기다릴 것을 설득했다. 손무는 수군을 조련하고 오자서는 초에 대한 정보를 수집하며 기회를 노리고 있었다.

초楚 공격을 위한 진晉 연합군의 결성과 실패(BC 506년)

채소공과 당성공이 감금된 지 2년이 지났다. 당의 세자는 대부 공손철公孫哲을 초에 파견했다. 공손철은 감금 이유를 파악한 뒤 당성공을 알현하며, 낭와에게 숙상을 바치고 귀국할 것을 건의했다. 당성공은 낭와에 대한 반감이 너무 극심하여 거절했다.

공손철은 당성공의 허락도 없이 숙상을 낭와에게 바쳤다. 낭와는 초 소왕에게 당성공의 석방을 건의했고, 당성공은 풀려나 귀국했다(BC 507년). 공손철은 스스로 결박을 하고 당성공에게 처벌을 요청했다. 당성공은 공손철을 위로하며 포상했다.

당성공의 석방 소식을 듣고 채소공도 결국 양지백옥패와 은초서구를 낭와에게 바쳤다. 낭와는 초소왕에게 건의하여 채소공을 석방했다. 채소공은 귀국하면서 초를 쳐서 분을 갚겠다고 구슬을 한수에 던지며 맹세했다. 채소공은 귀국 후 세자 원元을 진晉에 볼모로 제공하고, 초를 공격하기 위한 군사 원조를 요청했다(BC 507년).

진晉정공은 주경왕에게 채소공의 호소를 보고했다. 주경왕은 경사 유권에게 왕명으로 제후들을 소집하여 초를 공격할 것을 지시했다. 이로써 초를 공격하기 위한 연합군이 결성되었다. 진晉, 송, 제, 노, 위, 정, 조, 거, 주邾, 등, 설, 기, 소주 외에 **초의 오랜 속국들인 진陳, 허, 돈, 호, 채도 참가**하여 모두 18개 나라가 연합군을 결성했다. 진晉의 범앙이 대장이 되고, 순인이 부장이 되었다. 연합군은 소릉 땅에 집결했다(BC 506년 3월).

순인은 채를 위해 군사를 일으켰다고 말하며, 채소공에게 뇌물을 달라고 요구했다. 채소공은 순인의 요구에 분노했다. 채소공은 무법한 초를 공격하는 것은 맹주의 의무라고 강조하며, 초를 제압하면 획득하게 될 형양 땅으로 군사들을 위로하는 것이 가능할 것이라고 답변했다. 순인은 대꾸하지 못했으나, 채소공에게 앙심을 품게 되었다.

이때 장마와 홍수가 발생했다. 경사 유권은 학질에 걸렸다. 순인은 범앙에게 제환공과 진문공의 사례를 들며 초 공격의 어려움을 말하고, 장마와 전염병으로 이길 확률이 낮다고 강조했다.

결국 범앙은 철수를 결정하고, 채 세자 원을 돌려보냈다. 진晉군은 회군했고, 나머지 나라들도 회군했다(BC 506년).

채소공은 크게 실망했다. 채군은 귀국하면서 심沈[1]을 통과했다. 채소공은 갑자기 심후 가嘉가 연합군에 참가하지 않은 사실에 분노를 느꼈다. 채소공은 대부 공손성公孫姓에게 심을 공격할 것을 지시했다. 채군은 심을 멸망시켰고(BC 506년), 채소공은 심후를 처형했다.

---

1) 장강과 한수 사이에 위치한 약소 제후국. 유래가 불분명함

진회공陳懷公의 즉위(BC 506년)

진陳혜공이 재위 28년에 사망하고 아들인 유柳가 즉위하니(BC 506년), 곧 **진회공陳懷公**[1]이다.

오吳·채蔡·당唐 연합군의 초楚 공격 개시(BC 506년)

초의 영윤 낭와는 채소공의 행위에 분기충천하여 채를 공격하고 채의 도성을 포위했다. 공손성은 채소공에게 진晉은 신의가 없다고 강조하며, 오자서와 백비가 초에 원한이 있음을 이유로 오에 구원을 요청할 것을 건의했다. 채소공은 공손성에게 당과 협력할 것과 둘째 아들인 공자 건乾을 볼모로 제공하고 오에 군사 원조를 요청할 것을 지시했다.

공손성은 당을 경유하여 당의 사신과 함께 오에 당도했다. 공손성은 오자서를 방문했다. 오자서는 당과 채의 사신을 데리고 오왕 합려를 알현하며, 초를 공격할 절호의 기회가 왔다고 아뢰었다. 오자서는 채를 원조하여 명성을 얻고 초를 격파하여 이익을 얻을 것을 강조했다. 오왕 합려는 채 공자 건을 볼모로 수용하고, 군사 원조를 약속했다.

이때 손무가 오왕 합려에게 초의 속국들이 진晉의 편에 가담한 사실을 보고하며, 초가 고립무원이 되었음을 강조했다.

오왕 합려는 군사 6만 명을 동원하여 드디어 초에 대한 총공격을 개시했다(BC 506년). 손무가 대장이 되고, 오자서와 백비는 부장이 되고, 합려의 친동생인 **부개夫槪**가 선봉을 맡고, 공자 산山은 군량을 담당

---

1) 진陳회공 규유: 재위 BC 505 ~ BC 502

했다. 세자 파波와 피이는 국내 수비를 담당했다.

　오군은 회수를 건너 채의 도성으로 진격했다. 초의 영윤 낭와는 당황하여 성의 포위를 풀고 후퇴했다. 초군은 한수를 건넌 후 영채를 세웠다. 초군은 한수를 경계로 오군에 대한 수비를 했다.

　채소공은 오왕 합려를 영접하며, 눈물로 초의 횡포를 호소했다. 이때 당성공이 채에 당도했다. 이로써 오·채·당 연합군이 결성되었다.

　손무는 역류를 우려하여 배를 회수에 정박하게 하고, 시간 단축을 위해 육로를 통해 행군했다. 오 연합군은 장산章山을 지나 한양漢陽을 목표로 강행군을 했다. 오 연합군은 한수 북쪽에 영채를 건립했다. 이로써 초군과 오군은 한수를 경계로 대치하게 되었다.

초楚 영윤 낭와囊瓦의 패배(BC 506년)

　초소왕은 회의를 열었다. 공자 신이 오군은 후방 지원이 곤란하므로 장기간 체류하는 것은 불가능하다고 분석했다. 공자 신은 영윤 낭와가 군사들을 지휘하는 데 부적합하므로 좌사마 심윤술을 파견할 것을 주장했다. 초소왕은 심윤술에게 병사 15,000명을 내어주며, 한수로 가서 낭와와 함께 오군을 방어할 것을 지시했다.

　심윤술은 낭와와 합류했다. 낭와는 오군이 회수에 배를 두고 육로로 예장豫章을 거쳐 예상보다 훨씬 빨리 도착했다고 설명했다. 심윤술은 오군의 장점은 수전인데, 속전속결의 욕심 때문에 육로를 통해 이동하여 만약 패할 경우 오히려 퇴로가 없게 되었다고 분석했다. 심윤술은 손무의 용병술을 비웃으며 승리를 자신했다.

　심윤술은 낭와에게 ①낭와는 오군이 배를 구하지 못하게 방해하여 한수를 건너지 못하게 하고 ②심윤술은 신식新息 땅을 경유하여 회수로 나가 오군의 배를 부순 다음 한수 동쪽 길에 장애물을 쌓아 오군의 퇴로를 차단한 이후 ③낭와는 한수를 건너 오군을 공격하고 ④동시에 심윤술은 후방에서 오군을 협공하는 계책을 알려주었다. 낭와는 대만족하며 극찬했다.

심윤술은 장수 무성흑武城黑에게 병사 5,000명을 나누어 주며 낭와를 돕도록 하고, 자신은 병사 10,000명을 이끌고 신식 땅으로 출발했다. 한수를 사이에 두고 초군과 오군은 계속 대치했다.

며칠 후 무성흑이 낭와에게 아첨하려고 오군은 육전에 약하고 근방의 지리에 익숙하지 못하고 장거리 원정으로 지쳐있을 것이라고 아뢰며, 즉시 공격할 것을 건의했다. 낭와의 측근인 장수 사황史皇도 심윤술에 대한 백성들의 신뢰가 매우 대단함을 아뢰며, 일등 공로를 뺏기면 영윤의 지위가 불안해질 수 있다고 충동했다. 결국 낭와는 심윤술을 기다리지 않고 단독으로 오군을 공격하기로 결정했다.

낭와의 초군은 한수를 건너 소별산小別山에 군영을 세웠다. 사황이 오군에 싸움을 요청했다. 오군에서는 부개가 몽둥이부대 300명을 이끌고 출전했다. 초군은 처음 보는 부대에 당황했고, 결국 크게 패했다. 낭와가 도망쳐 온 사황을 책망했다. 사황은 오왕 합려가 대별산大別山에 군영을 세웠음을 보고하며, 심야에 오군의 본영을 급습할 것을 건의했다. 낭와는 승낙했다.

손무는 초군이 심야에 기습할 것을 예상했다. 손무는 부개와 전의에게 대별산 좌우에 매복할 것을 지시하고, 당성공과 채소공에게 부개와 전의를 지원해 줄 것을 부탁했다. 또한 손무는 오자서에게 소별산의 초군 영채를 공격할 것을 지시하고, 백비에게 오자서를 지원할 것을 지시했다. 오왕 합려와 공자 산은 초군과의 교전을 피하기 위해 한음산漢陰山으로 이동했다.

심야에 낭와는 정예병 10,000명을 이끌고 대별산의 오군 본영을 공격했으나, 비어 있었다. 낭와가 황급히 후퇴하려 할 때 부개와 전의가 초군을 좌우에서 협공했다. 낭와의 초군은 당황하여 대패하고 달아났다. 채소공과 당성공이 후퇴하는 낭와를 공격했다. 낭와는 무성흑의 도움으로 겨우 도주했다. 이때 오자서는 초군의 본영을 공격했고, 사황은 크게 패하여 도주했다.

낭와는 본영을 잃은 사실을 보고받고 결국 백거柏擧 땅으로 도주했다. 사황이 패잔병을 이끌고 합류했다. 낭와는 탄식하며, 도읍으로 철수하여 병력을 보충한 후 다시 싸우려고 했다. 사황은 여기서 철수할 경우 도성까지 위험하게 될 것이므로 한수를 사수해야 한다고 건의했다.

낭와가 결정을 못 하고 있을 때, 위사遠射가 병사 10,000명을 이끌고 지원군으로 도착했다. 낭와는 부끄러워하며 경위를 설명했으나, 벼슬이 낮은 위사를 얕보았다. 위사도 낭와를 무능하다며 속으로 멸시했다. 위사는 참호를 파고 누대를 쌓아 방어하며 심윤술이 돌아오기를 기다렸다가 협공을 할 것을 낭와에게 건의했다. 낭와는 두 진영을 합쳐 오군을 공격할 것을 제안했으나, 위사는 거절했다. 위사는 서로 의지하는 형세를 갖추어야 한다고 둘러대며, 낭와와 10여 리 거리에 별도의 영채를 세웠다. 낭와와 위사는 서로 반목했다.

초楚의 방어선 붕괴(BC 506년)

부개는 오왕 합려에게 낭와와 위사의 반목을 이용하여 총공격을 개시할 것을 건의했다. 오왕 합려는 신중하게 대처해야 한다고 말하며 거절했다.

혈기왕성한 부개는 다음 날 새벽 독단적으로 본부군 5,000명을 이끌고 낭와의 진영을 공격하러 출전했다. 뒤늦게 사실을 보고받은 손무는 오자서에게 부개를 지원할 것을 지시했다. 부개는 낭와의 진영을 공격했고, 미처 예상하지 못했던 초군은 당황하여 혼란에 빠졌다. 무성흑이 사투를 벌였으나, 낭와는 도주하다 왼쪽 팔에 화살을 맞았다. 사황이 낭와를 구출한 후 자신의 병거를 내어주었다. 사황은 낭와가 도주할 시간을 벌어 주기 위해 결사적으로 싸웠다. 낭와는 도주에 성공했으나, 도읍으로 돌아갈 체면이 없어 정鄭으로 도주했다. 사황과 무성흑은 전사했다.

낭와의 진영이 공격받고 있다는 보고를 받고 위사의 아들인 위연薳延이 위사에게 원군을 보낼 것을 주장했다. 위사는 거부하며, 위치를 사수할 것을 명령했다. 초군 패잔병 만여 명이 위사의 진영으로 몰려들었다. 위사는 도읍인 영성으로 후퇴하기로 결정했다. 초군은 후퇴를 시작했다.

부개는 후퇴하는 위사의 초군을 추격했고, 청발淸發 땅에서 강을 건너려고 준비 중이던 초군을 따라잡았다. 부개는 초군의 결사 저항을 우려하여 초군이 절반쯤 강을 건넌 이후에 공격하기 위해 20리를 물러나 영채를 세웠다. 잠시 후 오군의 본진이 도착했다. 손무는 부개의 작전계획을 듣고 감탄했다. 오왕 합려는 친동생인 부개의 능력을 자랑했다. 오자서는 피이가 부개를 반역의 관상이라고 지적한 사실이 있음을 아뢰며, 부개를 경계할 것을 건의했다. 오왕 합려는 전혀 신경 쓰지 않았다.

위사는 오군이 20리를 물러나자 초군을 무서워하는 것으로 착각하고, 방심하며 강을 건너기 시작했다. 초군이 절반 약간 못 미쳐 건넜을 때 부개는 총공격을 시작했다. 당황한 초군은 서로 먼저 강을 건너려고 했고 통제가 되지 않았다. 결국 초군은 대패했고, 위사는 도주했다.

위사는 겨우 옹서雍澨 땅에 당도했다. 초군 패잔병들이 허기에 지쳐 식사를 준비하고 있을 때 오군이 추격해 왔다. 초군은 지치고 허기진 채 다시 도주했다. 위사는 도주하다 결국 부개에게 죽임을 당했다. 위연도 오군에 포위되었다.

이때 심윤술이 초군의 패전 소식을 듣고 급히 회군하여 도착했다. 심윤술은 군사를 3대로 나누어 오군을 공격했다. 부개는 도착한 초군의 규모를 알 수 없어서 당황하여 도주했다. 심윤술은 부개의 오군을 추격하여 천여 명을 죽였다. 잠시 후 오왕 합려의 본진이 당도했고, 초군과 오군은 서로 대치했다.

심윤술은 결사의 각오를 하고 일대 결전을 준비했다. 심윤술은 위연에게 영성으로 돌아가 공자 신에게 상황을 보고하고 도성을 수비할 준비를 하도록 전하라고 지시했다. 심윤술은 가신 오구비吳句卑에게 자신의 수급을 맡기고 적에게 뺏기지 말 것을 부탁했다. 위연은 눈물로 작별하고 영성으로 떠났다.

다음 날 오군의 선봉인 부개는 공격을 개시했다. 심윤술의 결사항전으로 부개는 밀리기 시작했다. 그러자 손무는 전군을 투입하여 총공격을 개시했고, 결국 초군은 중과부족으로 패했다. 심윤술은 중상을 입었고, 오구비에게 자신의 목을 끊어 초소왕에게 바칠 것을 명령했다. 오구비는 눈물을 흘리며 심윤술의 목을 끊어 옷에 싸서 영성으로 돌아갔다.

영성郢城 공방전의 서막(BC 506년)

위연은 대성통곡하며 초소왕에게 경과를 보고했다. 초소왕은 공자 신申과 공자 결結을 불러 상의하고, 증원군 파견을 준비했다. 이때 오구비가 당도하여 초소왕에게 심윤술의 수급을 바치며 경과를 보고했다. 초소왕은 심윤술의 아들인 **심제량沈諸梁**을 위로하며 섭공葉公에 책봉했다.

초소왕은 영성을 떠나 서쪽으로 피난 갈 의사를 밝혔다. 공자 신은 통곡하며 영도를 포기하면 안 된다고 간언했다. 초소왕은 방어선인 한수를 상실한 것을 염려했다. 공자 결은 오군이 장기전을 할 수 없는 상황이라고 아뢰며, 영도의 장정들을 소집하고 한동 속국들에 구원을 요청할 것을 건의했다. 초소왕은 오군은 약탈을 통해 식량을 조달할 것이고 초의 속국들은 이미 배반하여 초는 고립무원의 상태라고 말하며 탄식했다. 공자 신은 항전의지를 밝히며, 실패하면 그때 피난하더라도 충분하다고 설득했다. 결국 초소왕은 눈물을 흘리며, 공자 신에게 일임했다.

공자 신은 공자 결과 상의하여 品품자 모양인 영성의 방어를 위해 다음과 같이 작전을 세웠다.

- 品품 자의 서쪽과 남쪽은 큰 강이고 오군의 진로를 감안하면 군사 배치 불필요 → 동쪽과 북쪽에 대한 방어 필요

- 맥성(영성의 북서쪽): 투소鬪巢가 병사 5,000명으로 북쪽에 대비하여 수비
- 기남성(영성의 서쪽): 송목宋木이 병사 5,000명으로 북서쪽에 대비하여 수비
- 영성: 공자 결, 왕손 유우繇于, 왕손 어圉, 종건鍾建, 신포서 등이 순찰
- 노복강魯洑江(영성 동쪽): 공자 신이 병사 10,000명으로 영채를 건립하고 동쪽과 북동쪽에 대비하여 방어

오군은 영성에 접근했다. 오자서는 노복강 방면이 영성에 접근하기 가장 편리하므로 초의 주력 부대가 방어할 것으로 예상하고, 북쪽에서도 영성을 공격할 필요가 있으므로 삼군으로 나누어 세 성을 동시에 공격할 계책을 마련했다. 손무는 동의하며, 부대를 편성했다. 즉 ①오자서와 공자 산은 병사 1만 명으로 채군과 합세하여 맥성을 공격하고 ②오왕 합려와 백비는 대군을 거느리고 영성을 공격하고 ③손무와 공자 부개는 병사 1만 명으로 당군과 합세하여 기남성을 공격하도록 편성했다.

오자서伍子胥의 맥성麥城 함몰(BC 506년)

오자서는 맥성에 접근했다. 오자서는 인근 마을에서 농부가 당나귀를 이용하여 연자방아를 돌리는 모습을 보고 계책을 생각해냈다. 오자서는 군사들을 2대로 나누어 맥성의 동쪽과 서쪽에 작은 성 2개를 쌓았다. 장방형의 노새 모양으로 동쪽 성을 쌓고 여성驢城으로 불렀다. 원

형의 맷돌 모양으로 서쪽 성을 쌓고 마성磨城으로 불렀다. 노새가 맷돌을 돌리니 보리가 부서진다는 의미다.

투소는 격분하여 초군을 이끌고 동쪽 성을 공격했다. 채의 공자 건이 나와 싸웠다. 그때 오자서가 서쪽 성에서 나와 맥성을 공격했고, 투소는 급하게 회군했다. 채 공자 건이 투소의 후대를 공격했는데, 오군은 이때 이미 항복한 초군들을 함께 배치해 두었다. 오자서가 투소와 서로 욕설을 하며 비난한 후 교전을 벌였다. 적당히 싸운 후 오자서는 투소와 다음 날 다시 싸우기로 합의하고 군사를 거두었다. 투소는 맥성으로 들어갔는데, 이때 이미 오군에 항복한 가짜 초군들이 섞여 들어갔다.

가짜 초군들은 한밤중에 성 밑으로 밧줄을 내려 주었고, 오군 100여 명이 성 위로 올라갔다. 성 안과 성 밖의 오군이 일제히 함성을 질렀다. 성 안의 초군은 이미 성이 함몰된 것으로 오해하고 도주하기 시작했다. 투소는 초군을 통제할 수 없었고, 함께 도주했다. 오자서는 초군을 추격하지 않고, 맥성을 점령했다.

손무孫武의 영성郢城 함몰(BC 506년)

손무는 기남성과 영성의 지세를 조사했다. 인근의 장강漳江보다 기남성의 지세는 낮았고, 적호赤湖가 기남성과 영성에 가까이 있었다. 손무는 수공을 하기로 결심했다.

그날 밤 오군은 물길을 파서 장강 물을 적호로 끌어들였다. 새벽에 적호의 둑을 무너뜨리자 기남성과 영성은 홍수가 났다. 손무는 뗏목을 만들어 타고 기남성과 영성을 공격했다. 물이 성안으로 범람해 들어오고 오군이 뗏목을 타고 접근하자 초군은 당황하여 정신없이 도주하

시작했다.

초소왕은 여동생 계미季羋와 잠윤 고固, 하대부 종건, 왕손 유우 등 측근 몇 명만 데리고 황급히 배를 구해 서쪽으로 달아났다. 공자 결은 배수 작업을 하던 중 초소왕의 도주 사실을 보고 받고 황급히 배를 구해 다수의 신하들을 태우고 겨우 달아났다.

손무는 오왕 합려를 모시고 영성에 무혈 입성했다. 손무는 입성 후 성 안의 물을 빼고 영채를 건립했다. 잠시 후 오자서도 영성에 도착했다.

금수禽獸의 세상으로 변한 영성郢城(BC 506년)

오왕 합려는 왕궁을 접수했다. 복수심 때문에 오자서는 오왕 합려의 만행을 부추겼고, 오왕 합려는 오자서의 격려 하에 초소왕의 부인과 여러 첩들을 능욕했다. 오왕 합려는 초소왕의 모후인 맹영까지 욕심냈다. 맹영은 칼을 뽑으며 저항하고, 제후는 한 국가의 모범으로 예를 지켜야 함을 강조했다. 오왕 합려는 부끄러움을 느끼고, 군사들에게 맹영의 거처를 호위하고 외부인의 출입을 금지할 것을 지시했다.

오자서는 초소왕을 체포하기 위해 노력했으나 실패했다. 오자서는 복수심 때문에 초의 장수들과 병사들에게 약탈과 강간을 권유했다. 오의 모든 장수들과 병사들이 약탈과 강간을 자행했다. 영성은 금수의 세상으로 변했다.

당성공과 채소공은 영윤 낭와의 집을 약탈하고, 양지백옥패·은초서구·숙상마 등 보물을 꺼내 오왕 합려에게 선물했다. 당성공과 채소공은 영성을 충분히 약탈한 후 본국으로 돌아갔다.

오자서는 오왕 합려에게 초의 종묘를 파괴할 것을 건의했다. 손무는 종묘를 보존할 것을 주장하며, 공자 승을 초왕으로 옹립하고 초를 속국으로 삼을 것을 건의했다. 오왕 합려는 초를 아예 병합할 욕심을 내고, 종묘에 불을 지를 것을 지시했다.

초평왕楚平王의 시신을 참하는 오자서伍子胥(BC 506년)

오왕 합려는 장화대에서 연일 잔치를 열며 모든 신하들과 즐겼다. 오자서는 통곡하며, 초평왕의 무덤을 파서 송장의 목을 참할 것을 요청했다. 오왕 합려는 허락했다.

오자서는 초평왕의 무덤이 있는 요대호蓼臺湖 부근을 수색했으나, 무덤을 찾을 수 없었다. 오자서는 통곡했다. 이때 어떤 노인이 오자서를 알현하며, 초평왕의 무덤을 찾는 이유를 물었다. 오자서는 그 이유를 설명했다. 노인은 자신을 소개하며, 과거 초평왕의 무덤 공사를 하던 석공 50여 명 중 1인인데 무덤 완성 이후 피살될 것을 예상하여 도주했다고 아뢰었다. 그 노인은 오자서에게 요대호 안쪽에 있는 무덤의 위치를 알려주었다.

병사들이 호수 물을 퍼내자 석곽이 발견되었는데, 가짜 무덤이었다. 석곽 밑에 층계가 있었고 그 내부에 진짜 무덤이 있었다. 수은으로 처리하여 초평왕의 시신은 잘 보존되어 있었다.

오자서는 아홉 마디의 동채찍을 사용하여 초평왕의 송장에 300번 매질을 했다[1]. 오자서는 충신과 간신을 구별하지 못한 죄를 물어 송장

---

1) 여기서 **사시가편死屍加鞭**(죽은 시체에 다시 채찍질을 가한다는 뜻. ①통쾌한 복수 또는 ②도가 지나친 일을 비유함)의 고사성어가 나옴

의 눈을 뽑은 후, 송장의 목을 끊고 시체를 벌판에 버렸다. 오자서는 노인에게 많은 황금을 주었다.

초소왕楚昭王의 수隨 망명(BC 506년)

공자 신은 노복강에 주둔하며 오군에 대한 방비를 하던 중 영성이 함몰된 사실을 알게 되었다. 공자 신은 백성들의 이탈을 방지하기 위해 초왕 행세를 했다. 공자 신은 가짜 초소왕 행세를 하며 비설脾洩 땅에 나라를 세웠다. 초의 피난민들이 비설 땅으로 모여들었다.

한편 초소왕은 서쪽으로 저수沮水를 지나 남쪽으로 대강大江을 건너 운중雲中 땅에 당도했다. 이때 해적 수백 명이 초소왕이 탄 배를 습격했다. 왕손 유우는 초소왕을 보호하려다 창에 어깨를 찔리는 부상을 당하고 기절했다. 그 틈에 잠윤 고는 초소왕을 부축하여 언덕으로 피신했다. 하대부 종건은 계미를 업고 피신했다. 배는 불에 타서 부서졌다. 고와 종건은 밤새도록 왕과 그 여동생을 업고 도주했다.

다음 날 아침 공자 결, 송목, 투신, 투소가 초소왕을 찾아왔다. 투신이 40리 거리에 있는 자신의 집으로 피신한 후 대책을 마련할 것을 건의했다. 이때 왕손 유우가 부상이 완치된 상태로 초소왕을 찾아와 손숙오의 영혼이 나타나 자신을 치료해 주고 또한 초의 사직이 영원할 것이라고 예언한 사실을 아뢰었다.

초소왕이 투신에게 배를 구하라고 지시했다. 투신은 성구진成臼津으로 가서 배를 구했다. 이때 대부 남윤藍尹 미亹가 탄 배가 지나갔다. 투신은 미에게 왕을 호위하라고 말했으나, 미는 나라를 망친 왕이라고 비웃으며 그냥 가버렸다. 투신은 자기 옷과 바꾸고 작은 어선 하나를 겨우 구했다. 초소왕 일행은 운 땅에 있는 투신의 집에 당도했다. 투신의 동생 투회가 초소왕을 영접했다.

투회는 부친인 투성연이 초평왕에게 처형당한 일 때문에 초소왕에 대하여 원한을 가지고 있었다. 투회는 밤에 초소왕을 죽여 부친의 복수를 하고 싶어 했다. 투신은 이 사실을 눈치채고, 벼슬을 내려 준 초평왕의 은혜를 강조하며 투회와 말다툼을 벌였다. 투회는 투덜대면서 밖으로 나가버렸다.

초소왕은 다툼 소리를 듣고 불안했다. 초소왕은 투신, 투소, 공자 결과 상의했다. 일행은 초소왕을 모시고 북쪽에 있는 수隨로 이동했다.

비설 땅에서 왕 행세를 하던 공자 신은 초소왕이 수에 체류하는 사실을 알게 되었다. 공자 신은 백성들에게 사실을 알린 후 백성들을 데리고 수로 이동했다.

오자서伍子胥의 정鄭 공격(BC 506년)

오자서는 오왕 합려에게 초소왕을 체포하는 것이 시급하다고 아뢰며, 군사들을 동원하여 체포할 것을 요청했다. 오왕 합려는 허락했다. 오자서는 초소왕의 행적을 추적하여 수에 체류 중인 사실을 파악했다. 오자서는 수의 경계 남쪽에 오군을 주둔시켰다. 오자서는 수후隨侯에게 사람을 보내 초의 만행을 비난하고, 형제의 동맹을 맺는 것을 제시하며 협력을 요청했다.

수후는 태사에게 점을 치게 했다. 옛정을 유지하는 것이 길하다는 점괘가 나왔다. 수후는 초소왕의 신하들에게 사실을 통지한 후 오자서에게 사신을 파견했다. 수의 사신은 오자서에게 수는 초와 동맹을 맺고 있어서 초소왕을 영접했으나 초소왕은 이미 다른 곳으로 떠났다고 거짓말을 했다.

오자서는 초의 영윤인 낭와가 정으로 도주한 것을 생각하고, 초소왕도 정으로 도주한 것으로 추측했다. 오자서는 세자 건에 대한 복수와 초소왕의 체포를 위해 오군을 이끌고 정을 공격하여 정의 도성을 포위했다.

정헌공은 망명객 낭와를 불러 책망하면서 체포하여 넘기기 전에 알아서 처신할 것을 요구했다. 결국 낭와는 두려움 때문에 자살했다. 정헌공은 사신을 파견하여 낭와의 시체를 양도하며, 초소왕이 온 사실이 없다고 해명했다. 그러나 오자서는 세자 건에 대한 복수를 선언하며 철수하지 않았다.

정헌공은 오군과 싸울 자신이 없었다. 정헌공은 오군을 물러가게 하는 자에게 땅을 나누어 주겠다는 방문을 게시했다.

예전에 악저 땅에서 오자서를 배에 태워 강을 건너게 해 주었던 어부 노인의 아들이 마침 정으로 피난을 와서 거주하고 있었다. 어부 노인의 아들은 정헌공을 찾아가 협상을 자청하며, 배 젓는 노를 구해줄 것을 요청했다.

어부 노인의 아들은 줄을 타고 성을 나가 오군에 체포되어 오자서에게 끌려갔다. 어부 노인의 아들은 노를 두드리며 예전에 어부 노인이 불렀던 노래를 불렀다. 오자서는 노래를 듣고 어부 노인의 아들을 환대했다. 어부 노인의 아들은 오자서에게 정헌공의 두려움을 아뢰며, 정의 죄를 용서해 줄 것을 간청했다. 오자서는 어부 노인의 은혜를 생각하여 성의 포위를 풀고 초로 돌아갔다. 정헌공은 어부 노인의 아들에게 사방 100리의 땅을 하사했고, 사람들은 어부 노인의 아들을 어대부漁大夫로 불렀다.

오자서는 초의 미麋 땅에 영채를 세우고, 사방으로 사람을 풀어 초군 패잔병들에게 항복을 권유하고 초소왕의 행방을 수색했다. 한편 초의 장수 위연과 송목은 패잔병들을 수습하여 초소왕을 찾아갔다.

절대 강자가 없는 시대

진晉이 연합군을 결성하여 초를 공격하려다 성과 없이 해산하고, 오가 당·채를 끌어들여 초를 격파하자 국제 정세는 혼돈상태에 빠졌다. 많은 나라들이 진晉에 실망하며 새로운 강자인 오에 주목하기 시작했다. 기존의 강국인 제도 다시 패권의 꿈을 꾸었다. 초가 멸망 지경까지 가고 많은 속국들이 초를 등졌지만, 초에는 아직도 많은 속국들이 남아 있었다. 진秦은 오랫동안 현명하고 야심 있는 군주가 나타나지 않아 중원에 대한 관심이 없었다.

약소국들은 진晉, 오, 제 그리고 초 사이에서 고민했다. 정은 오자서의 공격으로 인해 오에 복속하는 처지가 되었다.

초에 오랫동안 복속하고 있다가 영윤 낭와의 탐욕에 반발하여 진晉에 합세했던 진陳회공은 오가 초를 격파하자 영도에 사신을 보내 축하를 드리고 조례할 것을 약속했다. 그런데 많은 대신들이 이에 반대하고 진晉을 섬길 것을 주장하자 진陳회공은 마음이 바뀌어 병을 핑계대고 약속 이행을 하지 않았다. 오왕 합려는 이를 매우 불쾌하게 여겼다.

당시 주요 강국들의 속국 또는 동맹국을 정리하면 다음과 같다.

- 진晉: 송, 노, 위, 조, 거, 주邾, 등, 설, 기, 소주 + 진陳, 허, 돈, 호
- 제: 산동 여러 소국들
- 오: 정, 채, 당
- 초: 수, 기타 기존의 한동 속국들 + 월(동맹국)
- 진秦: 서융 여러 소국들

오왕 합려를 춘추시대의 네 번째 패자로 보는 견해가 다수설인데, 패자의 일반적인 요건(회맹 + 공인)을 감안하면 패자로 보기는 어렵다. 많은 나라들이 아직 진晉을 섬기고 있으므로 오왕 합려를 패자로 보는 견해는 타당하지 못하다. 오히려 오왕 합려의 후계자인 오왕 부차를 패자로 보는 것이 맞을 것이다(후술).

한편 정은 오와 초가 서로 싸우고 있을 때 허를 공격하여 멸망시키고 그 땅을 병합한다(BC 504년).

진秦에 원군을 요청하는 신포서申包胥(BC 506년)

신포서는 영성 함몰 이후 이릉夷陵 땅의 석비산石鼻山에 피신 중이었다. 신포서는 친구인 오자서에게 사람을 보내 서신을 전달했는데, 초 평왕의 시신에 형벌을 가한 것은 너무 가혹한 처사라고 비난하며 이제 그만 철군할 것을 권유하는 내용이었다.

오자서는 심부름 온 사람을 불러 ①자신은 충성과 효도를 함께 갖출 수 없는 운명이고 ②해는 저물어 가는데 갈 길은 먼 상태[1]가 현재 자신

---

1) 여기서 **일모도원日暮途遠**(날은 저무는데 갈 길은 멀다는 뜻. 할 일은 많지만 시간이 많지 않음을 비유함)의 고사성어가 나옴

의 처지이므로 ③어쩔 수 없이 만사에 거꾸로 행동하고 역으로 시행할 수밖에 없다[1]고 신포서에게 전달하도록 지시했다.

신포서는 오자서가 철수할 뜻이 없음을 알았다. 신포서는 초소공의 모후인 맹영이 진秦애공의 여동생인 것을 생각하고, 진秦에 가서 원조를 요청할 결심을 했다. 신포서는 쉬지 않고 밤낮으로 걸어서 진秦의 도읍인 옹주에 도착했다. 신포서의 발은 터져 이미 피투성이가 되어 있었다.

신포서는 진애공을 알현하고, 오吳는 큰 돼지나 긴 뱀과 같이 욕심 많고 포악한 나라로 천하를 지배할 욕심을 내고 있다고 말했다. 신포서는 초소왕이 진애공의 여동생의 아들임을 강조하며, 초를 구원해 줄 것을 간청했다. 진애공은 냉담하게 반응했다. 신포서는 초와 진秦이 국경을 맞대고 있다고 강조하며, 초를 돕는 것은 곧 진秦을 안전하게 하는 길이라고 애걸했다. 진애공은 구원 여부를 결정하지 않고, 신포서를 역관으로 돌아가게 했다. 진애공은 내궁에서 주연을 열며, 국정에 별로 신경 쓰지 않았다.

신포서는 궁중 뜰에서 7일 동안 계속 서서 울면서 물도 마시지 않고 구원을 간청했다. 결국 진애공은 신포서의 충심에 감동하여 군사 원조를 하기로 결심했다. 진애공은 출전할 때 사용하는 깃발에 '어찌 옷이 없다 하리오. 내 그대와 함께 도포를 입으리라.'라는 내용의 시를 적어 신포서에게 교부하며, 원조를 약속했다(BC 506년).

진애공은 장수 자포子浦와 자호子虎에게 병거 500승을 내어주며, 신포서를 따라가 초를 구원할 것을 지시했다. 신포서와 자포·자호는 상의

---

1) 여기서 **도행역시**倒行逆施(거꾸로 가고 거꾸로 시행한다는 뜻. 도리를 따르지 않고 무리하게 행하거나 상식에 어긋나는 행동을 하는 것을 비유함)의 고사성어가 나옴

한 뒤 진秦군은 상곡商穀으로 나가 양양襄陽으로 진군하고, 신포서는 수에 피신 중인 초소왕에게 보고한 다음 초군을 결집하여 석량산石梁山으로 나가 양양으로 진군하여, 양양에서 양군이 만나기로 약속했다.

초楚·진秦 연합군과 오군吳軍의 대결(BC 505년)

신포서는 수隨로 가서 초소왕에게 진秦의 원조 사실을 보고했다. 신포서는 공자 신, 공자 결, 위연, 송목과 함께 초군을 모아 출발했다. 수隨군도 가세했다.

양양에서 만난 초군과 진秦군은 연합군을 결성하고(BC 505년), 양양을 출발해 기수沂水로 향했다. 진秦군은 지리에 어두우므로 초군이 선두에 섰다.

초·진秦 연합군은 기수에 당도하여 오의 부개군과 대치했다. 신포서는 부개와 교전했는데, 부개는 초군을 얕보며 자만했다. 이때 진秦의 자포와 자호가 공격을 개시했다. 부개는 갑자기 나타난 진秦군에 당황했고, 오군은 대패하여 도주했다.

부개는 영성으로 가서 오왕 합려에게 진秦의 원조 사실을 보고했다. 오왕 합려는 불안감을 느꼈다. 손무는 초의 민심이 오를 증오하고 있음을 아뢰며, 오군은 방심하고 있는 반면 초군은 분노한 상태라고 분석했다. 손무는 진秦과 우호를 체결하고 초소왕을 복위시키는 조건과 초의 영토 일부를 오에 할양하는 조건을 내걸어 협상할 것을 건의하며, 영성에 집착할 경우 위험할 수 있다고 아뢰었다. 오자서도 손무의 견해에 동의했다.

백비는 오군이 파죽지세로 영성을 함락했음을 강조하며, 회군은 비겁한 행동이라고 주장했다. 백비는 군사 1만 명만 내어주면 진秦군을 격파할 것이라고 큰소리치며, 실패할 경우 군법을 받겠다고 강조했다. 오왕 합려는 손무와 오자서의 반대를 무시하고, 백비에게 출전을 지시했다.

백비는 오군을 이끌고 군상軍祥 땅으로 출전하여 초·진秦 연합군과 대치했다. 초군은 일부러 허점을 보이며 백비를 도발했고, 백비는 총공격을 개시했다. 초 공자 신은 백비를 욕하며 오군과 맞서다 거짓으로 패배하고 도주했다. 백비가 분노하여 초군을 한참 추격했을 때, 초 장수 심제량과 위연이 좌우 측면에서 백비를 기습했다. 동시에 진秦 장수 자포와 자호가 오군 진영 중간을 돌격하여, 오군을 나누었다. 초·진秦 연합군은 분리된 오군을 공격하여 크게 무찔렀고, 백비는 위기에 빠졌다. 이때 오자서가 구원군을 이끌고 와서 겨우 백비를 구출하여 회군했다.

대패한 백비는 스스로를 결박하고 오왕 합려에게 형벌을 자청했다. 손무는 오자서에게 백비는 교만하여 오의 우환이 될 것이라고 말하며, 처형할 것을 건의했다. 오자서는 손무의 주장에 동의하지 않고, 오왕 합려에게 적과 대치중인 상황과 백비의 공로를 감안하여 용서해 줄 것을 건의했다. 오왕 합려는 백비를 처벌하지 않았다.

당唐을 멸망시키는 초楚·진秦 연합군(BC 505년)

초·진秦 연합군은 영성을 향해 진군했다. 오군은 이에 대비하여 오왕 합려는 기남성에 주둔하며 대군을 지휘하고, 오자서는 마성에 주둔하고, 백비는 여성에 주둔하고, 공자 부개와 산은 영성을 수비하기로 했다. 오왕 합려는 당과 채에 구원을 요청했다.

초 공자 신은 영성은 견고하여 쉽게 함몰하기 어려운데, 당과 채가 원군을 보내면 초·진秦 연합군은 어려움에 빠질 것으로 생각했다. 공자 신은 먼저 당을 격파하면 채는 놀라서 원군을 보내지 않을 것이라고 주장했다.

초 공자 신과 진秦 장수 자포는 당을 공격했다. 초·진秦 연합군은 당의 도성을 함몰하고, 당성공을 처형했다. 이로써 당은 멸망했다(BC 505년). 채소공은 큰 충격을 받았고, 오를 위한 원군을 보내지 못했다. 오왕 합려도 당의 멸망에 큰 충격을 받았다.

부개夫槪의 모반(BC 505년)

오 공자 부개는 선봉을 서지 못하고 영성을 수비하는 역할을 맡자 자부심에 손상을 받고 크게 불만을 가졌다. 부개는 형인 오왕 합려가 아들인 파를 세자로 임명한 것은 동생에게 왕위를 물려주지 않겠다는 의도라는 사실을 깨달았다. 부개는 왕위가 욕심났다. 부개는 초 원정으로 국내의 수비가 허술함을 깨닫고, 귀국하면 왕위에 오를 절호의 기회가 된다고 역심을 품었다.

부개는 직속부대를 이끌고 몰래 영성을 출발하여 한수를 건너 오로 귀국했다. 부개는 귀국하여 오왕 합려가 진秦에 패하여 생사가 불명이라고 거짓 선포를 하고, 곡양谷陽 땅에서 스스로 왕위에 올랐다. 부개는 아들 부장扶臧에게 회수에 주둔하면서 오왕 합려의 귀로를 차단할 것을 지시했다. 세자 파는 부개가 도성으로 들어오는 것을 차단하고, 변란 사실을 알리기 위해 오왕 합려에게 급히 사람을 보냈다.

한편 공자 산은 오왕 합려에게 부개가 직속부대를 거느리고 오로 돌아간 사실을 보고했다. 오자서는 부개가 모반한 것으로 판단하고, 월이 개입할 것을 염려하며 즉시 귀국하여 진압할 것을 건의했다.

손무와 오자서는 남아서 영성을 수비하고, 오왕 합려와 백비는 수로를 이용해 급히 귀국길에 올랐다. 오왕 합려와 백비가 한수를 건넜을 때, 세자 파가 보낸 사자가 도착하여 부개의 반란을 보고했다. 오왕 합려는 영성에 사자를 보내 손무와 오자서를 호출하고, 귀국을 서둘렀다.

한편 도성 입성에 실패한 부개는 월에 심복 부하를 보내 성 5개를 바칠 것을 조건으로 원조를 요청했다. 월왕 윤상은 원군을 파견했다.

오왕 합려는 귀국하면서 부개를 따라 귀국한 장졸들에게 복귀 명령을 내렸다. 신속히 복귀하면 종전 지위를 보장하고, 늦을 경우 처형할 것이라고 경고했다. 회수에 주둔 중이던 병사들은 소문을 듣고 오왕 합려에게 즉시 합세했다.

회수에 주둔하던 부장은 군사들이 없어 곡양 땅으로 철수했다. 부개는 백성들을 강제로 징집하려 했다. 백성들은 오왕 합려가 건재하다는 소문을 듣고, 부개의 징집에 불응하고 도주했다.

부개는 결국 직속부대만으로 출전했으나, 중과부족으로 오왕 합려의 대군에 크게 패했다(BC 505년). 부개와 부장은 송으로 도주했다. 오왕 합려는 도성으로 들어갔다.

초楚에서 회군하는 손무孫武와 오자서伍子胥(BC 505년)

손무와 오자서는 오왕 합려의 소환장을 받고 회군을 논의하고 있었다. 이때 신포서가 오자서에게 보내는 서신이 당도했다. 초는 아직 멸망하지 않았음을 강조하고, 각자 소신을 지켰으나 서로 미워하지는 아니하였음을 지적하고, 오를 위해 더 이상 노력하지 말 것을 권유하면서, 진秦의 힘을 더 이상 빌리고 싶지 않음을 고백하는 내용이었다.

오자서는 손무에게 초군이 아직 오군의 형편을 파악하지 못하고 있으므로 속히 회군할 것을 건의했다. 손무는 공자 승을 위해 조치를 취할 것을 주장했다. 오자서는 신포서에게 답신을 보내 공자 승을 소환하여 세자 건에게 제사를 지내게 허락할 것을 조건으로 회군할 뜻이 있음을 알렸다.

원수를 데려오는 것은 이롭지 않다고 심제량이 우려했으나, 공자 신은 오자서의 조건에 찬성했다. 결국 초소왕은 오자서의 조건을 수용했다.

오자서와 손무는 영성에서 철수하면서 궁궐 부고의 재물을 전부 약탈하고, 변방 지역의 초 주민 1만여 호를 오로 강제 이주시켰다(BC 505년). 귀국하면서 오자서는 동고공과 황보눌의 행방을 수색했으나, 찾지 못하고 집터에 두 번 절했다. 오자서는 소관을 파괴했다. 또한 오자서는 빨래하던 처녀의 혼을 위로하기 위해 뇌수에 천금을 던졌다.

오왕 합려가 도성으로 들어갔고 손무가 귀국했다는 보고를 받은 월왕 윤상은 오로 출전한 원군을 즉시 소환했다. 월 대부 **범여范蠡**는 오의 보복 공격에 대비하여 절강浙江 어귀에 고릉성固陵城을 쌓았다(BC 505년).

초소왕楚昭王의 복귀(BC 505년)

오군이 물러간 후 공자 신과 공자 결은 영성으로 들어가 복구 작업을 했다. 신포서는 초소왕을 영접하러 수로 돌아갔다. 초소왕은 수후와 영원한 동맹을 맺고 귀국길에 올랐다.

초소왕이 탄 배가 대강大江에 도착했을 때 선홍색 과일을 발견했는데, 아무도 그 과일의 정체를 알지 못했다. 초소왕은 영성에 오는 길에 들판에 나뒹구는 백골들을 보며 통곡했다.

초소왕은 영성으로 들어가 모후인 맹영을 문안했다. 맹영은 백성들을 위로하고 나라를 안정시키고 실력을 쌓아 초의 국력을 회복할 것을 부탁했다. 초소왕은 진秦군을 위로했고, 진秦군은 귀국했다.

초소왕은 공자 신(=자서子西)을 영윤에 임명하고, 공자 결(=자기子期)을 좌윤에 임명했다. 초소왕은 신포서를 우윤에 임명하려고 했으나, 신포서는 사양했다. 초소왕이 거듭 권하자 신포서는 한밤중에 처자를 데리고 깊은 산속으로 들어가 버렸다. 초소왕은 신포서를 수색했으나 결국 찾지 못하고, 옛날에 살던 집에 충신지문忠臣之門을 세워주었다. 이후 신포서는 예전에 의리 때문에 친구인 오자서를 신고하지 않았던 죄를 속죄하기 위해 산속에서 나오지 않고 평생 은거한다.

결국 초소왕은 왕손 유우를 우윤에 임명했다. 심제량, 종건, 송목, 투신, 투소, 위연은 승진하고 토지를 하사받았다. 초소왕은 자신을 죽이려 했던 투회를 효자라며 용서하고, 대부에 임명했다.

대부 남윤 미가 초소왕을 알현했다. 초소왕은 분노하여 처형하려고 했다. 남윤 미는 왕을 각성시키기 위해 일부러 한 행동이었고 해명하며, 국가를 상실한 잘못을 반성해야 한다고 아뢰었다. 초소왕은 미를 용서하고 대부 지위를 유지시켜 주었다.

오왕 합려에게 능욕을 당했던 초소왕의 부인은 면목이 없어 목을 매고 자살했다. 월왕 윤상은 오에 대비하여 초와 친교를 맺고자 했다. 윤상은 초에 혼사를 제안했고, 초소왕은 윤상의 딸인 월희越姬와 혼인했다. 월희는 어질고 덕이 있었다.

계미는 운중에서 도적을 피해 달아날 때 종건에게 업힌 사실을 아뢰며, 종건 이외의 사람에게는 출가하지 않겠다고 주장했다. 초소왕은 종건을 사악대부司樂大夫에 임명하고, 계미와 혼인시켰다.

한편 부개 부자는 초에 귀순했다(BC 505년). 초소왕은 부개에게 당계堂谿 땅을 하사했다. 이로써 부개는 당계씨의 시조가 되었다.

초楚 원정 이후 오吳의 정세

손무는 오왕 합려가 성공에 도취되어 교만하고 방탕에 빠질 것을 예상하고, 물러나지 않을 경우 큰 불행이 올 것으로 판단했다. 손무는 오왕 합려에게 사임을 요청했다. 오왕 합려는 사임을 만류하고, 오자서에게 손무를 설득하도록 지시했다. 손무는 찾아 온 오자서에게 오히려 사임할 것을 설득했다. 오자서는 손무의 생각에 동의하지 않았다.

손무는 결국 사임하고 낙향했다. 오왕 합려는 황금 수레 수십 대를 하사했다. 손무는 가난한 백성들에게 황금을 모두 나누어 주고, 산속으로 들어갔는데 아무도 그 행방을 알지 못했다.

오왕 합려는 오자서를 상국相國에 임명하고, 자字로만 부르고 이름을 부르지 못하게 명령했다. 또한 오왕 합려는 백비를 태재에 임명했다.

오자서는 초와 월에 대비하여 제와 친교를 맺었다. 오왕 합려는 월을 경계하여 남쪽 변경에 석문관石門關을 쌓았다(BC 505년).

제4절 공자孔子의 활약과 좌절

노魯의 삼환씨三桓氏 가신들의 성장

노의 실권자 계손의여(=계평자季平子)가 병으로 죽고(BC 505년), 그 아들인 **계손사季孫斯(=계환자季桓子)**가 지위를 승계했다.

이전부터 삼가는 노의 국정을 전단했고, 노후는 아무런 권한이 없었다. 삼가는 노의 국토를 셋으로 나누어 차지하고, 문무대신들을 가신으로 부렸다. 삼가의 봉읍은 도읍인 곡부와 규모가 비슷했다.

삼환씨가 가신들에게 봉읍의 관리를 맡기며 국정에만 신경 쓰는 동안 가신들은 경제력을 바탕으로 점차 세력을 키웠다. 어느 순간 삼가의 가신들은 주인의 권세까지 침범하게 되었고, 가신들의 세력이 팽창하자 삼환씨도 가신들을 제어하지 못할 지경이 되었다. 이로써 노의 내정은 불안하게 되었다. 당시 삼환씨의 주인과 봉읍, 주요 가신들은 다음과 같다.

- **맹손씨(맹손무기孟孫無忌)** = 성읍成邑 → 가신: 염양斂陽(읍재)
- **숙손씨(숙손주구叔孫州仇)** = 후읍郈邑 → 가신: 약막若藐(읍재), 후범侯犯, 사적駟赤
- **계손씨(계손사季孫斯)** = 비읍費邑 → 가신: 불뉴不狃(읍재), 양호陽虎, 점월笘越

불뉴와 양호는 계손사의 재정을 전단했는데, 특히 강성하고 성격이 횡포했다. 노의 재상인 계손사는 이들을 통제하지 못하고 있었다. 계손사는 가신들 문제와 제의 침공 때문에 고민이 많았다.

대부 소정묘少正卯는 박학다식하고 언변이 탁월했으나, 위선적인 성격으로 대상에 따라 말을 다르게 하며 아부와 참소를 일삼았다. 소정묘는 노정공을 들먹이며 삼가와 가신들을 이간했다.

공자孔子의 등장

맹손씨의 가신으로 추읍鄒邑 무사武士인 숙량흘이 나이 64세에 안징재顏徵在라는 젊은 여인과 결혼도 하지 않은 상태에서 아들인 공구孔丘를 얻었다(BC 551년경). 공구는 세 살 때 아버지를 잃고 홀어머니 밑에서 자랐는데, 일곱 살 때 홀어머니마저 죽어 공구는 매우 가난하고 힘든 어린 시절을 보냈다. 공구는 자字가 중니仲尼인데, 계손씨의 식객이 되어 가축과 창고를 관리하는 일을 했다. 공구는 기골이 장대하고 학문을 매우 좋아했는데, 유학儒學에 통달했다. 공구는 나이 서른이 되었을 때 이미 학문으로 명성이 높았다. 이후 공구는 많은 제자를 양성하면서 성덕聖德으로 명성을 더욱 높였다. 그가 바로 **공자孔子**[1]다.

공자는 35세 때 제경공을 방문하여 인仁과 예禮를 강조하는 자신의 정치철학을 역설했다. 당시 제의 재상이던 안영은 유가儒家에 대해 ①주장하는 말이 너무 많고 ②교만하여 군주의 말을 잘 듣지 않으며 ③지나치게 과한 장례의식을 통해 재산을 낭비한다는 등의 문제점을 지적했다. 결국 제경공은 공자를 귀하게 대접하지 않았고, 공자는 소득 없이 귀국했다.

---

1) 공자: BC 551경 ~ BC 479경

중손멸의 아들인 중손확仲孫貜은 공자를 존경했다. 중손확은 아들인 맹손무기를 공자에게 보내 교육을 받게 했다. 맹손무기는 계손사에게 공자를 천거했다. 계손사는 공자를 중도中都 땅의 재宰(=장長)로 임명했다. 공자는 중도를 잘 다스렸고, 공자의 명성은 더 높아졌다. 공자의 명성을 듣고 많은 나라의 관리들이 수시로 중도 땅에 찾아와 공자의 가르침을 받고 돌아갔다. 공자는 명성이 매우 높았지만 <u>부친의 신분이 사士였고 본인도 하대부下大夫에 불과하여</u> 당시의 관례상 최상위 관직을 얻는 것이 어려웠다(전국시대와는 달리 춘추시대 때에는 신분의 벽이 아직 견고했음).

초소왕이 공자의 명성을 듣고 사신을 보내 대강에서 건진 과일에 대하여 문의했다. 공자는 그 과일을 평실萍實이라고 답하며, 다시 모이고 다시 일어나는 징조라고 설명했다.

노정공은 공자의 명성을 듣고 불러들여 사공에 임명했다. 당시로서는 파격적인 대우였다.

노자老子의 활약

무위자연無爲自然으로 상징되는 도가道家의 시조인 **노자老子**의 본명은 이이李耳인데, 귀가 매우 커서 이름이 그렇게 지어졌다고 한다. 이이의 자字는 담聃인데 귀가 커서 귓바퀴가 없어 그렇게 지었다고 한다. 노자에 대하여는 기록이 거의 없고, 전해져 오는 기록마저도 그 내용이 서로 일치하지 않아 그의 생애에 대하여 정확히 알기는 어렵다.

이자李子라고 하지 않고 노자라고 불리고 있어 과연 노자의 성씨가 이李가 맞는지에 대하여 논의가 있다. 모친의 성을 따랐다는 견해가 다수설이며(이에 대하여 춘추시대에는 이李라는 성씨가 없었다는 반론이 유력함), 160세 이상 장수하여 노자라고 불리게 되었다는 견해도 유력하다. 노자의 출신에 대하여도 기록이 불일치하는데, 초 출신과 진陳 출신 기록이 있다.

사마천은 노자를 초 출신으로 주 왕실 장서실의 문서담당 관리였는데, 주 왕실이 쇠락하는 모습을 보고는 관직을 버리고 서쪽 관문[1] 밖으로 나가 은둔생활을 했다고 기록하고 있다. 관문을 나가면서 관문 책임자인 윤희尹喜의 요청으로 자신의 사상을 정리하여 책으로 남겨 전해 주었는데, 그것이 《도덕경道德經》이라고 알려져 있다. 최근에는 《도덕경》을 노자의 개인 저작이 아니라 전국시대 중·후반기 도가 사상가들의 집단 창작으로 보는 견해가 우세하다.

노자는 일체의 인위적 규제나 제도에 반대하며, 근본으로 돌아갈 것을 주장했다. 노자에게 있어서 근본은 자연인데, 이는 산천과 같은 물리적 대상으로서의 자연을 의미하는 것이 아니라 우주 삼라만상의 근원적 질서·원리(=도道)를 의미하는 것이다.

공자가 노자를 방문하여 도와 예에 대하여 문의했다는 기록이 남아 있어 당시 노자의 학문적 명성을 알 수 있다. 노자는 공자에게 교만과 욕심을 버리고 겸손하라고 충고했다. 공자는 노자를 용에 비유하며 극찬했으나, 노자는 공자를 별로 높게 평가하지 않았다. 노자는 공자보다 나이가 상당히 많았으며, 정확한 사망 시기는 알려져 있지 않다. 노자는 은둔생활을 했기에 《도덕경》 이외의 저술은 남아 있지 않다.

노자의 사상은 초楚에서 크게 인기를 얻었고, 후한後漢 말엽 신비주

---

[1] 노자가 함곡관을 나가면서 《도덕경》을 지었다는 기록이 있으나, 함곡관은 먼 훗날 진秦효공 때 만들어진 것이므로 이런 기록은 틀린 기록임

의와 결합하여 도교로 발전한다. 이후 도교는 중국인들의 생활과 문화, 특히 정신세계에 큰 영향을 끼쳤다. 유가나 법가 등이 현실세계를 중시하여 사후세계에 대한 언급이 없는 반면 도교는 신선사상 등을 통해 이에 대한 부족한 부분을 채워주고 있다. 이 때문에 도교는 지금도 중국인들의 생활에 큰 영향을 끼치고 있는 것이다.

계손씨季孫氏 가신 양호陽虎의 반란(BC 505년)

숙손첩叔孫輒은 숙손씨의 서자여서 일족으로부터 천대를 받았다. 숙손첩은 계손씨의 가신인 불뉴와 매우 친하게 지냈다. 계손씨의 가신인 양호는 야심이 매우 컸는데, 숙손첩·불뉴와 상의하여 노의 권력을 차지하고 나누어 갖기로 했다. 이를 위해 공자를 포섭하기로 했다.

양호는 공자에게 삶은 돼지고기를 예물로 보내 포섭을 시도했다. 공자는 예물을 받고 예의상 인사를 해야 했으나, 양호를 만나기 싫었다. 공자는 제자를 시켜 양호가 외출한 틈을 이용해 명자名刺(=명함)를 집안에 넣게 했다.

공자는 맹손무기에게 양호가 반란을 일으켜 계손씨의 제거를 시도할 것이라고 예상하며, 대책을 마련하라고 충고했다. 맹손무기는 남문 밖에 집을 짓는 것처럼 위장하고 목책을 설치하여 몰래 목장을 건립했다. 맹손무기는 반란에 대비하여 장사 300명을 고용해 목장에 배치했다. 맹손무기는 성읍에 있는 가신 염양에게 군사들을 무장하고 즉시 출동할 수 있는 준비를 갖출 것을 지시했다.

양호는 동문 밖 포도밭 별장에서 체제禘祭[1] 다음 날에 잔치를 열기로 하고 계손사를 초청했다. 계손사는 승낙했다. 맹손무기는 이를 수상하게 생각하고, 성읍의 염양에게 서신을 보냈다. 체제 다음 날 정오까지 군사들을 거느리고 동문을 지나 남문으로 오되, 중간에 수상한 사태가 발생하면 즉시 행동하라는 내용이었다.

체제 다음 날 양호는 계손사를 방문하여 잔치에 초대했다. 계손사는 출발했다. 양호는 행렬의 앞에서 수레를 몰며 길 안내를 했고, 양호의 사촌동생인 양월陽越은 행렬의 뒤에서 수레를 몰며 따라왔다. 계손사는 수행원 전부가 양씨 일당인 것을 뒤늦게 깨닫고 문득 의심이 들었다. 계손사는 심복인 어자 임초林楚에게 남문 밖 맹손씨의 목장으로 목표를 변경하라고 비밀리에 지시했다.

갈림길에 당도하자 임초는 갑자기 남쪽으로 방향을 바꾸고 수레를 전속력으로 몰았다. 양월이 당황하여 추격하며 화살을 날렸으나 빗나갔다. 계손사는 맹손무기의 목장에 도착하여 도움을 요청했다. 맹손무기는 목장의 담 아래에 장사 300명을 매복시켰다. 양월이 목장을 공격했으나, 매복군의 화살을 맞고 죽었다.

앞서 가던 양호는 뒤늦게 계손사가 없어진 사실을 알았다. 잠시 후 양월이 죽었다는 보고를 받고 양호는 격노했다. 양호는 궁궐로 달려가 노정공을 위협하여 앞장세우고, 궁중의 군사들을 거느리고 출전했다. 양호는 입궁하던 숙손주구를 만났고, 가병들을 동원하여 가세하라고 위협했다. 숙손주구는 가병들을 동원하여 양호의 뒤를 따랐다.

양호는 맹손무기의 목장을 공격했다. 맹손무기가 힘겹게 방어하고

---

[1] 시조에게 5년마다 지내는 제사

있을 때, 염양이 도착해 양호를 공격했다. 양호와 염양이 접전을 벌였으나, 염양이 서서히 밀리기 시작했다. 이때 숙손주구가 갑자기 가병들에게 양호를 공격할 것을 지시했다. 접전이 벌어지는 틈을 노려 숙손주구는 노정공을 빼앗아 달아났고, 궁중 군사들도 노정공을 뒤따라갔다.

때를 맞춰 맹손무기가 목장 밖으로 출전하여 양호를 공격했다. 잠시 후 점월이 계손사의 가병들을 이끌고 당도하여 양호를 공격했다. 결국 양호는 중과부족으로 패하고 환양관護陽關으로 도주했다(BC 505년).

초소왕楚昭王의 선정

오왕 합려는 세자 파를 시켜 초를 다시 공격했다(BC 504년). 세자 파는 초의 수군을 대파하고 초의 번番 땅을 함몰했으나, 초의 사마 공자 결은 번양番陽에서 오군에 반격을 가해 결국 무찔렀다.

영도가 심하게 파손되고 오에 정보가 노출된 것을 염려한 영윤 공자 신은 초소왕에게 건의하여 도읍을 영도에서 약鄀 땅으로 옮기고, 신영新郢으로 불렀다(BC 504년).

초소왕은 신영에서 천도를 기념하는 잔치를 열었다. 악사 호자扈子는 왕에게 교훈을 주기 위해 궁뉵지곡窮衄之曲을 탄주했다. 궁뉵은 비참하게 패배했다는 의미인데, 간신을 등용하여 기강이 끊어지고 영성이 함락되고 사직이 망하고 백성이 도탄에 빠지게 되어 통곡하는 내용이었다. 초소왕은 눈물을 흘리며 잔치를 파했다.

이후 초소왕은 내정에 충실을 기하고, 국방을 강화하고, 형벌과 세금을 경감하며 선정을 베풀었다. 백성들은 초소왕의 덕을 칭송했다. 영윤 공자 신이 채를 정벌할 것을 주장했으나, 초소왕은 거절하고 초의 내정을 충실하게 다지며 때를 기다렸다. 소문을 들은 채소공은 큰 두려움을 느꼈다.

진晉 공실의 유명무실

진경공晉頃公이 어린 나이에 즉위한 이후 진晉에서는 6경의 당파가 형성되었는데, 한韓·위魏·조趙·지知·중행中行·범范의 당파다. 진정공 당시에는 **순인(중행인), 범길사范吉射, 한불신, 위만다魏曼多, 순역(지역), 조앙**이 서로 권세 다툼을 벌였다[1]. 진경공 때 급격히 약해진 공실의 힘은 진정공 당시에는 거의 유명무실하게 된 상태가 되었다. 진晉의 6경은 국가보다 가문의 이익을 위해 행동했다. 마치 국가 안에 또 다른 국가가 있는 셈이었다.

순인(중행인)과 범길사는 통혼관계여서 친했으나, 한불신 및 위만다와는 사이가 나빴다. 조앙은 친척인 조오趙午를 총애했다. 조오의 모친은 순인의 여동생이어서, 순인과 조오는 외삼촌과 조카 사이였다.

순역(지역)은 가신 양영보梁嬰父를 총애하여, 경卿에 임명시키기 위해 노력했다. 양영보는 야심이 많은 자였는데, 순인의 자리를 탐냈다. 그 결과 순역은 순인·범길사에게 반감을 가지게 되었다.

송경공이 진晉에 악기려樂祁黎를 사신으로 보내 조례하려고 했다(BC 504년). 악기려는 조씨 가문을 선택하려고 했는데, 범앙(이때는 아직 살아 있었음)은 분노하여 악기려를 체포했다. 조앙과 범앙이 이 때문에

---

1) 진경공 때와 비교하면 범앙→범길사(BC 501년), 위서→위만다(BC 509년)의 변화가 있음. 나머지 4인은 동일함

다툼이 있었는데, 범앙이 악기려를 석방했다(BC 502년). 악기려는 귀국하다 병이나 죽었고, 범앙은 송의 배신을 염려하여 악기려의 시신을 억류했다.

송경공은 악대심에게 진晉과 맹약을 체결하고 악기려의 시신을 찾아오라고 지시했으나, 악대심은 병을 핑계 대며 거절했다. 결국 사마 환퇴의 형인 상소向巢가 사신으로 가서 악기려의 시신을 찾아왔다. 악기려의 아들이 송경공에게 악대심이 꾀병을 부렸다고 아뢰었고, 송경공은 악대심을 추방했다.

제경공이 진晉의 패권에 반감을 품고 패업을 추진하던 중, 위영공은 제경공의 공격을 받고 동맹을 맺었다(BC 503년). 조앙은 위衛가 제와 동맹을 체결한 것을 응징하기 위해 위를 공격했다(BC 502년). 위는 바로 사죄하면서, 500가구를 공물로 바쳤다. 조앙은 위가 바친 500가구를 위공衛貢으로 칭하며, 국가에 바치지 않고 조오의 근거지인 한단에 거주하게 했다.

진회공陳懷公의 객사[진민공陳閔公의 즉위](BC 502년)

진陳회공은 오왕 합려에게 조례를 올리겠다고 했다가 이행을 하지 않았던 것 때문에 오를 두려워했다. 진陳회공은 이를 사죄하고 오와 친선을 맺기 위해 오를 방문했다. 그런데 오왕 합려는 진陳회공을 책망하며 억류해 버렸다. 결국 진陳회공은 병이 들어 오에서 재위 4년 만에 객사하게 된다(BC 502년).

진陳회공을 이어 세자 월越이 즉위하니(BC 502년), 곧 **진민공陳閔**

公[1]이다. 오에 대한 반감이 강했던 진陳민공은 국력을 많이 회복한 초와 다시 우호를 체결하고 복속했다.

계손씨季孫氏 가신 양호陽虎의 진晉 도주(BC 501년)

노의 삼가는 연합하여 양호가 도주하여 체류하던 환양관을 공격했다(BC 502년). 양호는 버티지 못하고 환양관에 불을 지른 후 제로 도주했다(BC 501년). 양호는 제경공에게 환양 땅을 바치는 것을 조건으로 노를 공격할 군사를 요청했다. 제경공은 결정을 못 하고 있었다. 제의 대부 포국鮑國은 제경공에게 노는 공자를 등용하여 안정을 찾았으므로 노를 공격하는 것은 불리하다고 아뢰었다. 제경공은 양호를 서비西鄙에 감금했다.

양호는 서비를 탈출하여 송으로 도주했다(BC 501년). 송경공은 양호에게 광匡 땅을 분봉했다. 양호는 광의 주민들을 매우 가혹하게 다루었다. 견디다 못한 광의 주민들은 양호를 처단하기로 뜻을 모았다.

양호는 이를 눈치채고 진晉으로 달아났다(BC 501년). 결국 양호는 진晉의 권세가인 조앙의 가신이 되었다.

제齊와 노魯의 협곡夾谷맹회(BC 500년)

제경공은 양호가 도주하자 입장이 난처해졌다. 제경공은 노의 오해를 염려하여 사신을 보내 양호의 탈출 경위를 설명하고, 양국의 우호를

---

1) 진陳민공 규월: 진陳의 마지막 제후. 재위 BC 501 ~ BC 478

위해 제와 노의 경계인 협곡夾谷 땅에서 맹회를 개최할 것을 제안했다.

맹손무기는 속임수를 우려하여 제의 제안을 거절할 것을 주장했다. 계손사는 제의 침범을 방지하기 위해 화평을 맺을 것을 주장했다. 결국 노정공은 화평을 맺기로 결정했다. 노정공은 맹손무기의 주장에 따라 공자를 대동하고 맹회에 참석하기로 결정했다. 공자는 만약의 경우에 대비하여 좌우사마를 데리고 갈 것을 건의했다.

노정공은 대부 자무환玆無還에게 병거 300승을 거느리고 먼저 출발하여 협곡 땅 10리 밖에 영채를 건립할 것을 지시했다. 노정공은 우사마 신구수申句須, 좌사마 악기樂頎, 공자를 대동하여 병거 200승을 거느리고 협곡 땅으로 출발했다.

제경공은 협곡 땅에 먼저 도착해 삼층 단을 건립했다. 제경공과 노정공은 만나 간단히 인사를 나누고 각자의 막사로 들었다. 양구거가 죽은 이후 제경공의 총애를 받고 있던 대부 여미黎彌가 제경공에게 ①맹회 후 내이萊夷 부족 군사 300명을 악공으로 위장하여 연주를 하다 노정공과 공자를 체포하고 ②동시에 여미는 내이군과 연합하여 노군을 격파하는 계책을 아뢰었다. 제경공은 안영과 상의할 것을 지시했다. 여미는 안영이 공자와 친하므로 반대할 것으로 예상하고, 자신에게 전권을 부여해 줄 것을 건의했다. 제경공은 허락했다. 여미는 내이 부족에 군사를 동원할 것을 지시했다.

안영과 공자가 의례를 집행하여 맹회는 종료되었다(BC 500년). 제경공은 단 위에서 연회를 열고 음악을 연주할 것을 지시했다. 내이 군사 300명이 악공으로 가장하여 동이 음악을 연주하며, 노정공의 주위로 접근했다. 노정공은 긴장했다. 공자는 제경공에게 중원의 예악이 아님을 들어 중지할 것을 요청했다. 안영도 바른 예의가 필요하다며 중지를 요청했다. 제경공은 어쩔 수 없이 음악을 중지시켰다.

여미는 음악 중지에 분노하여 진짜 악공들에게 폐구敝笱의 시詩를 노래 부르고, 희학질을 할 것을 지시했다. 폐구의 시는 문강의 음란을 주제로 한 시인데, 여미는 이를 통해 노를 망신 줄 작정이었다. 여미는 제경공에게 궁중 음악을 연주하겠다고 아뢰었고, 제경공은 허락했다. 악공들은 2대로 나누어 폐구의 시를 연주하며 희학질을 벌였다. 공자는 분노하여 제경공에게 군주를 희롱한 죄를 물어 악공들을 처벌할 것을 요청했으나, 제경공은 못 들은 척했다. 공자는 노와 제는 우호를 맺었으므로 형제와 같으며 따라서 노의 사마는 제의 사마와 같음을 강조하고, 신구수와 악기에게 악공들을 처형할 것을 지시했다. 두 장수는 악공 대표들을 한칼에 쳐 죽였다. 노정공은 공자와 좌우사마를 데리고 단을 내려갔다. 여미는 노의 대비가 철저한 것을 알고 노정공을 공격하는 것을 단념했다.

제경공은 여미를 책망했다. 안영은 노로부터 빼앗은 노의 문양 지역의 환讙, 운鄆, 구음龜陰 땅을 반환하며 사죄할 것을 건의했다. 제경공은 세 곳의 땅을 노에 반환하며 사죄했다(BC 500년).

문양은 예전에 계우의 봉토여서 세 곳의 땅은 모두 계손사의 소유가 되었다. 계손사는 공자를 더욱 존경하여 구음 땅에 사성謝城을 쌓고 공자의 공적을 기렸다. 계손사는 공자를 대사구로 승진시켰다.

공자는 상양商羊[1] 새가 나타난 것을 보고받고 문수 땅에 홍수가 날 것을 예견했다. 계손사는 홍수에 대비했고, 실제로 큰 비가 내려 문수가 범람했으나 피해는 없었다. 박학다식한 공자의 명성은 더욱 퍼지게

---

1) 전설에 의하면 상양 새가 춤추듯 날갯짓을 하면 큰 홍수의 전조라고 함

되었다.

숙손씨叔孫氏 가신 후범侯犯의 반란(BC 500년)

공자는 제자인 중유仲由(=자로子路)와 염구冉求(=자유子有)를 천거했다. 계손사는 자로와 자유를 가신에 임명했다.

어느 날 계손사가 비읍의 읍재인 불뉴의 모반을 염려하여 공자에게 대책을 물었다. 공자는 예법과 제도를 강조하며, 비읍을 국가에 반환하고 사병을 철폐할 것을 권유했다. 계손사는 맹손무기, 숙손주구와 봉토의 국가 반환과 사병 철폐 문제를 상의했다. 맹손무기는 공자의 의견에 찬성했다.

소정묘는 공자를 시기하여 숙손첩을 시켜 계손씨의 가신인 비읍의 불뉴에게 서신을 보내 공자의 의견을 알려주었다. 불뉴는 예전부터 반란을 꾀하고 있었는데, 숙손첩의 서신을 받고 공자를 회유하기로 결심했다. 불뉴는 공자에게 서신을 보냈다. 삼가를 비난하며, 노의 정치를 혁신하기를 희망하고, 공자의 신하가 되기를 자청하면서 비읍을 공자에게 바치고, 정치 혁신에 대하여 상의하기를 희망하니 비읍을 방문해 줄 것을 요청하는 내용이었다. 공자는 노정공에게 비읍을 방문하여 불뉴를 개과천선시키겠다고 자청했으나, 노정공은 공자의 안전을 염려하여 허락하지 않았다. 공자를 회유하는 데 실패한 불뉴는 염양과 약막에게 함께 반란을 일으킬 것을 제안했으나, 염양과 약막은 거절했다.

숙손씨의 가신인 약막의 부하인 후범은 힘이 장사로 무예가 출중했고 남의 지배를 받는 것을 싫어했다. 어느 날 후범은 약막을 암살하고, 후읍의 장을 자칭했다. 숙손주구는 맹손무기와 상의했고, 맹손씨와 숙손씨는 후성을 공격했다. 후범이 결사항전하여 맹손씨와 숙손씨의 피해가 막심했다. 숙손주구는 제에 사신을 파견하여 구원을 요청했다.

숙손씨의 가신인 사적은 숙손주구에게 계속 충성했지만, 후범을 돕는 척하며 후범의 신임을 받았다. 사적은 후범에게 후읍을 제에 바치고 대신 제의 다른 땅을 받아 이주하여 안전을 도모하라고 충동했다. 후범은 제에 사신을 보내 망명의 뜻을 전했다.

숙손주구와 후범의 사신을 차례로 접견한 제경공은 노의 혼란과 반목을 제의 행운으로 생각했다. 제경공은 사마 전양저에게 제·노 경계에 주둔하다가 후범이 유리하면 후읍에 군사를 주둔시키면서 후범을 제로 불러들이고, 숙손씨가 유리하면 숙손씨를 도와 후읍을 공격할 것을 지시했다.

사적은 후범에게 제의 태도가 불분명함을 아뢰고, 후성의 수비를 위해 성문에 정예부대를 배치할 것을 건의했다. 후범도 동의했다. 제로 갔던 후범의 사신이 돌아와 제경공이 후읍과 제의 다른 땅을 교환하기로 약속했음을 보고했다.

사적은 부하들을 시켜 후범이 백성들을 데리고 제로 이주하고 제군이 후읍을 접수할 것이라는 소문을 퍼뜨렸다. 후읍의 민심이 흉흉해졌다. 백성들이 사적을 찾아가 소문의 진위를 물었다. 사적은 후범이 고향을 버리고 제로 이주하기로 결정했다고 알려주고, 객지 생활의 고단함을 걱정하면서 백성들을 충동했다. 후읍의 백성들은 분노했다.

그날 밤 사적은 부하들을 시켜 제군이 도착했으므로 후읍의 백성들은 사흘 내로 제의 황무지로 이동할 것이라고 외치며 돌아다니게 했다. 후읍의 백성들은 통곡하며 분노했고, 후범의 집으로 몰려갔다. 후읍의 백성들은 성문의 군사들을 설득하여 합세시켰다. 백성들과 군사들은 후범의 집을 포위했다.

사적은 후범을 찾아가 백성들을 진압하자고 떠보았다. 후범은 군사들이 백성들에게 합류한 사실을 말하며, 진압을 만류하고 피신하기를 희망했다. 사적은 후범에게 자신이 백성들을 설득해 무사히 도주할 수 있도록 하겠다고 제안했다. 사적은 백성들을 설득해 길을 열어주었고, 후범은 제로 도주했다.

며칠 후 사적은 숙손주구와 맹손무기를 영접했다. 숙손주구는 반란의 재발을 우려하여 후성의 높이를 낮추었다. 제의 사마 전양저는 회군했다. 숙손주구는 사적에게 후읍을 맡기고 회군했다.

계손씨季孫氏 가신 불뉴不狃의 반란(BC 500년)

계손씨의 가신인 비읍의 불뉴는 후읍의 모반 사실과 숙손씨와 맹손씨의 출병 사실에 기뻐하면서 비읍의 군사들을 거느리고 도읍인 곡부성을 공격했다. 숙손첩은 성문을 열고 불뉴를 영접했다.

노정공은 당황했다. 공자는 궁중 군사들의 약함을 지적하며, 계손사의 집으로 피신할 것을 건의했다. 노정공은 계손사의 집으로 달아났다. 잠시 후 사마 신구수와 악기가 계손사의 집으로 달려왔다. 공자는 신구수와 악기에게 계손사의 가병들을 지휘하여 누대의 좌우에 매복하도록 하고, 궁중 군사들은 누대 아래에 배치했다.

불뉴가 노정공을 찾기 위해 궁중을 수색했으나 허탕치고, 계손사의 집으로 출동해 공격했다. 궁중 군사들은 패하고 도주했다. 신구수와 악기가 비읍의 군사들과 싸우고 있을 때, 공자는 노정공을 대동하고 누대 위로 올라가 비읍의 군사들에게 순리와 역리에 대하여 외치며 항복을 권유했다. 비읍의 군사들은 공자를 숭배하고 있었기에 항복했고, 전세는 역전되었다. 불뉴와 숙손첩은 오로 도주했다.

노魯의 기강을 확립하는 공자孔子

숙손주구와 맹손무기는 후성에서 돌아와 후성의 높이를 낮춘 사실을 보고했다. 계손사는 비읍의 성벽을 아예 허물어 버렸다. 맹손무기도 성읍의 성벽을 무너뜨릴 결심을 했다. 성읍의 읍재인 염양은 이를 걱정하고, 소정묘를 찾아가 상의했다. 소정묘는 염양에게 반역자로 의심받고 있다고 충동하면서, 성읍은 제에 대비한 노의 북쪽 요새임을 강조하라고 알려주었다.

염양은 맹손무기를 알현하며, 노의 사직을 위해 성성을 무너뜨리면 안 된다고 강력히 주장했다. 소정묘는 예전부터 공자를 시기하여 공자의 말을 일부러 중간에서 왜곡하고 어지럽히며, 사람들이 공자의 말을 의심하도록 해 왔다. 공자는 염양이 소정묘의 사주를 받고 저항하는 것을 알았다.

공자는 노정공에게 노의 부흥을 위해서는 충신과 간신의 분별이 필요하고, 형벌과 상을 분명히 하고, 해초를 제거해야 한다고 아뢰었다. 공자는 노정공에게 대신회의를 열고 자신이 아뢰는 대로 재결해 줄 것을 요청했다. 노정공은 허락했다.

다음 날 노정공은 궁중에서 회의를 열고, 성성을 무너뜨리는 문제를 논의했다. 신하들의 의견이 분분했다. 소정묘는 공자에게 아부하기 위해 성성을 무너뜨릴 것을 주장했다. 공자는 염양의 충성심을 의심하여 국정의 문란을 유발하고 군신을 이간한 죄를 물어 소정묘를 처형할 것을 주장했다. 신하들이 반대했으나, 공자는 인심을 어지럽히는 자라고 소정묘를 비난하며 대사구의 직책으로 처형을 지시했다. 결국 소정묘는 그 자리에서 참수되었다(BC 500년).

이때부터 노의 기강이 확립되고, 공자의 뜻이 국정에 반영되기 시작했다. 노의 정치는 안정되기 시작하고, 백성들의 생활은 편안해졌다. 공자를 칭송하는 노래가 널리 퍼졌다.

공자孔子의 제자弟子들

공자는 3,000명이 넘는 많은 제자들을 양성했다. 공자의 제자들은 크게 공자와 나이 차이가 20세 정도인 아우(弟)뻘의 1세대 제자와 40세 정도인 아들(子)뻘의 2세대 제자로 나눌 수 있다. 많은 제자들 중 특히 유명한 제자들은 다음과 같다.

① **1세대 제자**

- **중유仲由(=자로子路, 계로季路)**: 무뢰한이었는데 공자의 훈계에 감복하여 한평생 스승으로 모심. 공자의 호위를 담당함. 학문에 대한 열정이 강하나 다혈질이어서 사려가 깊지는 못함. 항상 투덜댐. 공자보다 아홉 살 아래여서 가장 친한 사이였음. 계손씨의 가신이었다가 위衛의 대부인 공회의 가신이 됨. 위衛의 내란 때 사망함(후술)
- **민손閔損(=자건子騫)**: 공자보다 15세 아래로 효성과 덕행으로 유명함. 어릴 때 부모의 모진 학대를 받았으나 극진한 효도로 부모를 감동시킨 일화가 전해옴

- **단목사端木賜(=자공子貢)**: 뛰어난 경제 감각과 말솜씨로 국제무역에 종사하여 거부가 됨. 공자의 14년 주유천하 비용을 부담함. 매우 똑똑하고 남의 마음을 잘 읽는 재주가 있음. 주변 사람들을 자주 품평하여 가끔 공자의 비판을 받음. 유세를 통해 노의 위기를 구함(후술). 공자가 사망한 뒤 3년상을 마친 후에도 무덤가에 여막을 짓고 3년을 더 지내며, 스승의 기록을 정리함
- **염경冉耕(=백우伯牛)**: 주문왕의 열 번째 아들인 염계재의 후예. 공자보다 한 살 아래의 제자. 공손하고 온화한 태도로 공자의 칭찬을 받음. 공자의 후임으로 중도재가 되었음. 젊은 나이에 병으로 요절함. 염경·염옹·염구 3형제는 공자의 제자가 되어 학문적 성취를 이루고 일문삼현一門三賢으로 불리게 됨
- **염옹冉雍(=중궁仲弓)**: 언변은 서툴렀으나 덕행이 매우 뛰어남. 공자로부터 군주의 자질이 있다는 극찬을 받음. 공자 사후 《논어》 편집에 큰 역할을 함
- **염구冉求(=자유子有)**: 자가 자유여서 흔히 염유冉有로 불림. 소심한 성격으로 학문에 대한 어려움을 호소함. 공자로부터 정치적 자질이 우수하다는 평을 받음. 이후 계손씨의 가신이 되어 계손씨의 전횡에 협조하고 세금을 가혹하게 징수하여 공자로부터 파문을 당함
- **재여宰予(=자아子我)**: 자가 자아여서 흔히 재아宰我로 불림. 뛰어난 말솜씨를 가졌으나 다소 급진적인 성향이어서 공자의 비판을 받음. 권신들에게 적대적임. 제간공에게 임관하여 진항(=전상) 제거를 희망했으나 실패하고 피살됨(후술)
- **안회顏回(=자연子淵)**: 자가 자연이어서 흔히 안연顏淵으로 불림. 공자가 가장 총애한 수제자. 가난하지만 학문에 대한 열정이 대단함.

29세(또는 31세)에 요절하여 공자를 슬프게 함

② 2세대 제자: 공자 사후 공자의 사상을 후세에 전함

- 유약有若(=자유子有): 예禮를 중시함
- **증삼曾參(=증자曾子)**: 공자로부터 우둔하다는 평가를 받았으나, 일일삼성一日三省(하루에 세 번씩 자신의 행동을 반성함)을 생활신조로 삼아 공자의 가르침을 실천하기 위해 끊임없이 노력하였음. 인仁을 중시함. 《효경》의 저자로 알려짐
- 복상卜商(=자하子夏): 열정은 뛰어났으나, 학문적 성취는 부족하여 공자의 아쉬움을 받음. 출사의 목적으로 학문을 추구하여 공자의 비판을 받음. 위魏문후에게 학문을 가르침
- 언언言偃(=자유子遊): 항상 진지하고 신중한 자세로 학문에 임하여 공자의 칭찬을 받음. 학구적이며 문학적 소양도 뛰어남
- 전손사顓孫師(=자장子張): 진陳 출신. 매사에 적극적임. 만민평등을 주장하여 공자로부터 지나치다는 평을 받음. 자하보다 인仁이 지나쳐 공자로부터 '지나친 것은 미치지 못한 것과 같다(과유불급過猶不及).'라는 평을 받음
- 금뇌琴牢(=자개子開): 재주가 뛰어났고 포부도 컸으나, 학문적 성취도는 부족하다는 평을 받음.

공자가 《논어》〈선진先進〉편에서 언급한 안회, 민손, 염경, 염옹, 재여, 단목사, 염구, 중유, 언언, 복상을 훗날 당唐 때에는 공문십철孔門十哲이라고 불렀다.

공자 사후 제자들은 인仁을 더 중시하는 내성파內省派와 예禮를 더 중시하는 숭례파崇禮派로 크게 분파되었다. 증자 등이 내성파로 분류된다. 자하, 자유, 자장 등은 숭례파로 분류된다. 내성파는 자사子思[1]와 맹자孟子로 이어지고, 숭례파는 순자荀子로 이어진다. 훗날 송宋 때 내성파 계통이 중시되어 '공자-증자-자사-맹자'의 계보가 정통이 된다.

진양성晉陽城을 쌓는 조앙趙鞅(BC 500년)

조앙(=조간자趙簡子)은 가신 동안우董安于에게 태원太原 땅에 성을 쌓게 했다(BC 500년). 조앙은 그 성을 진양성晉陽城이라 이름 붙였는데, 대단히 견고했다. 이후 진양성은 조앙 일가의 근거지가 된다.

조앙의 가신인 동안우는 신중한 성격으로 모든 일에 준비를 철저히 하여 조앙의 신임을 받았고, 조앙을 대신하여 진양을 다스렸다. 동안우는 진양성의 궁성을 지으면서 만약의 사태에 대비하여 궁성의 담에 화살대의 재료로 활용할 수 있는 싸리나무를 심었고, 녹여서 무기를 제작할 수 있는 동철로 궁성의 기둥들을 만들었다.

흔히 조앙은 진양이 근거지여서 진양 조씨로 구분하고, 조앙의 친척인 조오는 한단이 근거지여서 한단 조씨로 구분한다.

제경공齊景公의 미인계[공자孔子의 사임](BC 498년)

예전부터 사마 전양저의 벼락출세를 시기하고 있던 대신들이 모함을

---

[1] 공자의 손자. 증자로부터 유학을 배움. 《중용中庸》의 저자로 알려져 있음

하여 전씨(=진씨)를 경계하고 있던 제경공의 의심에 불을 지폈다. 결국 제경공은 전양저를 해임했다. 전양저는 억울하여 화병에 걸려 곧 죽었다(죽은 시기는 불명임).

평범한 능력의 소유자인 제경공을 탁월한 인품과 능력으로 잘 보좌하여 제의 중흥을 이끌고 있던 정경 안영이 병으로 죽자(BC 500년), 제경공은 통곡했다. 전양저와 안영이 죽은 이후부터 제의 기강은 서서히 무너지기 시작했고, 제의 국력은 약화되기 시작했다.

제경공은 공자의 활약으로 노의 국력이 강해지는 것을 우려했다. 대부 여미는 노정공에게 미녀 악공을 보내 나태하게 만들고 공자를 멀리하도록 하는 계책을 건의했다. 제경공은 만족했다.

여미는 미녀 80명을 선발하여 노래와 춤을 가르쳤고, 명마 120필을 뽑아 치장했다. 제경공은 노에 사신을 파견하면서 미녀 악공들을 딸려 보냈다. 제의 사신은 곡부성의 남문 근처에 미녀 악공들을 체류시키고, 노정공에게 국서를 전달했다. 양국의 우호를 희망하면서 노정공을 위로하기 위해 작은 성의를 보낸다는 내용이었다.

노정공이 계손사를 불러 상의하고자 했으나, 계손사는 남문 근처에서 미녀 악공들의 공연을 구경하느라 넋이 빠져 노정공의 소환에도 가지 않다가 다음 날 입궁했다. 계손사는 제경공의 제안을 수락하라고 권유했다. 노정공과 계손사는 미복을 하고 미녀 악공들의 공연을 구경하러 갔는데, 완전히 미혹되었다. 노정공은 제에서 보낸 미녀 악공 80명을 궁중에 들였고, 그중 30명을 계손사에게 하사했다. 노정공과 계손사는 향락에 빠져 국정을 소홀히 했다(BC 498년).

자로는 실망하여 공자에게 다른 나라로 이주할 것을 건의했다. 공자는 노정공이 교제郊祭를 어떻게 처리하는지 지켜본 후 결정하기로 했다. 노정공은 향락에 빠져 교제를 형식적으로 대충 지냈고, 제사 지낸 고기를 나누어 주면서 공자에게는 주는 것을 잊어버렸다(계손사가 공자를 모욕하기 위해 일부러 나누어주지 않았다는 견해도 있음). 공자는 탄식하며 벼슬을 사임하고, 노를 떠날 결심을 했다. 자로와 자유는 벼슬을 사임하고 공자를 수행했다. 이로써 노의 국력은 다시 쇠퇴하게 되었다.

제5절 진晉 6경卿의 권력 다툼

진晉 6경卿의 내분[중행씨中行氏와 범씨范氏의 쇠퇴](BC 497년)

조앙이 진晉의 중군원수가 되었다(BC 497년). 조앙의 봉토인 진양은 땅에 비해 인구가 부족했다. 조앙은 한단에 거주하던 위공 500가구를 진양 땅으로 이주하기로 결정했다. 위공 500가구는 조오에게 몰려가 진양으로 이주하는 것을 거부했다. 한단이 봉토인 조오는 입장이 난처해졌다. 결국 조오는 위공 500가구의 편을 들어 조앙의 지시를 거부했다.

조앙은 격노했다. 조앙은 조오를 도읍인 강주성으로 유인하여 불러들인 후 죽이고, 아예 한단 조씨를 멸족시켜 버렸다(BC 497년).

조오의 외삼촌인 순인(중행인)은 이 일로 인해 조앙에 대해 깊은 원한을 가지게 되었다. 순인은 범길사와 상의하고, 조앙을 공격할 계획을 세웠다.

조앙의 가신인 동안우는 순인과 범길사가 모의하고 있다는 정보를 입수했다. 동안우는 도읍 강주성으로 조앙을 찾아가 보고하며, 이에 대비할 것을 건의했다. 조앙은 먼저 난을 일으킨 자를 사형에 처하는 것이 국법임을 강조하며, 순인과 범길사가 난을 일으키기를 기다렸다가 처치할 것이라고 대답했다. 동안우는 기다리면 피해가 막대할 것이라고 아뢰며, 혼자서라도 목숨을 걸고 대결하겠다고 주장했다. 조앙은 계속 말렸고, 결국 동안우는 가병들을 대기시킨 상태에서 변란이 일어나길 기다렸다.

순인과 범길사는 동안우가 공격할 것을 우려했다. 결국 순인과 범길사는 먼저 조앙의 집을 공격하고 포위했다. 동안우는 분전하며 탈출할 수 있는 길을 열었다. 조앙과 동안우는 진양성으로 겨우 도주했다.

순역(=지역)은 순인과 범길사가 권세를 차지할 것을 우려하여 한불신과 위만다를 찾아가 상의했다. 한불신은 국법을 적용해 순인과 범길사를 공격할 것을 주장했다.

순역, 한불신, 위만다는 진晉정공을 알현하며 순인과 범길사를 공격할 것을 주장했다. 당시 진정공은 실권이 없는 허수아비에 불과했다. 순역, 한불신, 위만다는 진정공을 앞세우고 순인과 범길사를 공격했다.

순인과 범길사는 가병 수가 부족해 열세에 몰렸다. 범길사는 진정공을 탈취하려고 시도했다. 한불신은 반란군이 군주를 납치하려 한다고 외치며, 싸움 구경을 하고 있던 백성들을 충동했다. 백성들은 순역, 한불신, 위만다 측에 가세하면서 진정공을 호위했다. 결국 순역, 한불신, 위만다는 순인과 범길사를 크게 무찔렀다. 순인과 범길사는 조가朝歌 땅으로 달아났다(BC 497년).

이 사건과 관련하여 다음과 같은 일화가 전해온다. 범길사의 저택에는 가보로 큰 종이 전해오고 있었는데, 매우 유명하였다. 범길사가 몰락하고 저택이 어수선하게 되자 어떤 도둑이 그 종을 훔치려고 시도했는데, 너무 무거워 옮길 수가 없었다. 그 도둑은 종을 조각내어 가져가려고 망치로 종을 내리쳤다. 당연히 큰 소리가 났는데, 그 도둑은 다른 사람들이 들을까 겁이 나서 얼른 자기 귀를 막았다고 한다[1].

한불신은 진정공에게 조앙의 복위를 건의했고, 조앙은 중군원수에 복귀했다. 양영보는 순역에게 순인을 대신하여 경에 취임시켜 줄 것을 부탁했고, 순역은 조앙에게 부탁했다. 조앙은 동안우에게 양영보의 취임 건을 문의했다. 동안우는 현재 당파가 과도한 것을 지적하며, 양영보가 새로운 당파를 만들 것을 우려했다. 결국 조앙은 양영보의 경 취임을 불허했다.

양영보는 동안우에게 원한을 가졌다. 양영보는 순역에게 한불신과 위만다는 조씨 일당이라고 지적하며, 순역의 처지가 고단하게 되었다고 충동했다. 양영보는 순역에게 조씨의 힘을 약화시키기 위해 실세인 동안우를 제거하라고 건의했다. 양영보는 동안우가 미리 군사를 대기시킨 사실을 지적하며, 순인과 범길사의 난에 원인을 제공한 책임을 추궁하는 것이 가능할 것이라고 아뢰었다.

순역은 조앙을 만나 난 발생의 모든 책임이 동안우에게 있음을 지적했다. 조앙은 걱정이 되어 동안우에게 사실을 알려주었다. 동안우는 조

---

1) 여기서 **엄이도령**掩耳盜鈴(귀를 막고 방울을 훔친다는 뜻. 얕은꾀를 써서 남을 속이려는 것을 비유함. 남의 말을 듣지 않는 독선적이고 어리석은 사람을 풍자하는 의미로 사용하기도 함)의 고사성어가 나옴. 원래는 엄이도종掩耳盜鐘이었으나, 시간이 흐르면서 종 대신 방울로 바뀌어 사용됨

씨에게 책임이 전가되는 것을 차단하기 위해 집에서 목을 매고 자살했다. 조앙은 동안우의 자살 사실을 순역에게 알려주었고, 순역과 조앙은 다시 사이가 좋아졌다.

조앙은 동안우의 충성과 공로를 고맙게 생각해 가묘에서 몰래 제사를 올려주었다. 조앙은 가신 윤탁尹鐸을 진양성에 파견하여 다스리게 했다. 윤탁은 진양성을 수리하고, 선정을 베풀며 잘 다스려 주민들의 칭송을 들었다.

오吳의 세자가 되는 부차夫差(BC 497년)

오왕 합려는 초 격파 이후 중원에 위엄이 크게 확대되었다. 이후 오왕 합려는 자만하여 사치와 환락에 빠졌다. 오왕 합려는 장락궁長樂宮을 크게 짓고, 고소산에 고소대姑蘇臺를 높이 쌓았다(BC 497년).

오왕 합려는 예전에 월이 부개를 원조한 것에 대하여 보복을 결심했다. 당시 제와 초는 서로 사신을 교환하며 친하게 지내고 있었는데, 오왕 합려는 이에 분노하여 먼저 제를 공격한 이후 월을 공격할 것을 선언했다. 이때 세자 파는 부인이 죽은 지 상당한 기간이 지났어도 아직 후비가 없는 상태였다.

오자서는 오왕 합려에게 국가 간의 외교 행위는 통상적인 행위라고 아뢰며, 세자 파의 후비를 책봉하는 것이 시급하다고 건의했다. 오자서는 제에 혼인을 요청하고, 거절할 경우 공격할 것을 주장했다.

오왕 합려는 제에 대부 왕손 낙駱을 파견하여 세자 파에 대한 청혼을 했다. 이때 제경공은 이미 노쇠한 상태였는데, 어린 딸을 객지로 보내는 것이 싫었지만 거절할 경우 오의 보복도 걱정되었다. 대부 여미는 오의 보복을 염려하여 승낙할 것을 건의했고, 제경공은 결국 승낙했다.

제경공은 어린 딸 소강少姜을 염려하여 눈물을 흘리며, 안영과 전양저가 없는 것을 탄식했다. 제경공은 대부 포목鮑牧에게 소강을 오까지 호위하고, 오왕에게 잘 부탁할 것을 지시했다. 포목은 오왕 합려를 알현하고, 오자서와 깊은 친분을 맺게 되었다.

소강은 나이가 너무 어려서 시집온 이후 고향과 부모를 그리워하며 눈물만 흘렸다. 오왕 합려와 세자 파는 소강을 위로하고, 북문 성루를 개조하여 망제문望齊門을 만들어 주었다. 소강은 매일 망제문에서 북쪽을 바라보았으나, 제가 보일 리 없었다. 소강은 향수병이 났고 상태는 악화되었다. 결국 소강은 제를 보고 싶다며 우산虞山 정상에 묻어 줄 것을 유언으로 남기고 죽었다.

세자 파도 소강의 죽음을 너무 애통해하다 병이 났고, 곧 죽었다. 오왕 합려는 세자 책봉 문제를 고민했다.

이때 오왕 합려의 아들[1]인 **부차夫差**는 나이 26세였는데, 세자 파가 죽은 후 오자서를 찾아가 자신이 세자가 되는 것을 도와 달라고 부탁했다. 오자서는 승낙했다.

며칠 후 오왕 합려는 오자서를 불러 세자 책봉 문제를 상의했다. 오자서는 부차를 추천했다. 오왕 합려는 부차는 우매하고 인자하지 않다고 걱정했으나, 오자서는 부차가 성실하고 신의가 있다고 아뢰었다. 결국 오왕 합려는 부차를 세자에 임명했다(BC 497년).

---

1) 소설 《동주 열국지》에는 부차가 세자 파의 아들로 기재되어 있으나, 《사기》에는 오왕 합려의 아들로 기재되어 있음. 오왕 합려의 아들로 보는 것이 통설임

제3장

오왕吳王 부차夫差의 패권 장악

제1절 월越에 대한 오왕吳王 부차夫差의 복수

월왕越王 구천勾踐의 즉위(BC 497년)

월왕 윤상이 노환으로 재위 42년에 사망하고 세자 **구천勾踐**[1]이 월왕으로 즉위했다(BC 497년).

오왕吳王 합려闔閭의 월越 공격[취리檇李전투](BC 497년)

오왕 합려는 월의 국상을 이용하여 월을 공격할 결심을 했다. 오자서는 국상을 이용해 공격하는 것은 상서롭지 못함을 들어 반대했으나, 오왕 합려는 오자서의 말을 듣지 않았다.

오왕 합려는 백비, 왕손 낙, 전의를 대동하여 정병 3만 명을 거느리고 월을 공격했다(BC 497년). 오왕 합려는 오자서와 세자 부차에게

---

1) 월왕 구천: 재위 BC 496 ~ BC 464. 춘추시대의 다섯 번째(마지막) 패자

국내를 방어할 것을 지시했다.

월왕 구천은 제계영諸稽郢(대장), 영고부靈姑浮(선봉), 주무여疇無餘, 서안胥犴을 대동하여 직접 방어군을 이끌고 출전했다.

오군과 월군은 취리欈李 땅에서 대치하고, 교전을 벌였으나 승부가 나지 않았다. 오왕 합려는 오대산五臺山으로 이동하여 포진했다. 오왕 합려는 월군이 태만해지기를 기다리며, 군사들에게 신중하게 기다리라고 지시했다.

월왕 구천은 오군의 혼란을 유도하기 위해 결사대의 공격을 지시했다. 주무여와 서안은 결사대 각 500명을 조직하여 돌격했으나, 오군의 방어가 철저하여 실패했다. 제계영이 월왕 구천에게 죄수부대의 투입을 건의했다. 구천은 사형수 300명의 투입을 지시했다.

다음 날 300명의 사형수들은 상의를 벗고 오군 진영 앞에 일자로 길게 늘어섰다. 오군은 호기심에서 지켜보았다. 죄수들은 전왕前王의 죄를 대신해 죽겠다고 공손히 외친 후, 차례로 목을 찔러 하나씩 자살하기 시작했다. 오군은 '전대미문의 괴상한 광경'을 보고 기가 질렸다. 이때를 노려 주무여와 서안은 월군 결사대를 이끌고 일제히 돌격했다. 오군은 당황했고, 월왕 구천은 전군을 투입하여 공격을 개시했다.

기가 질리고 당황한 오군은 진영이 무너지기 시작했다. 월 장수 영고부는 오왕 합려를 공격했고, 오왕 합려에게 오른쪽 발이 잘려 나가는 중상을 입혔다. 장수 전의가 겨우 오왕 합려를 구출했으나, 본인도 큰 부상을 당했다. 왕손 낙과 전의는 오왕 합려를 호위하고 후퇴했다. 월군은 후퇴하는 오군을 추격해 크게 무찔렀다.

위영공衛靈公 부부의 음란

위영공의 부인인 남자南子는 송 출신인데, 아들 **괴외蒯聵**[1]를 낳았다. 위영공은 괴외를 세자로 임명했다. 남자南子는 미인이었으나 음란했다. 남자南子는 출가하기 전에 송 공자 조朝와 깊은 관계를 맺었는데, 위영공에게 시집온 이후에도 항상 공자 조를 그리워했다.

한편 위영공은 남색을 즐겼고, 부인 남자南子를 방치했다. 위영공은 특히 미남자인 미자하彌子瑕를 총애했다.

어느 날 미자하가 모친의 문병을 위해 위영공의 수레를 무단으로 사용했다. 이는 발뒤꿈치를 잘라 불구로 만드는 처벌을 받는 중죄였으나, 위영공은 미자하를 처벌하는 대신 오히려 처벌의 위험을 무릅쓰고 모친을 문병하러 간 미자하의 효성을 칭찬했다. 한번은 미자하가 복숭아를 먹다가 너무 맛이 있어서 남은 반을 위영공의 입속으로 넣어 준 일이 있었다. 이는 불경죄로 사형에 해당하는 중죄였으나, 위영공은 미자하가 자신을 얼마나 사랑하는지를 알 수 있다며 그 일을 자랑했다.

어느덧 세월이 흐르고 미자하의 외모도 예전만 못해졌다. 위영공은 미자하에 대한 총애가 식었고, 예전에 미자하가 자신의 수레를 무단으로 사용하고 남은 복숭아를 입에 넣어 준 일에 대하여 뒤늦게 분노를 느꼈다. 위영공은 미자하를 처벌하고 추방했다[2].

어느 날 위영공은 부인 남자南子를 방치한 것이 미안해 송 공자 조를 초청했다. 남자南子와 공자 조는 깊은 관계를 지속했고, 그에 대한 추문

---

1) 《사기》에는 괴외로 기재되어 있고, 소설《동주 열국지》에는 괴귀蒯聵로 기재되어 있음
2) 여기서 **여도지죄餘桃之罪**(먹다 남은 복숭아를 먹인 죄라는 뜻. 같은 행동이라도 사랑을 받을 때와 미움을 받을 때 각각 다르게 받아들여지는 것을 비유함)의 고사성어가 나옴

이 널리 퍼지게 되었다.

　위영공은 세자 괴외 이외에 여러 첩들을 통해 공자 반사般師, 기起, 겸郟[1] 등의 아들들을 얻었다.

공자孔子의 방랑[주유천하의 시작](BC 497년)

　공자는 제자들과 함께 노를 출발하여 위衛에 당도했는데(BC 497년), 이때 공자의 나이는 50대 중반으로 알려져 있다. 공자의 명성을 잘 알고 있던 위영공은 공자를 영접하며, 인·의·예가 아닌 부국강병책에 대하여 물었다. 공자는 위영공에게 실망하여 즉시 위를 떠났다.

　공자가 송의 광읍匡邑을 지날 때, 광읍의 백성들이 공자를 양호로 오해하고 양호에 대한 원한을 풀기 위해 공자 일행의 수레를 포위했다. 다혈질인 자로는 창을 들고 백성들과 싸우려고 했다. 공자는 곤궁에는 운명이 있음을 알고 형통에는 때가 있음을 알고 큰 어려움에 처해도 두려워하지 않는 것이 성인의 용기라고 말하며, 자로를 진정시켰다. 공자는 금琴을 연주하며 차분히 기다렸다. 이때 위영공이 공자를 다시 모시려고 보낸 사신이 당도했고, 광읍의 백성들은 오해를 풀고 사죄했다. 공자는 다시 위로 갔다.

　위의 대부 거원蘧瑗은 공자를 극진히 대접했다. 남자南子도 공자를 공경했다. 어느 날 공자가 위영공, 남자南子와 같이 수레를 타고 나갔을 때, 백성들이 위영공의 동성애를 풍자하는 노래를 부르는 것을 듣고 탄식했다.

---

1) 묵默, 검黔으로 표기된 기록도 있음

공자는 곧 위를 떠났고, 송에 도착했다. 송경공의 남색 상대인 사마 환퇴는 공자가 등용되어 송의 국정을 쇄신할까 염려되었다. 환퇴는 가신을 시켜 공자를 암살하려고 계획을 세웠다. 공자는 환퇴의 음모를 미리 알아채고, 즉시 송을 떠났다.

공자는 정에 도착해 잠시 머무르다 진晉을 향해 출발했다. 공자가 정에 머무를 때 어떤 사람이 공자의 지친 모습을 보고 '상갓집의 개'와 같다고 말한 일화는 유명하다. 진晉의 경계에 들어섰을 때 공자는 진晉의 중군원수 조앙이 어진 신하인 두주竇犨와 순화舜華를 죽였다는 소식을 들었다. 공자는 탄식하며 다시 위로 돌아갔다(BC 496년).

오왕吳王 부차夫差의 즉위(BC 496년)

오왕 합려는 패하여 귀국하면서 부상당한 다리로 인해 크게 고통을 받았다. 결국 오왕 합려는 귀국 도중 극심한 고통 속에 죽었다(재위 19년). 이에 세자 **부차夫差**[1]가 왕으로 즉위했다(BC 496년). 오왕 부차는 아들 우友를 세자로 임명했다.

오왕 부차는 합려를 해용산海涌山에 장사 지냈는데, 무덤을 만들었던 공인들을 모두 죽여 순장하고 수많은 보물과 비수 어장 등을 부장품으로 묻었다. 얼마 후 전의도 부상이 악화되어 죽었다.

한편 오왕 부차는 내시 열 명을 궁전 뜰에 배치하고, 자신이 출입할 때마다 "부차야! 너는 월왕이 너의 아비를 죽였다는 사실을 잊었느냐?"라고 소리 지르게 했다. 그럴 때마다 오왕 부차는 눈물을 흘리며, "내

---

1) 오왕 부차: 재위 BC 495 ~ BC 473. 춘추시대의 네 번째 패자(소수설). 오의 마지막 왕

어찌 잊을 리 있으리오!"라고 대답하며, 복수의 결심을 다졌다.

또한 오왕 부차는 의자나 침상을 사용하지 않고 날마다 딱딱하고 차가운 땔나무 위에서 자며 자신의 몸을 학대했다[1]. 그러면서 부차는 원수를 갚을 각오를 더 단단히 하고 정신을 무장했다.

오왕 부차는 오자서와 백비에게 군사들을 조련할 것을 지시했다. 오자서와 백비는 태호太湖에서 수군을 훈련시키고 영암산靈巖山에서 궁수를 훈련시키며 착실히 준비를 했다. 오왕 부차는 합려의 상을 마치면 월을 공격하여 복수할 계획이었다.

위衛 세자 괴외蒯聵의 추방(BC 496년)

위 세자 괴외는 모친 남자南子의 추문에 괴로워하고 분노했다. 결국 괴외는 심복 부하인 희양속戱陽速에게 모친을 암살할 것을 지시했는데, 사전에 발각되었다. 남자南子는 위영공에게 괴외를 처벌할 것을 호소했다. 위영공은 세자 괴외를 국외로 추방했다(BC 496년). 괴외는 송으로 망명했다가 이후 진晉에 정착하게 된다.

괴외의 아들로 첩輒과 질疾이 있었다. 위영공은 자신의 서자를 세자로 임명하는 대신 괴외의 아들인 **공손첩公孫輒**을 세손으로 임명했다.

공자는 아버지와 아들이 다투는 모습을 보며 통탄했다. 공자는 위를 떠나 진陳으로 갔다(BC 496년).

---

1) 여기서 **와신상담臥薪嘗膽**(땔나무에 누워 아픔을 참으면서 자고, 쓸개를 맛보며 쓴맛을 견딘다는 뜻. 원수를 갚기 위해 온갖 고생과 아픔을 묵묵히 참고 견디는 것을 의미함)의 고사성어가 나옴. 이 중 와신臥薪이 여기서 유래되었음

순인荀寅과 범길사范吉射에 대한 제후들의 원조

진晉에 불만을 가진 제, 노, 정, 위 등의 제후들은 진晉의 혼란을 더 조장하기 위해 조가 땅에 도피한 순인과 범길사에 대하여 곡식과 무기를 보내 비밀리에 원조했다(BC 496년). 조앙은 여러 차례 조가 땅을 공격했으나(BC 494년, BC 493년), 함락시키지 못했다.

노애공魯哀公의 즉위(BC 495년)

노정공이 재위 15년에 사망하고 세자 장蔣이 즉위하니(BC 495년), 곧 **노애공魯哀公**[1]이다. 노애공은 말년에 월에서 객사하기 때문에(후술) 노애공을 노출공魯出公이라고 부르기도 한다.

오왕吳王 부차夫差의 월越 공격[초산椒山전투](BC 494년)

오왕 부차는 탈상 이후 오자서를 대장으로 삼아 백비를 대동하고 월을 공격했다(BC 494년). 월왕 구천은 회의를 열고, 출격해서 오군과 결전할 뜻을 밝혔다. 대부 범려는 오군의 분노가 매우 크므로 승산이 없으니 굳게 방어할 것을 건의했다. 대부 **문종文種**은 사죄하고 화평을 맺은 후 후일을 도모할 것을 건의했다. 월왕 구천은 고집을 부려 군사 3만 명을 거느리고 출전했다.

월왕 구천은 초산椒山에서 오군의 선봉부대와 교전하여 무찔렀다. 월

---

1) 노애공 희장: 재위 BC 494 ~ BC 468

왕 구천은 도주하는 오군을 추격하다 오왕 부차의 본진과 만났다. 양측은 남북으로 진을 치고 강에서 대격전을 시작했다. 이때 큰 북풍이 불었고, 북쪽에 포진한 오군이 절대적으로 유리해졌다. 오자서와 백비는 바람을 등지고 배를 몰아 맹공을 퍼부었다. 결국 월군은 크게 패하여 달아났다. 월 장수 영고부는 익사하고, 서안은 전사했다.

월왕 구천은 고성固城 땅으로 달아났다. 오군은 추격하여 고성 땅을 포위하고, 월군이 갈증을 느낄 것을 기대하며 물길을 차단했다. 고성 안에 영천靈泉이 있었는데, 수량이 풍부하고 물고기가 많았다. 월왕 구천은 물이 많다는 것을 보여주기 위해 영천의 물고기 수백 마리를 오왕 부차에게 보냈다.

월왕 구천은 범려에게 고성을 수비할 것을 지시하고, 샛길을 이용해 탈출하여 회계산으로 이동했다. 구천은 회계산에서 군사를 점검했으나, 겨우 5천 명 정도였다. 구천은 탄식했다.

오자서는 고성 우측에 영채를 건립했고, 백비는 고성 좌측에 영채를 건립했다. 오군의 맹공으로 고성은 함락되기 직전이었다.

오吳와 월越의 화평(BC 494년)

문종은 월왕 구천에게 백비는 시기심이 많고 재물과 여색을 좋아함을 강조하고, 오왕 부차는 강직한 오자서에게 부담을 느끼고 백비를 총애하고 있음을 아뢰며, 백비의 환심을 산 후 화평을 요청할 것을 건의했다. 월왕 구천은 궁녀 8명과 백옥 20쌍, 황금 1,000일을 내어주었다. 문종은 미녀와 뇌물을 가지고 은밀히 백비를 방문했다.

문종은 백비에게 ①결전 시 오군의 피해도 막심할 것이며 ②월왕 구천은 패할 경우 부고의 모든 보물을 불태운 후 초로 달아날 것임을 강조하고 ③결전보다 화평 시 오가 이득을 볼 것이며 ④이는 백비의 업적이 될 것이라고 아뢰었다. 문종은 화평 시 백비의 공적이 될 것이고 월에 대한 백비의 지배력이 커지지만, 결전 시 예측할 수 없는 일이 발생할 수도 있음을 강조하면서 이후 추가로 백비에게 뇌물을 더 바칠 것을 약속했다. 백비는 미녀와 뇌물을 받고 대만족하며, 화평을 주선할 것을 약속했다.

　다음 날 백비는 문종을 데리고 오왕 부차를 찾아갔는데, 먼저 단독으로 알현했다. 백비는 오왕 부차에게 월이 신하의 예로 복속을 약속했으며, 이로써 이익과 명성을 동시에 획득하여 패업을 성취할 수 있게 되었음을 아뢰고, 결사의 각오를 한 적과 싸우면 아군의 피해가 많을 것이므로 화평을 통하여 실속을 취하는 것이 더 유리함을 강조했다. 오왕 부차가 문종을 불렀고, 문종도 열심히 오왕 부차를 설득했다.

　오왕 부차는 문종에게 월왕 부부가 항복 후 오로 이주할 수 있는지 여부를 물었다. 문종은 분부대로 이행할 것이라고 답했다. 백비는 월왕을 포로로 잡아두면 걱정거리 없이 실속을 다 차지하는 것이라고 거듭 설득했다. 결국 오왕 부차는 화평을 허락했다.

　이때 오자서가 오왕 부차를 방문했다. 오자서는 이웃한 월을 병합할 경우 토지와 군사를 그대로 흡수할 수 있어 훨씬 이익임을 강조하고, 월왕이 선왕을 죽게 한 사실과 오왕 부차가 맹세한 사실을 지적하며 화평이 불가함을 강력하게 주장했다. 백비는 원수인 초와 화평한 선례를 들며, 절대적으로 유리한 화평 조건임을 강조하고, 화평을 불허할 경우 잔인하다는 오명을 받을 우려가 있다고 반론을 폈다. 오왕 부차는 화평을 결정했다. 오자서는 탄식하며 물러났다. 오자서는 왕손 웅雄을 만나 20년 후 오가 월에 멸망할 것을 예언했다.

오왕 부차는 문종에게 5월 중순까지 월왕 구천이 신하로서 오에 입국할 것을 지시하고, 왕손 웅과 백비에게 월을 감시할 것을 지시했다. 왕손 웅은 월왕 구천을 감시하기 위해 문종과 함께 회계산으로 갔다. 백비는 군사 1만 명을 거느리고 초산에 계속 주둔하며, 월의 약속 위반에 대비했다. 오왕 부차는 귀국했다.

제2절 월왕越王 구천勾踐의 포로생활

오吳에서 포로생활을 시작하는 월왕越王 구천勾踐(BC 494년)

문종은 돌아가 월왕 구천에게 경과를 보고하며, 출국 전에 국정을 정리할 것을 건의했다. 월왕 구천은 도읍인 제기諸暨로 복귀했다. 오의 대부 왕손 웅은 역관에 거처하며, 출국을 거듭 독촉했다.

월왕 구천은 부고의 보물들과 여자 300명을 오왕 부차에게 우선 보내고, 백비에게도 많은 뇌물과 여자 30명을 보냈다. 월왕 구천은 눈물을 흘리며 탄식했다. 문종은 과거 역경을 극복한 많은 영웅들을 언급하며 월왕 구천을 위로하고, 때를 기다릴 것을 당부했다. 월왕 구천은 종묘에서 제사를 지내며 출국 보고를 하는 등 출국 준비를 했다. 왕손 웅은 하루 먼저 출발했다.

월왕 구천이 출발하자 신하들은 절강浙江까지 모두 나와 전송했다. 문종은 고난 극복과 영광을 기원하며, 축수하고 삼배했다. 월왕 구천은 탄식하며 눈물을 흘리고, 아무 말이 없었다. 범려는 불행과 근심은 뜻을 넓히고 앞날을 내다보는 계기가 된다고 아뢰며, 옛 성현들도 고생과 고난을 경험한 사실이 있음을 강조하고 월왕 구천을 격려했다. 월왕 구천은 대부들에게 국정을 부탁하고, 역할 분담을 정하여 지시했다. 범려는 정치력이 뛰어나고 임기응변이 탁월하므로 월왕 구천을 수행하여 오로 가기로 하고, 문종은 행정능력과 민정능력이 탁월하므로 남아서 국내 업무를 전담하기로 했다.

월왕 구천은 배를 타고 떠났고, 신하들은 방성통곡했다. 월왕 구천이 오의 경계로 진입하자 범려는 다시 백비에게 많은 뇌물을 제공했다. 백비는 월왕 구천을 영접하며, 귀국하는 것을 도와주겠다고 말하고 위로했다. 백비는 월왕 구천을 오의 도성까지 압송했다.

월왕 구천은 상의를 벗고 무릎으로 기어들어가 꿇어 엎드리고, 오왕 부차에게 사죄하며 용서를 구하고 항복했다. 오자서는 오왕 부차에게 월왕 구천이 교활하고 음험하다고 아뢰며, 훗날의 곤란을 방지하기 위해 참수할 것을 건의했다. 오왕 부차는 항복한 자를 참수하면 재앙이 발생한다고 말하며 거절했다. 백비는 오왕 부차에게 월왕 구천의 항복을 허락하는 것은 인仁을 실천하는 것이라고 아부했다. 오자서는 분노하며 귀가했다. 오왕 부차는 월왕 구천이 바치는 보물과 여자를 수령하고, 왕손 웅에게 합려의 무덤 옆에 석실을 만들고 월왕 구천 부부를 거주하게 할 것을 지시했다.

월왕 구천 부부는 합려의 묘 옆 석실에 기거하며, 누더기 옷을 입고 말을 기르는 처지가 되었다. 오왕 부차는 수레를 타고 외출할 때 월왕 구천에게 말고삐를 잡고 걷게 했고, 오의 백성들은 월왕 구천을 조롱했다. 범려는 옆에서 월왕 구천을 보필했고, 백비는 월왕 구천에게 양식 등을 원조해 주었다.

 석실 포로생활도 벌써 2개월이 지났다. 어느 날 오왕 부차가 월왕 구천과 범려를 소환했다. 오왕 부차는 범려에게 사면과 고관 임용을 약속하며 회유했다. 월왕 구천은 범려가 배신할 것을 두려워하며 눈물을 흘렸다. 범려는 자신이 충과 신이 부족하고 월왕을 잘못 보필한 대죄를 지었다고 말하며 사양했다. 오왕 부차는 월왕 구천과 범려를 다시 석실로 돌려보냈다.

 오왕 부차는 군사들을 시켜 석실을 계속 감시했는데, 월왕 구천은 이를 의식하여 항상 열심히 일하고 원망하는 기색을 전혀 보이지 않았다. 오왕 부차는 안심했고, 감시는 서서히 완화되었다.

초楚에 머무는 공자孔子

 공자는 진陳에서도 뜻을 펼칠 수 없다고 판단하고 진陳을 떠나 채로 갔다. 그즈음 초소왕은 방랑하고 있는 공자를 초빙할 결심을 했다. 진陳민공은 공자가 초에 임관하는 것을 우려하여 채소공과 협의를 했다. 결국 진陳군과 채군은 광야에서 공자를 포위했다.

 포위된 공자는 사흘 동안 아무런 식사도 하지 못할 정도로 상황이 나빠졌다. 이때 초소왕이 보낸 사자와 초군이 도착했고, 진陳군과 채군은 철수했다. 공자는 초로 이동했다.

 초소왕은 공자에게 25,000호의 땅을 분봉하여 고관으로 등용할 계획을 세웠다. 영윤 공자 신은 공자의 등장으로 자신의 지위가 흔들릴 것을 우려했다. 공자 신은 공자가 초에 정착하면 덕과 땅을 모두 갖추고 득세하여 훗날 초에 위협이 될 것이라고 초소왕을 충동했다. 결국 초소왕은 공자를 등용할 계획을 접었다.

공자는 초에 머무는 동안 허행許行, 진상陳相 등의 제자를 양성했다. 섭공 심제량은 공자를 찾아가 정치에 대한 가르침을 청하기도 하였다. 초는 전통적으로 도가사상이 발달했는데, 이때 형성된 유가사상은 훗날 굴원屈原으로 이어진다.

초소왕楚昭王의 복수

내정을 다지며 패전의 상처를 치유하던 초소왕은 시기가 되자 영윤 공자 신과 사마 공자 결을 시켜 드디어 진晉과 오에 협력했던 국가들에 대하여 복수를 개시했다.

초소왕은 진晉에 협력한 죄를 물어 돈頓을 공격하여 멸망시키고(BC 496년), 이어서 호胡도 공격하여 멸망시켰다(BC 495년).

계속해서 초소왕은 오에 협력한 죄를 물어 채를 공격하여 도성(=하채)을 함몰했다(BC 494년). 채소공은 항복했고, 초소왕은 채를 장강과 여수 사이로 옮기고 완전히 속국으로 만들었다.

초에 두려움과 반감을 가진 채소공은 은밀히 오에 도움을 요청했다. 오왕 부차는 채소공에게 채가 너무 멀리 있어 원조하기 어려우므로 도읍을 오와 가까운 곳으로 옮기라고 말했다. 채소공은 신하들과 의논하지 않고 오군의 도움을 받아 도읍을 주래州來 땅으로 옮겼다(BC 493년). 이때부터 주래를 하채下蔡라고 부르게 되었다[1]. 이후에도 채소공

---

1) 동아시아에서는 여러 이유로 인하여 거주지를 옮긴 이후에도 **예전 지명을 새로운 정착지에 그대로 사용하는 경우가 흔했음**. 이로 인해 지명의 중복 사용이 흔하므로 해석상 주의하여야 함

은 은밀히 오와 협력했는데, 이에 불만을 품은 대부들이 자객을 보내 오를 방문하던 채소공을 살해한다(BC 491년). 뒤를 이어 아들 삭朔이 즉위하니, 곧 **채성후蔡成侯**[1]다.

위출공衛出公의 즉위(BC 493년)

위영공이 재위 41년에 사망하고 세손 첩이 즉위하니(BC 493년), 곧 **위출공衛出公**[2]이다. 그러자 진晉은 진에 망명 중이던 폐세자 괴외의 즉위를 추진했다. 괴외는 진晉의 원조를 받아 위의 척 땅을 점령했다. 반면 제는 위출공을 지원했다. 아버지와 아들의 분쟁은 계속되었다.

진晉 4경卿의 권세 독점(BC 491년)

순인(중행인)과 범길사를 후원하기 위한 조가 땅에 대한 제와 정의 식량 원조는 계속되었다. 분노한 조앙은 식량을 운반하던 제군과 정군을 공격하고 식량을 탈취했다(BC 493년). 이로써 조가 땅의 순인과 범길사는 곤란을 겪게 되었다.

조앙, 한불신, 위만다, 순역(지역)은 가병들을 총동원하여 조가 땅에 대한 대대적인 공격을 개시했다. 이때 순역은 병으로 죽고(BC 493년) 그 아들인 순갑荀甲[3](=지선자知宣子)이 가문을 승계했다. 조가 땅에 대한 공격은 계속되었다. 결국 조가성은 함락되었고(BC 492년), 순인과

---

1) 채성후 희삭: 재위 BC 490 ~ BC 472
2) 위출공 희첩: 재위 BC 492 ~ BC 480. BC 476 ~ BC 470
3) 《자치통감》에는 순신荀申으로 기재되어 있음

범길사는 한단으로 도주했다. 4경의 군대는 순인과 범길사를 추격했고, 순인과 범길사는 백인柏人 땅으로 도주했다. 4경의 군대는 계속 공격하여 백인성을 함몰했다(BC 491년). 범고이范皐夷와 장유삭張柳朔은 전사했고, 범길사의 가신인 **예양豫讓**은 순갑에게 생포되었다. 순갑의 아들인 순요荀瑤(=**지요知瑤**. 지양자知襄子)가 부친에게 청하여 예양의 목숨을 구해주었다. 예양은 결국 순요의 부하가 되었다.

한편 진쯥의 동쪽에 중산국中山國이 있었는데, 선우鮮虞로도 불렸다. 백적白狄의 일종으로 벼슬은 자작이었다. 진소공 이래 수시로 진쯥에 불복하고 반란을 일으켜 정벌했으나, 큰 효과가 없었다.

백인성 함몰 이후 순인은 중산국으로 도주하고, 범길사는 임臨 땅으로 도주했다. 조앙은 한단과 조가를 획득했다. 이로써 중행씨와 범씨는 몰락하고(BC 491년), **한韓·위魏·조趙·지知씨**의 4경이 진쯥의 권세를 독점하게 되었다.

조앙은 순인의 망명을 받아준 중산국에 대해 분노하여 대대적으로 중산을 공격했고, 중산은 항복했다(BC 489년). 이후 중산은 매년 진쯥에 조공을 바치게 되었다.

갖은 굴욕을 견디는 월왕越王 구천勾踐

월왕 구천의 석실 포로 생활도 어느덧 3년이 지났다. 월왕 구천 부부와 범려는 고된 노동과 열악한 환경 때문에 매우 수척해졌다.

어느 날 오왕 부차가 고소대에서 경치를 구경하다 월왕 구천 일행의 모습을 보게 되었다. 월왕 구천 일행은 부부와 군신 사이의 예법이 분명했다. 오왕 부차는 어려운 처지임에도 예법을 준수하는 것을 칭찬했다. 옆에 있던 백비는 월왕 구천이 너무 불쌍하다며 오왕 부차를 부추겼다. 오왕 부차는 월왕 구천을 용서할지를 고민했다. 백비는 덕을 베풀면 반드시 보답을 받을 것이라고 부추겼다. 결국 오왕 부차는 월왕 구천을 석방하기로 결심했다. 다음 날 백비는 월왕 구천에게 사람을 보내 오왕 부차의 결심을 알려주었다. 월왕 구천이 기뻐하자 범려는 점을 쳤는데, 점괘가 불길했다. 범려는 재앙을 우려하면서 조심할 것을 강조했다.

월왕 구천의 사면 소문을 들은 오자서는 오왕 부차를 알현하며, 월왕 구천을 처단할 것을 강력히 주장했다. 이때 오왕 부차는 오자서의 설득을 듣고 마음이 흔들려 월왕 구천을 죽일 결심을 했다. 백비가 미리 그 사실을 월왕 구천에게 알려주었다. 월왕 구천은 청천벽력 같은 소식을 듣고 공포에 빠졌다. 범려는 오왕 부차가 3년 동안 죽이지 아니한 사실을 강조하며, 월왕 구천을 위로하고 격려했다.

오왕 부차는 월왕 구천을 소환했다. 월왕 구천은 오의 궁전 뜰에 꿇어 엎드린 채 3일 동안 대기하며 노심초사했다. 이때 오왕 부차는 병이 나 누워있어서 처형을 지시하지 못했다. 백비가 문병을 가서 오왕 부차에게 재앙을 물리치기 위해서는 덕을 실행해야 한다고 강조하며, 월왕 구천의 원통한 괴로움이 옥체를 침범한 것이라고 아뢰었다. 백비는 월왕 구천을 일단 석방한 후 병이 완치되면 다시 논의할 것을 주장했다. 오왕 부차는 월왕 구천을 석실로 돌려보냈다.

오왕 부차의 병은 3개월이 지나도 차도가 없었다. 범려는 점을 쳤는데, 오왕이 완쾌할 것이라는 점괘가 나왔다. 범려는 월왕 구천에게 오왕 부차를 문병하면서 오왕 부차의 똥을 맛본 후 완쾌를 예견하고 칭송하여 오왕 부차의 용서를 유도하는 계책을 아뢰었다. 월왕 구천은 자존심 때문에 주저했다. 범려는 문왕이 고통을 참으며 아들 백읍고의 고기를 먹은 사례를 언급하며, 비상한 수단이 필요하다고 강조했다. 결국 월왕 구천은 결심하고, 백비에게 문병을 주선해 줄 것을 부탁했다. 백비는 월왕 구천의 문병을 주선했다.

오왕 부차는 문병을 온 월왕 구천을 칭찬했다. 월왕 구천은 예전에 의술을 공부한 적이 있다고 거짓말을 하며, 환자의 똥을 보면 병세를 판단할 수 있다고 아뢰었다. 월왕 구천은 오왕 부차의 똥을 맛본 후 완쾌를 예상하고 경하를 드렸다. 월왕 구천은 인분은 곡식이 변형된 것이므로 계절에 순응하는 것이 중요하다고 강조하며, 인분의 맛이 계절에 순응하고 있으므로 완쾌할 것이라고 설명했다. 오왕 부차는 월왕 구천의 행동에 감동하여 석방을 약속하며, 편안한 집으로 이주할 것을 지시했다.

월왕越王 구천勾踐의 석방과 귀국(BC 491년)

오왕 부차는 차도를 보여 곧 병이 완쾌되었다. 오왕 부차는 문대에서 잔치를 열고, 월왕 구천을 불렀다. 월왕 구천은 죄수의 옷을 입고 입궁했다. 오왕 부차는 월왕 구천을 목욕시키고 의관을 하사할 것을 지시했다. 오왕 부차는 월왕 구천을 석방할 것을 천명하고, 손님에 대한 예로 대접했다. 오자서는 울화가 치밀어 연회장을 나가버렸다. 백비는 오왕 부차에게 오자서는 어진 사람이 아니어서 불편을 느끼는 것이라고 험담을 했다.

다음 날 오자서는 오왕 부차를 알현하며 아첨 때문에 선심을 베풀면 큰 불행을 초래한다고 강조하고, 월왕 구천은 겉과 속이 다른 사람이어서 나중에 큰 우환이 될 것이라고 아뢰었다. 오왕 부차는 오자서에게 문병을 하지 않은 불충을 저지르고 선물을 올리지 않은 불인을 저질렀다고 비난하며, 월왕 구천은 충과 인을 갖추었다고 답변했다. 오자서는 호랑이가 몸을 낮추는 것은 덮치기 위한 것이라고 강조하며, 월왕 구천은 원한을 품고 있으며 간특하다고 거듭 아뢰었다. 오왕 부차는 듣지 않았다. 오자서는 우울하여 돌아갔다.

사흘 뒤 오왕 부차는 환송 잔치를 열었는데, 오자서는 불참했다. 월왕 구천은 충성을 맹세하고 이별을 아쉬워하는 눈물을 흘리며, 끝까지 연기를 했다.

월왕 구천은 오의 도성을 출발하여 절강을 건너 월에 도착했다(BC 491년). 문종 등의 신하들이 나와 영접했고, 백성들은 환호했다. 월왕 구천은 서둘러 도읍 제기로 입성했다.

제3절 오吳에 대한 월왕越王 구천勾踐의 원한

월왕越王 구천勾踐의 복수심과 내정개혁(BC 491년)

월왕 구천은 회계에서 항복했던 수치를 잊지 않기 위해 회계로 천도할 결심을 하고, 범려에게 축성을 지시했다. 범려는 회계성을 준공했고, 월왕 구천은 제기에서 회계로 천도했다. 월왕 구천은 내정은 문종에게 군사는 범려에게 각각 맡기고, 국정을 쇄신했다. 이로써 월의 국력은 상승하기 시작한다.

월왕 구천은 오왕 부차의 똥을 맛본 후부터 입에서 냄새가 난다며 불쾌하게 여겼다. 범려는 입냄새를 가리기 위해 신하들에게 냄새가 심한 산나물의 즙을 음식과 함께 제공했다. 월왕 구천은 처소에 쓸개를 매달아 음식을 먹거나 기거할 때 쓸개의 쓴 맛을 느끼며, 복수의 결의를 다졌다[1]. 월왕 구천은 매일 밤 울고 한숨 쉬며, '회계의 수치'라는 말을 끊임없이 되뇌었다. 월왕 구천은 복수심으로 이를 악물어 치아가 손상될 정도였다.

월왕 구천은 인구수를 늘리기 위해 남자 20세, 여자 17세까지 결혼하지 못하면 처벌하는 법을 만들어 적용을 엄격하게 했다. 또한 튼튼한 사내아이를 출산할 목적으로 나이 차이가 많이 나는 결혼을 금지시켰다. 출산한 경우 신고하도록 하고, 국가가 출산과 교육을 지원해 주었다.

월왕 구천은 백성들이 상을 당하면 조문하여 애도하고, 외출 시 백성들에게 음식을 나누어 주며 민심을 잡았다. 월왕 구천은 솔선수범하여 몸소 농사를 지었고, 월왕 구천의 부인(월부인)도 직접 베를 짰다. 월왕 구천은 고기와 비단옷을 멀리 하고 사치를 금했다.

한편 월왕 구천은 속마음을 감추기 위해 오왕 부차에 대한 예의는 철저히 지켰다. 월 1회 사자를 파견하여 문안을 올렸고, 특산물인 황사갈포黃絲葛布를 바쳤다. 오왕 부차는 월왕 구천의 정성에 감복하여, 취리檇李 등 800여 리의 땅을 하사했다(BC 491년). 구천은 갈포 10만 필 등 여러 물품을 바치며 사은했다. 오왕 부차는 월왕 구천에게 전지를 보내, 제후의 상징인 우모羽毛 장식을 허용했다.

오자서는 오왕 부차의 행동에 탄식하며, 칭병하고 입궁하지 않았다. 오왕 부차는 백비를 더욱 총애하게 되었다.

---

[1] 여기서 와신상담臥薪嘗膽의 상담嘗膽이 나오게 되었음

문종文種의 계책(BC 491년)과 서시西施의 발굴

 문종은 월왕 구천에게 오를 격파하기 위한 일곱 가지 방법을 건의했다. ①재물을 제공하여 오의 군신을 기쁘게 해주고 ②곡식을 빌려 오의 창고를 비우고 ③미인을 바쳐 오왕의 마음을 흐리게 하고 ④목공과 목재를 보내 궁실 공사를 하게 하여 오의 재물을 탕진하게 하고 ⑤모신을 파견하여 오의 내란을 유도하고 ⑥오의 충신을 제거하여 적국의 인재를 없애고 ⑦월의 재물과 군사를 보강하는 것이다. 월왕 구천은 대만족했다.

 월왕 구천은 문종에게 미인을 선발해 오왕 부차에게 보낼 것을 지시했다. 문종은 관상가 100명에게 국내를 돌며 미인을 물색하고 보고서를 제출할 것을 지시했다. 6개월 후 보고서 2천여 장이 올라왔다. 월왕 구천은 사람을 보내 확인하고, 최종적으로 나무꾼의 딸인 **서시西施**와 서시의 이웃인 **정단鄭旦** 두 명을 선발했다.

 일화에 의하면 서시의 이름은 시이광施夷光이다. 서시가 살고 있던 시施 마을은 동과 서로 나누어져 있었다. 서시는 서쪽 마을에 살고 있어 서시로 불리게 되었다. 서시는 모친이 빨래꾼이어서 시냇가에 나가 자주 빨래를 했다. 서시가 빨래를 하면 헤엄치던 물고기들이 서시의 미모에 넋을 잃고 바닥으로 가라앉았다고 한다. 그래서 흔히 서시의 미모를 가리켜 침어沈魚라고 표현한다.

 서시는 어릴 때부터 미인으로 유명해서 마을 여자들이 서시의 행동을 따라했다고 전해진다. 마을 동쪽에 동시東施라는 아주 못생긴 여자가 살고 있었는데, 동시는 서시가 배가 아파서 눈을 찡그리고(빈嚬) 얼굴을 찌푸리는(축蹙) 것까지 따라 했다고 한다[1]. 동시가 눈을 찡그리고 얼굴을 찌푸리며 마을을 돌아다니자 마을 사람들이 모두 비웃었다고 한다.

월왕 구천은 범려에게 백금을 내어주며, 두 미인을 데려올 것을 지시했다. 월의 백성들은 두 미인에 대한 소문을 듣고, 도성으로 오는 두 미인을 구경하기 위해 인산인해를 이루었다. 범려는 백성들에게 돈을 받고 별관 누대에서 두 미인을 공개했다. 범려는 사흘 동안 엄청난 돈을 모아 국고에 충당했다. 월왕 구천은 악사 등을 시켜 두 미인에게 가무와 기예 등을 교육시켰다.

한편 다수의 중국인들이 중국 역사에서 특히 미인이라고 평가받는 네 명의 미인을 '**중국 4대 미인**'이라고 부르고 있는데, 간략히 정리하면 다음과 같다.

- 서시: 춘추시대 오왕 부차의 애첩. 별칭은 침어沈魚
- 왕소군王昭君: 본명은 왕장王牆. 한漢 원제의 궁녀였는데, 한과 흉노의 친선을 위해 흉노의 호한야선우呼韓邪單于에게 시집감. 훗날 문학작품 등에서 비련의 여주인공으로 재탄생함(춘래불사춘春來不似春의 주인공). 별칭은 낙안落雁(기러기가 왕소군의 미모에 넋을 잃어 날갯짓을 잊고 가라앉음)
- 초선貂蟬: 소설 《삼국지연의》에 등장하는 가공의 인물. 여포의 측

---

1) 여기서 **동시효빈**東施效嚬(동시가 눈을 찡그리는 것을 본받는다는 뜻. 맹목적으로 남을 따라 하는 어리석은 행동을 비유함)의 고사성어가 나옴. **동시빈축**東施嚬蹙이라고도 하고, 줄여서 **빈축**으로도 표기함. 다른 사람들의 눈살을 찌푸리게 하는 언행을 비유할 때 '빈축을 산다.'라고 표현하는 것은 여기서 유래하였음

실. 별칭은 폐월閉月(초선의 미모에 달이 부끄러워 구름 뒤로 숨음)
- 양귀비楊貴妃: 본명은 양옥환楊玉環. 당 현종의 귀비. 경국지색傾國 之色의 대명사. 별칭은 수화羞花(양귀비의 미모에 꽃들이 부끄러워 고개를 숙임)

오왕吳王 부차夫差의 자만과 사치

　당시 진晉, 제, 초는 침체기였던 반면, 오의 국력은 최강이었다. 오왕 부차는 자만하여 유흥을 위해 궁실을 건립하기로 결심했다. 백비는 고소대의 경치가 최고라고 아뢰며, 새 건물을 증축할 것을 건의했다. 오왕 부차는 고소대를 증축할 것을 지시하고, 큰 목재를 구했다.

　고소대 증축 소문을 들은 문종은 좋은 목재를 구해 오에 보낼 것을 건의했다. 월왕 구천은 목공 30명에게 좋은 목재를 구할 것을 지시했다. 목공들은 1년 이상 물색하여 둘레가 20아름이 넘는 가래나무와 녹나무를 찾았다. 구천은 대만족하고, 두 나무에 제사를 지낸 후 목재를 얻었다.

　문종은 그 목재를 오왕 부차에게 바쳤다. 오왕 부차는 대만족했다. 오자서는 영대와 녹대를 건립하고 사치로 망한 걸왕과 주왕의 사례를 언급하며, 목재를 받지 말 것을 건의했다. 오왕 부차는 오자서의 간언을 듣지 않고 월왕 구천이 보낸 목재를 받았다.

　드디어 고소대 증축 공사가 시작되었다. 오의 백성들은 중노동에 고생했고, 피로로 인해 병이 들거나 죽는 사람들이 많았다.

제후齊侯 도荼의 즉위(BC 490년)

　제경공의 부인인 연희燕姬는 출산 도중 사망했고, 그 아들도 요절했다. 제경공은 많은 첩들을 두었고, 총 6명의 서출 아들들을 얻었다. 그 중 서장자는 공자 양생陽生이다. 제경공은 첩들 중 신분이 미천한 육사鬻姒를 총애했는데, 육사는 공자 도荼를 낳았다. 제경공은 막내인 공자 도를 총애하여 안유자安孺子(나라를 편안하게 해주는 아이)로 칭하며, 장차 군위를 물려주려고 했다.

　제경공은 나이 70세(재위 57년)가 되었음에도 불구하고, 공자 도가 장성하길 기다리며 세자 책봉을 하지 않고 있었다. 그러다 제경공은 갑자기 중병이 들었다. 제경공은 국하國夏와 고장高張을 불러 공자 도를 옹립하고 충성을 바칠 것을 부탁했다.

　제의 민심을 장악했던 진무우의 아들인 대부 **진걸陳乞**은 공자 양생과 매우 친했다. 진걸은 공자 양생에게 신변의 위험을 염려하여 타국으로 망명할 것을 권유했다. 공자 양생은 아들 임任과 가신 감지闞止 등을 데리고 노로 망명했다.

　제경공은 공자 도의 안정적인 군위 승계를 위해 모든 공자들을 내읍萊邑으로 추방하고 나서 곧 병으로 사망했다(BC 490년). 결국 공자 도가 군위에 올랐고, 국하와 고장은 제의 정권을 잡았다.

진걸陳乞의 제후齊侯 도荼 시해[제도공齊悼公의 즉위](BC 489년)

　대부 진걸은 다른 대부들에게 국하와 고장이 대신들을 추방한 후 벼슬을 독차지할 계획을 세우고 있다고 충동했다. 대부들은 분노했고, 진걸은 대부들에게 가병들을 빌려주길 요청했다. 진걸은 대부 포목鮑牧과 모의하고, 다른 대부들의 가병들을 동원하여 국하와 고장을 공격했다. 고장은 피살되었고, 국하는 거로 도주했다.

제후 도는 나이가 어려 허수아비에 불과했다. 진걸은 좌상이 되고, 포목은 우상이 되었다. 진걸은 국서國書를 국씨의 후계자로 지정하고, 고무평高無平을 고씨의 후계자로 지정했다.

진걸은 공자 양생을 옹립할 계획을 세우고, 공자 양생에게 밀서를 보냈다. 공자 양생은 비밀리에 귀국하여 진걸의 집에 은거했다.

어느 날 진걸은 제사 음식을 대접한다는 핑계를 대고 대부들을 초대했다. 포목은 다른 곳에서 선약이 있어 가장 늦게 도착했다. 대부들이 모두 모이자 진걸은 천하장사를 구경시켜 준다고 말했고, 역사들이 큰 뒤주를 들고 나왔다. 잠시 후 공자 양생이 그 뒤주에서 나오며 등장했다. 대부들은 모두 놀랐다.

진걸은 장자승계의 원칙을 강조하며, 포목의 지시에 따라 공자 양생을 군주로 추대할 것이라고 선언했다. 포목은 놀라며, 그런 지시를 한 사실이 없다고 부인했다. 공자 양생은 포목에게 군주를 변경하는 것은 흔한 일로 대의명분이 있느냐가 중요한 것이라고 말하며, 의리를 강조했다. 포목이 머뭇거리자 진걸은 역사들을 시켜 강제로 공자 양생에게 절하도록 했다. 다른 대부들도 눈치를 보며, 포목을 따라 공자 양생에게 절을 했다.

진걸은 맹서를 작성하여 다른 대부들에게 강제로 서명하게 했다. 진걸은 공자 양생을 호위하고 입궁하여 제후 도를 추방하고 공자 양생을 추대했다. 대신들의 추대로 공자 양생이 즉위하니(BC 489년), 곧 **제도**

공齊悼公[1]이다. 그날 제후 도는 궁 밖으로 옮겨져 살해되었다.

제도공은 자신의 추대에 소극적이던 포목을 경계했다. 진걸은 권력을 독점하고자 제도공에게 포목을 처단해야 한다고 충동했다. 결국 제도공은 포목을 처형하고(BC 489년), 포목의 아들인 포식鮑息을 후계자로 지정해 제사를 받들게 했다. 이로써 **진걸은 제의 권력을 독점하게 되었다**. 제의 백성들은 제도공을 원망했다.

서시西施에게 빠진 오왕吳王 부차夫差(BC 489년)

3년 동안의 공사 끝에 드디어 고소대가 증축되었다(BC 489년). 고소대는 높이 300장丈 넓이 84장으로 확대되었고, 사방 200리를 볼 수 있었다. 고소대에 오르는 길도 넓게 확장되었다.

월왕 구천은 3년 동안 연습시킨 서시와 정단을 범려를 시켜 오왕 부차에게 바쳤다(BC 489년). 두 미녀를 본 오왕 부차는 황홀했다. 오자서가 말희, 달기, 포사를 예로 들며 충고했으나 소용이 없었다.

오왕 부차는 서시와 정단을 총애했다. 서시가 정단보다 더 요염하고 부차의 비위를 잘 맞추었고, 곧 부차의 사랑을 독차지하게 되었다. 서시는 고소대에 거처했고, 정단은 궁궐에 거처했다. 부차의 총애를 잃은 정단은 서시를 질투하다 병에 걸려 1년도 못 되어 죽었다.

오왕 부차는 왕손 웅에게 지시하여 서시를 위한 건축물을 건립했다. 관왜궁館娃宮, 향섭랑響屧廊, 금범경錦帆涇 등이 만들어졌다. 오왕 부차는 서시와 향락에 빠져 고소대에 머무르며 환궁하지 않았고, 국정을 소

---

1) 제도공 강양생: 재위 BC 488 ~ BC 485

홀히 했다. 오왕 부차는 백비와 왕손 웅을 총애했고, 바쁘다는 핑계를 대며 오자서를 만나주지 않았다.

초혜왕楚惠王의 즉위(BC 489년)

오왕 부차가 초의 속국인 진陳을 공격했다(BC 489년). 초소왕은 진陳을 구원하기 위해 직접 출전하여 성보城父 땅에 군영을 세웠다. 오군은 초의 원군이 도착하자 곧 철수했다. 그런데 초소왕은 병이 들어 초군 군영에서 재위 27년에 사망하고 만다. 초소왕의 뒤를 이어 월희 소생인 세자 장章이 즉위하니(BC 489년), 곧 **초혜왕楚惠王**[1]이다.

초혜왕은 오에 패하여 도성이 함락되었던 곤경을 교훈으로 삼아 영윤 공자 신(=자서子西), 좌윤 공자 결(=자기子期), 공자 계(=자려子閭) 등을 중용하여 정치를 개혁하고, 산업을 발전시켰다. 초혜왕은 초의 국력을 회복시켰고, 이후 전국칠웅이 되게 하는 기반을 닦는다.

한편 초혜왕은 대신들의 반대에도 불구하고 공자 승을 귀국시켜 옛 허許 지역인 백白 땅을 분봉하고, 백공白公으로 책봉했다(BC 487년)[2]. 백공 승은 부친을 죽인 정에 대하여 복수하기를 희망했으나, 오자서도 정을 용서했고 초와 정의 관계가 양호하여 기회가 없었다.

또한 초혜왕은 허남許男 결結을 허 군주에 책봉하여 정에 망한 옛 부용국 허許를 복국시켰다(BC 481년)[3].

---

1) 초혜왕 웅장: 재위 BC 488 ~ BC 432
2) 소설《동주 열국지》는 공자 승의 귀국을 초소왕 때인 BC 505년으로 서술하고 있으나, 다수설은 초혜왕 때의 일로 보고 있음
3) 이후 허는 4대를 더 유지하다 전국시대 때 초에 완전히 병합되고 멸망하는데, 정확한 시기는 불명임

조曹의 멸망(BC 487년)

조백曹伯 양陽은 국력을 감안하지 않고 패도에 뜻을 두었다. 이때 송은 진晉을 섬기고 있었는데, 정은 진晉 대신 오를 섬기고 있었다. 송경공은 이를 이유로 정을 공격했고, 송과 정은 사이가 나빠졌다.

당시 조曹는 진晉에 복속하고 있었는데, 조백 양은 패도를 추진하기 위해 송을 공격했다. 송경공은 분노했고, 군사를 보내 조를 공격했다(BC 488년). 진晉은 송을 감안해 조에 대한 구원을 하지 않았다. 송과 사이가 나빴던 정이 조에 구원군을 보냈다. 송군은 회군했다.

조에 대한 반감이 남아 있던 송경공은 이듬해 직접 조를 공격했다. 송군은 실컷 약탈을 했고, 송경공은 충분히 조에 대한 경고를 했다고 여겨 회군했다. 그런데 조군이 회군하는 송군을 추격했고, 송경공은 다시 분노했다. 송경공은 다시 방향을 돌려 조군에 대한 반격을 했고, 조군을 크게 무찔렀다. 송경공은 계속 조를 공격했고, 결국 조의 도성을 함락했다. 송경공은 조백 양을 처형했고, 조는 멸망했다(BC 487년).